“十三五”全国航海类专业职业教育创新教材

航海气象观测与分析

主　编　王艳玲　杨亚新　黄　磊
主　审　张永宁

大连海事大学出版社

图书在版编目(CIP)数据

航海气象观测与分析 / 王艳玲，杨亚新，黄磊主编
. — 大连：大连海事大学出版社，2019.11(2025.1 重印)
"十三五"全国航海类专业职业教育创新教材
ISBN 978-7-5632-3870-5

Ⅰ.①航…　Ⅱ.①王…　②杨…　③黄…　Ⅲ.①航海学
—海洋气象学—高等职业教育—教材　Ⅳ.①U675.12

中国版本图书馆 CIP 数据核字(2019)第 249224 号

大连海事大学出版社出版

地址：大连市黄浦路523号　邮编：116026　电话：0411-84729665(营销部)　84729480(总编室)

http://press.dlmu.edu.cn　E-mail：dmupress@dlmu.edu.cn

大连金华光彩色印刷有限公司印装　　大连海事大学出版社发行

2019 年 11 月第 1 版　　2025 年 1 月第 4 次印刷

幅面尺寸：184 mm×260 mm　　印张：18　　字数：387 千

出版人：刘明凯

责任编辑：王　琴　　责任校对：张　华

封面设计：张爱妮　　版式设计：张爱妮

ISBN 978-7-5632-3870-5　　审图号：GS(2019)5234 号　　定价：45.00 元

总　序

随着我国产业结构优化升级不断加快和经济发展质量不断提高，职业教育重要地位和作用越来越凸现。为了适应我国经济社会不断发展的需要，职业教育改革形势迫在眉睫。《国家职业教育改革实施方案》(国发〔2019〕4 号)指出：改革开放以来，职业教育为我国经济社会发展提供了有力的人才和智力支撑，现代职业教育体系框架全面建成，服务经济社会发展能力和社会吸引力不断增强，具备了基本实现现代化的诸多有利条件和良好工作基础。

航海职业教育在我国航海人才培养板块中占举足轻重的地位，培养了大批水上运输技术技能人才。"十三五"以来，航海职业教育改革不断深化，航海专业课程教学与教材的推陈出新是提高海员专业素质的直接抓手。为此，全国交通运输职业教育教学指导委员会航海类专业指导委员会，组织各校航海类专家在"经全国职业教育教材审定委员会审定的'十二五'职业教育国家规划教材"基础上适当增加了其他课程教材，编写了"'十三五'全国航海类专业职业教育创新教材"。本套教材具有如下三个创新点：

其一，紧密结合轮机工程技术和航海技术两个专业的国家级教学资源库、专家教学研究成果等立体化数字资源。本套教材以二维码的形式将传统教材与资源库、教学研究成果有机结合，实现了教学方法上的创新性，便于学生自学和知识扩展。

其二，紧密结合国家有关船员职业培训新规定。本套教材内容紧扣《中华人民共和国海船船员适任考试和发证规则》及《海船船员培训大纲(2016 版)》等文件，覆盖规则和大纲的全部内容。

其三，紧密结合前沿的生产技术和衔接新老编写团队工作。本套教材新增企业一线技术人员参与编写，将前沿的生产技术和管理资料应用到教学工作，并在"经全国职业教育教材审定委员会审定的'十二五'职业教育国家规划教材"基础上适当增加了其他课程教材，充分体现了知识和技能的实用性、先进性。

本套教材主要用作航海类院校相关专业学生学习用书，也可作为海船船员适任培训相关课程的学习资料。

全国交通运输职业教育教学指导委员会对本套教材的编写提出了许多好的建议。全国航海职教联盟和中国交通教育研究会职教分会专家库的专家们积极参与了有关教材的编写和审定。大连海事大学出版社为本套教材的出版做了大量的卓有成效的工作。在此一并表示衷心的感谢。

全国交通运输职业教育教学指导委员会
航海类专业指导委员会
2019 年 8 月

编者的话

编者在当今教育信息化的背景下，依照国际海事组织对国际船员的能力要求和交通运输部海事局发布的《中华人民共和国海船船员适任考试和发证规则》中的内容要求编制教材体系和内容，构建理实一体、信息资源丰富的数字化教材，同时针对高职学生的学习能力和特点，编写教材时在内容和形式方面力求直观和新颖，摒弃陈旧深奥的理论推导。同时遵照《海船船员培训大纲(2016 版)》的要求，对教材中内容进行适当增补与删减，教材遵循理论以"必需、够用为度"，实践以"应用、实用为准"的原则，重视与行业、企业的沟通，引入当前航海领域的新技术、新成果。

本教材共分六章，涵盖气象学基础知识，海洋学基础知识，船舶海洋水文、气象要素观测，天气系统及其天气特征，船舶气象信息的获取及分析，以及船舶气象导航的内容。编写过程中力求围绕知识递进层次来组织编排，有内容描述、案例导入、知识拓展、天气谚语等栏目。此外，在书中每一个知识点或技能点后安排适度的自我检测，满足学生的个性化学习需求。利用二维码等实现全新的立体化阅读，有选择地访问各种数字资源和网络平台，尤其针对重点和难点提供视频讲解及动画演示。总之，我们力求将数字化教材引入航海高职院校教学改革中，通过本教材中对知识信息呈现形式的改变，尝试在一定程度上改变学生的思维和学习方式，提升高等职业教育人才培养的质量。

本教材内容符合中华人民共和国海事局和 STCW 公约马尼拉修正案对各类海船船舶驾驶员在气象学和海洋学方面的相关要求。因此，本教材在作为高职航海院校航海技术专业学生教材使用的同时，也可作为不同航区海船船长、大副、二／三副的考证培训教材。

本教材由江苏海事职业技术学院王艳玲、南通航运职业技术学院杨亚新、青岛远洋船员职业学院黄磊主编，大连海事大学张永宁教授主审。参加编写的还有江苏海事职业技术学院刘晓峰、陈金福、俞秋明、赵默洋、臧继明等。全书由王艳玲统稿、修改、定稿。

此外，在教材编写过程中，福建船政交通职业学院翁国玲老师，南通航运职业技术学院夏剑东老师、乔前防老师为本教材提供了大量的图片、动画、视频等数字化资源，在此，表示诚挚的感谢和敬意！

本教材在编写过程中，力求层次清晰、文字通畅、内容丰富、案例翔实，参考和借鉴了国内外大量专业书籍和文献资料，受益匪浅，在此向相关作者表示衷心感谢！

由于编者水平有限，书中难免存在不足和错漏之处，敬请各位读者批评指正。

编　者

2019 年 10 月于南京

目 录

第一章 气象学基础知识

【本章概述】

本章主要介绍与航海活动相关的各种气象要素(包括气温、气压、风、湿度、云、雾、能见度等)的基本概念、变化规律及重要特点;介绍大气环流的运行模式及与之相关的季风的内容;介绍空气的垂直运动特点及与天气的密切联系。通过对本章涉及的各种气象要素的学习和理解,对大气水平运动和垂直运动规律的掌握,可以帮助船舶驾驶人员准确地分析和预测天气,进而选取适当的航线,保障船舶航行的安全。

【知识目标】

熟知大气组成和大气的垂直结构;掌握气温、气压的变化规律;掌握大气湿度、云、雾、降水等气象要素的基本特征和重要特点;掌握大气的水平运动和垂直运动之间的区别与联系及其对天气的重要影响。

【能力目标】

通过对各种气象要素的学习和熟知,对大气运动规律的理解和掌握,全面认识海上船舶所测气象要素的深刻含义,能正确地运用船舶实测气象数据及所学知识,针对船舶航行海区当前或未来的天气情况做出客观而准确的判断。

第一节 认识大气

【本节内容】

熟悉大气的组成成分和大气的垂直分层,重点掌握对天气变化有重要影响的三种气体(二氧化碳、臭氧、水汽)的特性;其次掌握对流层的主要特点以及对流层高度变化的影响因子；熟悉大气污染的内容；了解和区分一些常见的气象术语。

【案例导入】

雾霾之痛　全球之痛

案例视频
雾都之痛

人类经济活动和社会生产活动的迅猛发展，在大量消耗能源的同时也将大量的废气、烟尘等物质排放到大气中，严重影响了日常空气的质量，特别是在人口密集的城市和工业区。大气被污染后，由于污染物的来源、性质和持续时间的不同，被污染地区的气象条件、地理环境等因素的差别，以及人的年龄、健康状况的差异，对人体造成的危害也不尽相同。

一、大气概述

地球表面包裹的一层厚厚的空气层，称为大气层或大气圈，简称为大气（Atmosphere）。大气为地球生命的繁衍及人类的生存和发展提供了理想的环境。由于地心引力的作用以及空气的可压缩性，大气的质量绝大部分集中于大气底层，越往高空越稀薄（即空气密度随高度增加而迅速减小），99%以上的大气聚集在距地表 30 km 以内的高度，它提供给人类和其他动植物呼吸所需要的空气，同时保护人类远离来自太阳辐射的伤害。一些常见的天气现象（如云、雾、雨、雪等）也大多发生在底层大气中。

在大气中存在着各种物理现象和物理过程，它们的发生和变化与大气的组成及结构性质有着密切的关系。

二、大气的组成

大气主要是由多种气体混合组成的，此外还包括一些悬浮的固体和液体的杂质。因此，我们通常把大气的组成分为三部分：干洁空气、水汽和大气杂质。

1. 干洁空气

大气中除了水汽、液体和固体杂质以外的混合气体，称为干洁空气（Dry Air）或干空气。它是大气的主要组成部分。在干洁空气中，氮气、氧气、氩气三者合占大气总体积的 99.97%，是干洁空气的主要成分，其他气体含量甚微，为次要成分（见表 1-1）。

表 1-1　干洁空气中各气体所占体积百分比（取约数）

主要气体	氮气	氧气	氩气	二氧化碳	其他气体
百分比	78.09%	20.95%	0.93%	0.03%	< 0.01%

在干洁空气中，易变的成分为二氧化碳、臭氧，它们受地区、季节、气象条件及人类生产生活的影响，在空气中所占的比例会发生变化。

2. 水汽

水汽（Vapour）是一种无色、无味的透明气体，大气中的水汽来自江、河、湖、海及潮湿物体表面的水分蒸发和植物的蒸腾作用（见图 1-1），并借助空气的垂直运动向上输送，因此，越接近蒸发表面，附近水汽含量越高，随着高度的增加水汽的含量迅速降低。水汽所占的比例，随着时间、地点和气象条件的不同而有较大差异。

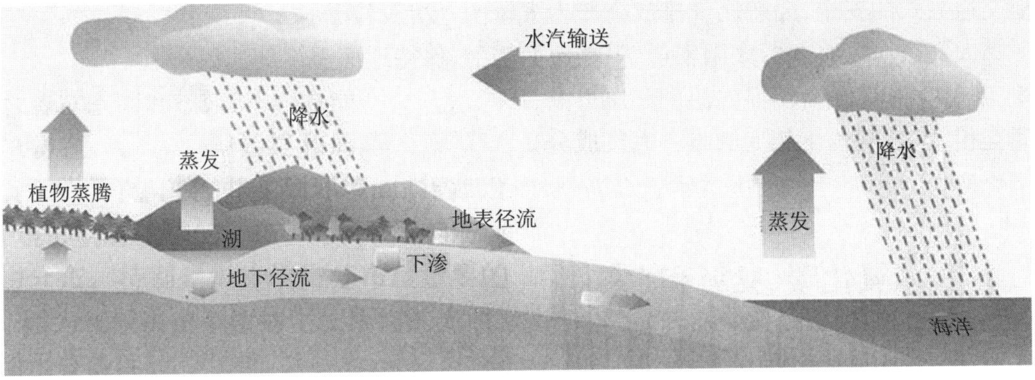

图 1-1　水汽来源与水循环

水汽与干洁空气中的气体有着显著的不同，水汽在一般自然界的温度和压力条件下可以转变成水滴或冰晶，是大气中唯一在自然条件下可以发生相态变化（简称“相变”）的大气成分。因此，尽管水汽在大气中的含量低，但在大气温度变化的范围内，可以凝结为水滴或凝华为冰晶，进而成云致雨、落雪降雹，造成雷雨、大风等恶劣天气，因此水汽在天气变化中扮演着重要角色。大气中的云、雾、雨、雪等常见的天气现象都是水汽相变的产物，可以说，如果没有水汽，就几乎没有天气现象的发生。此外，水汽凝结时释放出的凝结潜热是台风等海上风暴系统发展的主要能量来源。水汽凝结时，由于从气态变为液态，因而有热能释放出来，这种凝结时释放出来的热量称为凝结潜热。

通常称不含水汽的空气为干空气，含有水汽的空气为湿空气。

单位质量湿空气的状态方程为：

$$P = \rho_w R_d T_v \tag{1-1}$$

式中：P——湿空气的气压；

ρ_w——湿空气的密度；

R_d——干空气比气体常数；

T_v——虚温，$T_v = T_w\left(1 + 0.378\dfrac{e}{p}\right)$，其中 T_w 为湿空气的气温，e 为水汽压。

虚温是指在气压相等条件下，具有和湿空气相等密度时的干空气具有的温度。

从以上湿空气状态方程可以看出：当气压和气温相同时，空气越潮湿（e 越大），其密度（ρ_w）越小；在气压相同的情况下，暖湿空气的密度比干冷空气的密度要小得多。

3. 大气杂质

除了干洁空气和水汽，大气中还悬浮着多种固体和液体的微粒，统称大气杂质（Aerosols）或大气气溶胶粒子。

固体微粒有的来源于自然界，如火山爆发的烟尘，风吹起的土壤颗粒，海水飞溅进入大气后蒸发留下的盐粒以及细菌、微生物、植物花粉等，还有的是由人类活动产生的，如燃烧后排放到空气中的大量烟粒等。大气中的固体杂质有利于水汽的凝结，称为凝结核，对云、雾的形成起着重要作用。液体微粒是指悬浮于大气中的水滴和冰晶等。这些杂质多集中于大气低层，大量的杂质聚集在一起，使能见度变差，严重影响航运及其他交通方式的安全，船舶尾气排放会产生大量的气溶胶粒子。

大气杂质还有削弱太阳辐射、阻挡地面辐射、保持地面温度的作用。

※ **自我检测** 1：在自然界的温度和压力条件下，________能在气态、液态和固态三者之间互相转化（即发生相变的唯一大气成分）。

A. 氮气　　B. 氧气　　C. 水汽　　D. 二氧化碳

微课视频
大气成分

三、二氧化碳、臭氧和水汽的作用

二氧化碳、臭氧和水汽在整个大气中含量虽然很少，但对大气温度的分布和变化有很大影响，是影响天气气候变化的三种重要成分。

1. 二氧化碳的作用

太阳短波辐射透过大气射入地面，地面增暖后射出长波辐射，由于大气中的二氧化碳对太阳短波辐射吸收很少，它能强烈地吸收和放射长波辐射，因此地面的长波辐射被二氧化碳大量吸收，阻止了近地面层热量的散失，从而使大气不断增暖，通常称作"温室效应"。生活中我们见到的玻璃育花房和蔬菜大棚等都是典型的温室的例子。温室效应，又称"花房效应"，是大气保温效应的俗称。

大气中的二氧化碳含量越多，近地面层的平均气温就越高，逐渐导致全球气候增暖，全球气候变暖会直接影响人类生存环境的变化。近些年来，由于工业的发展、化工燃料的燃烧、森林覆盖面积的减少，二氧化碳在大气中的含量有增加的趋势，这也是公认的全球气候变暖的主要因素之一。

微课视频
地球的温室效应

2. 臭氧的作用

在常温下，臭氧是一种有着特殊臭味的淡蓝色气体。臭氧在大气中的含量极少，它主要分布在 10 ~ 50 km 高度的平流层大气中，其最大浓度出现在 20 ~ 30 km 高度，通常称为臭氧层（Ozonosphere）。臭氧能强烈地吸收太阳紫外线，一方面使高空臭氧层的温度升高，另一方面使地球上的生物免受过多太阳辐射的伤害，因此，臭氧的存在对地球上生物有着极为重要的意义。

3. 水汽的作用

水汽和二氧化碳一样，也具有吸收和放射长波辐射的特性，此外，水相变化过程中常伴有放热或吸热，因此水汽含量的多少对地面和大气温度的分布及变化也有影响。

※ **自我检测** 2：能够强烈吸收和放射长波辐射，并对地面和大气温度有较大影响的大气成分是________。

Ⅰ. 氧气；Ⅱ. 氮气；Ⅲ. 臭氧；Ⅳ. 二氧化碳；Ⅴ. 氢气；Ⅵ. 水汽。

A. Ⅰ，Ⅲ，Ⅳ，Ⅵ　　B. Ⅳ，Ⅵ

C. Ⅱ，Ⅲ，Ⅴ，Ⅵ　　D. Ⅱ，Ⅳ，Ⅴ

四、大气的垂直结构

大气是包围地球的一层气体，那么大气有多厚呢？其下界是地面（或海面），但大气上界并不确定，大气的密度随着高度的升高而迅速减小，最后和星际气体连起来了，中间并不存在一个截然的“分界面”，大气上界是为了说明大气层的垂直范围而确定的地球大气的最大上限高度。通常有两种确定方法：一是着眼于大气中出现的某些物理现象，据观测，极光出现的最大高度在 1 200 km 的高度上，因此，有人认为大气上界是 1 200 km 高度，这称为大气的物理上界。二是着眼于大气密度，根据天体物理研究，星际气体密度约为每立方厘米中一个微观粒子。按人造卫星探测资料推算，地球大气密度在 2 000 ~ 3 000 km 高空达到这一标准，故一般以此作为大气上界。

微课视频
大气垂直结构

观测表明：大气在垂直方向上的物理属性是有显著差异的，根据气温、水汽的垂直分布，大气扰动程度和电离现象等不同特点，将大气自下而上分为五层，分别为对流层、平流层、中间层、热层和散逸层（见图 1-2）。

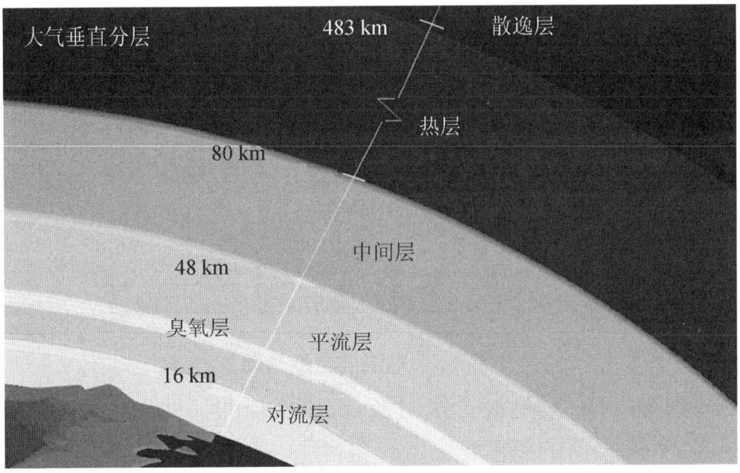

图 1-2　大气垂直分层

（一）对流层

大气的最低层称为对流层（Troposphere），其下界是地球表面（气象上通常把地球表面称为下垫面）。整个对流层平均厚度约 10 km，不到整个大气层厚度的 1%，但它集中了整个大气 75% 的质量，云、雾、雨、雪等主要天气现象都发生在该层，所以它是对人类影响最大的层次，也是气象学研究的重点层次。

1. 对流层的高度（厚度）

对流层的厚度随纬度和季节变化。空气对流产生的原因是空气受热不均，暖空气上升，冷空气下沉。因此，对流的厚度与温度有着密切的关系，在低纬地区对流层厚度平均为 17 ~ 18 km，中纬地区平均为 10 ~ 12 km，高纬地区平均为 8 ~ 9 km；就季节而言，同一地区夏季对流层的厚度大于冬季。以南京为例，夏季对流层厚度可达 17 km，而冬季只有 11 km，冬夏厚度差达 6 km 之多。

2. 对流层的主要特征

对流层有以下三个主要特征：

(1)气温随高度的升高而降低

对流层空气直接吸收太阳辐射很少，主要吸收地面长波辐射，空气从地面获得热量而升温，因此气温通常随高度的升高而降低。平均而言，每升高 100 m，气温下降约 0.65 ℃，称为平均气温垂直递减率(简称气温直减率)，用 γ 表示(γ=0.65 ℃/100 m)。实际上，对流层中的气温直减率是个变量，它随时间、地点、高度等的不同而变化。在一定条件下，对流层中也会出现气温随高度升高而上升的现象，称为“逆温现象”。

(2)空气具有强烈的对流和乱流(或湍流)运动

低层空气由于从地面获得热量受热上升，高层冷空气下沉，因此造成高、低层空气强烈的垂直混合运动，空气通过这种对流和湍流运动(见图 1-3)，使高、低层的空气进行交换，使地面的热量、水汽、杂质等易于向上输送，对成云致雨有重要作用。

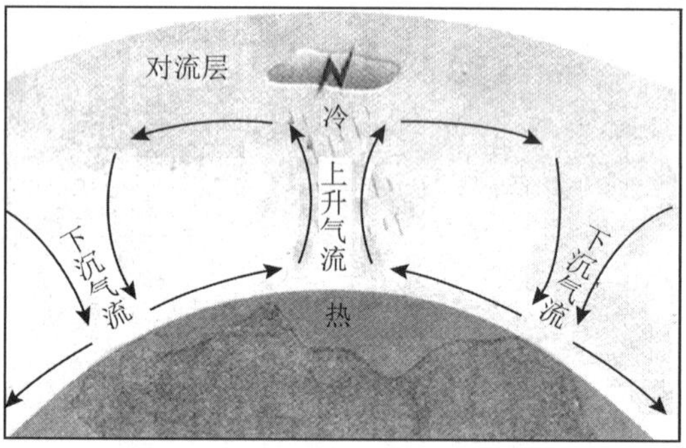

图 1-3　对流层空气运动

热带地区地面温度高，垂直混合作用强，对流层顶的高度高；极地地区地面温度低，垂直混合作用弱，对流层顶的高度低。

(3)气象要素(温度、湿度等)水平分布不均匀

由于纬度和地表性质的差异，地表面的空气在水平方向上具有不同的物理属性，温度、湿度等气象要素水平分布不均匀，如高纬大陆上空气寒冷干燥，低纬洋面上空气高温潮湿。

3. 对流层的分层

根据大气运动的不同特征，对流层可分为摩擦层和自由大气层。

摩擦层是指对流层底部贴近地表面的气层，这里的空气运动受地面摩擦和空气分子的湍流黏滞作用较大。随着高度的增加，摩擦作用减小，因此摩擦层中风随高度的增加而增大，摩擦层的厚度为 1.0～1.5 km。在摩擦层以上，由于距地面较远和空气密度变小，摩擦作用很小，通常可忽略不计，称为自由大气。在自由大气中，大气的运动规律显得比较简单和清楚，通常用对流层中部(5～6 km 或 500 hPa 等压面)的气流状况表征整个对流层大气运动的基本趋势。

※ **自我检测 3**：对流层的厚度随季节变化，最薄出现在________。

A. 春季　　B. 夏季　　C. 冬季　　D. 秋季

（二）平流层

从对流层顶向上到大约 55 km 高度的气层，称为平流层（Stratosphere）。平流层下部温度随高度升高保持不变或略有升高，称为“同温层”；向上到 20 km 以上，温度随高度的升高而显著上升，出现一个“逆温层”，到平流层顶可能超过 0 ℃，要比对流层顶的温度高出 60 ℃以上。气温的这种分布特征主要是由于在 20 ~ 40 km 的高度上存在一个臭氧层，臭氧能大量吸收太阳紫外线使空气增温。

平流层中大气以水平运动为主，没有强烈的对流运动，平流层的名称由此得来，加之平流层中水汽和尘埃含量极少，所以类似对流层中的云很难生成。由于平流层天气晴朗、气流平稳、大气透明度好，所以很适宜飞机飞行。

（三）中间层

从平流层顶向上到大约 80 km 高度的气层，称为中间层（Mesosphere）。该层的特点是温度随高度的升高而迅速下降，其顶部气温可降至 −83 ℃以下，原因是这里无臭氧吸收太阳紫外辐射。在中间层，空气再次出现强烈的垂直运动，故又有高空对流层之称。另外，在该层的 60 km 附近，有一个只在白天出现的电离层，称为 D 层。

（四）热层

从中间层顶至大约 800 km 高度的气层，称为热层（Thermosphere），又称暖层或电离层。这里空气密度极小，温度随高度升高而迅速上升，其增温程度与太阳活动有关，大气由于受强烈的太阳紫外辐射和宇宙射线的作用而处于高度电离状态，故又称为电离层，它具有反射短波无线电波的能力，对实现远程无线电通信具有重要意义。正是由于高层电离层的存在，人们才可以收听到很远地方的无线电台的广播。

（五）散逸层

800 km 高度以上的大气层，称为散逸层（Exosphere），这是整个大气的最外层。一些高速运动的大气质点可以挣脱地球引力的束缚，逃逸到宇宙空间与太阳大气连接起来，散逸层因此而得名。该层的气温也具有随高度升高而上升的特点，气温可高达数千摄氏度，空气极为稀薄，是大气层与星际空间的过渡带。

五、大气污染

大气是在不断变化着的，其自然的变化进程相当缓慢，人类活动造成的影响却“祸在燃眉”，大气污染问题已引起世界范围的广泛关注。随着全球工业及交通运输业的发展,大量废气、废物被排放到大气中去,这种由于人类活动而使局部甚至全球范围的大气成分发生有害于人类和各种生物的变化过程称为大气污染。大气污染物不仅直接危及人体的健康和农、林作物的正常生长,也越来越多地影响天气和气候的变化。

大气污染物的种类很多,据统计,对人类环境威胁较大的大气污染物主要是煤粉尘、二氧化硫、一氧化碳、一氧化氮、硫化氢、碳氢化合物和氨等,为了提高市民生活质量、优化生存环境,我国许多城市开展大气质量监测和治理工作,并通过各种媒体每天定时向社会发布空气污染指数、空气质量等级和首要污染物种类等,其中首要污染物主要指总悬浮颗粒物、二氧化硫和氮氧化合物,总悬浮颗粒物是指悬浮在空气中,空气动力学当量直径不大于100 μm 的颗粒物,日常提到的有 PM10、PM2.5(大气中直径不大于2.5 μm 的颗粒物)等。

此外,在臭氧的作用下,二氧化硫能引起有害的酸雨,这种酸雨还会对船体产生腐蚀作用;氮氧化合物经太阳紫外线照射能产生毒性很强的光化学烟雾。

※ **自我检测4**:一些大气污染成分在大气中发生化学变化形成有害物质,最常见的有________。

A. 酸雨和粉尘　　B. 氮氧化物和粉尘

C. 氮氧化物和光化学烟雾　　D. 酸雨和光化学烟雾

六、气象术语

(一)天气和气候

1. 天气

天气是指某一区域在较短时间内各种气象要素的综合表现。它具有时间短、多变性的特征[见图1-4(a)]。

2. 气候

气候是指某一区域各种气象要素多年的平均特征(亦包括极值)。它具有时间长、变化性不大的特征[见图1-4(b)]。

(a)　　(b)

图1-4　天气与气候

（二）气象要素和天气系统

1. 气象要素

气象要素表征大气状态的物理量或物理现象，如气温、气压、湿度、风、云、雾、雨、雪、雷电、沙尘暴等。

2. 天气系统

天气系统是具有一定的温度、气压或风等气象要素空间分布特征的大气运动系统。有的以空间气压分布为特征，如高压、低压、高压脊、低压槽等；有的以风的分布为特征，如气旋、反气旋、切变线等；有的又以温度分布为特征，如锋（冷锋、暖锋等）；有的则以某些天气状况为特征，如台风、雷暴、热带云团等。

（三）下垫面和大气上界

1. 下垫面

地球表面状况不同，则存在不同性质的下垫面，如海面、陆面、沙漠、绿地等。

2. 大气上界

大气上界指大气与星际空间的“分界面”，通常把大气中出现的一种光学现象——极光出现的高度（1 000 ~ 1 200 km）定为大气上界。极光是由太阳喷焰中发射的高能带电粒子与高层大气中的空气分子相撞，使之电离，并在地球磁场的作用下移向两极上空而形成的，因此常出现在高纬度地区的上空（见图 1-5）。

图 1-5　极光现象

【天气小谚语】

一场秋雨一场寒，十场秋雨穿上棉。

第二节　气温

【本节内容】

熟悉气温的温标表示方法以及三种温标之间的换算关系；熟悉空气增热和冷却的几种方式并会判断；掌握气温的日变化和年变化规律及气温日较差和年较差的影响因子。熟悉海平面平均气温的分布特征。

【案例导入】

假如气温上升 6 ℃

近些年来，极端天气（狂风 12 级升到 17 级、暴雨、干旱、高温）多发，产生的原因很多，主要是源于环境污染排发量大及地球离太阳近的缘故，或是两种原因结合。按这样的速度，再有 2 200 年，地球气温就可达 350 ℃。按全球平均气温计算，每百年增加 1.3 ℃，再有 24 000 年，地球气温也可达 350 ℃。在这个温度下，地上没有水源、植物绝迹、人类被迫在地下生存。无论用哪种算法，到时地球环境已无法让人类继续生存。

案例视频
假如气温上升六度

气温（Air Temperature）是表示空气冷热程度的物理量，是与我们日常生活有着密切联系的重要气象要素之一。气温既是天气预报的重要项目，也是预报天气的重要依据，大气中发生的许多自然现象和天气过程都与气温有关。气温是地面气象观测的常规要素之一。空气温度记录是一个地方的热状况特征的重要表现，在理论研究、国防与经济建设的应用上都发挥着不可或缺的作用。

因此，了解气温的变化规律，不论是对天气形势的预报还是对要素的预报都是十分重要的。

一、气温的观测和表示方法

天气预报中所说的气温，通常指的是在野外空气流通、不受太阳直射情况下测得的空气温度，由在植有草皮的观测场中离地面 1.5 m 高的百叶箱中的干湿球温度表测得（见图 1-6）。气温有定时气温（基本站每日观测 4 次）、日最高气温和日最低气温。通常气温一天观测 4 次，分别为 0200、0800、1400、2000（北京时）四个时次，部分测站根据实际情况，一天观测 3 次，分别为 0800、1400、2000（北京时）三个时次。

温度的度量单位或数值表示方法称为温标。常用的温标有三种，分别为摄氏温标、华氏温标和绝对温标。

1. 摄氏温标

摄氏温标是目前世界上使用较为广泛的一种温标，单位为摄氏度，用符号“℃”表

图 1-6　百叶箱中的干湿球温度表

示。用摄氏温标表示水的冰点和沸点分别为 0 ℃和 100 ℃，摄氏温标多用于日常生活和实际业务工作中。

2. 华氏温标

美国等少数一些说英语的国家习惯使用华氏温标，单位为华氏度，用符号“℉”表示。用华氏温标表示水的冰点和沸点分别为 32 ℉和 212 ℉。

3. 绝对温标（开氏温标）

绝对温标又称热力学温度或开尔文温标，常用于热力学和统计物理学，单位为开尔文，简称开，用符号“K”表示。用绝对温标表示水的冰点和沸点分别为 273 K 和 373 K。

摄氏温标和绝对温标之间的关系为：

$$K = C + 273 \tag{1-2}$$

华氏温标和摄氏温标之间的关系为：

$$C = \frac{5}{9}(F - 32) \text{ 或 } F = \frac{9}{5}C + 32 \tag{1-3}$$

※ **自我检测 1**：通过不同温标关系换算 14 ℉、10 ℃分别为________。

A. 10 ℃、283 K　　B. －10 ℃、283 K

C. －10 ℃、－263 K　　D. 10 ℃、263 K

微课视频
气温和辐射

二、太阳、地面和大气的辐射

1. 辐射的概念

自然界中一切温度高于绝对零度的物体都以电磁波的形式不停地向外传递能量，这种传递能量的方式称为辐射。辐射不依赖于任何介质，它以光速向外传播。研究表明，物体的温度越高，放射能力越强，辐射出的波长越短；物体的温度越低，放射能力越弱，辐射出的波长越长。不同波长电磁波具有不同的物理性质，按波长可分为 γ 射线、X 射线、可见光、红外线和无线电波。任何物体一方面因放射辐射消耗内能使本身温度降低，另一方面又因吸收其他物体放射的辐射并转化成内能而使本身的温度升高。

2. 太阳辐射、地面和大气辐射的概念

气象学着重研究的是太阳、地面和大气的辐射。

太阳辐射是地球表面和大气唯一的能量来源。太阳是表面温度为 6 000 K、内部温度更高的炽热球体,它所放出的辐射波长在 0.15 ~ 4.00 μm,称为短波辐射。太阳的短波辐射通过大气,只有极少部分被大气直接吸收,其中大部分穿过大气投射到地球表面。地面吸收太阳的短波辐射而使地面温度升高,然后以地面辐射的方式传给大气,地球表面这种以其本身热量日夜不停地向外放射辐射的方式,称为地面辐射。同样,大气在吸收地面长波辐射的同时,也依据自身温度不停地向外放出辐射,称为大气辐射。地面和大气的温度约为 300 K,比太阳表面温度低很多,辐射能力弱。观测发现,地面辐射和大气辐射的波长为 3 ~ 120 μm,称为长波辐射(或红外辐射)。

大气辐射的方向既有向上的,也有向下的,其中向下的那部分正好和地面辐射的方向相反,称为大气逆辐射(见图 1-7)。大气逆辐射是地面获得热量的重要来源,大气逆辐射的存在使地面实际损失的热量比地面以长波辐射放出的热量少一些,大气的这种保温作用称为大气的温室效应。例如,在阴天及有云的夜晚,大气中的水汽和水汽凝结物放射长波辐射的能力比较强,从而加强了大气的逆辐射,使阴天夜间气温高于晴夜。这种现象有时称为云的"花房效应"。

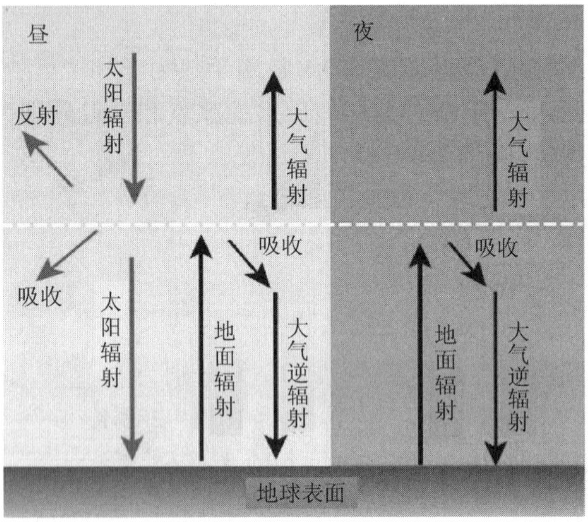

图 1-7　大气逆辐射

3. 地球 – 大气系统的热量收支

地球表面和大气之间进行着各种形式的运动过程,太阳辐射是维持平衡的主要源泉。图 1-8 是地气系统作为一个整体的年平均辐射平衡图。图中左边是太阳辐射的平衡过程,右边是地球长波辐射的平衡过程。

从图 1-8 中左边可见,如果把入射的太阳辐射作为 100 个单位,则有 20 个单位被平流层的臭氧、对流层的水汽、气溶胶和云所吸收,30 个单位被空气分子、云及地面散射或反射回太空,剩下 50 个单位被地面吸收。从图中右边可见,在被地面吸收的 50 个单位的太阳辐射中,20 个单位以地面长波辐射的形式进入大气,30 个单位则经过湍流和对流以感热和潜热的形式传输至大气,在20个单位地面长波辐射中,14个单位被大气吸收(主要是水汽和二氧化碳),6个单位则直接进入太空。因此,对于大气而言,它吸收了20个单位的太阳短波辐射,14个单位的地面长波辐射以及30个单位的感热和潜热形式的能量,再以长波辐射向太空发射,达到能量的平衡。由此可见,大气受热的主要直接热源不是太阳,而是地球表面,即下垫面,而太阳辐射是热量的初始来源。

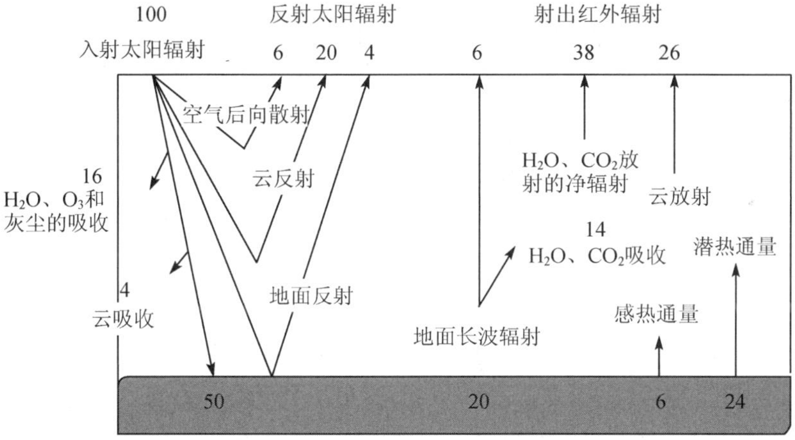

图1-8 地气系统的年平均辐射平衡图

地面和大气因辐射而不断进行热量交换,在没有其他热量交换的情况下,辐射差额(辐射差额=收入辐射-支出辐射)决定了物体的升温和降温,辐射差额不为零时,表明物体收支的辐射能不平衡,会有升温或降温产生。研究表明,无论是南半球还是北半球,地气系统辐射差额在纬度35°处是一个转折点,在35°以下低纬度地区辐射差额为正,35°以上高纬度地区辐射差额为负,这说明高低纬度间必存在着热量交换,这种热量交换正是由大气的经向热量输送和海水的冷暖流交换来完成的。

※ **自我检测2**:太阳、地面和大气辐射的强弱主要取决于________。

A. 组成成分　　B. 热力性质　　C. 物理结构　　D. 温度高低

三、空气增热和冷却方式

空气温度的高低,实质上是空气内能大小的表现。当空气获得热量时,它的内能增加,气温就升高;当空气失去热量时,它的内能减少,气温就降低。空气不断与外界交换热量是引起气温变化的主要原因。交换热量的方式有以下几种。

1. 辐射(Radiation)

大气受热或冷却的主要直接热源是下垫面。白天,地面增温,低层大气吸收地面长波辐射使气温升高,再由大气辐射等作用将热能向上传递;夜间,地面因得不到太阳辐射而降温,地面辐射减弱,大气本身也因向地面放出逆辐射而使气温降低,从而形成昼暖夜冷的一般变化规律。可见,长波辐射是地面与大气之间交换热量的最主要方式。

2. 对流与平流

对流(Convection)是指空气在垂直方向上有规则的升降运动。例如，暖而轻的空气上升，冷而重的空气下沉补充，便形成了垂直对流运动。对流过程中上、下层空气互相混合，可使低层的热量传递到较高的层次。

平流(Advection)是指大范围空气的水平运动，同时伴有某种物理量的水平输送。例如，“南风送暖，北风送寒”就是指空气的平流运动，它对局地温度的变化影响甚大。

3. 水相变化

水在蒸发或冰在升华时要吸收热量；水汽在凝结或凝华时，又会放出凝结潜热。因此，在水相变化过程中，伴随热量的吸收和释放，蒸发与凝结能使地面与大气之间、空气块与空气块之间发生热量交换。

4. 乱流

乱流(Turbulence)又称湍流，是指空气微团的无规则运动。当下垫面受热不均匀的范围和程度较小时，或者当空气流经粗糙的下垫面时，都可形成乱流运动。它一般只发生在近地面 1 km 以下的摩擦层内。乱流能使空气在各个方向上充分混合，同时也就使热量、水分和微尘的分布趋于均匀。白天地面增热，乱流作用将热量由地面向上传送；夜间，乱流作用又将热量向下传送给地面，但强度比白天弱。例如，在有风的夜间，低层乱流较强，乱流作用向下传递热量，使夜间地面辐射失去的热量得到部分补偿，地面降温作用减小，因而地面气温比静风时要高些。

5. 热传导

空气与下垫面之间、空气与空气之间都可以通过分子热传导(Conduction)交换热量。但由于空气是热的不良导体，分子的热传导作用十分微小，通常不予考虑。

综上所述，局部地区气温的变化是多种物理过程综合作用的结果，只是具体情况要具体分析。通常，地面与大气之间的热交换以辐射为主，乱流和水相变化次之；各地空气之间的热交换以平流为主；上、下层之间的热交换以对流和乱流为主。

※ **自我检测 3**：下垫面与空气之间的垂直热量交换途径主要有________。

Ⅰ. 热传导；Ⅱ. 辐射；Ⅲ. 水相变化；Ⅳ. 对流；Ⅴ. 乱流；Ⅵ. 平流。

A. Ⅰ ~ Ⅴ　　B. Ⅰ ~ Ⅵ

C. Ⅱ ~ Ⅵ　　D. Ⅱ ~ Ⅳ，Ⅵ

微课视频
空气增热和冷却方式

四、气温随时间的变化

气温随时间具有一定的周期性变化，气温在一天中和一年中的正常变化规律，称为气温的日变化和年变化。“午热晨凉”“夏暑冬寒”是近地面附近气温变化的一般规律，而且越靠近地面的气层，这种变化越显著。气温随时间无固定周期的变化，称为气温的非周期性变化。

(一)气温的日变化

1. 气温日变化特点

气温在一天内出现一个最高值和一个最低值。陆地上气温最高值出现在午后1400左右(夏季1400—1500,冬季1300—1400);大洋上气温最高值出现在中午1230左右;无论陆地还是海洋,气温最低值均出现在日出前后(见图1-9)。

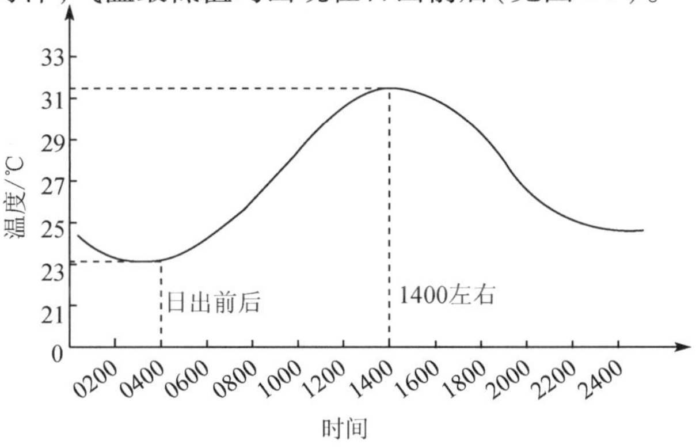

图1-9　陆地某地气温日变化曲线

2. 气温日较差

一天中气温最高值与最低值之差,称为气温日较差。研究表明,气温日较差的大小与纬度、季节、下垫面性质、天气状况、海拔及地形等有关。

(1)纬度

由于太阳高度角在一天中的变化在低纬地区大,因此气温日较差值低纬大,随着纬度的增加而减小。例如,热带地区平均为12 ℃,温带地区平均为8 ~9 ℃,极地附近只有2 ℃。

(2)季节

由于夏季太阳高度的日变化大于冬季,因此气温日较差夏季大、冬季小,这种随季节的变化在中纬地区最明显。

(3)下垫面性质

由于海陆热力性质的差异,陆地上气温日较差比海洋上大得多,陆地上常在10 ~15 ℃,其中沙漠最大;海洋上日较差只有1 ~2 ℃,大洋上则更小。

(4)天气状况

晴天的日较差比阴天大。晴天时,白天太阳辐射强烈,地面增温强烈,夜晚地面有效辐射强降温强烈。阴天时,云层白天能阻挡太阳辐射,而夜间能减少地面辐射散失的热量,使差值减小。

(5)海拔(地形)

海拔越高,气温日较差越小。低凹地(如盆地、谷地)的气温日较差大于平地,平地的气温日较差大于凸地(如山丘)。低凹地形处空气与地面接触面积大、通风不良、热量不易散失,并且在夜间常为冷空气沿山坡下沉汇合之处,加上辐射冷却,故气温日较差大;凸出地形上部由于海拔高和方圆面积小的关系,气温受地表影响小而主要受周围空气的调节,白天不易升高,夜晚也不容易降低;平地则介于两者之间。

※ **自我检测** 4:若只考虑纬度变化对气温日变化的影响,气温日较差较小的地区是________。

A. 极地附近　　B. 副极地地区　　C. 温带地区　　D. 热带地区

(二)气温的年变化

1. 气温年变化特点

一年之内,月平均气温有一个最高值和一个最低值。在北半球,大陆上最高值出现在 7 月,最低值出现在 1 月;海洋上比大陆推迟一个月,分别为 8 月和 2 月。在南半球,最高值与最低值出现的月份则与北半球相反。

2. 气温年较差

一年中月平均气温最高值与最低值之差,称为气温年较差。气温年较差的大小随纬度、下垫面性质和海拔等变化。

(1)纬度

气温年较差在赤道附近最小,随纬度的增加而增大,在两极地区最大。

(2)下垫面性质

同纬度相比,气温年较差在海洋上小、陆地上大,从沿海向内陆逐渐增大。

(3)海拔

海拔越高,气温年较差越小。

另外,尽管赤道地区年较差值很小,但一年中气温会出现两个高值和两个低值,时间分别为春分、秋分和冬至、夏至之后。

实际上,气温的变化并不像上述的周期性变化那么简单,有时也会表现出非周期性的变化。因此,实际气温的变化是这两个方面共同作用的结果,但总的看来,还是以周期性变化为主。

微课视频
气温变化规律

※ **自我检测** 5:北半球气温最低的月份在大陆和海洋上分别出现在________。

A. 7 月和 8 月　　B. 1 月和 2 月　　C. 7 月和 1 月　　D. 1 月和 7 月

五、气温的空间分布

1. 气温的水平分布——海平面平均气温的分布

气温的水平分布通常用等温线表示,图 1-10、图 1-11 分别表示订正到海平面后的全球 1 月和 7 月平均气温的地理分布。由全球海平面平均气温等温线分布的主要特征可以看出影响气温分布的主要因素及其作用。

(1)赤道地区气温高,向两极逐渐降低,这是一个基本特征,表明太阳辐射增暖地面对气温的影响主要是由纬度决定的。

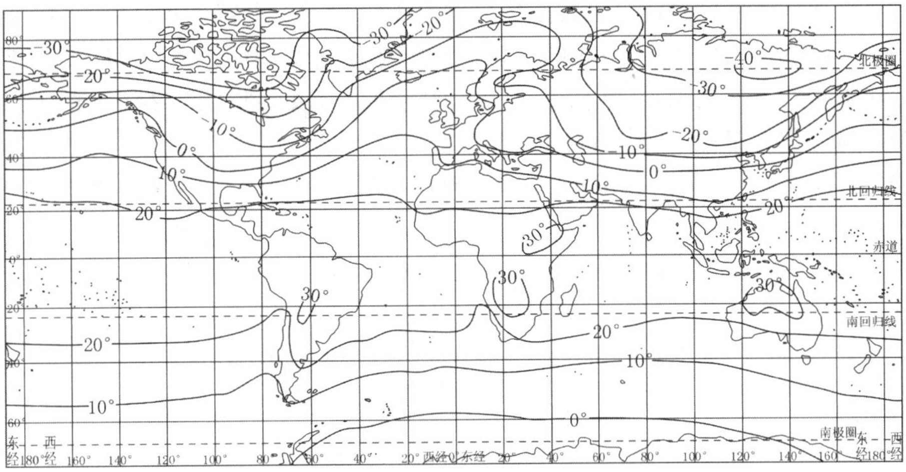

图 1-10　1 月海平面平均气温的地理分布

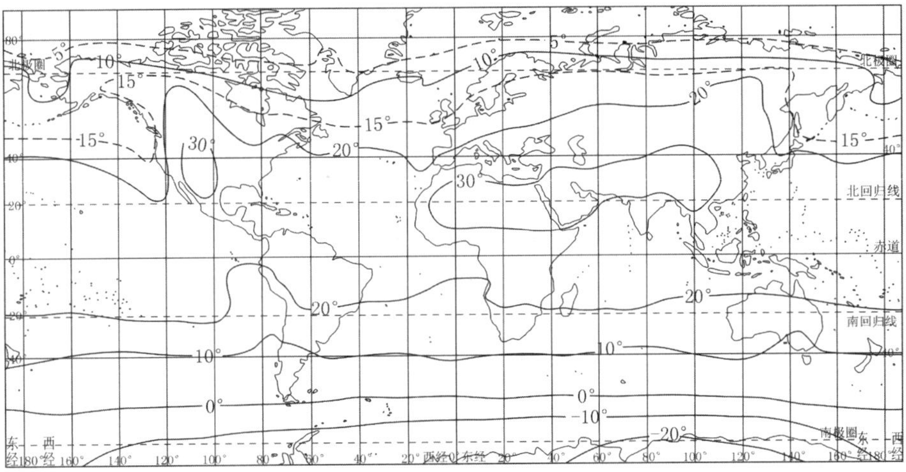

图 1-11　7 月海平面平均气温的地理分布

(2)等温线大致与纬圈平行，这点在南半球表现得更明显，在北半球，等温线并不完全与纬圈平行，其特征是：冬季(1 月)等温线在大陆上(如欧亚大陆和北美大陆)凹向赤道，海洋上(如太平洋和大西洋)则凸向极地，尤其在北大西洋上墨西哥湾流所在处尤为突出；夏季则相反，是由于冬季大陆为冷源，海洋为热源。这一事实表明气温的分布还受海陆分布、地表不均匀及洋流的影响。海面和陆面是两种热属性很不同的下垫面，若吸收相同热量，海面温度与陆面温度有显著差异，海面变化平缓，陆面变化剧烈，主要原因有以下三点：

①海水的热容量(1 cm^3海水升温 1 ℃所需热量)较大；

②海水具有流动性；

③太阳辐射穿透陆地只限于表面薄层，在海洋可达几十米。

值得说明的是，由于北大西洋墨西哥湾流的影响，位于 60°N 以北的挪威、瑞典 1 月的平均气温比同纬度的亚洲及北美东岸气温高 10 ~ 15 ℃；在盛行西风带的 40°N 处，欧亚大陆的西岸，1 月的平均气温比同纬度的亚洲东岸高出 20 ℃以上。此外，一些高大的山脉能阻止冷空气的流动，从而影响气温的分布。例如，我国的青藏高原、欧洲的阿尔卑斯山脉等均能阻止冷空气南下，使其改为向东流动。

（3）夏季半球的等温线较稀疏，冬季半球的较密集。这与冬、夏高低纬之间地面所接收的太阳辐射差不同有关。

（4）地球上的最高气温带并不与地理赤道吻合，其平均位置约在 10°N 附近，称为热赤道，这里 1 月和 7 月的平均温度均高于 25 ℃。

据观测记录，全球不论冬夏，最低气温均出现在南极附近，极端最低气温值达 -94 ℃。在北半球，冬季有两个冷极，一个在西伯利亚，另一个在格陵兰；夏季最低气温出现在极地附近，夏季的极端最高气温达 63 ℃（在索马里境内）。全球年平均气温为 14.3 ℃。

※ **自我检测 6**：海平面平均气温分布的特点是________。

Ⅰ. 等温线大致与纬圈平行；Ⅱ. 冬季北半球大洋西部等温线向东北突出；Ⅲ. 冬季半球的等温线稀疏，夏季半球的则较密集；Ⅳ. 夏季半球的等温线稀疏，冬季半球的则较密集；Ⅴ. 冬季北半球大洋东部等温线向西北突出；Ⅵ. 等温线不与纬线圈平行。

A. Ⅰ ~ Ⅲ　　B. Ⅰ，Ⅱ，Ⅳ

C. Ⅰ，Ⅲ，Ⅴ　　D. Ⅳ ~ Ⅵ

2. 气温的垂直分布——气温垂直递减率

大气温度随高度的变化率称为气温垂直递减率，通常用 γ 来表示。

如图 1-12 所示，若 Z_1 高度上的气温为 T_1，Z_2 高度上的气温为 T_2，则 Z_1 与 Z_2 之间气层的温度直减率为：

$$\gamma = -\frac{T_2 - T_1}{Z_2 - Z_1} = -\frac{\Delta T}{\Delta Z} \tag{1-4}$$

根据公式，通常情况下，气温随高度升高而降低，$\gamma > 0$。有时会出现气温随高度增加而升高的现象，称为逆温，出现逆温的空气层称为逆温层。在逆温层内，$\gamma < 0$；在等温层内，$\gamma = 0$。逆温层和等温层能阻碍对流运动的发展，对天气变化有一定影响。

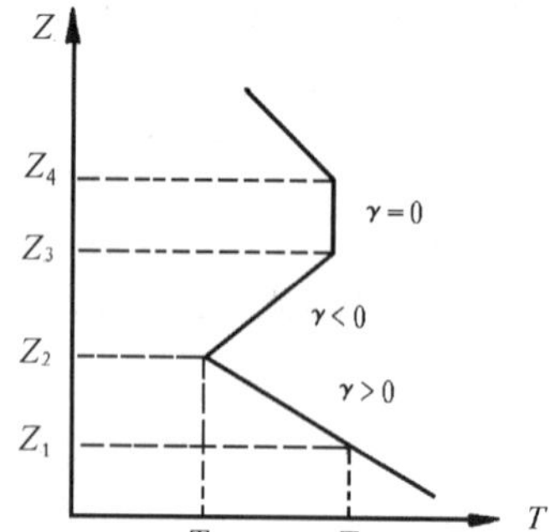

图 1-12　气温垂直递减率

实际大气中,γ 值随时间、空间而变化,即不同时间、不同地点、不同层次的 γ 值是不等的。

【气象小常识】

我国最冷和最热的地方分别在哪里?

我国最冷的地方是我国最北的黑龙江省的漠河,最低温度曾达到 -52.3 ℃。最热的地方是我国新疆的吐鲁番盆地,最高温度曾达到 48.9 ℃。

第三节 气压

【本节内容】

熟悉气压的定义和单位;理解气压随高度变化的特点,掌握大气静力方程、单位气压高度差及船用压高公式的讨论及重要结论,熟悉并理解气压的日变化规律和年变化规律。

【案例导入】

马德堡半球实验

马德堡半球,是一对铜质空心半球,被用于1654年由德国物理学家、时任马德堡市长奥托·冯·格里克于神圣罗马帝国的雷根斯堡(今德国雷根斯堡)进行的一项物理学实验。在这项实验中,实验者先将两个完全密合的半球中的空气抽掉,然后驱马从两侧向外拉,以展示大气压力的作用。马德堡半球实验作为物理学中的经典实验,至今仍被广泛用于课堂教学。最初用于实验的两个半球现保存于位于慕尼黑的德意志博物馆中。

气压的高低及其变化趋势与天气状况及其未来的变化关系十分密切。众所周知,气压升高时,一般天气晴好;气压降低时,天气往往变坏,可能出现阴雨、大风等天气;气压开始升高,意味着天气转好。气压形势的分析和预报是制作天气预报的基础。

一、气压的概念及单位

大气是有重量的,地球表面大气的重量约为 5.14×10^{15} t。在重力方向上,单位截面上大气柱的重量称为大气压强(或大气压),简称气压。空间任意高度上的气压值等于从该高度起直至大气上界为止单位截面积上垂直空气柱的重量。

在标准情况下,即气温为 0 ℃、纬度 45°的海平面上,760 mm 水银柱高的大气压称为标准大气压,可表示为:

$$P_0 = 760\ \text{mmHg} \tag{1-5}$$

在国际单位制中，气象上规定采用“百帕（hPa）”作为气压的单位。经过计算，标准大气压的值为 1 013.25 hPa，即有：

$$P_0 = 760\ \text{mmHg} = 1\ 013.25\ \text{hPa} \tag{1-6}$$

显然，hPa 和 mmHg 两单位之间有以下关系：

$$1\ \text{hPa} \approx \frac{3}{4}\ \text{mmHg 或 } 1\ \text{mmHg} \approx \frac{4}{3}\ \text{hPa} \tag{1-7}$$

现在国际上有些国家仍然继续使用“毫巴（mbar）”作为气压的单位。

$$1\ \text{mbar} = 1\ \text{hPa} \tag{1-8}$$

微课视频
气压的定义和单位

※ **自我检测 1**：利用不同气压单位间换算关系，780 mmHg、1 000 hPa 分别为________。

A. 1 040 hPa、750 mmHg　　B. 1 020 hPa、760 mmHg

C. 1 040 hPa、760 mmHg　　D. 1 020 hPa、750 mmHg

二、气压随高度的变化

根据气压的定义可知，随着高度的增加，空气柱变短，且空气密度变小，因此，气压减小。地面上气压最大，到大气上界减小为零。表 1-2 中列出了气压随高度变化的一些典型数据。例如，大约在 5.5 km 高度处，气压值约为地面气压的 1/2；到 16.0 km 高度处，已减少到约为地面气压的 1/10；到 31.0 km 高空处，仅为地面气压的 1/100。

表 1-2　气压随高度的变化

高度/km	0.0	1.5	3.0	5.5	9.0	12.0	16.0	20.5	24.0	31.0	36.0	48.0
气压/hPa	1 000	850	700	500	300	200	100	50	30	10	5	1

因此，气压总是随着高度的升高而减小，又因空气密度随高度升高而迅速减小，造成气压随高度升高而减小的速度很快。下面介绍与气压随高度变化相关的几个公式。

1. 大气静力方程

假定大气处于静力平衡状态，即在垂直方向上所受到的力达到平衡。如图 1-13 所示，在截面积为 ΔS 的垂直大气柱中，取一高度为 ΔZ 的薄层，当 ΔZ 很小时，其中的大气密度 ρ 可视为不随高度改变。

因假定气柱处于静力平衡状态，故有该气层上下底面的压力差：

$$F_1 - F_2 = P_1 \cdot \Delta S - P_2 \cdot \Delta S \tag{1-9}$$

与气层重量 $W = \rho g \Delta Z \cdot \Delta S$ 相等，即：

$$(P_1 - P_2) \cdot \Delta S = \rho g (Z_2 - Z_1) \cdot \Delta S$$

$$-(P_2 - P_1) = \rho g (Z_2 - Z_1)$$

即：

$$\Delta P = -\rho g \Delta Z \tag{1-10}$$

或：

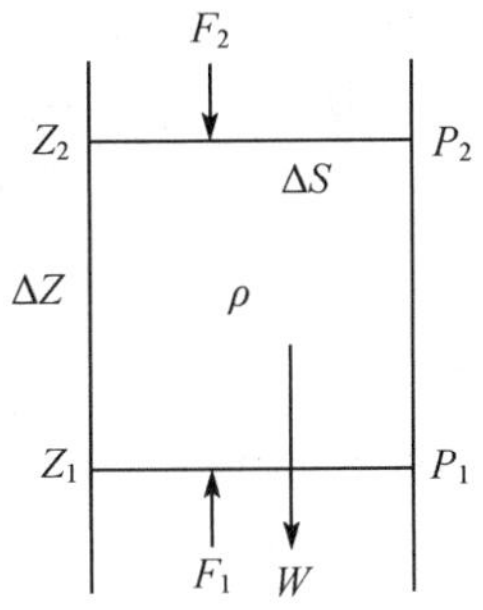

图 1-13　大气静力平衡

$$\frac{\Delta P}{\Delta Z} = -\rho g \tag{1-11}$$

式(1-10)或式(1-11)称为大气静力方程。式中右边“负号”表示当 $\Delta Z > 0$ 时，有 $\Delta P < 0$，即表示高度增加时，气压是下降的。

那么根据大气静力方程可得到以下结论：

(1)当 $\Delta Z > 0$ 时，$\Delta P < 0$，即气压随高度的升高而递减。

(2)随着高度的增加，气压递减的快慢取决于空气的密度。空气密度大的气层，随着高度的增加，气压递减得快；空气密度小的气层，随着高度的增加，气压递减得慢。由此得出结论：低层大气中气压随高度减小得快；干冷空气比暖湿空气中气压随高度减小得快。

(3)经计算，在近地面层，高度每升高 10 m，气压的降低值约为 1.3 hPa；因此很容易算出，在近地面层，若要气压减小(或增加)1 hPa，则需要上升(或下降)约 8 m。

※ **自我检测 2**：在同一气层中，高度每升高 100 m，气压变化量大小为________。

A. 高温处小于低温处　　B. 高温处大于低温处

C. 高温处等于低温处　　D. 变化与温度无关

2. 单位气压高度差

在垂直气柱中，改变单位气压(1 hPa)时对应的高度改变量，称为单位气压高度差。可由前述大气静力方程得出单位气压高度差的表达式为：

$$h = \left|\frac{\Delta Z}{\Delta P}\right| = \left|-\frac{1}{\rho g}\right| = \frac{1}{\rho g} \tag{1-12}$$

式(1-12)表明，单位气压高度差 h 的大小主要随空气密度 ρ 的改变而改变，且与空气密度成反比。那么根据分析可以得到以下结论：

(1)垂直方向

在低空，空气密度大，要使气压降低 1 hPa，只需上升较小的高度(h 值小)；随着高度的升高，空气密度 ρ 减小，气压每降低 1 hPa，所需上升的高度也就越来越大(h 值增大)。

(2)水平方向

在水平方向上，温度是影响空气密度的主要因素。在暖区，气温高，空气密度 ρ 小，

h 值大;在冷区,气温低,空气密度 ρ 大,h 值小。

※ **自我检测** 3:在同一气层中,若气压变化 1 hPa,则其高度差为________。

A. 高温处等于低温处　　B. 高温处小于低温处

C. 高温处大于低温处　　D. 高度差与气温无关

3. 船用压高公式

在实际工作中,经常用船测气压来计算海平面的气压值。当要求的精度不太高时,利用单位气压高度差 h 值,可以导出海平面气压的订正公式:

$$P_0 = P' + \frac{H}{h} \tag{1-13}$$

式中:P_0——海平面气压;

P'——船台高度上的气压(又称本站气压);

H——船台距海面的高度。

由计算得知:当气压为 1 000 hPa,温度为 0 ℃时,h 值为 8 m/hPa,则公式可以简化为:

$$P_0 = P' + \frac{H}{8} \tag{1-14}$$

例:某船放置空盒气压表的驾驶台距离海平面高度为 20 m,测得本站气压为 1 002.5 hPa,经高度订正后,海平面气压 $P_0 = 1\,002.5 + \frac{20}{8} = 1\,005.0$(hPa)。

三、气压随时间的变化

气压随时间的变化有周期性变化和非周期性变化两种,以下主要介绍地面气压的周期性变化,包括日变化和年变化。

1. 气压的日变化

地面气压一天中出现两个峰值和两个谷值,峰值分别在 1000 和 2200,其中 1000 最高,2200 次高;谷值分别在 0400 和 1600,其中 1600 最低,0400 次低(见图 1-14)。日变化呈现两个大致对称的半日波,每 12 h 为一个周期。

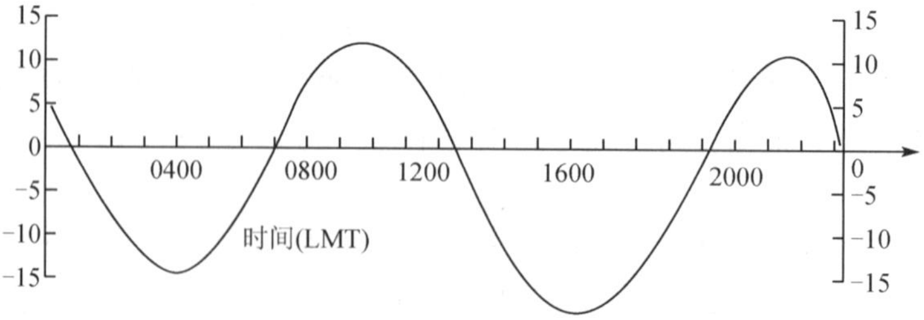

图 1-14　气压日变化曲线(纵坐标表示气压,hPa)

每天的最高值与最低值之差,称为气压日较差。气压日较差的大小主要随纬度变化:低纬地区最大,可达 3 ~5 hPa;中纬地区,日较差小于 1 hPa,又因经常受到高低气压系统的影响,致使气压的日变化不甚明显。中高纬地区只有在稳定的天气形势下,才能记录到完整的日变化。

※ **自我检测 4**:下列气压日较差最小的海域是________。

A. 日本海　　B. 黄海　　C. 东海　　D. 南海

2. 气压的年变化

根据气压的月平均值资料,发现气压具有年变化周期,而且随下垫面性质的不同,主要可分为两种类型(见图 1-15):

(1)陆地型

一年中气压最高值出现在冬季,最低值出现在夏季,气压年较差大,如北京的气压年较差可达 26 hPa。

(2)海洋型

一年中气压最高值出现在夏季,最低值出现在冬季,气压年较差比大陆小。

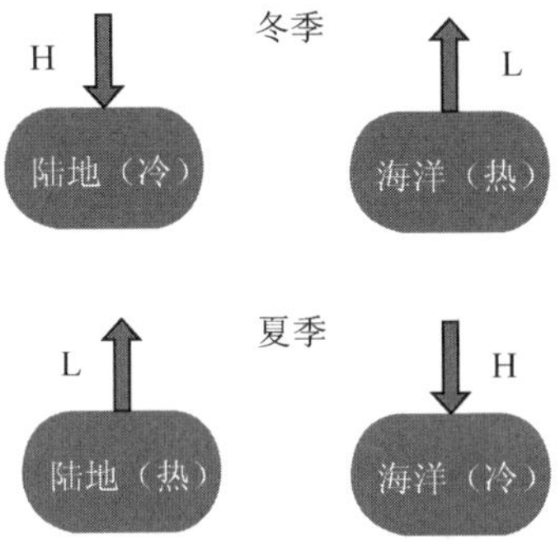

图 1-15　陆地和海洋冬夏气压变化

气压年变化出现上述两种类型主要是由海陆热力性质差异造成的。冬季同纬度地区相比,海洋的气温高于陆地,海洋上空气膨胀上升,陆地上空气冷却下沉,上空空气自海洋流向陆地,因而陆地上单位截面大气柱的质量增加,气压高,而海洋上单位截面大气柱质量减少,气压低。夏季则相反,同纬度地区相比,海洋的气温低于陆地,所以形成海洋气压高、陆地气压低的情况。

一年中最高月平均气压与最低月平均气压之差称为气压年较差。气压的年变化受气温的年变化影响很大,因而也与纬度、海陆性质、海拔等因素有关,由于太阳辐射的年变化在高纬地区比低纬地区大,因此,气压的年较差也随纬度的增加而增大,在中高纬度地区气压年较差最为显著。陆地的气压年较差大于海洋,平原地区的气压年较差大于高海拔地区。

另外,值得注意的是,在高山地区一年中气压最高值出现在夏季,是由空气受热膨胀上升、高山上空气质量增加而导致的;最低值出现在冬季,是由空气受冷收缩下沉、高山上空气质量减少而导致的。

气压还存在着非周期性变化。例如,冬季强冷空气南下时,它所经之地气压明显升高；夏季有台风来临时，气压明显下降，等等。说明气压的非周期性变化与冷、暖空气及气压系统的活动直接相关。气压的非周期变化的幅度也远大于周期性日变化的幅度。一般在天气转坏时，正常的日变化规律便遭到破坏。

微课视频
气压随时间的变化

※ **自我检测 5**：在南半球大陆和海洋上气压最低的月份分别为________。

A. 1 月和 2 月　　B. 7 月和 8 月

C. 7 月和 1 月　　D. 1 月和 7 月

四、海平面气压场的基本形式

某一时刻，气压的空间分布称为气压场。海平面上的气压分布称为海平面气压场，它反映了海平面附近的气压形势。船舶所接收的传真地面天气图，就是海平面的气压形势图，图上绘有等压线（海平面上气压相同点的连线），用等压线来反映海平面气压分布的特征。

由于气压场的分布是复杂多变的，所以等压线的形状及组合也是多样的，主要有以下几种型式。

1. 低气压

由闭合等压线构成的中心气压比周围低的区域称为低气压（Low Pressure；Depression），简称低压。其空间等压面的形状向下凹陷，形如盆地[见图 1-16（a）]。

2. 低压槽

由低压向外延伸出来的狭长区域，或一组未闭合的等压线向气压较高的一方凸出的部分称为低压槽（Trough），简称槽。在低压槽中，各条等压线曲率最大处的连线，称为槽线[见图 1-16（b）]。

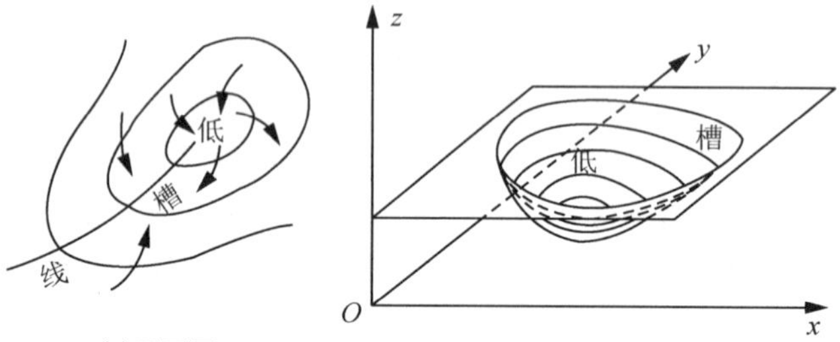

（a）平面图　　（b）空间等压面图

图 1-16　低压和低压槽示意图

3. 高气压

由闭合等压线构成的中心气压比周围高的区域称为高气压（High Pressure），简称高压。其空间等压面的形状向上凸起，形如山丘[见图 1-17（a）]。

4. 高压脊

由高压向外延伸出来的狭长区域，或一组未闭合的等压线向气压较低的一方凸起的部分，称为高压脊（Ridge），简称脊。在高压脊中，各条等压线曲率最大处的连线，称为脊线［见图 1-17(b)］。

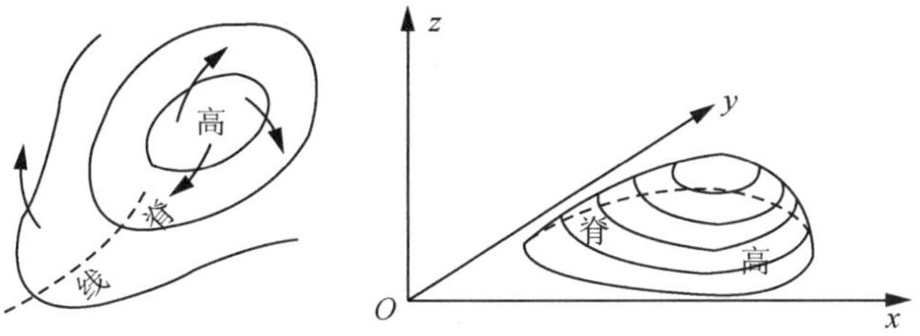

(a) 平面图　　(b) 空间等压面图

图 1-17　高压和高压脊示意图

5. 鞍形区

相对并相邻的两高压和两低压组成的中间区域称为鞍形区（Col），简称鞍。其空间等压面的形状类似马鞍。鞍形区内气压分布较均匀，又有匀压区之称，其主要天气特征是风小（见图 1-18）。

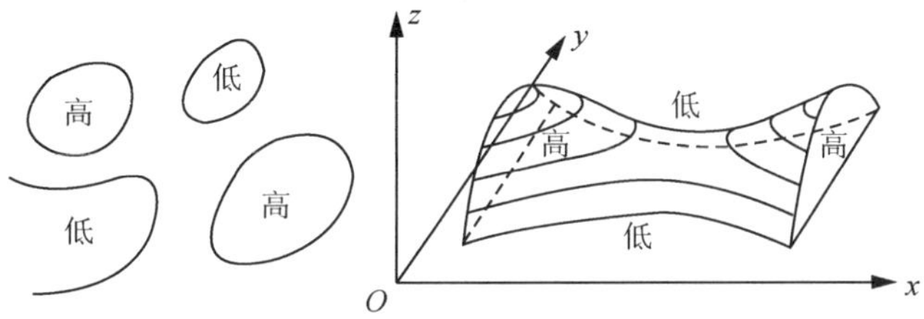

(a) 平面图　　(b) 空间等压面图

图 1-18　鞍形区示意图

另外，通常将两个高压之间的狭长区域称为低压带，两个低压之间的狭长区域称为高压带。

上述几种气压场的基本型式，统称为气压系统（Pressure Systems）［见图 1-19(a)］。各个气压系统都具有自己特有的结构和运动情况，因而所伴生的天气也不同。掌握气压场的分布和变化是制作天气预报的基础。

※ **自我检测 6**：图 1-19(b) 中给出了地面气压场分布，高压出现在________。

A. A 区、N 区、H 区

B. B 区、C 区、H 区

C. A 区、C 区、H 区

D. B 区、C 区、F 区

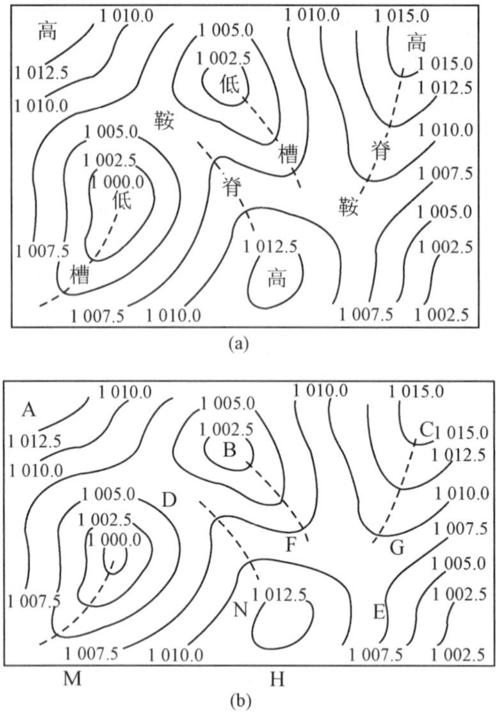

图 1-19　气压场基本型式

五、水平气压梯度

海平面气压的分布特征可以用等压线的走向和单位距离内的气压变化的数值来表示。

气象学中规定，垂直于等压线，沿气压减小的方向，单位距离内气压减小的数值称为水平气压梯度，用符号 $-\dfrac{\Delta P}{\Delta n}$表示。其中，$\Delta n$ 代表沿水平气压梯度方向前后两点间的距离，ΔP 代表这两点间的气压差，负号表示沿水平气压梯度的方向气压是减小的。

由此可见，水平气压梯度是一个矢量，其方向与等压线垂直，指向气压减小的一方。显然，$-\dfrac{\Delta P}{\Delta n}$恒大于零。水平气压梯度的单位是 $\mathrm{hPa \cdot m^{-1}}$，在实际工作中常用“百帕/赤道度”来表示。1 个赤道度等于 60 n mile 或大约 111 km。

在地面天气图上任意相邻等压线间的气压差值 ΔP 是一定的，因此，在等压线稀疏的地方，水平气压梯度小；在等压线密集的地方，水平气压梯度大。因此从等压线分布的疏密情况，就可以直观地判断水平气压梯度的相对大小。

实际大气中水平气压梯度的值是很小的，平均约为 1 hPa/100 km，只有铅直气压梯度的万分之一。但它是风的起动力，对大气的运动具有非常重要的作用。

※ **自我检测 7**：在地面图上，水平气压梯度与等压线疏密程度的关系是________。

A. 等压线稀疏，水平气压梯度大　　B. 等压线稀疏，水平气压梯度小

C. 等压线密集，水平气压梯度小　　D. 水平气压梯度与等压线疏密无关

六、气压系统随高度的变化

任何气压系统都具有三度空间结构，气压系统随高度的变化与它和温度场的配置密切相关。地面上的高、低气压系统的强度随高度的升高是加强或是减弱，主要取决于气压场和温度场的配置情况。

（一）温压场对称的系统

温压场对称是指系统的温度场与气压场相重合（即温度场的冷、暖中心同气压场的高、低压中心相重合），称这样的气压系统是温压场对称的系统。温压场对称的系统其中心轴线（各高度上系统中心的连线）在空间是垂直的（见图 1-20）。温压场对称的系统包括暖高压、冷高压、暖低压和冷低压四类。

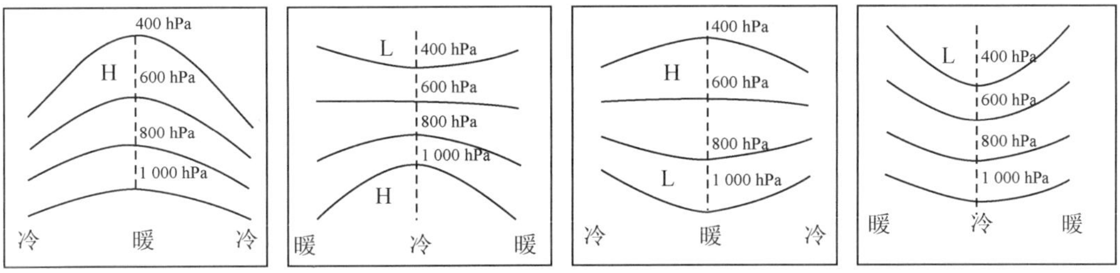

(a) 暖高压　(b) 冷高压　(c) 暖低压　(d) 冷低压

图 1-20　温压场对称系统的垂直剖面示意图

温压场对称的系统又分为深厚系统和浅薄系统两种。深厚系统是指地面是高压，到高空仍保持高压，或地面是低压，到高空仍保持低压。暖高压和冷低压就属于深厚系统。浅薄系统是指地面的高压（低压）随高度的增加而强度减弱（增强），甚至转变成低压（高压）。冷高压和暖低压就属于浅薄系统。

1. 暖高压

当温度场的暖中心与高压中心重合时，称为暖高压，如图 1-20（a）所示。暖高压中心部位的温度高于四周，密度相对要小。根据静力平衡方程可知，中心部位的单位气压高度差大于四周，即两等压面间的厚度大于周围。因此，随着高度的升高，中心部位的等压面越来越向上凸起。这表明暖高压不仅可以伸展到很高的高度，而且随着高度的升高其强度加强。副热带高压、阻塞高压都属于暖性深厚系统。

2. 冷高压

当温度场的冷中心与高压中心重合时，称为冷高压，如图 1-20（b）所示。冷高压中心部位是冷区，故两等压面间的厚度中心较薄，而四周较厚，空间等压面变得越来越平，致使冷高压的强度随高度升高而明显减弱，到一定高度后可转变为低压。冬季西伯利亚高压（蒙古高压）、北美高压都具有此结构。

3. 暖低压(热低压)

当温度场的暖中心与低压中心重合时,称为暖低压(热低压),如图 1-20(c)所示。同理可知,该系统的强度随高度的增加而减弱,到一定高度后,低压消失,甚至转化为高压。暖低压属于浅薄系统,如夏季亚洲的印度低压。

4. 冷低压

当温度场的冷中心与低压中心重合时,称为冷低压,如图 1-20(d)所示。冷低压中心部位温度低于四周,则两等压面间厚度小于四周。因此随着高度的升高,等压面越来越向下凹陷,表明冷低压也是深厚系统。高空冷涡就属于此类系统。

但需要注意的是,热带风暴等级以上的热带气旋(如台风),虽属暖性低压,由于其强度强,通常到 300 hPa 高度以上才转变成高压,所以仍然是深厚系统而不是浅薄系统。

(二)温压场不对称的系统

当地面的高、低压系统中心同温度的冷、暖中心配置不重合时,气压系统的垂直结构就会出现不对称性。图 1-21 是温压场不对称的高、低压系统的垂直剖面示意图。

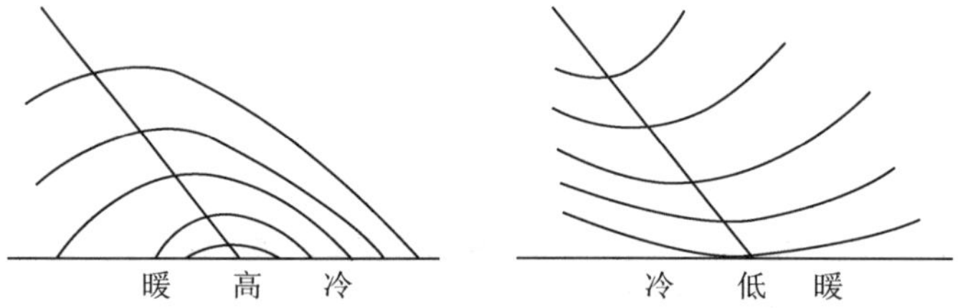

图 1-21 温压场不对称的高、低压系统的垂直剖面示意图

由图 1-21 可见,由于温压场不对称,暖区一侧的单位气压高度差要比冷区一侧的大,因此,高压中心越到高空就越向暖中心靠近,即高压中心轴线(同一气压系统在各高度上的中心点连线)向暖区倾斜。同理,低压中心轴线向冷区倾斜。在北半球中高纬地区,不对称的低压总是东暖西冷,不对称的高压总是东冷西暖。因此,高压中心轴线通常随高度的增加向西南倾斜,低压中心轴线通常随高度的增加向西北倾斜。南半球温压场不对称的高压中心轴线通常随高度的增加向西北倾斜,低压中心轴线通常随高度的增加向西南倾斜。在中纬地区,多数系统的温压场是不对称的,因而轴线都是倾斜的,如发展阶段的温带气旋和反气旋就属于这类。

温压场不对称系统在地面图上虽是闭合的高压或低压,但往往到 500 hPa 等压面上,等高线就不闭合了,从而成为槽脊形。这就可以解释为什么地面天气图上闭合系统多,而高空天气图上槽脊形系统多。

※ **自我检测** 8:下列属于深厚系统的是________。

Ⅰ. 西伯利亚高压;Ⅱ. 亚速尔高压;Ⅲ. 阻塞高压;Ⅳ. 北美高压;Ⅴ. 印度低压;Ⅵ. 热低压。

A. Ⅰ ~ Ⅳ　　B. Ⅰ,Ⅱ,Ⅳ ~ Ⅵ　　C. Ⅱ ~ Ⅵ　　D. Ⅰ,Ⅳ ~ Ⅵ

【天气小谚语】

朝霞不出门,晚霞行千里。

第四节 空气的水平运动——风

【本节内容】

熟悉风向、风速的表示方法;掌握作用于空气微团水平方向力的大小、方向及对空气运动的影响,重点掌握地转风的形成、地转风速表达式及相关讨论、风压定律的表述及判断;掌握梯度风的形成及相关结论;掌握摩擦层中风的特点及风压定律;熟知特殊地形对空气运动的影响。

【案例导入】

海上惊魂

在我国乃至全球范围内,风灾是造成船舶损毁最为直接的原因,也是造成船舶出现事故概率最高的气象灾害。然而,由于不同船舶对抗大风的能力不尽相同,情况也不一而足。例如,木质帆船或舢板船如若遇到7~8级的风就可能出现事故乃至沉没;但是,对于100多吨的拉网式渔船或钢铁制造的客船而言,其抗风能力都应该达到10级左右。

案例视频
海上惊魂

风(Wind)是航海者最关心的一种气象要素,海上风力的大小及由风引起的海浪,直接影响船速及船舶航行的安全。风作用于船体会产生风压力,使船舶向下风方向漂移,偏离计划航线,使船舶产生偏转,破坏稳性,所以风历来是海员最为重视的气象要素。从气象学角度而言,风对地球上热量和水分的输送也起着十分重要的作用,直接影响天气的变化。

一、风的表示方法

空气的运动可分为水平运动和垂直运动。风是指空气相对地面或海底的水平运动,风是矢量,既有大小(风速)又有方向(风向)。

1. 风速

风速是单位时间内空气在水平方向上移动的距离,常用单位有米/秒(m/s)和节(kn)。

$$1\ \text{m/s} \approx 2\ \text{kn 或 } 1\ \text{kn} \approx 0.5\ \text{m/s} \qquad (1\text{-}15)$$

在日常生活和实际工作中,人们习惯用风力表示风的大小。风力等级是根据风对地面或海面的影响程度来确定的。国际通用的风力等级是由英国人蒲福于 1805 年拟订的，故又称“蒲福风级(Beaufort Scale)”，它最初是根据风对炊烟、沙尘、地物、渔船、海浪等的影响大小分为 0 ~ 12 级，共 13 个等级。后来，又在原分级的基础上，增加了相应的风速界限，自 1946 年以来，风力等级又做了扩充，增加到 18 个等级(0 ~ 17 级)，参见表 1-3。

表 1-3　风力等级表

风级	名称	相当风速（平地上离地 10 m 处的风速）			陆地地面物象	海面波浪	浪高/m	
		kn	m/s	km/h			平均	最高
0	无风	<1	0.0 ~ 0.2	<1	静止，烟直上	平静	0.0	0.0
1	软风	1 ~ 3	0.3 ~ 1.5	1 ~ 5	烟示风向	微波峰无飞沫	0.1	0.1
2	轻风	4 ~ 6	1.6 ~ 3.3	6 ~ 11	感觉有风	小波峰未破碎	0.2	0.3
3	微风	7 ~ 10	3.4 ~ 5.4	12 ~ 19	旌旗展开	小波峰顶破裂	0.6	1.0
4	和风	11 ~ 16	5.5 ~ 7.9	20 ~ 28	吹起尘土	小浪白沫波峰	1.0	1.5
5	劲风	17 ~ 21	8.0 ~ 10.7	29 ~ 38	小树摇摆	中浪折沫峰群	2.0	2.5
6	强风	22 ~ 27	10.8 ~ 13.8	39 ~ 49	电线有声	大浪白沫离峰	3.0	4.0
7	疾风	28 ~ 33	13.9 ~ 17.1	50 ~ 61	步行困难	破峰白沫成条	4.0	5.5
8	大风	34 ~ 40	17.2 ~ 20.7	62 ~ 74	折毁树枝	浪长高有浪花	5.5	7.5
9	烈风	41 ~ 47	20.8 ~ 24.4	75 ~ 88	小损房屋	波峰卷倒	7.0	10.0
10	狂风	48 ~ 55	24.5 ~ 28.4	89 ~ 102	拔起树木	海浪翻滚咆哮	9.0	12.5
11	暴风	56 ~ 63	28.5 ~ 32.6	103 ~ 117	损毁重大	波峰全是飞沫	11.5	16.0
12	飓风	64 ~ 71	32.7 ~ 36.9	118 ~ 133	摧毁极大	海浪滔天	14.0	—
13		72 ~ 80	37.0 ~ 41.4	134 ~ 149	—	—	—	—
14		81 ~ 89	41.5 ~ 46.1	150 ~ 166	—	—	—	—
15		90 ~ 99	46.2 ~ 50.9	167 ~ 183	—	—	—	—
16		100 ~ 108	51.0 ~ 56.0	184 ~ 201	—	—	—	—
17		109 ~ 118	56.1 ~ 61.2	202 ~ 220	—	—	—	—

2. 风向

风向是指风的来向，常用 16 方位或周天方位(0° ~ 360°)表示，高空风向也多用度数来表示(见图 1-22)。正北为 0°或 360°，正东为 90°，正南为 180°，正西为 270°，在 16 方位中，相邻方位相差 22.5°，如 NNW(北北西)表示西北偏北。

※ **自我检测** 1：测得真风向为 203°，用 16 方位法表示的风向为________。

A. WSW　　B. SW　　C. SSW　　D. SWS

微课视频
风的定义及
表示方法

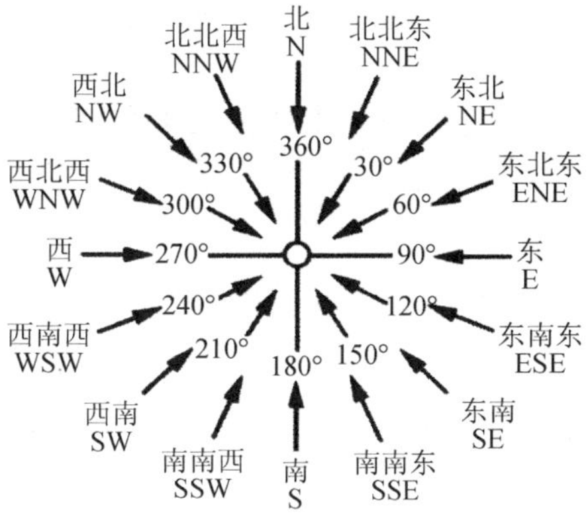

图 1-22 风向表示方法

二、风的阵性及日变化规律、年变化规律

在摩擦层中，由于湍流作用，风速表现为忽大忽小，风向忽左忽右，称为风的阵性或风的脉动。实际上风的阵性就是小尺度的湍涡叠加在大型流场上造成的结果。因此在测风时，要求取其平均值。一日内阵性最强出现在午后，一年中阵性最强出现在夏季。

一天之中，通常近地面附近风速午后大，夜间和清晨小。在气压形势稳定时，风的日变化较为明显，当有较强的天气系统过境时，风的日变化规律将会被打乱。一般风的日变化幅度，晴天比阴天大，夏季比冬季大，陆地比海洋大。年变化则因地而异。

三、作用于空气微团水平方向上的力

根据牛顿定律可知，物体的运动状态取决于它所受到的外力。单位质量空气受到的重力方向向下，指向地心。显然，重力对大气水平方向的运动不起作用。以下主要介绍作用于空气微团水平方向的力。

1. 水平气压梯度力($\vec{G}_n$)

前面我们曾讨论过水平气压梯度($-\dfrac{\Delta P}{\Delta n}$)的物理意义，它代表单位容积空气在气压场中所受的力。气象学中习惯上常讨论单位质量($m=1$)空气微团的受力情况。在水平方向气压分布不均匀时，单位质量空气微团在气压场中所受到的水平方向静压力，称为水平气压梯度力(Pressure Gradient Force)，常用符号$\vec{G}_n$来表示：

$$\vec{G}_n = -\frac{1}{\rho}\frac{\Delta P}{\Delta n}\vec{n} \tag{1-16}$$

公式表明：水平气压梯度力的大小与水平气压梯度成正比，与空气密度成反比；其方向与水平气压梯度的方向相同。

当ρ一定时，$-\frac{\Delta P}{\Delta n}$越大（即等压线越密集），$\vec{G}_n$越大；反之，$-\frac{\Delta P}{\Delta n}$越小（即等压线越稀疏），$\vec{G}_n$越小。在同一高度上，$\rho$随时间和地点的变化都不明显，因此$\vec{G}_n$的大小主要取决于$-\frac{\Delta P}{\Delta n}$的大小。

在实际大气中，$-\frac{\Delta P}{\Delta n}$的数值平均约为1 hPa/100 km，相应的$\vec{G}_n = 7\times10^{-7}$ N/kg。在这样的水平气压梯度力的作用下，单位质量空气微团可以获得7×10^{-4} m/s^{2}的加速度。在它的单独作用下，1 h后风速从0增大到2.5 m/s，3 h后增大到7.7 m/s。由此可见，$\vec{G}_n$的数值虽小，其作用却是很可观的，它是空气水平运动的原动力。

※ **自我检测2**：水平气压梯度力的大小与________。

A. 水平气压梯度成正比，与空气密度成反比

B. 水平气压梯度成反比，与空气密度成正比

C. 水平气压梯度成正比，与空气密度成正比

D. 水平气压梯度成反比，与空气密度成反比

2. 水平地转偏向力（$\vec{A}_n$）

经过观测，实际的风并非沿着水平气压梯度力方向吹，而是不断进行偏转，在北半球向右偏转，南半球向左偏转，可见，空气运动中还存在一个使空气微团发生偏转的力，这个力就是水平地转偏向力（见图1-23）。

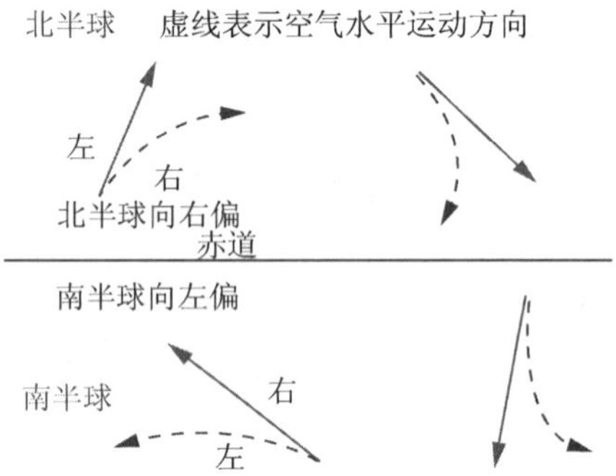

图1-23 地转偏向力示意图

研究地球上大范围流体运动时，必须考虑由于地球自转（非惯性系）而引起的地转偏向力（Deflection Force of Earth Rotation），又称柯氏力（Coriolis Force）的作用。引入惯性力后，仍可以地球为参照系应用牛顿定律。在普通物理学中，我们已经知道，在地球上，如果空气运动速度为$\vec{v}$，则单位质量空气受到的水平地转偏向力$\vec{A}_n$为：

$$\vec{A}_n = 2\omega\,\vec{v}\,\sin\varphi \qquad (1\text{-}17)$$

其方向与运动方向$\vec{v}$垂直，在北半球偏向运动方向$\vec{v}$的右方（在南半球偏向$\vec{v}$的左方）。

显然，地转偏向力只是当物体相对于地面运动时才产生，运动速度越大，力就越大，

物体静止时，不受地转偏向力的作用；由于地转偏向力恒垂直于物体运动的方向，它只能改变物体运动的方向，而不能改变物体运动速度的大小。地转偏向力的大小与纬度的正弦成正比，当风速相同时，其随纬度的增加而增大，在两极地区最大，在赤道地区等于零。

※ **自我检测** 3：关于水平地转偏向力，下列说法正确的是________。

A. 风速越大，纬度越高，水平地转偏向力就越大

B. 风速越大，纬度越低，水平地转偏向力就越小

C. 风速越小，纬度越高，水平地转偏向力就越小

B. 风速越小，纬度越低，水平地转偏向力就越大

3. 惯性离心力（$\vec{C}_n$）

当空气微团做曲线运动时，必然要受向心力的作用，其大小等于$\frac{v^2}{r}$，方向沿曲率半径指向圆心。其中 $\vec{v}$ 表示空气微团的线速度，r 表示曲率半径。

我们将作用于空气微团上与向心力大小相等而方向相反的力称为惯性离心力（见图 1-24）。引入惯性离心力的概念以后，就可以将匀速圆周运动这个动力学问题化作静力平衡问题处理，给问题讨论带来很大方便。用符号$\vec{C}_n$表示单位质量空气微团受到的惯性离心力，则其方向沿曲率半径指向圆外。

$$\vec{C}_n = \frac{\vec{v}^2}{r} \tag{1-18}$$

惯性离心力始终与风向垂直，惯性离心力与地转偏向力一样，只能改变空气运动的方向，不能改变空气运动速度的大小。一般情况下，惯性离心力很小，特别是当空气静止或做直线运动时，离心力为零。只有当风速很大且曲率半径很小时，如在台风或龙卷风中，惯性离心力可以达到很大的值。

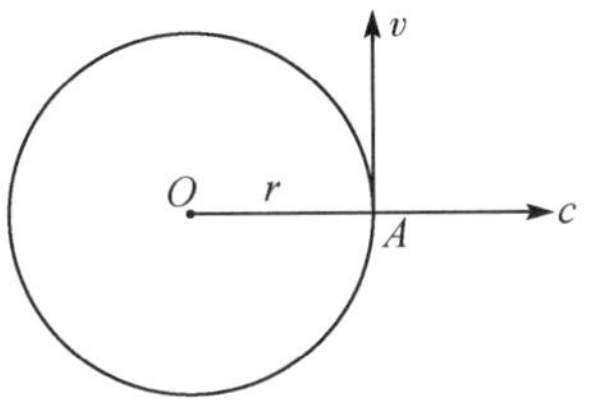

图 1-24　惯性离心力示意图

4. 摩擦力（$\vec{R}_n$）

空气流动时受到的摩擦力包括内摩擦力和外摩擦力。内摩擦力是空气层之间一种相互牵制的力，内摩擦力要比外摩擦力小得多，通常不予考虑。外摩擦力是空气运动时，下垫面对空气运动的阻力。

简便起见，在摩擦层的下边界附近，外摩擦力可近似表示为：

$$\vec{R}_n = -k\vec{v} \tag{1-19}$$

式中：$\vec{v}$——风速；

k——摩擦系数，k 的大小取决于地面的粗糙程度。

微课视频
作用于空气微团
水平方向的力

式(1-19)表明，在近地层空气中，摩擦力的大小与风速 v 和摩擦系数 k 成正比，负号表示其方向与风的方向相反。

上述四种力都是在水平方向上作用于空气微团的力，它们对空气运动的影响是不一样的。水平气压梯度力是空气产生运动的直接动力（原动力），其他的力是在空气开始运动后产生的。根据空气微团所受到的四种力种类的不同，形成的风的特点也不同。

四、地转风

在自由大气等压线平直的气压场中，水平气压梯度力与水平地转偏向力平衡时所形成的风，称为地转风（Geostrophic Wind），地转风风速常用$\vec{v}_g$来表示。即：

$$\vec{G}_n + \vec{A}_n = 0 \tag{1-20}$$

显然，地转风是在无摩擦力作用时，水平气压梯度力与水平地转偏向力平衡时产生的风。

1. 地转风的形成

如图 1-25 所示，在等压线平直的气压场中，原来静止的空气微团因受到水平气压梯度力$\vec{G}_n$的作用，由高压向低压运动。它一开始运动，水平地转偏向力$\vec{A}_n$便立即产生，而且始终与空气微团运动方向垂直，并迫使它向右偏转（北半球）。在$\vec{G}_n$的作用下，空气微团运动的速率越来越大，地转偏向力也随着空气速率的增大而增大，并且迫使空气微团向右偏离的程度越来越大，最后水平地转偏向力增大到与水平气压梯度力大小相等、方向相反，即达到平衡状态。这时空气沿着等压线做等速水平直线运动，地转风由此形成。

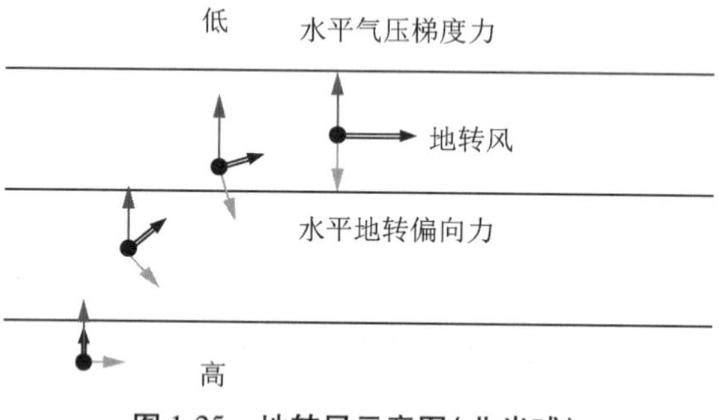

图 1-25　地转风示意图（北半球）

2. 地转风大小和方向

根据地转风的定义，水平气压梯度力与水平地转偏向力大小相等，即：

$$-\frac{1}{\rho}\frac{\Delta P}{\Delta n} = 2\omega \cdot v_g \sin\varphi$$

$$v_g = -\frac{1}{2\rho\omega\sin\varphi} \cdot \frac{\Delta P}{\Delta n} \tag{1-21}$$

由式(1-21)可以看出:

(1)地转风风速与水平气压梯度成正比,即等压线密集的地方,地转风大,等压线稀疏的地方,地转风小。

(2)地转风速与空气密度成反比。在气压梯度相同的情况下,越往高空风速越大。

(3)地转风速与纬度的正弦成反比。当气压梯度相同时,地转风速随纬度的降低而增大。然而,在低纬地区因地转偏向力很小,无法与气压梯度力平衡。因此,在赤道附近的低纬地区,地转风是不存在的。

地转风的方向是由等压线的走向决定的。如图1-26所示,在地转平衡的情况下,风沿着等压线吹。背风而立,在北半球,高压在右,低压在左;在南半球,高压在左,低压在右。这就是著名的风压定律,又称白贝罗定律(Buysballo's Law)。显然,根据风压定律即可判断出高压和低压的大致方位。

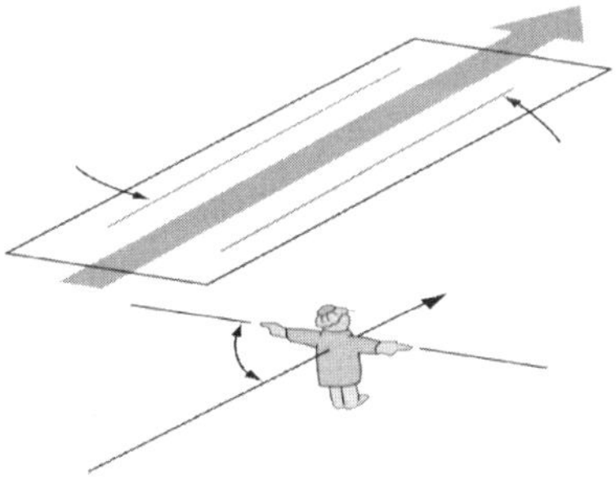

图1-26　白贝罗定律示意图

※ **自我检测4**:当低层和高层的水平气压梯度相等时,地转风速________。

A. 低层大于高层　　　　B. 低层小于高层

C. 低层等于高层　　　　D. 风速与高度无关

微课视频
地转风

3. 地转风的计算方法

为便于讨论和处理问题,若我们暂且不考虑摩擦力的影响,则可迅速计算出某地的地转风速。在海图上,取 $\Delta n = 60$ n mile(1赤道度或1°纬距),将标准情况下空气密度 $\rho = 1\ 293\ g/m^3$ 以及地球自转角速度值代入地转风公式中,计算后得:

$$v_g = \frac{4.78}{\sin\varphi}\Delta P \quad (m/s) \tag{1-22}$$

例1:当纬度为30°,$\Delta P = 1.5$ hPa时,地转风速 $v_g = \frac{4.78}{\sin 30°} \times 1.5 = 14.34(m/s)$。

例2:在日本传真地面图上,某点纬度30°,相邻等压线间隔2°纬距,若不考虑摩擦,则该点相应地转风速为 $v_g = \frac{4.78}{\sin 30°} \times \frac{4}{2} = 19.12(m/s)$。

五、梯度风

在自由大气中,空气做曲线运动时,除了受水平气压梯度力和水平地转偏向力的作用外，还受惯性离心力的作用，这三个力达到平衡时形成的风，称为梯度风（Gradient Wind）。即：

$$\vec{G}_n + \vec{A}_n + \vec{C}_n = 0 \tag{1-23}$$

以下以圆形等压线情况为例，分别讨论低压和高压中梯度风的情况。

（一）梯度风的方向

1. 低压中梯度风方向

分析：在低压中，$\vec{G}_n$方向总是沿着半径方向由外指向低压中心的，$\vec{C}_n$方向总是沿着半径方向由低压中心指向外的，这两个力的方向相反，而且，通常$\vec{C}_n$较小，因此，要使三个力平衡，$\vec{A}_n$的方向一定是由低压中心指向外的，三个力大小关系为：

$$|\vec{A}_n| = |\vec{G}_n| - |\vec{C}_n| \tag{1-24}$$

故由地转偏向力与运动方向的关系，便可以判断低压中梯度风的方向。因此，在北半球，低压中的梯度风沿着等压线逆时针方向吹，南半球顺时针方向吹［见图 1-27（a）、（b）］。

2. 高压中梯度风方向

分析：在高压中，$\vec{G}_n$的方向总是沿着半径方向由高压中心指向外，$\vec{C}_n$的方向也是沿着半径方向由高压中心指向外的，这两个力的方向相同，因此，要使三个力平衡，$\vec{A}_n$方向一定是由外指向高压中心的，三个力大小关系为：

$$|\vec{A}_n| = |\vec{G}_n| + |\vec{C}_n| \tag{1-25}$$

由地转偏向力与运动方向的关系，便可以判断高压中梯度风方向。因此，在北半球，高压中的梯度风沿着等压线顺时针方向吹，南半球沿逆时针方向吹［图 1-27（c）、（d）］。

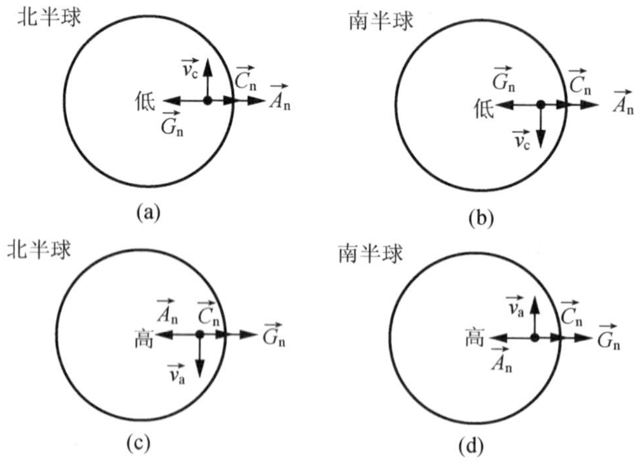

图 1-27　南北半球梯度风示意图

可以看出，梯度风的方向仍然符合白贝罗定律。另外，从高低压的风场来看，空气的运动类似河流中的旋涡,因此通常在中高纬地区又将低压称为气旋,高压称为反气旋。

(二)梯度风的大小

1. 低压中梯度风风速

由低压中三力平衡关系可知:

$$-\frac{1}{\rho}\frac{\Delta P}{\Delta n}=2\omega\cdot v_c\sin\varphi+\frac{v_c^{\ 2}}{r}$$

整理得:

$$v_c^{\ 2}+2v_c r\omega\sin\varphi-\frac{r}{\rho}\left(-\frac{\Delta P}{\Delta n}\right)=0$$

式中:v_c——低压区(气旋)中的梯度风速,求解这个以 v_c 为未知数的一元二次方程,得:

$$v_c=-r\omega\sin\varphi\pm\sqrt{(r\omega\sin\varphi)^2+\frac{r}{\rho}\left(-\frac{\Delta P}{\Delta n}\right)} \tag{1-26}$$

2. 高压中梯度风风速

同样,由高压中三力平衡关系可知:

$$-\frac{1}{\rho}\frac{\Delta P}{\Delta n}+\frac{v_a^{\ 2}}{r}=2\omega\ v_a\sin\varphi$$

整理得:

$$v_a^{\ 2}-2v_a r\omega\sin\varphi+\frac{r}{\rho}\left(-\frac{\Delta P}{\Delta n}\right)=0$$

式中:v_a——高压区(反气旋)中的梯度风速,求解这个以 v_a 为未知数的一元二次方程,得:

$$v_a=r\omega\sin\varphi\pm\sqrt{(r\omega\sin\varphi)^2-\frac{r}{\rho}\left(-\frac{\Delta P}{\Delta n}\right)} \tag{1-27}$$

3. 讨论

当 r、φ、ρ、$\left(-\frac{\Delta P}{\Delta n}\right)$一定时,梯度风速是唯一确定的,因此需要去掉不合理的根。

令 $-\frac{\Delta P}{\Delta n}=0$,对应的梯度风速为零,最后得到气旋和反气旋的梯度风速公式:

$$v_c=-r\omega\sin\varphi+\sqrt{(r\omega\sin\varphi)^2+\frac{r}{\rho}\left(-\frac{\Delta P}{\Delta n}\right)} \tag{1-28}$$

$$v_a=r\omega\sin\varphi-\sqrt{(r\omega\sin\varphi)^2-\frac{r}{\rho}\left(-\frac{\Delta P}{\Delta n}\right)} \tag{1-29}$$

上述就是高低压中梯度风风速公式,可以看出:

梯度风的大小与水平气压梯度、纬度的正弦和空气密度以及曲率半径有关。

由于低压风速公式右边根号内总是正值,因此在气旋中水平气压梯度 $-\frac{\Delta P}{\Delta n}$ 的大小不受限制,可以取任何值,所以在低压中可以有很大的风速,这与实际情况也是一致的;

而在高压风速公式中，由于根号内两项的正负号相反，因此反气旋中的水平气压梯度 $-\frac{\Delta P}{\Delta n}$ 不能超越某一临界值，否则根号内将出现负值，使算出的 v_a 没有实际意义。即令：

$$(r\omega\sin\varphi)^2-\frac{r}{\rho}\left(-\frac{\Delta P}{\Delta n}\right)\geqslant 0$$

$$-\frac{\Delta P}{\Delta n}\leqslant r\rho\omega^2\sin^2\varphi \tag{1-30}$$

这表明在反气旋中水平气压梯度具有限值，它不能大于 $r\rho\omega^2\sin^2\varphi$。取其最大值：

$$\left(-\frac{\Delta P}{\Delta n}\right)_{max}=r\rho\omega^2\sin^2\varphi \tag{1-31}$$

代入高压中梯度风风速公式得：

$$(v_a)_{max}=\omega\cdot r\sin\varphi \tag{1-32}$$

式(1-32)为反气旋梯度风风速的极限值。在反气旋中的梯度风不能大于此值，否则惯性离心力的作用过大，就会使平衡遭到破坏，为了保持平衡，只能减少水平气压梯度，从而使风速减小。

从式(1-32)可以得出以下结论：

(1)最大水平气压梯度的分布是：在反气旋边缘较大，越向中心部分越小。当等压线曲率不均匀时，在曲率小处，即等压线平直的地方，等压线较密集；在曲率较大处，即等压线弯曲较大的地方，等压线稀疏。

(2)纬度越高，空气密度越大，水平气压梯度最大可能值越大。因此，冬季中高纬在陆上的反气旋等压线要密一些。

(3)反气旋边缘风速越大，越向中心部分风速越小，在中心附近微风或无风。

(4)中高纬度地区反气旋的风速较大，较低纬度地区反气旋的风速较小。

微课视频
梯度风

4. 梯度风与地转风的比较

梯度风与地转风既有共同点，又有相异处，两者都是作用于空气质点水平方向的力达到平衡时形成的风。梯度风考虑了空气运动路径的曲率影响，它比地转风更接近于实际风。

在研究自由大气中大尺度空气运动时，地转风或梯度风这两种平衡关系是基本上适应的，尤其在中高纬度，它们概括了自由大气中风场和气压场的基本关系，在气象上有很大实用价值。但实际自由大气中的空气运动并不完全与地转风或梯度风相吻合，各个作用力的平衡关系也只是相对的、暂时的，平衡关系经常会遭到破坏。空气运动是从不平衡到平衡，又从平衡到不平衡的过程。地转风和梯度风只不过是与实际风相近似的一种暂时达到平衡状态的应具有的风速值。

在纬度、空气密度、水平气压梯度和曲率半径相同的条件下，当梯度风形成时，高压区达到内力的平衡，即 $|\vec{A}_n|=|\vec{G}_n|+|\vec{C}_n|$，低压区达到力的平衡，即 $|\vec{A}_n|=|\vec{G}_n|-|\vec{C}_n|$，当地转风形成时，达到力的平衡，即 $|\vec{A}_n|=|\vec{G}_n|$。由于地转偏向力与风速成正比($\vec{A}_n=2\omega v\sin\varphi$)时，高压中的梯度风速最大，低压中梯度风速最小，即 $v_a>v_g>v_c$。在实

际情况中，低压中的风速往往大于高压中的风速，这是由于低压区内的气压梯度往往大于高压区内的气压梯度，而且低压的范围通常比高压范围小，因此空气运动的曲率半径也比高压小得多。

另外，在赤道地区，水平地转偏向力很小，可出现小范围的旋涡，因曲率半径很小，故惯性离心力可以很大。若不计水平地转偏向力的作用，水平气压梯度力和惯性离心力可达平衡，这时的风称为旋衡风，可以顺时针旋转，也可以逆时针旋转，但中心必须是低压，龙卷风就具有这种性质。

※ **自我检测 5**：根据梯度风原理得知，水平气压梯度________。

A. 在气旋中没有限值，在反气旋中有限值

B. 在气旋中有限值，在反气旋中没有限值

C. 在气旋和反气旋中都有限值

D. 在气旋和反气旋中都没有限值

六、摩擦层中的风

从地面天气图上可以看到，实际风并不完全沿着等压线吹，而是与等压线之间存在一个交角。这是由于在 1 km 以下的大气层中，摩擦力的作用比较显著。

（一）平直等压线的气压场

当水平气压梯度力、地转偏向力和摩擦力三者处于平衡状态时，会形成稳定的地面平衡风。即有：

$$\vec{G}_n + \vec{A}_n + \vec{R}_n = 0 \tag{1-33}$$

在摩擦层中，若水平气压梯度与自由大气中完全相同，则由于摩擦作用，空气运动的速度要比自由大气中小，因而地转偏向力也相应减小。气压梯度力$\vec{G}_n$与等压线垂直，$\vec{A}_n$与$\vec{R}_n$的合力应与$\vec{G}_n$大小相等、方向相反。摩擦力的方向与运动方向相反，地转偏向力的方向恒与运动方向垂直，在北半球偏向运动方向的右方。要同时满足上述条件，它们之间的相互位置必须如图 1-28 所示配置。

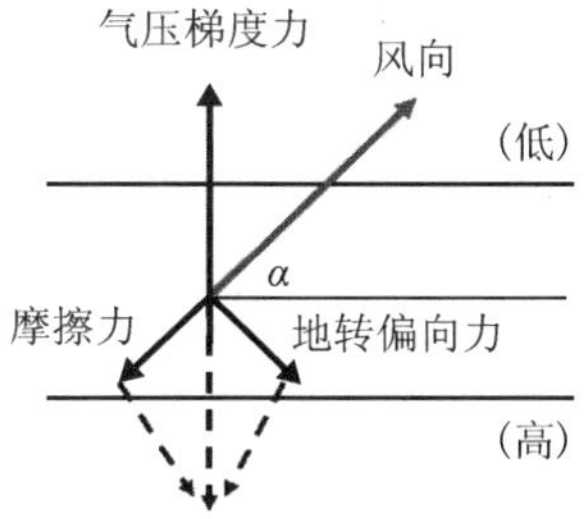

图 1-28　摩擦层中的风(平直等压线情况)

从图中可以看出，在这种情况下，风向与等压线之间存在一个交角 α，相对于等压

线来说，空气运动偏向低压一方，风斜穿等压线吹。因此，在摩擦层中的风压定律应表述为：背风而立，北半球高压在右后方，低压在左前方；南半球高压在左后方，低压在右前方。

※ **自我检测**6：在北太平洋上，某东行船舶观测到强劲的 NNW 真风，根据风压关系判断高压应在________。

A. 船舶的高纬一侧　　B. 船舶的前方

C. 船舶的低纬一侧　　D. 船舶的后方

（二）弯曲等压线的气压场

同理分析弯曲等压线气压场的情况。稳定的地面风形成后，力的平衡关系为：

$$\vec{G}_n + \vec{A}_n + \vec{C}_n + \vec{R}_n = 0 \tag{1-34}$$

由于摩擦力的作用，风不再像梯度风一样完全沿着等压线吹，而是在北半球低压区气流绕中心逆时针方向向中心辐合，高压区气流绕中心顺时针方向向外辐散，如图 1-29 所示；在南半球则相反，低压中气流绕中心顺时针方向向中心辐合，高压中气流绕中心逆时针方向向外辐散。低压辐合的流场又称为气旋，而高压辐散的流场称为反气旋。

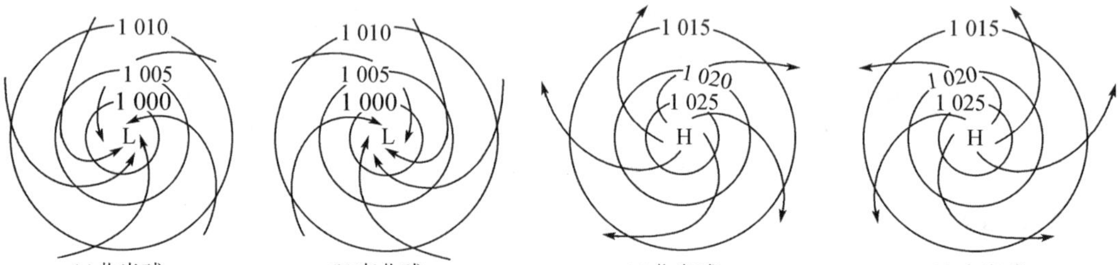

(a)北半球　(b)南北球　(c)北半球　(d)南半球

图 1-29　摩擦层中的风（弯曲等压线情况）

（三）海面实际风的确定

在摩擦层中，实际风与等压线间的交角取决于地面粗糙度、大气稳定度和纬度三个因素。地面粗糙度越大，稳定度越大，纬度越低时，交角越大；地面粗糙度越小，稳定度越小，纬度越高时，交角越小。陆地粗糙度比海面大，因此陆地上的交角比海面上大很多。通常在中纬地区陆地上 α 为 35°～45°，在海面上 α 为 10°～20°。浪大时，海面粗糙度增大，交角也有所增大。

在摩擦层中，实际风速比相应的地转风速要小，通常陆面上的风速（取 10～12 m 高度的风速）为相应地转风速的$\frac{1}{3}\sim\frac{1}{2}$，海面上风速为相应地转风速的$\frac{3}{5}\sim\frac{2}{3}$。计算海面实际风速 v_0 时，通常采用式（1-35）进行：

$$v_0 = v_g \times 65\% \tag{1-35}$$

※ **自我检测**7：在南半球洋面上，高压区中的风总是________。

A. 逆时针方向向中心辐合　　B. 顺时针方向向外辐散
C. 逆时针方向向外辐散　　D. 顺时针方向向中心辐合

微课视频
摩擦层中的风

(四)摩擦层中风随高度的变化

在气压场不随高度改变的情况下,风随高度变化主要是由摩擦力随高度变化引起的。

1. 近地面层

从摩擦层下部边界至 30 ~ 50 m(不超过 100 m)高的气层,称为近地面层。观测及理论研究都表明,在这一层中风向随高度的改变不明显,风速随高度的改变主要与气层是否稳定有关。当气层不稳定时,有利于空气上、下层的动量交换,使上、下层风速差变小;如果气层稳定,则风速随高度变化要明显一些。例如,在逆温层上下,往往可以观测到较大的风速差异。

2. 上部摩擦层

从近地面层顶向上至摩擦层顶的气层,称为上部摩擦层。在这一层中,风速一般随高度的增加而增大,风向则随高度的增加逐渐向右偏转(北半球)。当高度达到摩擦层顶附近时,风向和风速则逐渐趋近于地转风。

七、局地地形的动力作用对风的影响

气流在运行过程中,如果遇到岛屿、海岸、海峡等地形,风向、风速会发生变化,因而会产生一些局部环流和有名的地方性风。了解和掌握它们的特点对保障船舶航行安全是很有必要的。

1. 绕流和阻挡作用

当气流遇到孤立的山峰和岛屿时,会绕过山峰或岛屿,从两侧通过。这种情况下,在迎风坡风速增强,在背风坡风速减弱,并且在背风坡会产生气旋式或反气旋式涡流。绕流和山脉的阻挡作用,会使实际风向与根据气压场确定的风向偏差较大,最大可达 180°,如图 1-30 所示。

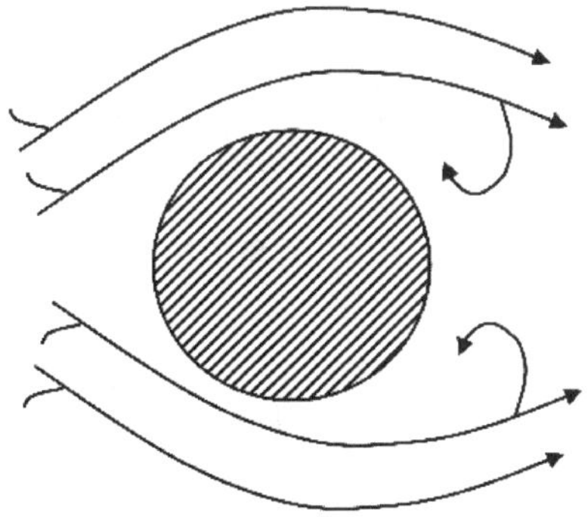

图 1-30　绕流作用

2. 狭管效应

当气流从开阔地区进入峡谷口(或喇叭口地形)时,在峡谷中风速加大,风向被迫改变为沿峡谷走向,形成峡谷风,又称狭管效应,如图 1-31 所示。我国的台湾海峡经常出现大风,且夏季多西南大风,冬季多东北大风,就是这个原因。

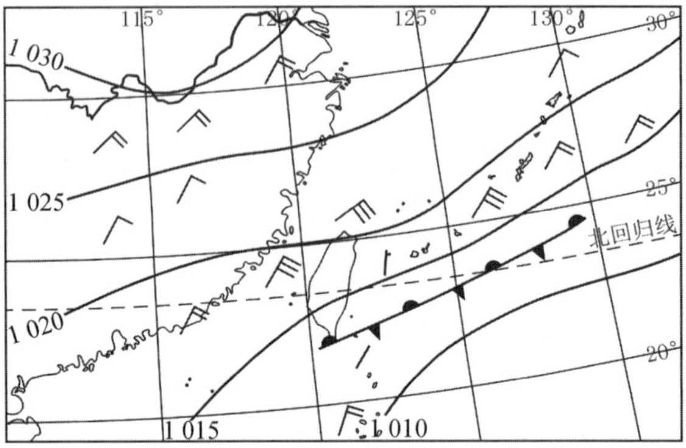

图 1-31 狭管效应

3. 岬角效应

当气流流经向海中突出的半岛或山脉尽头时,会造成气流辐合、流线密集,使风力大大加强,这种现象称为岬角效应,如图 1-32 所示。南非的好望角、南美的合恩角等处风浪很大,其中就有岬角效应的影响。我国山东半岛的成山角附近也存在岬角效应,使这一地区吹偏北风时,风力常比周围海区大 1 ~2 级。

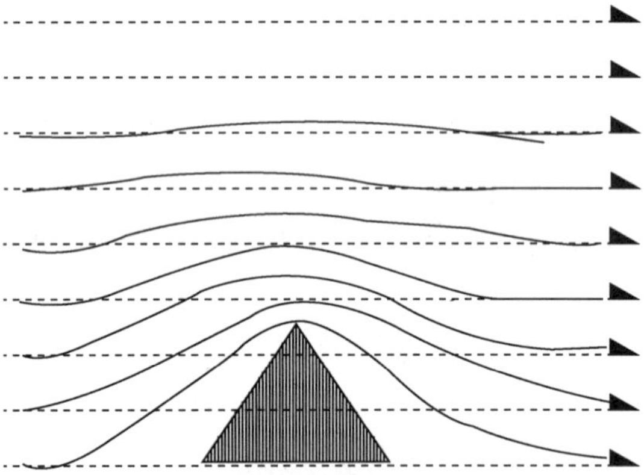

图 1-32 岬角效应

4. 海岸效应

当气流接近于沿着海岸线方向吹时,在海陆交界处,海面与沿岸陆地上摩擦力大小不同,因而风与等压线间的交角在沿岸处发生明显改变,如图 1-33 所示。陆地在气流方向的右侧,当气流接近海岸时,流线变密,风速增大;如果是陆地位于气流方向的左侧,则流线会疏散开来,使风速减小。

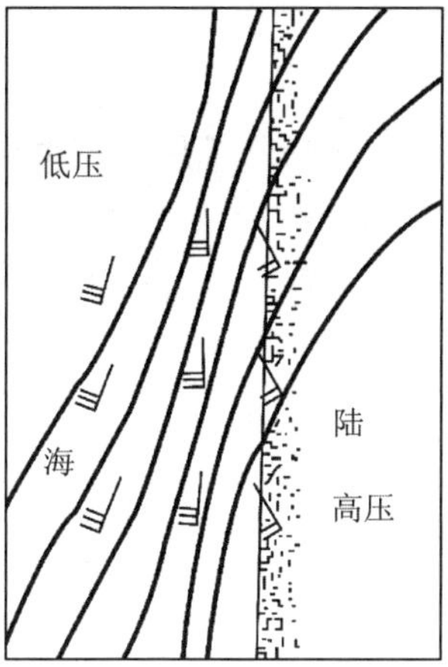

图 1-33　海岸效应

在气流被迫绕过与海岸毗邻的山脉或高原处,海岸效应表现得尤为明显。由于气流绕过障碍物的缘故,在海峡、山脉尽头或半岛附近,会产生流线密集的情况使风相应增强;反之,在海湾、山脉凹处流线会变得稀疏使风减弱。因此,在气流方向与凸出的海岸线相切的地方,海岸效应与岬角效应共同作用使风力增强。例如,南非的好望角、南美的合恩角等,两种效应使西风显著增强,产生的狂风恶浪令航海者望而生畏;我国山东半岛的成山角附近海域,偏北风通常比周围大 1 ~ 2 级,有"中国好望角"之称,也是这两种效应共同作用的结果。

※ **自我检测 8**:巴西东海岸冬季盛行________。

A. 西北风　　B. 西南风　　C. 东南风　　D. 东北风

【天气小谚语】

南风刮到底,北风来还礼。

第五节　大气环流

【本节内容】

熟悉大气环流的基本概念,掌握单圈环流和三圈环流的形成过程,熟知地面气压带和风带的分布;掌握实际环流中冬夏季海平面气压系统的分布,理解大气活动中心的概念;熟知季风的内容、海陆季风和行星季风的成因,重点掌握东亚季风和南亚季风的形成原因及特点;了解其他地区季风的特点。

【案例导入】

沿海地区的海陆风从何而来?

如果你住在海边,就会感到白天特别是下午最热的时候,常常有风从海洋上吹到岸上来;到了夜里或清晨,风又从陆地吹向海洋了。为什么海边的风老是这样改变着方向呢?

这是因为海洋和陆地受到太阳照射后,其反应各不相同:白天陆地受到太阳照射后,温度升高得很快,到了晚上,温度下降得也快;而海洋呢,由于海水的比热较大,海水的温度不容易升高,到了夜里,海水又把白天储藏起来的热量慢慢地放出来,此外,海水还会上下流动和水平流动,易于交换热量,所以海水的温度下降得也很慢。因此,在白天,海洋上空总是较陆地上凉爽;夜间,海洋上空则比陆地上温和。

白天,由于海洋上比陆地冷,气压比陆地高,所以空气就从海洋流向陆地,形成海风;夜间,由于陆地比海洋冷,气压比海洋上高,所以空气就从大陆流向海洋,形成陆风。

沿海地带并不是每天都有海陆风出现的。冬季,我国沿海地带,从海洋吹向大陆的风有时候就感觉不到,原因是我国沿海地带,冬季从陆地吹向海洋的陆风特别强大,它强过了海风,所以冬季海风往往表现不出来;在夏季,沿海地区的海陆风,有时被冷锋、暖锋、低压槽、台风等天气系统破坏,也就感觉不到了。

大气运动的形式很多,空间尺度和时间尺度也不尽相同。大气环流,是指全球性、大范围(一般水平尺度在几千千米以上)的大气运行现象。它既包括平均状况,也包括瞬时状况。大气环流反映了大气运动的基本状态和基本特征,是各种不同尺度天气系统活动的基础。一般天气系统是大气环流的组成部分,而各种特定的天气过程也是以某种大气环流状态为背景的。因此,大气环流不仅决定了各地的天气类型,还决定了各地气候的形成和特点。

大气环流是在热力因子和动力因子的共同作用下形成的。热力因子主要指太阳辐射随纬度分布的不均匀,动力因子主要包括地球自转、海陆分布以及地形差异,其中太阳辐射不均匀是产生大气环流最基本的因子,也可以说是大气环流的原动力。

一、单圈环流

假设地球表面是均一的,同时假定地球不自转,在这种条件下,地表温度的分布就仅与纬度有关,即只考虑单一热力因子的作用。赤道及低纬地区比极地地区受热多、温度高,因此,赤道地区空气膨胀上升,极地空气冷却下沉,于是在赤道和极地之间构成了如图 1-34 所示的南北向的闭合热力环流,称为单圈环流。

图 1-34 单圈环流示意图

※ **自我检测** 1:形成大气“单圈环流”的基本因素是________。

A. 海陆分布　　B. 地形差异

C. 地球自转　　D. 太阳辐射随纬度分布不均匀

二、三圈环流

下面再来考虑地球自转的情况,但仍然假定地表是均匀的。在太阳辐射和地球自转两个因素的作用下,赤道和极地间形成了三个闭合的经向环流圈,分别为赤道环流(又称哈得来环流)、中纬环流[又称费雷尔环流(Ferrel Cell)]和极地环流,通常称为三圈环流(见图 1-35)。

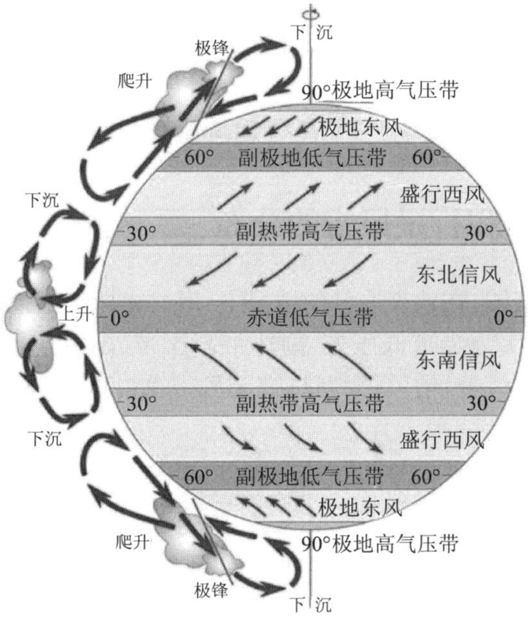

图 1-35 三圈环流示意图

1. 赤道环流(或哈得来环流)

当空气由赤道上空向极地流动时,受到地转偏向力的作用,北半球逐渐右偏(南半球左偏),随着地理纬度增加及风速的增大,地转偏向力也逐渐增大,在南北纬 30°左右,气流转为偏西风,导致从赤道上空流来的空气在这里堆积下沉,使地面气压升高,形成高压,称为副热带高压带。低层空气从高压区向四周流散开来,其中向低纬度方向流去的气流正好补偿了在赤道上空流向极地的空气质量,于是在低纬地区形成了一个闭合的经圈环流,称为“赤道环流”或“哈得来环流”。另外,流向赤道的气流在地转偏向力的作用下,在北半球右偏形成东北风,在南半球左偏形成东南风,习惯上称为“东北信风”“东南信风”。

2. 中纬环流(或费雷尔环流)

中纬环流形成于南北纬 30°~60°,又称费雷尔环流。从副热带高压区向极地流去的暖气流和从极地高压流出的冷气流在南北纬 60°附近的相对低压区内相遇并形成极锋区。上升气流的一部分向南流向副热带,因此在副热带和副极地之间又形成了第二个闭合环流,称为中纬环流。

3. 极地环流

极地环流形成于极地和南北纬 60°之间。极地空气寒冷,空气下沉,地面空气质量堆积形成极地高压。下层空气由极地高压流向赤道方向,由于地转偏向力的作用,北半球吹东北风,南半球吹东南风。来自副热带高压带和极地高压带的南北两股气流在南北纬 60°附近辐合上升,因此形成副极地低压带,其中一支由高空返回极地的气流,正好补偿了极地高空不断下沉的空气,从而形成了副极地与极地间的闭合环流。

由以上三圈环流的形成可以看出,赤道环流和极地环流均是暖处上升,冷处下沉,又称为“正环流”;中纬环流则是冷处上升,暖处下沉,称为“反环流”。

微课视频
三圈环流

※ **自我检测** 2:北半球副热带高压带下沉气流向南、北分流分别形成________。

A. 东风带、东南信风带　　B. 盛行西风带、东南信风带

C. 东风带、东北信风带　　D. 东北信风带、盛行西风带

三、地面气压带和行星风带的分布

由大气环流理论可知,在地表均匀的情况下,南北半球的近地面层中出现了四个气压带,由赤道向极地依次为赤道低压带、副热带高压带、副极地低压带和极地高压带。与此相应形成了赤道无风带、信风带、副热带无风带、盛行西风带和极地东风带五个风带,如图 1-36 所示。

(一)地面气压带

1. 赤道低压带

赤道地区由于常年空气受热而膨胀上升形成地面低压,故称为赤道低压带。赤道

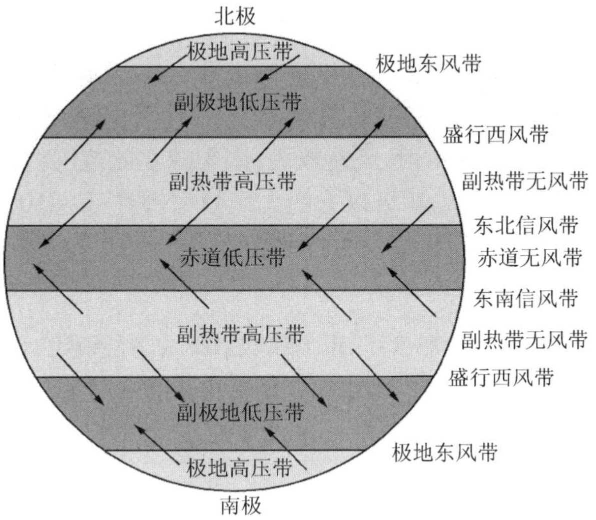

图 1-36　地面气压带和行星风带

低压带一般位于南北纬 10°之间，随着季节有南北移动现象。

2. 副热带高压带

在南北纬 30°附近，上空有空气堆积下沉，因而形成了地面高压，称为副热带高压带。

3. 副极地低压带

在南北半球纬度 60°附近，地面空气有上升运动，因而形成地面低压，称为副极地低压带。

4. 极地高压带

极地上空的空气冷却下沉，在地面上形成高压，称为极地高压带。由于南极下垫面条件比北极单一，因此，南极高压长期稳定存在，而在北极通常没有独立的高压存在。

(二)行星风带

1. 赤道无风带

赤道无风带平均位于南北纬 10°范围内，特征是对流旺盛、平流微弱、云量多、温高、湿大、多雷雨、风微弱不定向，位置随季节南北移动。

2. 信风带

信风带位于副热带高压带与赤道低压带之间，平均位置在南北纬 10° ~ 30°附近。北半球吹东北信风，南半球吹东南信风。其特征是风向常年稳定少变，风力一般为 3 ~ 4 级，天气晴朗，大洋西部降水较多，位置随季节南北移动。

3. 副热带无风带

副热带无风带位于信风带和西风带之间，平均位于南北纬 30°附近。其特征是内部多下沉气流，天气晴朗、少云、微风、陆上干燥、海上潮湿，位置随季节南北移动。

4. 盛行西风带

盛行西风带位于副热带高压带与副极地低压带之间，在南北纬 30° ~60°。大气主要自西向东运动，北半球主要为 SW 风，南半球为 NW 风。其特征是此区域气旋活动频繁，天气十分复杂，常有大风和雷雨，风速较大，南半球在此范围内，除南美尖端外几乎没有陆地，常年盛行强劲的西风，7 级以上的大风频率每月可达 10 天以上，故有“咆哮西风带”之称。

5. 极地东风带

极地东风带位于南北纬 60° ~90°，北半球吹 NE 风，南半球吹 SE 风。

※ **自我检测** 3：在三圈环流模型中，形成的气压带主要有________。

Ⅰ. 赤道低压带；Ⅱ. 副热带高压带；Ⅲ. 极地高压带；Ⅳ. 极地低压带；Ⅴ. 副热带低压带；Ⅵ. 副极地低压带。

A. Ⅰ，Ⅲ，Ⅴ，Ⅵ　　B. Ⅰ，Ⅱ，Ⅴ，Ⅵ

C. Ⅱ，Ⅳ，Ⅵ　　D. Ⅰ，Ⅱ ~ Ⅵ

四、实际海平面平均气压场特征

由于海陆分布和地形起伏等因素的影响，大气环流的实际状况比三圈环流要复杂得多。在南半球，因陆地面积较少，地表相对比较均匀，气压和风的分布基本还呈带状；在北半球，陆地面积较大且海陆交错分布，海陆热力性质差异显著，地形起伏亦很明显，故气压和风的带状结构遭到严重破坏。此外，风带和气压带还随季节南北移动。

从月平均海平面气压图上（见图 1-37、图 1-38）可以看出：全球经常存在着 7 ~8 个巨大的高、低压区，通常称为大气活动中心（Atmosphere Center of Action），大气活动中心的形成与下垫面有很大关系。全年都不消失的大气活动中心称为永久性大气活动中心；随着季节变化而消失的，称为半永久性大气活动中心。

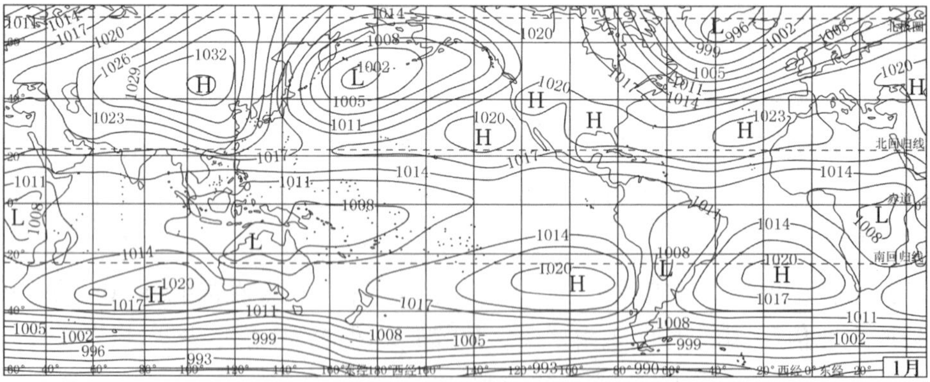

图 1-37　1 月多年平均海平面气压场

永久性大气活动中心有：北半球的阿留申低压、北太平洋副热带高压（夏威夷高压）、大西洋的冰岛低压、北大西洋副热带高压（亚速尔高压）；赤道低压带；南半球的南太平洋副热带高压、南大西洋副热带高压、南印度洋副热带高压、南半球副极地低压带、南极高压。

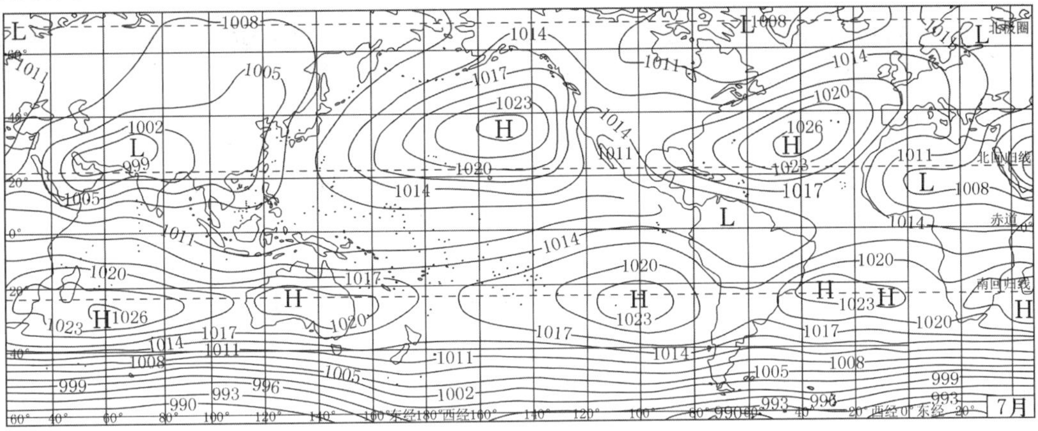

图 1-38　7 月多年平均海平面气压场

半永久性大气活动中心有：冬季亚洲大陆的亚洲高压（西伯利亚高压或蒙古高压）、北美大陆的北美高压（加拿大高压）、澳洲大陆的澳大利亚高压、非洲大陆的南非高压、南美大陆的南美高压；夏季亚洲大陆的亚洲低压（印度低压）、北美大陆的北美低压以及澳大利亚低压、非洲低压、南美低压。

在北极地区，由于冬季在格陵兰岛和西伯利亚各有一个冷中心，故北极地区一半为低压区，连接着冰岛低压和阿留申低压，一半为高压区，连接着北美高压和西伯利亚高压；夏季，北极主要与北美北部的低压区相连，也无闭合气压系统。因此，北极地区没有独立的大气活动中心。

影响我国天气和气候的大气活动中心主要有：西伯利亚高压、阿留申低压、西太平洋副热带高压和印度低压。

大气活动中心的季节变化必然引起大气环流的季节变化，而大气活动中心的短期变化对大范围的天气造成重大影响，它们是制作天气预报的条件。

※ **自我检测 4**：一年四季均存在的大型气压系统称为永久性大气活动中心。出现在北美洲及大西洋地区的永久性大气活动中心有________。

A. 北美高压和冰岛低压

B. 北美高压和北美低压

C. 北大西洋副热带高压和北美低压

D. 北大西洋副热带高压和冰岛低压

五、季风环流

大范围风向随季节而有规律转变的盛行风称为季风（Monsoons）。

(一)季风的成因和分布

海陆热力差异、行星风带的季节性位移、青藏高原等大地形的动力和热力作用是季风形成的主要原因。

1. 海陆季风

在地球上,海陆或山脉的分布对大气的运动有重大影响。由于海陆分布的影响可以形成风系,这种风系随季节的改变有极明显的差异,称为海陆季风。它主要是由海陆热力差异引起的。因为这种差异使大陆和海洋在一年中增热和冷却程度不同,所以季风与海、陆气压的年变化有密切关系。冬季陆地上高压发展,海洋上则是低压发展,水平气压梯度的方向由陆地指向海洋,形成了从陆地吹向海洋的季风;夏季则相反,陆地上低压发展,海洋上则是高压发展,水平气压梯度由海洋指向陆地,形成了从海洋吹向陆地的季风,如图 1-39 所示。海陆季风的垂直厚度在冬季可达 2 km,夏季可达 4 ~ 5 km。

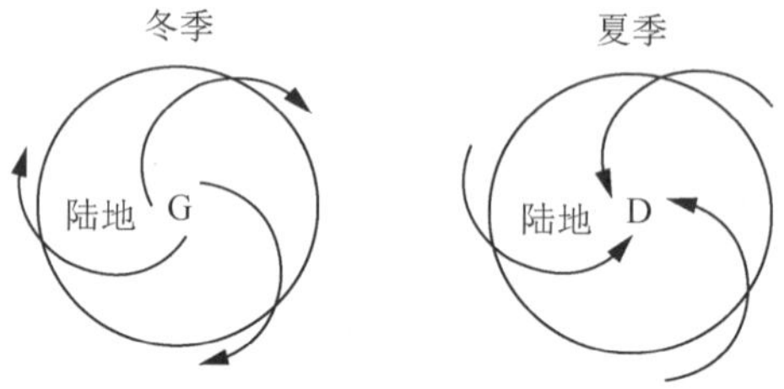

图 1-39　海陆季风示意图

海陆季风与海陆热力差异有关,因此凡是海陆之间温度差异较大的地方,海陆季风比较盛行,地球上季风最强的区域在热带和副热带范围内。这是因为赤道附近海陆温度差异终年都很小,随着纬度增加,海陆温度差异增大,季风势力增强。但至中纬度以上,气旋活动增多,风向变化复杂,季风规律性便受到扰乱。

2. 行星季风

行星风带随季节有南北移动的规律,由此引起风向的季节性转变而形成的季风称为行星季风。地球上存在的五个风带,在北半球夏季向北移动,在南半球夏季向南移动。这样,冬季西风带的南缘地带,夏季就可能变成东风带;冬、夏的盛行风就会发生约 180°的变化。行星风向变化的区域基本呈带状分布,可以发生在沿海、内陆以及大洋中部。就纬度来说,这种季风在赤道和热带地区最明显,所以常称为赤道季风或热带季风。

3. 青藏高原等大地形的作用

青藏高原对季风环流的影响,既有热力作用,又有地形动力作用。模拟实验表明,如果不存在青藏高原,南亚季风现象就会明显减弱。青藏高原的存在对维持和加强南亚季风起了重要的作用,是西南季风较强的重要原因之一。同样,在冬季,由于大地形的作用,冷空气进入南亚后强度明显减弱,因此南亚冬季风强度较弱。

实际上,某一地区的季风往往是由特定的海陆分布、行星风带的季节性位移和地形等多种因素共同作用的结果。

※ **自我检测 5**:产生季风环流的基本因素是________。

A. 气象要素水平分布不均匀和地转偏向力作用

B. 行星风带的季节性位移、海陆分布或大地形作用

C. 稳定的气压带和气象要素水平分布不均匀或大地形作用

D. 稳定的气压带和海陆分布

(二)季风的分布

世界上季风的范围很广,主要分布在南亚、东亚、东南亚和赤道非洲四个区域。此外,在大洋洲也有一些季风,如图 1-40 所示。

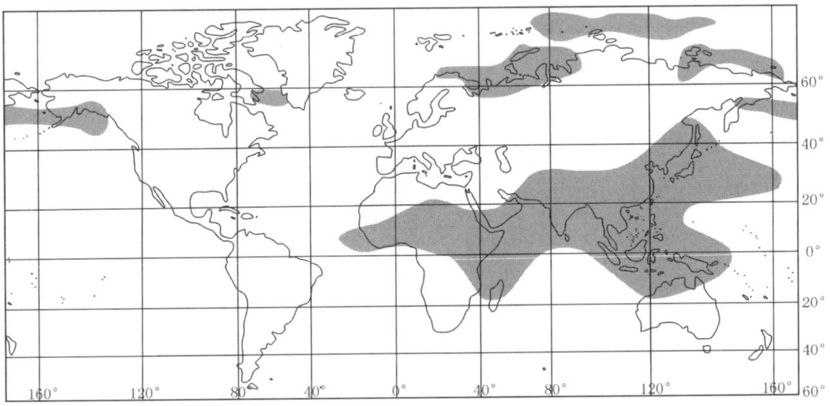

图 1-40　季风的分布

六、亚洲季风

亚洲大陆是地球上最大的大陆,向南伸展的纬度很低,所以亚洲季风是世界上范围最广、最强盛的季风。亚洲季风根据成因气候特征主要可分为东亚季风和南亚季风。

1. 东亚季风

东亚季风主要是由海陆热力差异而形成的。这里位于世界上最大的大陆——亚欧大陆的东南部和世界上最大的海洋——太平洋之间,气温和气压梯度的季节变化比其他任何地区都显著,所以这一地区发生的季风是海陆热力差异引起的季风中最强盛的。它的范围包括我国东部、朝鲜、日本等地区和附近的广阔海域。

如图 1-41 所示,冬季,西伯利亚高压盘踞着亚洲大陆,寒潮或较强冷空气不断爆发南下,高压前缘的偏北风就成为亚洲东部的冬季风。由于所处高压部位的差异,通常各地冬季风的方向由北向南依次为西北风、北风和东北风。例如,渤海、黄海、东海北部和日本海附近海面多为西北风,东海南部和南海多为东北风,东北信风有所加强。西伯利

亚高压强盛，气压梯度较大，风力较强，风向稳定。黄海、渤海和东海的风力一般为 5 ~ 6 级，寒潮南下时，最大风力可达 8 ~ 9 级及以上。

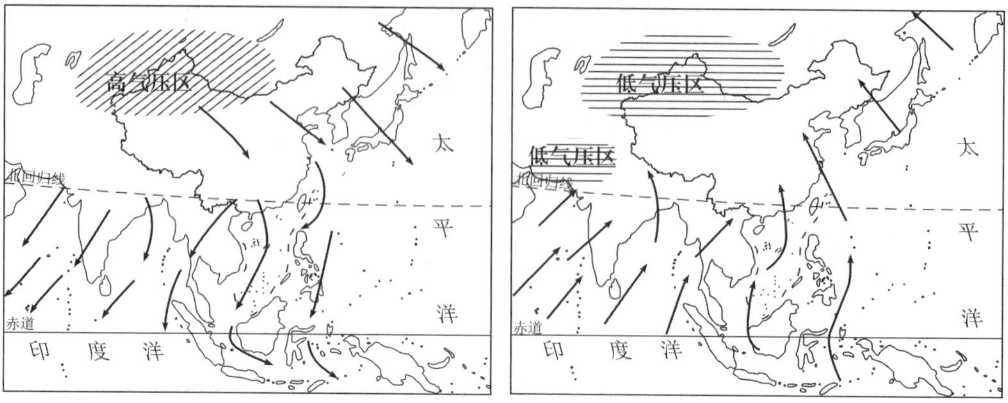

(a)冬季　　　　(b)夏季

图 1-41　东亚和南亚季风示意图

夏季，亚洲大陆为热低压，同时西太平洋副热带高压北上西伸，这两个高、低压之间的偏南风便成为伸向亚洲东部的夏季风。它的风向，在我国东部和日本附近洋面(约 50°N 以南)为东南风，在我国华南沿海、南海和菲律宾附近洋面上多为西南风。因为夏季气压梯度比冬季小，所以夏季风强度比冬季风弱，海上风力一般为 3 ~ 4 级。

东亚季风对我国、朝鲜和日本等地的天气和气候影响较大。冬季风盛行时，这些地区具有低温、干燥和少雨的气候特征，夏季风盛行时，则表现为高温、潮湿和多雨。

※ **自我检测 6**：中国东部沿海夏季盛行________。

A. 东北信风　　　　B. 东南季风

C. 西北季风　　　　D. 西南季风

微课视频
东亚季风

2. 南亚季风

南亚季风区域较广，包括北印度洋及其周围的东非、西南亚、中印半岛一带，并与东亚季风区相连接。南亚季风以印度半岛和北印度洋表现最为突出，因此又称为印度季风。南亚季风主要是由行风带的季节性位移引起的。海陆热力差异和青藏高原大地形也有相当大的影响。

如图 1-41 所示，冬季，行星风带南移，赤道低压带移到南半球，亚洲大陆高压强大，其南部的东北风就成为亚洲南部的冬季风。冬季风不强，自 11 月至翌年 4 月，北印度洋在东北季风控制下，风力一般为 3 ~ 4 级，被称为北印度洋航海的"黄金季节"。

夏季，亚洲南部增温强烈，形成高温低压区，低压中心位于印度半岛北部，该地区气压梯度增大，盛行西南季风。此时，南半球为冬季，澳大利亚高压发展，并与南印度洋副热带高压合并加强，位置偏北，使这一地区气压梯度加大。与此同时，南半球的东南信风越过赤道进入北半球之后，受地转偏向力作用逐渐转变为西南风。这样，西南季风与西南信风叠加在一起，造成了北印度洋夏季的西南风特别强大，成为世界海洋上最著名的狂风恶浪海区之一。从 7 月初至 8 月末，西南季风的风力常达 8 ~ 9 级及以上，并伴有暴雨。9—10 月风力逐渐明显减小。

综上所述,东亚季风与南亚季风的主要成因不同,性质也不同。印度由于北面有喜马拉雅山脉和青藏高原的屏障,冬季风不明显,夏季风强于冬季风。我国冬季受北方冷空气的影响强烈,冬季风强于夏季风。印度夏季风来得很快,气象学上称为季风爆发,表明它迅速到来。我国夏季风到来很慢,4 月初夏季的东南季风已见于广东沿海,但到 6 月底才到达华北北部和东北地区。我国冬季风却来得很快,不用一个月,即能从渤海扩展到南海。

※ **自我检测** 7:夏季形成北印度洋强劲季风的原因是________。

Ⅰ. 南半球信风带北移;Ⅱ. 大地形作用;Ⅲ. 印度半岛的岬角效应;Ⅳ. 北半球信风带南下;Ⅴ. 强的印度低压;Ⅵ. 澳大利亚高压发展。

A. Ⅰ ~ Ⅲ,Ⅴ,Ⅵ　　B. Ⅰ,Ⅱ,Ⅴ

C. Ⅱ ~ Ⅵ　　D. Ⅱ,Ⅴ,Ⅵ

微课视频
南亚季风

七、其他地区的季风

1. 北澳、印度尼西亚和伊里安的季风

北澳、印度尼西亚和伊里安的季风远比亚洲季风弱。夏季(12 月至翌年 3 月),澳大利亚大陆强烈增温,在北部形成低压中心,此时北半球的东北信风越过赤道转变为西北季风,使西接印度洋上的西北季风向东扩展到 170°E 的南太平洋海面。冬季(6—9 月)吹东南风。

2. 西非的季风

从塞内加尔到塞拉利昂的西非沿岸一带,有西南季风与东北季风交替的现象。夏季东南信风越过赤道变成西南季风,控制着 75°W 以东、15°N 以南的低纬度地区。在塞内加尔约有四个月(5—8 月)的西南季风期,其余时间均为东北季风。当东北风强大时,几内亚沿岸一带会爆发一种当地称为哈马丹的东北季风,这种风十分干燥,带有大量尘霾,能见度恶劣。

3. 北美的季风

在北美大陆东岸与南岸有类似季风转换的现象,但除得克萨斯地区以外现象并不十分明显。得克萨斯冬季(10 月至翌年 4 月)吹北风,这种风有时十分强大且寒冷,爆发时能影响到墨西哥沿岸;夏季吹南风。

4. 南美的季风

在南美洲,只有巴西东海岸有比较明显的季风现象,从布立科角到南回归线,冬季(7 月左右)为东南风,夏季(1 月左右)则为东北风或东风。

※ **自我检测** 8:西非的塞内加尔夏季盛行________。

A. 西北风　　B. 西南风

C. 东南风　　D. 东北风

八、局地环流

1. 海陆风

在海岸附近，白天近地面层的风由海洋吹向陆地，夜间近地面层的风由陆地吹向海洋，这种具有明显日变化的风系称为海陆风。白天近地面层由海洋吹向陆地的风称为海风，夜间近地面层由陆地吹向海洋的风称为陆风。

海陆风是由于海洋热力性质差异而形成的一种小范围的热力环流，如图 1-42 所示。白昼陆面增温速度比海面快，根据热力环流原理，在低层形成由海洋指向陆地的水平气压梯度分量，于是出现海风；夜间陆面冷却速度比海面快，在低层形成由陆地指向海洋的水平气压梯度分量，于是出现陆风。

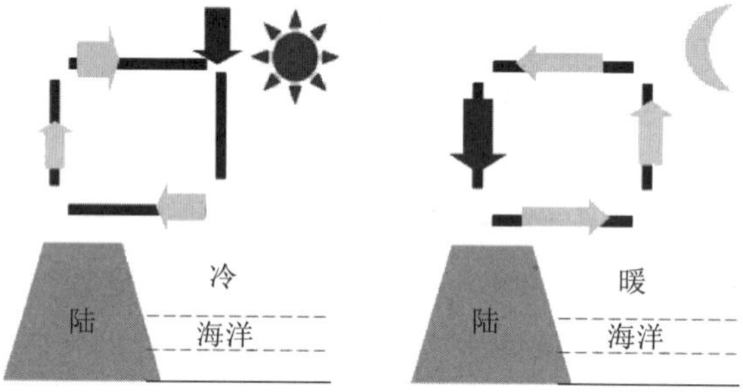

图 1-42　海陆风示意图

海陆温差越大，海陆风发展越强。因此，在地面温度日较差大的地区和季节，海陆风现象明显。在低纬地区，气温日较差大，一年四季均可出现；在中纬地区，海陆风主要出现在夏季，冬季很弱；在高纬地区，只有夏季晴朗的日子里才能见到微弱的海陆风。

海陆风通常出现在大范围气压场比较均匀，即等压线比较稀疏的天气形势下，当大范围气压场的气压梯度较大时，海陆风往往被这种大范围风场所淹没。

通常，海风比陆风强，海风可达 5 ~ 6 m/s，陆风只有 2 ~ 3 m/s；在热带地区，海风可深入内陆 50 ~ 100 km，而陆风入海距离不超过 10 km。

海风和陆风的转换时间随地区和天气条件而异。通常，海风始于 0800—1100，到 1300—1500 最强，日落后明显减弱，2000 后转为陆风。海风从海上带来大量水汽，使陆上空气湿度增大，有时会形成雾和降水。海风还可以使陆地气温降低，所以沿海地区夏季并不会十分炎热。

※ **自我检测** 9：海陆风中的海风是指________。

A. 白天由陆地吹向海面的风　　B. 白天由海面吹向陆地的风

C. 夜间由陆地吹向海面的风　　D. 夜间由海面吹向陆地的风

2. 山谷风

在山区，白天自谷底沿山坡向上吹向山顶的风称为谷风；夜间自山顶沿山坡吹向谷底的风称为山风。与海陆风类似,它是由山坡上的气温与同高度谷地上空气温之间的差异产生的局地热力环流,如图 1-43 所示。

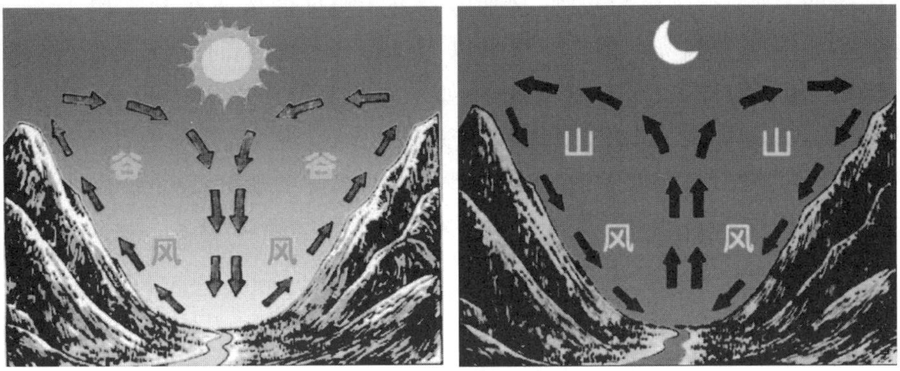

图 1-43　山谷风示意图

谷风一般在日出后 0900—1000 开始,午后最强。日落后山风开始逐渐增强,到日出前最强。通常,谷风比山风强些。山谷风在夏季较明显,冬季较弱。除山地外,高原和盆地边缘也可能出现与山谷风类似的风。在我国沿海,不少港口都能观测到明显的海陆风,有些港口受地形影响。

海陆风与山谷风往往同时出现,两者叠加的结果使向岸风(海风 + 谷风)和离岸风(陆风 + 山风)都相当显著。例如,秦皇岛和连云港就是这种情况。

※ **自我检测** 10:下列说法正确的是________。

A. 山谷风在夏季较强,冬季较弱　　B. 山谷风在夏季较弱,冬季较强

C. 山谷风的强弱与季节无关　　D. 山风比谷风强些

九、中国近海风的分布

中国近海地处东亚季风区。

冬季(11 月至翌年 3 月):冬季风风向稳定,自北向南,渤海、黄海吹西北风或北风,东海南部转为东北风,南海北部和中部为一致的东北风,南海南部转为偏北风,风向呈顺时针方向变化。

夏季(6—8 月):夏季风持续时间比冬季风短,稳定性也比冬季风差,7 月,5°N ~ 20°N 为西南风,20°N 以北为东南风。

春、秋两季为季风转换时期,风向稳定性较差。

由于不同海区的地理环境不同,对其产生影响的天气系统的种类及出现频率差别很大,因而各海区风向的实际分布状况与上述季风分布有些差异。例如,冬、春季节,渤海、黄海因气旋与反气旋活动较多、路径变化大,所以实际风向分散,冬季风各向的频率均不高。以渤海为例,1 月西北风、北风的频率仅有 20%,西风、东北风的频率也仅有 15%;东海冬季风比黄海、渤海稳定,1 月北风的频率达 40%,尤其是台湾海峡,因狭管效应,东北风从 9 月可一直持续到翌年 5 月,其中 1 月东北风频率高达 60%,局部地区

达80%。

据统计：东海盛行风频率最高，南海次之，黄海、渤海最低。

就风速而言，冬季风风力较强，风速特别是大风区的风速在11—12月最强，1—2月逐渐减弱；夏季风风力一般小于冬季风，受热带气旋影响时除外。统计结果表明，8级以上大风年平均日数，东海沿岸最多，如东海西北部为120～140天、台湾海峡为100～120天，黄海、渤海沿岸次之，如黄海中部为110～120天、黄海北部约为100天，渤海海峡为110天，南海沿岸最少，如我国南沙群岛西北部至越南之间约为50天，我国西沙群岛附近为40天左右。

【天气小谚语】

久雨刮南风，天气将转晴。

第六节　空气的垂直运动

【本节内容】

熟悉空气垂直运动的五种类型；理解大气稳定度的含义；掌握大气稳定度的判定方法，熟悉大气稳定度的判据；了解逆温的概念及其对天气的影响；熟悉逆温的分类。

【案例导入】

逆温危害

1952年12月5日—9日，英国发生了震惊全球的伦敦烟雾事件，整个城市笼罩在一片浓烟之中，酿成了“世纪悲剧”。1955年，美国的洛杉矶发生了严重的光化学烟雾事件，当地有近400名65岁以上的老人因污染导致心肺衰竭死亡……科学家发现，这些重大污染事件的发生，除与严重污染有关外，还与一个重要现象——逆温有关。

大气的运动除了水平方向外还有垂直方向，垂直方向的运动又可分为上升与下沉运动，即对流运动。与空气大规模的水平运动相比，垂直运动的平均速率比较小，但在上升运动中空气块绝热冷却，造成水汽凝结，才会有云、雨等现象的发生，特别是雷雨、大风、冰雹、龙卷等剧烈的天气现象，都是由空气强烈的对流造成的。

一、垂直运动类型

在垂直方向上，空气受到垂直向下指向地心的重力和垂直气压梯度力的作用，当两力平衡时，空气处于静力平衡状态，即没有垂直运动发生；当两者的平衡遭到破坏时，就会产生空气的垂直运动。由于形成垂直运动的原因不同，垂直运动的速度、范围及伴随天气有很大差异。发生在大气中的垂直运动主要有以下类型。

1. 热力对流

在热力作用下引起的垂直运动，称为热力对流。这种对流多是由于下垫面受热不均匀而产生的。当某气块的温度高于周围空气温度时，其密度变小，浮力作用便使它具有向上的加速度而产生上升运动；当气块的温度低于周围温度时，其密度变大，则产生下降运动。这类热力对流多为局地性对流，水平范围较小，只有几千米到几十千米，持续时间短，只有几十分钟到几小时。但是，其垂直上升速度很大，可达 1 ~ 30 m/s。雷暴云、阵性降水、雷雨大风、冰雹等不稳定性天气都是由热力对流的强烈发展造成的。

2. 水平辐合、辐散引起的垂直运动

由水平气流的辐合、辐散作用引起的大范围、较规则的上升或下降运动，称为系统性升降运动。这种运动的垂直速度小，但水平范围可达几百千米甚至几千千米，并能维持较长时间。

通常，在地面低压区，水平气流辐合，有上升运动；在高压区，水平气流辐散，有下沉运动。由此可见，大气的垂直运动与水平运动是相互联系、互相制约的，而它们又与高气压、低气压天气系统的发生、发展之间存在着内在联系。

3. 锋面上的垂直运动

锋面上的垂直运动是大规模暖空气沿着锋面爬升而形成的。在冷、暖气团的移动过程中，暖空气由于密度小，受锋面抬升作用，沿锋面向上爬行。这种系统性的上升运动通常水平范围可达几百千米，其上升速度虽然缓慢，但因持续时间长，可使整层空气的抬升高度达好几千米。暖空气抬升过程中绝热冷却，若水汽充足，会形成大范围的层状云。

4. 地形引起的垂直运动

气流在运行过程中，经过山地时，受山地阻挡作用，会引起气流的抬升运动，类似于暖空气沿锋面的滑升。如果空气潮湿、条件适当，则在山的迎风坡上升气流中常形成地形云和降水。若宽广深厚的气流绕山而行，则在迎风坡山的两侧气流辐合，产生上升运动；在背风坡山的两侧气流辐散，产生下沉运动。

5. 乱流引起的垂直运动

大气低层的乱流运动也会引起垂直运动，由于垂直尺度不大，通常仅形成层云和雾。

※ **自我检测** 1：引起空气上升运动的主要原因是________。

Ⅰ. 不稳定层结；Ⅱ. 稳定层结；Ⅲ. 低层辐合；Ⅳ. 低层辐散；Ⅴ. 锋面抬升；Ⅵ. 地形抬升。

A. Ⅱ，Ⅲ，Ⅴ，Ⅵ　　B. Ⅰ，Ⅱ，Ⅳ，Ⅴ，Ⅵ

C. Ⅰ，Ⅲ，Ⅴ，Ⅵ　　D. Ⅱ，Ⅳ，Ⅴ，Ⅵ

二、大气稳定度

1. 大气稳定度概念

大气稳定度又称大气静力稳定度或大气层结稳定度，表示周围空气使某一气块有返回或远离原来位置的趋势和程度。如图 1-44 所示，在静止大气中，当某一气块受到外力作用在垂直方向产生扰动后，若周围大气使它有返回原来位置的趋势，则称大气层结稳定；若周围大气有使它远离原来位置的趋势，则称大气层结不稳定；若气块随时都能与周围大气取得平衡，处于随遇而安的状态，则称大气层结中性。

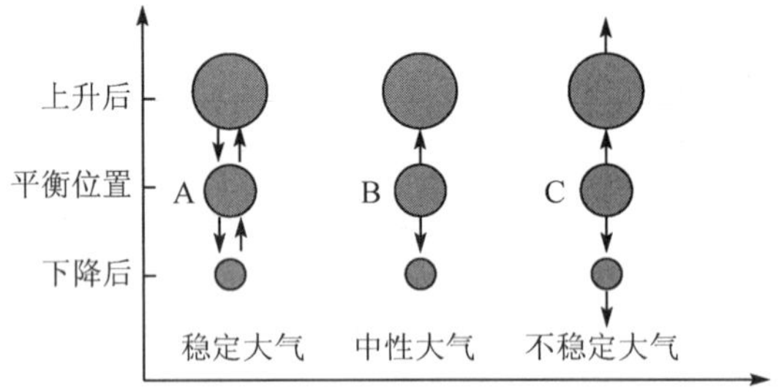

图 1-44　大气稳定度示意图

2. 大气稳定度判据

大气层结是否稳定，通常用周围空气的气温直减率 γ 与干绝热直减率 γ_d 或湿绝热直减率 γ_m 的对比来判断。

如图 1-45 所示，有 A、B、C 三个空气块，它们在初始时刻均静止于高度为 200 m 的平衡位置上，气温都为 12 ℃，即在 200 m 高度上，空气块具有与周围空气相同的温度。以下分两种情况进行讨论：

(1)假设 A、B、C 空气块是干空气或未饱和湿空气，那么在升降过程中，其温度按 γ_d = 1 ℃/100 m 变化；A、B、C 周围空气的气温直减率 γ 分别为 0.8 ℃/100 m、1.0 ℃/100 m 和 1.2 ℃/100 m。

A 空气块受外力扰动后，绝热上升 100 m 达 300 m 高度时，气温降低 1 ℃，变为 11 ℃，低于周围环境温度 11.2 ℃，即气块密度大于周围空气密度，重力使它下降；如果 A 空气块受外力扰动后，绝热下降 100 m 达 100 m 高度，气温升高 1 ℃，变为 13 ℃，高于环境空气温度 12.8 ℃，气块密度小于周围空气密度，浮力使它上升。由此可见，在 $\gamma < \gamma_d$ 时，气块受外力扰动后不论上升或下降均有返回原起始位置的趋势，说明大气层结是稳定的。

同理，对于 B 空气块而言，不论外力扰动使它上升或下降到任何高度，它都与周围环境空气具有相同的温度，如外力中止，它也就停止。故当 $\gamma = \gamma_d$ 时，大气层结是中性的。

同理，对于 C 空气块来说，受到外力扰动后，绝热上升达 300 m 高度时，其本身温度变为 11 ℃，高于周围空气温度 10.8 ℃，密度比周围空气小，浮力使它继续上升；如果外力使它下降离开原来位置后，它会越来越比周围空气的温度低，即越来越加速下降。因此，当 $\gamma > \gamma_d$ 时，大气层结是不稳定的。

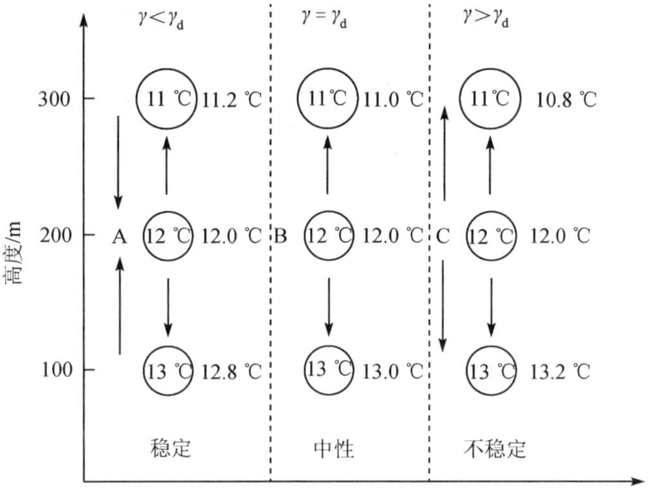

图 1-45　干空气或未饱和空气稳定度示意图

利用温度－高度图可以直观地判断大气层结稳定度。如图 1-46 所示，将某时某地的层结曲线 γ 和状态曲线中的干绝热线 γ_d 绘于同一张图上，从 γ 线与 γ_d线的交点向上看，若 γ 线位于 γ_d线的右侧，表示 $\gamma < \gamma_d$，大气层结稳定；若 γ 线位于 γ_d 的左侧，表示 $\gamma > \gamma_d$，大气层结不稳定；若 γ 线与 γ_d 线平行或重合，表示 $\gamma = \gamma_d$，大气层结中性。

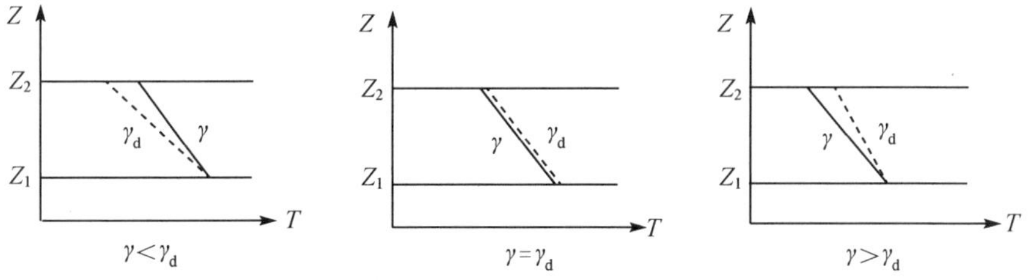

图 1-46　比较层结曲线和状态曲线判定大气稳定度

（2）假设 A、B、C 空气块是饱和湿空气，当它们受外力扰动后，在垂直升降中空气块温度按 γ_m 变化。同理可知，对于饱和湿空气而言，当 $\gamma < \gamma_m$ 时，大气层结稳定；当 $\gamma = \gamma_m$ 时，大气层结中性；当 $\gamma > \gamma_m$ 时，大气层结不稳定。

综上所述，当 $\gamma < \gamma_m$ 时，必有 $\gamma < \gamma_d$，大气层结无论对于干绝热过程还是湿绝热过程都是稳定的，称为绝对稳定（Absolute Stability）；当 $\gamma > \gamma_d$ 时，必有 $\gamma > \gamma_m$，大气层结无论对于干绝热过程还是湿绝热过程都是不稳定的，称为绝对不稳定（Absolute Instability）；当 $\gamma_m < \gamma < \gamma_d$ 时，大气层结对于干绝热过程是稳定的，但对于湿绝热过程是不稳定的，称为条件性不稳定。

※ **自我检测** 2：有一干空气块 a 处于某一高度，它周围空气的温度直减率为 1.2 ℃/100 m，当 a 受到外力冲击抬升后，其状态是＿＿＿＿。

A. 转为下降　　B. 停止上升　　C. 继续上升　　D. 既不升也不降

三、大气稳定度三种情况下的天气

1. 绝对不稳定

当大气处于不稳定状态时，有利于对流发展，产生积状云，出现不稳定天气，如阵雨、雷阵雨、阵性大风，甚至产生冰雹、龙卷风等。

绝对不稳定的情形多发生在夏季局部地区。午后，太阳辐射强烈，陆面上近地面层空气急剧增温，与上层空气之间的温差加大，常可达 $\gamma > \gamma_d$ 的程度，形成绝对不稳定的大气层结，它非常有利于垂直对流运动的发展，所以夏季大陆上午后至傍晚多积雨云及热雷雨发生。在海上，热雷雨多发生在后半夜至凌晨。这是由于海水夜间降温很小，贴近海面的下层空气从海面获得热量，上层大气夜间发出长波辐射而失去较多的热量，气温降低多，上下层空气温差大，也能形成 $\gamma > \gamma_d$ 的绝对不稳定层结，有利于热力对流的发展而形成热雷雨。

2. 条件性不稳定

条件性不稳定是比较常见的，在这种情况下，气层稳定与否主要取决于空气的湿度，条件性不稳定情况下对流发展的重要条件之一就是要湿度足够大。夏季气温高、湿度大容易形成条件性不稳定的大气层结，因此，经常出现局部雷雨、大风天气。

3. 绝对稳定

当大气处于稳定状态时，能有效抑制对流的发展，产生稳定性天气现象，如层云、雾、毛毛雨等。

绝对稳定的情形多发生于逆温层附近，逆温层好像一个盖子，能有效抑制对流的发展，阻挡水汽和尘埃等向上输送。当近地面层有逆温时，易产生雾、毛毛雨、低云等天气；当逆温出现在空中某高度时，抬升运动引起的上升气流很难突破它，而在其下方形成层状云，低层的对流云一般也在此处被阻挡而平衍，只有当低层大气极不稳定时，才有可能突破逆温层。由此可见，大气中的逆温对天气有着重要影响。

※ **自我检测** 3：绝对稳定________。

A. 多发生在气层上下温差较大的地方

B. 多发生在逆温层附近

C. 多在对流层大气中出现

D. 一般在逆温层附近不会出现

四、大气中的逆温类型

大气层结稳定度要受到许多物理过程的影响。例如，在一定条件下，对流层中会出现气温随高度的升高而升高的逆温现象，无论是哪种条件造成的逆温，都对天气变化有着重要作用。根据逆温形成过程的不同，逆温分为以下几种类型。

1. 辐射逆温

晴朗无风或少云的夜间，地面很快辐射冷却，贴近地面的气层也随之降温，离地面越远，降温越少，因而形成了自地面开始逐渐向上的逆温，称为辐射逆温。

一般而言，辐射逆温在半夜之后形成，黎明前最强，日出后随着地面增温，贴近地面的气层首先升温，逆温层便自下而上地消失，逆温层消失时间多在0900—1000。辐射逆温现象以秋、冬两季中高纬陆地上出现最多，冬季最强，消失得也较慢。在逆温层下部，当气温降至露点温度时，常有露、霜或辐射雾等出现。

2. 平流逆温

暖空气水平移动到冷的地面或冷的水面上，会发生接触冷却作用，愈靠近地面的空气降温愈明显，而上层空气受冷地表面的影响小，降温减少，于是产生逆温现象。这种因空气平流产生的逆温，称为平流逆温。

平流逆温可以出现在一天中的任何时间，而且一般范围比较广，持续时间比较长，有时可达几天。海上常见的平流雾就是在这种平流逆温层结下形成的。

3. 乱流逆温

由于低层空气的乱流混合而形成的逆温，称为乱流逆温。这种逆温强度弱、厚度薄，多为近地面层的等温现象。在逆温层底部，由于下层的水汽和杂质向上输送和温度的下降，容易产生层云和层积云。

4. 下沉逆温

当高空下沉空气绝热增温，而近地层空气由于经常存在着乱流，温度变化不大时，形成下冷上暖的逆温称为下沉逆温。

下沉逆温形成的有利天气条件是极地冷高压和副热带高压控制下的晴好天气，高压中心附近有持久而强盛的下沉运动。由于下沉空气来自高空，水汽含量少，下沉以后温度升高，相对湿度显著减小，空气干燥，不利于云雾生成。因此，在下沉逆温中，天气总是晴好的。

5. 锋面逆温

由于锋面上下冷暖空气的温度差异而形成的逆温，称为锋面逆温。这种逆温层随锋面的倾斜而成倾斜状态，又由于锋是从地面向冷空气方向倾斜的，所以，锋面逆温只能在冷气团所控制的地区内观测到。

※ **自我检测4**：低层逆温层的存在有利于产生________。

A. 雷阵雨　　B. 阵性大风　　C. 冰雹或龙卷　　D. 雾或毛毛雨

【气象小常识】

夏天为什么常常有阵雨？

雷阵雨是因为夏天的天气酷热，空气在局部地方出现强烈对流，使大量湿热空气猛烈上升，造成积雨云而形成的。由于产生积雨云的强烈的热力对流只在夏季易于出现，所以雷阵雨也常常出现在夏季。

第七节 大气湿度

【本节内容】

熟悉大气湿度的七种表示方法,重点掌握表示大气中水汽含量多少的湿度参数以及表示空气距离饱和程度的湿度参数;熟悉绝对湿度和相对湿度的日变化和年变化特点;熟悉大气中水汽的分布和凝结。

【案例导入】

湿度效应

大气中的湿度会影响人们对温度的感觉。高温时,人体散热需通过汗液将热量排出体外。例如,空气湿度较大,汗不易挥发时,人就感到闷热,感觉温度往往比实际温度高。因此,在高温条件下,地面河湖众多,水面面积较大会使空气湿度增大,进而影响到人们对气温的感觉。湿度的这种影响称为“湿度效应”。

湿度(Humidity)是决定大气中云、雾、降水等天气现象的重要因子。随着湿度的变化,大气中水汽发生相变的物理过程直接影响着天气变化和天气系统的发展。例如,水汽凝结所释放的大量凝结潜热是台风发展的主要能源。在船舶货运中,空气湿度的大小及其变化对货物是否受潮变质有很大影响。

一、湿度的定义和表示方法

大气湿度是表示空气中水汽含量多少或者空气潮湿程度的物理量,简称湿度,常用的表示方法有以下几种。

(一)水汽压

大气中所含水汽引起的分压强,称为水汽压(Vapor Pressure),用符号“e”表示。其单位与气压单位相同,采用百帕(hPa)或毫米水银柱高(mmHg)。空气中实际水汽含量越多,e 值越大;实际水汽含量越少,e 值越小。因此,水汽压 e 的大小直接反映了空气中水汽含量的多少。

气温一定时,一定体积的空气中所能容纳的水汽含量是有一定限度的。如果空气中实际水汽含量刚好达到这个限度,该空气称为饱和空气,饱和空气的水汽压称为饱和水汽压,以 E 表示。因此,当 $e < E$ 时,表示空气未饱和;当 $e = E$ 时,表示空气正好达到饱和;当 $e > E$ 时,表示空气过饱和,多余的水汽就会发生凝结或凝华现象。

研究表明,饱和水汽压 E 是温度的函数,它随着温度的升高而增大,此外,饱和水汽压还与蒸发面的性质有一定的关系。

1. 饱和水汽压与温度的关系

饱和水汽压随着温度的升高而显著增大，如图 1-47 所示。由此，可得出重要结论：空气温度的变化对蒸发和凝结有重要的影响。气温升高时，饱和水汽压变大，空气中能够容纳的水汽量增加，因而原来处于饱和状态的蒸发面变为未饱和状态；相反，如果降低饱和空气的温度，则饱和水汽压减小，多余的水汽就会凝结出来。

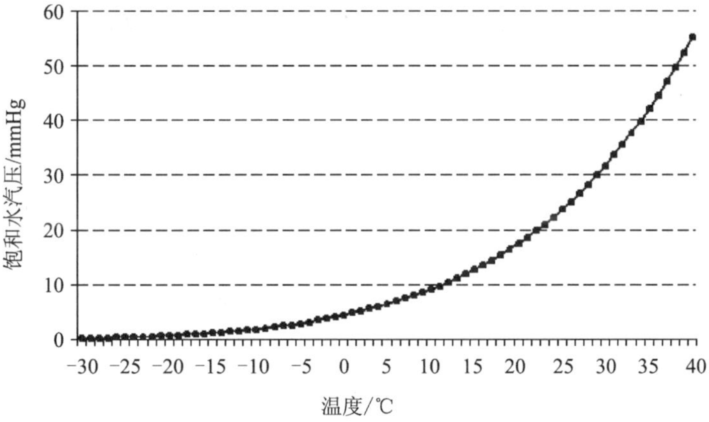

图 1-47　饱和水汽压与温度的关系

2. 饱和水汽压与蒸发面性质的关系

自然界中的蒸发面很多，不同的蒸发面具有不同的性质，即使在同一温度下，其饱和水汽压也并不完全相同。

（1）冰面和过冷却水面的饱和水汽压

通常，水温在 0 ℃时开始结冰。但是通过试验和对云、雾的直接观测，发现有时水的温度在 0 ℃以下，甚至在 −30 ~ −20 ℃时仍不结冰，这种状态的水称为过冷却水。过冷却水面与同一温度下的冰面相比较，饱和水汽压是不一样的。为了确定水面及冰面的饱和水汽压与温度的关系，常采用比较准确的马格纳斯（Magnus）经验公式：

$$\text{在水面上}:E_{\text{水}} = E_0 \times 10^{\frac{7.45t}{235+t}}$$

$$\text{在冰面上}:E_{\text{冰}} = E_0 \times 10^{\frac{9.5t}{265+t}}$$

式中：t——摄氏温度，℃；

E_0——“三相点”（水汽、水及冰三相共存）时的饱和水汽压，$E_0 = 6.11$ hPa。

显然，水面或者冰面的饱和水汽压只决定于温度。冰面上的饱和水汽压小于同温度下过冷却水面上的饱和水汽压。例如，在 −10 ℃时，$E_{\text{冰}} = 0.91E_{\text{水}}$；在 −30 ℃时，$E_{\text{冰}} = 0.75E_{\text{水}}$。这说明在同一温度下，空气相对水面饱和时，对冰面而言已达到过饱和了。因此，在冰成云或者冰成雾的过程中，常常观测到相对湿度小于 100% 的情况就是这个道理。

(2)溶液面的饱和水汽压

不少物质都可以溶解于水,所以天然水通常是含有杂质的溶液。研究表明,在同一温度下,溶液面的饱和水汽压要比纯水面的小,而且溶液的浓度越大,饱和水汽压越小。因而,水汽在溶液面上容易发生凝结,溶液面起到可溶性凝结核(吸湿性凝结核)的作用。溶液面的这种特性对云或雾的最初胚滴的形成十分重要。例如,在海洋上,海水的平均盐度为35‰,海面上低层大气中,含有盐粒等吸湿性凝结核,所以当相对湿度达到80%时就有成雾的可能。

※ **自我检测** 1:饱和水汽压表示空气容纳水汽的能力,其大小取决于________。

A. 气压高低　　B. 温度高低

C. 风速大小　　D. 云量多少

(二)绝对湿度

单位体积空气中含有的水汽质量称为绝对湿度,用符号"a"来表示,单位为 g/cm^3 或者 g/m^3。实际上它就是水汽密度,表示空气中水汽的绝对含量。空气中的水汽含量越多,绝对湿度就越大。绝对湿度一般无法直接测得,但很明显它与水汽压成正比,利用湿空气的状态方程可导出水汽压 e 与绝对湿度 a 两者间的关系。

若 e 的单位为 mmHg,a 的单位为 g/m^3时,有:

$$a = 289\frac{e}{T} \tag{1-36}$$

式中:T 为绝对温度,K。

当气温 $t = 16$ ℃时,即 $T = 289$ K,有 $a = e$。

因近地面气温的变化范围通常在 −40 ~ +40 ℃,特别在中纬地区,常年平均气温在 16 ℃左右,故常用水汽压值代替绝对湿度值。

当 e 的单位为 hPa 时,有:

$$a = 217\frac{e}{T} \tag{1-37}$$

※ **自我检测** 2:在大气层中,通常绝对湿度随高度的增加而________。

A. 迅速减小　　B. 不变　　C. 迅速增加　　D. 缓慢增加

(三)相对湿度

实际水汽压 e 与同温度下的饱和水汽压 E 之比,称为相对湿度,用符号"f"来表示。相对湿度采用百分数,即:

$$f = \frac{e}{E} \times 100\% \tag{1-38}$$

相对湿度 f 的大小表示空气距离饱和的程度。

当气温一定时,则 E 一定,若 $e < E$,则 $f < 100\%$,表示空气未饱和,并且 f 值越小,空气距离饱和程度越远;若 $e = E$,则 $f = 100\%$,表示空气饱和;若 $e > E$,则 $f > 100\%$,表示空气过饱和。

显然,空气相对湿度 f 值的大小,不仅取决于水汽压 e,还与气温有关。

※ **自我检测** 3:一块水汽压为 12 hPa 的空气团,其相对湿度为 60%,则饱和水汽压是________。

A. 12 hPa　　B. 20 hPa

C. 10 hPa　　D. 15 hPa

(四)露点

空气中的水汽含量不变且气压一定时,降低气温,使未饱和空气刚好达到饱和时的温度称为露点温度,简称露点,用符号 t_d 表示,其单位与气温相同。显然,水汽含量高,对应的露点温度就高;水汽含量低,对应的露点温度就低。

(五)气温露点差

气温露点差是在给定的时间和地点,气温和露点温度的差值。常用 $t-t_d$ 来表示,t 为气温,t_d 为露点温度,单位为摄氏度(℃)。

由于实际空气经常处于未饱和状态,即露点经常低于气温。因此,常用气温与露点之差 $\Delta t = t - t_d$ 的大小大致判断空气距离饱和的程度。若 $\Delta t > 0$,则表示空气未饱和,差值越大,相对湿度越小,空气距离饱和程度越远;若 $\Delta t = 0$,则气温与露点相等,空气刚好饱和。

(六)饱和差

饱和差是指某地空气在一定温度下的饱和水汽压 E 与当时实际水汽压 e 的差值,其单位与气压单位相同,用 hPa 表示。

当 $E-e>0$ 时,表示空气未饱和;当 $E-e=0$ 时,表示空气饱和;当 $E-e<0$ 时,表示空气过饱和。饱和差也表示空气中实际水汽距离饱和的程度。

(七)干湿球温度差

干球温度是接触球体表面空气的实际温度,湿球温度是球体表面附着有水时,水分蒸发带走热量后球体的温度。水的蒸发量跟空气的湿度有关,空气湿度越大,水蒸发量越小,带走的热量越少,干湿球温度差越小;空气湿度越小,水蒸发量越大,带走的热量也越多,干湿球温度差也就越大。因此,可以通过干湿球温差的变化规律来反映当前空气湿度状况。干湿球温度差值也能表示空气中水汽距离饱和的程度。

上述湿度的七种表示方法各有不同,但都从不同侧面反映了大气中水汽含量的多少或空气距离饱和的程度。其中能够直接表示大气中水汽含量多少的物理量有水汽压(e)、绝对湿度(a)、露点(t_d);能够表示空气距离饱和程度的物理量有相对湿度(f)、气温露点差($t-t_d$)、饱和差($E-e$)和干湿球温度差($t-t'$)。

※ **自我检测** 4：若有两块等质量同气压的空气，均含有 100 g 水汽，若温度分别为 20 ℃和 10 ℃，则两块空气的________。

微课视频
湿度的定义和表示方法

Ⅰ. 绝对湿度相等；Ⅱ. 水汽压相等；Ⅲ. 饱和水汽压相等；Ⅳ. 相对湿度相等；Ⅴ. 露点相等；Ⅵ. 温露差相等。

A. Ⅰ ~ Ⅴ　　B. Ⅰ，Ⅱ，Ⅴ　　C. Ⅱ，Ⅲ，Ⅴ，Ⅵ　　D. Ⅱ，Ⅳ，Ⅴ

二、湿度的日变化和年变化

以下主要讨论近地面层大气湿度（绝对湿度和相对湿度）的日变化、年变化规律。

（一）绝对湿度的日变化、年变化

1. 绝对湿度的日变化

近地面气层中水汽绝对含量的多少受气温高低和低层乱流两种因子的影响。气温高，自然条件下的蒸发快，使绝对湿度增大；但随着气温的升高，低层大气趋于不稳定，乱流混合加强，水汽向上传送，又造成近地面层的绝对湿度减小。不同的地区，两种作用互相制约，使绝对湿度的日变化出现两种类型。

第一种类型：在海洋、沿海及岛屿处，绝对湿度一日中有一个高值，出现在午后；一个低值，出现在清晨。因为这些地区有充足的水源可供蒸发，所以气温成为决定因素，使绝对湿度日变化与气温日变化同位相。

第二种类型：在大陆上乱流较强的季节里，气温和乱流两因子的共同作用，使绝对湿度一日中出现两高值和两低值。这里不再进一步讨论。

2. 绝对湿度的年变化

绝对湿度的年变化主要是由气温的年变化所决定。夏季气温高，下垫面蒸发量大，出现绝对湿度的最高值（北半球为 7 月、8 月，南半球为 1 月、2 月）；冬季气温低，下垫面蒸发量小，出现绝对湿度的最低值（北半球为 1 月、2 月，南半球为 7 月、8 月）。

（二）相对湿度的日变化、年变化

1. 相对湿度的日变化

相对湿度的日变化主要决定于气温。在正常天气情况下，白天气温升高，下垫面蒸发加快，使水汽压 e 值增大，同时随着气温的升高，饱和水汽压 E 值以更快的速度增大，结果相对湿度减小；夜间相反，相对湿度随着气温的降低而增大。相对湿度在一日中有一个最高值，出现在日出前；有一个最低值，出现在午后。这种日变化位相与气温日变化位相相反。

2. 相对湿度的年变化

相对湿度的年变化可分为两种类型：一种是季风区，相对湿度的极大值出现在夏季，极小值出现在冬季。原因是夏季风来自海洋，带来了大量水汽，使水汽压 e 值大大增加；冬季风来自干冷的大陆，使水汽压 e 值大大减小，虽然冬季气温低，饱和水汽压 E 值也变小，但相对湿度仍比夏季小。另一种类型是内陆、干燥且全年水汽压 e 变化不大的地区，相对湿度的年变化是夏季小、冬季大。

※ **自我检测 5**：通常在季风地区绝对湿度 a 和相对湿度 f 的年变化规律是________。

A. 夏季 a 大 f 小，冬季 a 小 f 大　　B. a 和 f 都是夏季大、冬季小

C. a 和 f 都是夏季小、冬季大　　D. 夏季 a 小 f 大，冬季 a 大 f 小

三、大气中水汽的分布和凝结

(一)大气中水汽的分布

1. 垂直分布

大气中的水汽主要来源于下垫面的蒸发，并借助于垂直上升气流和乱流向上输送到中、上层大气中。因此，绝对湿度随高度的增加而迅速减小。在1.5～2.0 km 高度处约为地面的$\frac{1}{2}$，到5.0 km 高度处已减少到地面的$\frac{1}{10}$左右。这表明90%的水汽含量集中在5.0 km 以下的气层中。

2. 水平分布

下垫面的性质不同，蒸发情况有差异，通常海面蒸发量多于陆地，森林多于沙漠。蒸发面相同时，蒸发量的大小与气温密切相关。因此，绝对湿度的水平分布是不均匀的，在赤道地区最大，e 的平均值约为25.0 hPa；中纬地区约为10.0 hPa；两极地区最小，约为2.5 hPa。

(二)大气中水汽的凝结

大气中水汽凝结或凝华的一般条件是：空气达到饱和或过饱和，并且要有凝结核。使空气达到饱和的途径主要有以下两种。

1. 增加大气中水汽的含量

水面及其他蒸发源，不断蒸发水汽进入空气中，使空气达到饱和。这是蒸发过程，只有在蒸发面温度高于气温的条件下才有可能实现。在海洋上，海面蒸发量的大小取决于海面上空气的饱和差 $E-e$ 和风速的大小，饱和差越大，风速越大，海面蒸发量越大；反之，海面蒸发量越小。暖湿气流活跃时，会给所经之地带来大量水汽，这也是增加水汽含量使空气达到饱和的重要途径。例如，对海上平流雾的形成而言，这是必不可少的条件。

2. 大气的冷却过程

大气的冷却过程就是不断降低气温至露点，使空气达到饱和的过程。大气中主要

的冷却过程有绝热冷却、辐射冷却、平流冷却及乱流冷却等。云、雨主要是由空气上升中绝热冷却产生的；辐射雾及平流雾则主要是由辐射冷却及平流冷却形成的。

实际大气中，有时会有以上两种作用并存的情况，既有水汽含量的不断补充，又有大气的冷却过程，这将更有利于空气达到饱和以及水汽的凝结。另外，凝结核对大气中的水汽凝结具有很重要的意义。实验证明，在完全纯净的空气中，相对湿度超过100%甚至达到600%时，仍不会发生凝结，就是因为缺少凝结核，水汽分子无从依附。可见，大气中如果缺少了微尘杂质，特别是可溶性杂质的话，云、雨、雾等水汽凝结现象也就很难见到了。

※ **自我检测** 6：大气中水汽凝结的途径为________。

Ⅰ．增加湿度；Ⅱ．降低温度；Ⅲ．增加温度；Ⅳ．绝热上升；Ⅴ．绝热下沉；Ⅵ．增加凝结核。

A. Ⅰ～Ⅳ，Ⅵ　　B. Ⅰ，Ⅱ，Ⅳ，Ⅵ

C. Ⅱ，Ⅳ～Ⅵ　　D. Ⅰ，Ⅱ，Ⅳ～Ⅵ

在船舶货运中，为了防止货物受潮霉变，保证货运质量，要经常注意货舱内外空气湿度的变化，以采取正确有效的换气或通风措施。货舱有“出汗”现象时，是因舱内空气过于潮湿，水汽凝结于较冷的舱壁及货物表面所致，这时最好采取通风措施，将舱内潮湿空气排出。一般而言，应该定时观测、计算舱内舱外空气的露点（t_d），当舱内 t_d 大于舱外 t_d 时应通风；当舱内 t_d 不大于舱外 t_d 时应停止通风。有关详细内容在船舶货运中有介绍。

【天气小谚语】

天上钩钩云，地上雨淋淋。

第八节　云和降水

【本节内容】

熟悉云的组成、形成和消散条件；掌握云的两种分类方法、各种云的名称及国际简写符号；重点熟知积状云的天气；了解降水的定义和种类；了解降水量和降水强度的含义；掌握不同性质降水与云的对照关系。

【案例导入】

看云识天气

天上的云，真是姿态万千，变化无常。它们有的像羽毛，轻轻地飘在空中；有的像鱼鳞，一片片整整齐齐地排列着；有的像羊群，来来去去；有的像一床大棉被，严严实实地盖住了天空;还有的像峰峦,像河流,像雄狮,像奔马……它们有时把天空点缀得很美丽,有时又把天空笼罩得很阴森。刚才还是白云朵朵,阳光灿烂,一霎间却又是乌云密布,大雨倾盆。云就像是天气的"招牌":天上挂什么云,就将出现什么样的天气。

天空中飘浮的云(Cloud)千姿百态、变幻无穷,是自然界最壮观的大气现象之一。有些云出现时,会直接引起强烈的阵风、雷雨、冰雹、龙卷或低能见度等恶劣天气,给海上船舶航行带来严重危害。云就像大气的一面镜子,经常能够很好地反映出大气当时的物理状态或指示未来的变化趋势。因此,掌握云的类型及其变化规律,对分析和预测海上天气具有重要意义。

一、云的形成和消散

云是由大量小水滴、小冰晶或两者的混合物组成的悬浮在空中的可见聚合体。显然,水汽的流入补充和促使水汽在空中达到饱和的大气环境是形成云的基本条件。换言之,形成云的过程就是使空中的水汽达到饱和或过饱和的过程。当水汽过饱和状态得以维持时,云就继续发展。

研究表明,单凭蒸发作用在多数情况下不足以产生较大厚度内的饱和现象,只有当水汽流入并伴有空气冷却过程时才有利于云的形成。在自由大气中空气的冷却过程主要有绝热上升、乱流交换和辐射冷却,云是上述三种冷却过程单独或共同作用的结果。在大多数情况下,特别是较高和较厚的云层,绝热上升运动起着主要作用(见图1-48)。

因此,云的形成条件可以简单归纳为下式:

上升运动+水汽→云形成

下沉运动→云消散

图1-48　云的形成示意图

※ **自我检测1**:形成云的最主要的冷却过程为________。

A. 绝热冷却　　　　B. 辐射冷却

C. 平流冷却　　　　D. 乱流冷却

二、云的分类

云的种类繁多、形态各异，在气象上根据云的不同特性将它们一一归类，主要有以下两种分类方法。

（一）按云底高度划分

根据云底的高度，我国将云分成高云、中云、低云三大云族，再按云的外形特征、结构和成因将其划分为十属二十九类，如表 1-4 所示。

表 1-4　云的分类（三族十属二十九类）

云族	云属		云类	
	中文学名	国际简写	中文学名	国际简写
低云（<2 500 m）	积云	Cu	淡积云	Cu hum
			碎积云	Fc
			浓积云	Cu cong
	积雨云	Cb	秃积雨云	Cb calv
			鬃积雨云	Cb cap
	层积云	Sc	透光层积云	Sc tra
			蔽光层积云	Sc op
			积云性层积云	Sc cug
			堡状层积云	Sc cast
			荚状层积云	Sc lent
	层云	St	层云	St
			碎层云	Fs
	雨层云	Ns	雨层云	Ns
		Fn	碎雨云	Fn
中云（2 500～5 000 m）	高层云	As	透光高层云	As tra
			蔽光高层云	As op
	高积云	Ac	透光高积云	Ac tra
			蔽光高积云	Ac op
			荚状高积云	Ac lent
			积云性高积云	Ac cug
			絮状高积云	Ac flo
			堡状高积云	Ac cast
高云（>5 000 m）	卷云	Ci	毛卷云	Ci fil
			密卷云	Ci dens
			伪卷云	Ci not
			钩卷云	Ci unc
	卷层云	Cs	毛卷层云	Cs fil
			薄幕卷层云	Cs nebu
	卷积云	Cc	卷积云	Cc

(二)按上升气流特征划分

根据形成云的上升气流的特点,云可分为积状云、层状云和波状云三大类。积状云包括淡积云、浓积云、秃积雨云和鬃积雨云,卷云也属于积状云;层状云包括卷层云、高层云、雨层云和层云;波状云包括层积云、高积云和卷积云。

1. 积状云

积状云是孤立、分散、垂直发展的云块,有水平的底和明显的圆弧状结构,如积云和积雨云(见图1-49)。

图1-49　积状云

积状云形成于不稳定自由对流的大气中,积云发展是大气层结不稳定的标志,故积状云又称对流云。稳定大气中不可能产生积云。

大气具有不稳定能量,经动力或热力作用抬升到自由对流高度,而且凝结高度低于对流上限时,才会形成积云。各种积云的发展取决于大气中不稳定能量的大小。不稳定能量小的大气中只能形成淡积云,云底高度一般在500～1 200 m,厚度为几百米到2 km。淡积云中上升气流速度不大,一般不超过5 m/s,云中乱流也极弱。当大气中具有较大不稳定能量时,淡积云可发展为浓积云。发展成熟的浓积云,云厚可达4～5 km。在中纬度地区,即使在暖季,云顶也可伸展到温度为0 ℃的高度以上,因此浓积云顶常由过冷却水滴组成。浓积云中上升气流速度比淡积云中大得多,可达15～20 m/s,云中乱流也较强烈。

积雨云(Cb)生成于暖湿、具有很大不稳定能量并有适当抬升作用的大气中。一个积雨云的生命史可分为形成、成熟和消亡三个阶段。其主要特点是,出现阵性降水、阵性大风和雷暴等剧烈天气现象。积雨云的厚度很大,中纬度地区为5～8 km,低纬地区可达10 km以上,有时可伸展到对流层顶。积雨云中上升气流速度可达20～30 m/s,最大曾观测到60 m/s。云中乱流强烈。

2. 层状云

层状云的主要特点是云层均匀,呈幕布状,范围较大。与积状云相反,层状云形成于稳定大气中,层状云的出现是大气层结稳定的标志。层状云上部通常有逆温层存在,云不易向上发展,只能向水平方向伸展,云顶较为平坦,形如海面起伏,称为“云海”,十分壮观。

层状云是由系统性抬升作用产生的,其中以发生在暖锋面上的云系最为典型,如图1-50所示。此外,在气旋或低压槽的气流辐合区或迎风山坡上也能形成层状云。系统性抬升运动的水平范围通常很大,一般都在几百到几千千米以上。上升速度较小,只有1~10 cm/s。持续时间长,有时可达1周以上。暖锋上的云系包括卷云、卷层云、高层云和雨层云,排列很有规则。云层较均匀,由薄变厚,云底高度降低,范围宽广。云底大体与锋面斜度符合,云顶近于水平。

图1-50 层状云

实际暖锋出现的云可能比上述模式复杂得多。云层中有时会出现断裂及稀疏厚薄不均匀的现象,这是上升速度及湿度不均匀所引起的。当空气特别干燥时,暖锋上只出现高层云及卷层云,在垂直方向上可能出现厚达数百米的无云间隙层。此外,空气乱流和辐射冷却能形成层云或雾。

3. 波状云

波状云是由许多呈波浪形的碎云块、云片或云层组成的云,形如耕地或棋盘格,有时可以出现明显的双重波形系统(见图1-51)。

图1-51 波状云

在逆温层上下，空气的密度以及风向、风速都有较大的差异，因此经常会产生波动。当逆温层下水汽积聚较多时，在波峰处空气绝热上升膨胀冷却而形成云，在波谷处空气绝热下降，增温而不会形成云。大气中的这种波动可形成卷积云（Cc）、高积云（Ac）或层积云（Sc）。如果已存在的层状云上发生波动，则波峰处的云层会加厚，波谷处的云层会变薄，原来均匀的层状云就转变为波状云。当逆温层下积聚大量的水汽或尘粒时，夜间该气层辐射冷却就特别强，常使空气趋于饱和，稍有乱流和波动就会形成波状云。因此，实际上波状云往往是气层辐射冷却和乱流混合共同作用的结果。山的背风坡能产生气流波动，因而常出现波状云。

波状云一般厚度不大，只有几十米到几百米，个别情况下可超过 2 km。有时在不同的高度和方向上同时出现许多振幅和波长不同的波动，使天空出现多层次、复杂壮观的波状云。显然，波状云的出现也是大气层结稳定的标志。

※ **自我检测 2**：下列属于低云的有________。

Ⅰ. Cu；Ⅱ. Sc；Ⅲ. Ac；Ⅳ. Fn；Ⅴ. Cs；Ⅵ. Cc。

A. Ⅰ ~ Ⅵ　　B. Ⅰ，Ⅱ，Ⅳ　　C. Ⅱ ~ Ⅳ，Ⅵ　　D. Ⅱ，Ⅳ ~ Ⅵ

微课视频
各种云的特征

三、降水

从云中降到地面上的液态水或固态水，称为降水（Precipitation）。常见的降水形式有雨、雪、霰、冰雹等。

（一）降水量和降水强度

降水（包括近地面凝结出的露水）未经蒸发、渗透、流失，在水平面上所积聚的水层深度，称为降水量，以 mm 为单位。

单位时间内的降水量，称为降水强度。常用单位是“mm/h”“mm/d”。表 1-5 和表 1-6 分别是我国气象部门规定的常用降雨量等级表、降雪量等级表。

表 1-5　降雨量等级表

降雨等级用语	12 h 总降雨量/mm	24 h 总降雨量/mm
零星小雨	<0.1	<0.1
小雨	0.1 ~ 5.0	0.1 ~ 9.9
中雨	5.1 ~ 15.0	10.0 ~ 24.9
大雨	15.1 ~ 30.0	25.0 ~ 49.9
暴雨	30.1 ~ 70.0	50.0 ~ 99.9
大暴雨	70.1 ~ 140.0	100.0 ~ 249.9
特大暴雨	>140.0	>250.0
阵雨	12 h 内阵雨累积时间小于 5 h，降雨量不超过 15 mm	

表 1-6　降雪量等级表

降雪等级用语	12 h 总降雪量/mm	24 h 总降雪量/mm
零星小雪	<0.1	<0.1
小雪	0.1～1.0	0.1～2.4
中雪	1.1～3.0	2.5～4.9
大雪	>3.0	≥5.0
阵雪	12 h 内阵雪累积时间小于 5 h,降雪量不超过 3 mm	

(二)降水性质

降水按性质不同通常分为连续性降水、间歇性降水和阵性降水三种。

1. 连续性降水

连续性降水降自雨层云和高层云,其特点是持续稳定,常具有中等雨量,持续时间常在 10 h 以上。

2. 间歇性降水

间歇性降水降自层积云和厚薄不均匀的高层云。降水强度时大时小、时降时止,但变化很缓慢,云和其他要素也无显著变化。

3. 阵性降水

阵性降水通常降自积雨云、浓积云(不稳定的层积云也可出现)。降水强度变化很快,具有骤降骤止、天空时暗时亮、持续时间较短(通常为几十分钟到几小时),并常伴有强阵风等特点。如果是固体降水,则为大块雪花、霰或冰雹。

※ **自我检测** 3:在各种性质的降水过程中,一般降水强度的变化为________。

A. 累计降水量多的降水强度大

B. 降水持续时间长的降水强度大

C. 连阴雨降水强度小、阵性降水强度大

D. 连阴雨降水强度大、阵性降水强度小

【天气小谚语】

鱼鳞天,不雨也风颠(卷积云)。

天上鲤鱼斑,晒谷不用翻(透光高积云)。

天上钩钩云,地上雨淋淋(钩卷云)。

满天乱飞云,雨雪下不停(恶劣天气下的碎雨云)。

馒头云,天气晴(淡积云)。

天上扫帚云,三五日内雨淋淋(密卷云)。

火烧乌云盖,大雨来得快(积雨云)。

炮台云,雨淋淋(堡状高积云)。

棉花云，雨快临（絮状高积云）。
天上灰布云，下雨定连绵（雨层云）。
天上花花云，地上晒死人（毛卷云）。
黑猪过河，大雨滂沱（大块碎雨云）。

第九节 雾

【本节内容】

了解雾的组成及其对天气的影响；掌握辐射雾、平流雾、锋面雾、蒸汽雾的形成及特点；熟悉平流雾的形成与消散条件；掌握世界海洋主要雾区的分布概况；掌握我国近海海雾的分布特点；会利用干湿球温度表法、露点水温图解法以及天气形势大致判断海雾的生消。

【案例导入】

伦敦大雾事件

1952 年 12 月 5 日—9 日，伦敦上空受反气旋影响，大量工厂生产和居民燃煤取暖排出的废气难以扩散，积聚在城市上空。伦敦被浓厚的烟雾笼罩，交通瘫痪，行人小心翼翼地摸索着前进。市民不仅生活被打乱，健康也受到严重侵害。许多市民出现胸闷、窒息等不适感，发病率和死亡率急剧增加。直至 12 月 9 日，一股强劲而寒冷的西风吹散了笼罩在伦敦的烟雾。据统计，当月因这场大烟雾而死的人多达 4 000 人。此次事件被称为“伦敦烟雾事件”，成为 20 世纪十大环境公害事件之一。

案例视频
1952年伦敦大雾

雾（Fog）是对航海活动有重要影响的灾害性天气之一，是影响海面能见度的首要因素，无论在海洋上还是在港口，浓雾发生时能见度十分低劣，给港口作业和船舶航行带来很大的困难和潜在的危险，易发生船舶触礁、碰撞等海上交通事故。国内外大量统计表明，在浓雾天，即使备有雷达等现代化导航仪器，仍有偏航、搁浅、触礁或碰撞等恶性事故发生。因此，船舶驾驶人员必须熟悉雾的形成和活动规律。

一、雾的概念

雾是大量的小水滴、小冰晶或两者的混合物悬浮在贴近地面的气层中，使水平能见度小于 1 km（或 0.5 n mile）的现象。能见度在 1 ~ 10 km 时称为轻雾（Mist）。雾同云在本质上是一样的，都是发生在大气中的水汽凝结现象，只不过存在的高度不同而已。

二、雾的分类

根据雾形成原因的不同，常将其分为四种：辐射雾、平流雾、锋面雾和蒸汽雾。实际上雾的形成往往是多种因素共同作用的结果。

1. 辐射雾

在晴朗微风又比较潮湿的夜间,地面以长波辐射的形式损失热量,地面温度迅速下降,当气温降低到露点和露点以下时而形成的雾称为辐射雾(Radiation Fog),又称陆雾。显然,辐射雾在海面上通常不会产生(见图1-52)。

图1-52 辐射雾形成示意图

辐射雾的范围不广,它只占据局部地区,多见于峡谷、洼地、湿地或沿海地区。如遇到风向适宜、风力轻和,在沿海地区产生的辐射雾可随风缓慢地移往附近海面,但离岸很少超过10 n mile,给沿岸航行带来一定的影响。雾层不厚,在雾中往往还可以见到大船的桅顶。由上述可知,晴夜、微风和近地面气层中水汽比较充沛,是形成辐射的三个主要条件;低层大气的稳定层结也是形成辐射雾的一个重要条件。辐射雾有以下特点:

(1)一年四季都能产生,尤以秋季和冬季最频繁。在我国,秋冬季夜间长、晴天多、辐射冷却量大,因此容易出现辐射雾。特别是秋冬季节冷高压中心控制下的大陆和港湾地区,风力微弱、天气晴好,有利于地面辐射冷却,低层空气中水汽多的话,极易形成辐射雾。夏季,辐射雾比较少见,如果有辐射雾移往海面,则此时水温低于陆地气温,雾不容易消散。

由于海面水温高于陆地气温,所以移往海面的辐射雾会迅速消失。因此往往沿海陆上有雾而海上没有雾,或港内雾很浓,离港后就见不到雾了。

(2)辐射雾具有明显的日变化规律。它通常在夜间形成,日出前最浓,日出后一般到0800—1000,地面增温,地面逆温层被破坏,雾随之消失。但需要指出的是,如果天气条件适宜,大雾会持续出现。

(3)晴天是产生辐射雾的有利条件,有云时不利于辐射雾的产生,但雾产生后,晴天也最有利于雾的消散,云则阻碍雾的消散。

(4)辐射雾冬季消散慢,夏季消散快。

(5)形成辐射雾的有利风速是1~3 m/s。强风时容易消散,静稳不利于消散。

※ **自我检测**1:辐射雾常常出现在________。

A. 冷性反气旋前部　　B. 暖性反气旋中心附近

C. 暖性反气旋后部　　D. 冷性反气旋中心附近

2. 平流雾（又称海雾）

暖湿空气流经较冷的下垫面（洋面或陆面）时，受到冷面的影响，气温下降，当空气达到过饱和状态时，其中过剩的那部分水汽就会凝结出来而形成的雾，称为平流雾（Advection Fog）（见图1-53）。它是出现最多、对航海影响最大的一种雾，故有时又称为海雾（Sea Fog）。

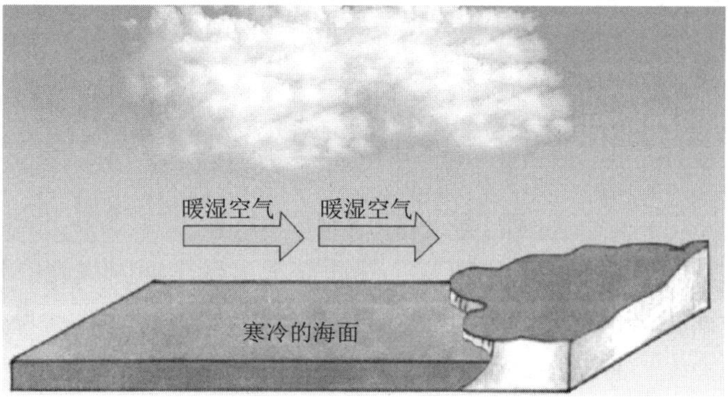

图1-53 平流雾形成示意图

平流雾具有以下特点：

（1）浓度和厚度大。出现平流雾时，通常水汽供应充沛，雾滴浓密，有时伴有毛毛雨。因此，雾的浓度往往很大，能见度恶劣，甚至会出现水平视程小于50 m的情况。雾的厚度常可达几十到几百米，遮天蔽日，严重影响天文定位、地文定位。

（2）水平范围广。通常可达数百甚至数千千米，形成大片雾区。

（3）持续时间长。平流雾持续5～6 h而不消散是很平常的。特别是暖湿气流较强，且流场稳定少变时，平流雾不仅整日不消，而且可以持续几天甚至一周以上。

（4）一日之中任何时刻都可能产生，在大洋中没有明显的日变化，但在沿海和岛屿等浅海地区有明显的日变化。白天，特别是午后，会因太阳辐射强烈，气温升高雾变得稀薄些，甚至暂时消散，可是一到傍晚，雾又会再度转浓（沿海地区实际上往往是平流辐射雾）。

（5）随风飘移，常伴有较多的层云。在近岸处，平流雾来临时，往往先见到大片破碎的层云，随后就是贴近海面的大雾涌上岸来。当条件适当时，海雾可伸入内陆几十千米远，然后逐渐消散或抬升为层云、碎层云。

（6）一年四季皆可出现，但主要集中在春夏季，秋冬季较少。

※ **自我检测2**：通常平流雾易产生在________。

A. 水面温度梯度很小的水域　　B. 水面温度梯度很大的水域

C. 水面温度比气温高的水域　　D. 海陆交界的区域

3. 锋面雾

锋面的暖气团产生的降水，在往地面降落时穿过冷的气团，水汽凝结物在下降的过程中不断蒸发，当冷空气不能容纳蒸发出的水汽时，又重新凝结成小水滴或冰晶悬浮在近地面的低层空气中而形成的雾，称为锋面雾(见图 1-54)。

图 1-54　锋面雾形成示意图

锋面雾对航海的影响仅次于平流雾。锋面雾常出现于锢囚气旋中和暖锋前接近中心部分。雾区沿锋线呈带状分布，长度可达几百海里，宽度为 50 ~ 100 n mile。锋面雾具有以下特点：

(1)浓度较大、范围较广的锋面雾，以锢囚锋两侧和暖锋前比较突出。一型冷锋后也有锋面雾，但浓度不大、范围不广。

(2)锋面雾随锋面和降水区的移动而移动，因此在局部地区持续时间一般较短。

(3)锋面雾出现的时刻和强度变化均不受气温日变化的影响。

※ **自我检测** 3：锋面雾常出现在________。

Ⅰ. 一型冷锋前；Ⅱ. 锢囚锋前后；Ⅲ. 二型冷锋后；Ⅳ. 暖锋后；Ⅴ. 暖锋前；Ⅵ. 一型冷锋后。

A. Ⅰ ~ Ⅴ　　B. Ⅱ，Ⅳ，Ⅵ　　C. Ⅱ，Ⅴ，Ⅵ　　D. Ⅱ，Ⅳ ~ Ⅵ

4. 蒸汽雾

寒冷而稳定的空气覆盖在暖海面上，海面蒸发使贴近海面的空气达到饱和状态而形成的雾，称为蒸汽雾(Steam Fog)。这种情况多发生于水面温度远高于气温的时候。实际上，这时暖水面一面蒸发，进入低层冷空气的水汽一面凝结，其现象犹如水面冒白汽(见图 1-55)。

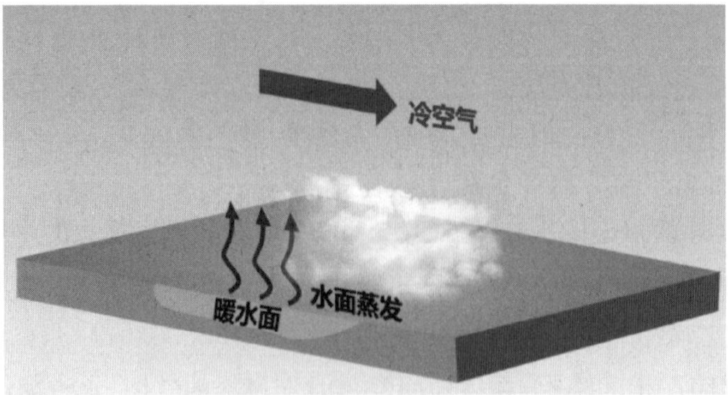

图 1-55　蒸汽雾形成示意图

蒸汽雾具有下列特点：

(1)多产生于深秋和冬季的清晨，日出后随着气温上升而慢慢消散，深秋和冬季，陆面比水面冷，如有来自陆面，特别是冰原上的寒冷空气流到较暖的水面上，通常当气温低于水面温度 15 ℃以上，并且空气层结稳定时，就会产生蒸汽雾。

(2)蒸汽雾的浓度不大，占据的面积也不广，多限于高纬度沿海、冰缘和冰间水边较狭窄的水带，稍远的地方就没有雾。蒸汽雾在多数情况下比较浅薄，较高的桅杆一般不会被它遮蔽。陆地水面上的蒸汽雾多产生于清晨，日出后随气温上升而慢慢消散，而海上蒸汽雾无明显日变化。

(3)蒸汽雾的发生与风速无关，在 5 ~ 40 m/s 的风速中均观测到蒸汽雾的发生。但风向改变可使蒸汽雾消散。

※ **自我检测 4**：直接通过蒸发过程形成的雾是________。

A. 蒸汽雾、辐射雾　　B. 锋面雾、蒸汽雾

C. 辐射雾、平流雾　　D. 蒸汽雾、平流雾

三、平流雾的形成条件

平流雾是暖湿气流流到冷海面上形成的。因此，一定的海洋环境和天气条件对于平流雾的产生和维持是必不可少的，具体可归纳为冷却条件、环流条件、水汽条件、稳定度条件几方面。

1. 冷的海面

冷的海面是形成平流雾的基本条件。大量的观测事实表明，在水平温度梯度较大的海陆交界水域和冷、暖海流交汇处附近的冷海面上是平流雾频繁发生的区域，并且每个海域海雾发生时海水表层温度都有大致的界限。例如，西北太平洋上有利海雾发生的表层水温低于 20 ℃，在水温高于 20 ℃的海域，海雾逐渐减少，而在表层水温超过 25 ℃等水温线的海域内，不再有海雾发生。我国海域海雾发生的表层水温界限大致是 20 ℃，但是 8 月黄海北部表层水温低于 24 ℃时，仍有海雾发生，这说明 24 ℃是我国海域海雾发生的一个最高水温界限。

2. 适当的水气温差

春、夏两季，大气增温，暖湿空气活跃，空气温度(t_a)高于水温(t_w)，是海上平流雾多发的季节。根据观测资料，我国长江口外海域和北海道以东洋面，海雾主要集中发生在 $t_a - t_w$ 为 0 ~ 6 ℃，其中温差为 2 ~ 3 ℃时，海雾的发生频率最高；在日本海和北太平洋，气温高于水温 1 ℃左右时海雾发生得最频繁。由此可见，适当的水气温差是形成海雾的必要条件，但并非两者温差越大越有利海雾的发生，当 $t_a - t_w > 8$ ℃后，海雾反而很少发生了。

3. 合适的风向、风速

合适的风把暖湿气流输送到冷海面上，为海雾的形成创造条件，而且海雾形成后，

风向、风速保持稳定，才能使海雾得以维持。据统计，2~4 级风力最适宜于海雾的形成，风力过大或过小都不利其形成。风力过大时，乱流强，容易将上层空气的热量向下传递，从而削弱低层空气的冷却作用，反而不易形成雾。据统计，风力大于 6 级时，出现平流雾的情况较少；另外，风力过大时，容易使已形成的雾消散或借乱流作用抬升为层云。风力过小时，乱流太弱，贴近冷海面的空气冷却作用难以向上传递，冷却层太薄，即使成雾也很浅薄，而且风力过小不利于暖湿气流的输送。

海雾发生时，风向大致与海面等水温线垂直。我国沿海海雾发生的有利风向通常是 S－SE－E；在黄海北部有时 NE 会伴有海雾。英吉利海峡海雾发生时多为 SW 风。

4. 充沛的水汽

其他条件满足时，暖气流中含有充沛的水汽，即空气湿度足够大，一旦接触冷海面便很容易达到饱和而形成雾，而且不断有大量水汽的补充，海雾才有可能发展和维持。

5. 低层逆温层结

当暖空气到达较冷的海面时，低层大气层结趋向稳定并产生平流逆温层。它能有效地抑制低层大气中对流的发展，使低层的水汽凝结物和凝结核不易扩散到高空，利于海雾维持更久。实测的探空曲线表明，在平流雾中，一般都显示出明显的逆温分布，逆温层厚度可达 200~600 m；极少数情况下，低层虽无逆温层，但也处于 $\gamma < \gamma_m$ 的稳定层结状态下。

※ **自我检测 5**：平流雾形成的条件应包括________。

Ⅰ. 冷却条件；Ⅱ. 环流条件；Ⅲ. 水汽条件；Ⅳ. 稳定度条件。

A. Ⅰ~Ⅲ　　B. Ⅰ~Ⅳ　　C. Ⅰ，Ⅲ，Ⅳ　　D. Ⅰ，Ⅲ

四、平流雾的消散条件

平流雾生成之后，如果上述条件发生转变或遭到破坏，雾就要趋于消散。其中主要原因是：环流形势发生变化，引起风向、风速有较大改变。例如，我国沿海冷锋过境后出现偏北大风，会使海雾很快消散。另外，海雾生成后随风飘移由海面移到沿海陆地后，白天陆地升温较快，促使海雾很快消散等。

综上所述，对于雾的生消预报，必须结合天气形势、天气条件及环境条件等综合分析判断。

五、世界海洋雾的分布

世界海洋雾多出现于春、夏两季，主要产生在冷、暖海流交汇处的冷水面和信风带海洋东岸附近上翻的冷水上，其中，雾的高发区集中在中高纬靠近大陆东岸（大洋西岸）的海洋上，而大洋中央和赤道附近的热带洋面上几乎没有雾，如图 1-56、图 1-57 所示。下面简要介绍世界海洋主要雾区的分布及出现季节。

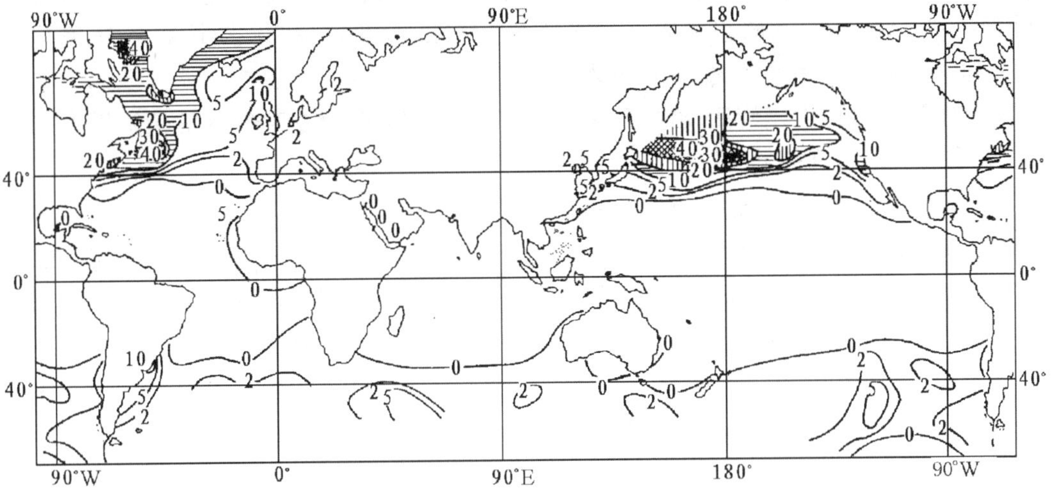

图 1-56 7 月世界海洋雾的分布

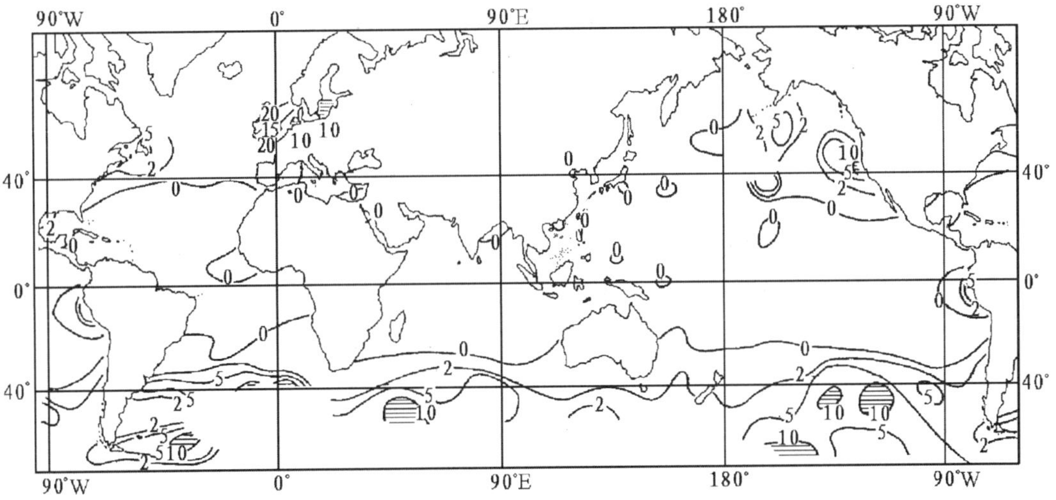

图 1-57 1 月世界海洋雾的分布

1. 日本北海道东部至阿留申群岛一带洋面(常年有雾)

这里是黑潮暖流与亲潮寒流的汇合处,夏季北太平洋高压势力强大,日本以东盛行暖湿的偏南风,于是在冷水面上频繁出现大范围、浓厚的平流雾区。6—8 月,雾区伸展极广,南始 40°N 附近,北至 50°N 附近,西始北海道东海岸,东至阿留申群岛,往往弥漫一片,7 月雾最盛,出现频率高达 30% ~40%,个别地区可高于 50%,月平均雾日为 10 天以上,是世界著名的雾区之一。

冬季这一区域锋面气旋活动频繁,多锋面雾,雾区范围不大,频率亦在 10% 以下。

2. 北美圣劳伦斯湾至纽芬兰外海(常年有雾)

这里是墨西哥湾暖流与拉布拉多寒流的汇合处。春、夏两季(4—8 月)平流雾最盛,平均每月超过 10 个雾日,其中 7 月在纽芬兰附近海面雾的出现频率可达 30% ~ 40% 。雾区范围很广,向东延伸可达冰岛附近洋面,南北跨越 20 多个纬度,覆盖整个北大西洋北部的欧美航线,也是世界著名的雾区之一。

冬季该区域锋面气旋活动频繁,多锋面雾,雾区范围不大,频率亦在 10% 以下。此外,冬季还有来自高纬的强冷空气吹向海面,常出现蒸汽雾。

3. 挪威、西欧沿岸与冰岛之间洋面(常年有雾)

夏季,来自西南方向北大西洋暖流上的暖湿空气流至高纬冷水面上,使该地区平流雾出现较频繁,加上潮的涨落原因,英吉利海峡、泰晤士河口附近水域出现雾的频率更高一些。冬季,挪威和西欧沿海的锋面雾也很多。此外,挪威沿岸多峡谷和港湾,秋、冬季还多辐射雾和蒸汽雾。

这一雾区的范围和频率,虽比不上北海道以东和纽芬兰附近海面,但它位于北美与西欧和北欧的主要航道上。尤其是英吉利海峡和北海,因航道狭窄,来往船舶众多,水流急且流向多变,再加上雾频,进一步增加了船舶航行的困难。统计资料表明,这段水域上发生的雾中碰撞事故在世界上排在第一位。

4. 阿根廷东部海面、塔斯马尼亚与新西兰之间海面和马达加斯加南部海面

除位于信风带海洋东岸的秘鲁与智利沿海、南非西岸海面,春、夏两季出现范围不广、浓度均不大的平流雾外,35°S 以北的南半球大洋,全年极少出现雾。

35°S 以南,随纬度增加,雾逐渐增多。其中,在巴西暖流、东澳暖流和厄加勒斯暖流与冷性的西风漂流及其分支的汇合处,形成了阿根廷东部海面、塔斯马利亚与新西兰之间海面,以及马达加斯加南部海面的三个平流雾区,范围均不广,雾多发生于夏季;在 40°S 以南整个中高纬的西风漂流上终年有雾,特别是夏季(12 月至翌年 2 月),能见度良好的天数很少。南极洲沿岸冰缘、冰间水域上冬季多蒸汽雾。

5. 加利福尼亚沿海、秘鲁与智利沿海、北非加那利海面和南非西岸海面等信风带海洋东岸

加利福尼亚沿海、北非加那利海面位于信风带海洋的东岸,流经沿岸的海流受常年盛行的离岸风吹刮作用,下层冷水上翻,偶尔有暖湿气流经过这里的冷海面时也会形成平流雾,每年春、夏两季较多,但频率不超过 10%(7 月),范围不广、浓度不大。

6. 北冰洋和南极洲沿岸冰缘、冰间水域以及中高纬大陆东岸附近海面

冬季来自高纬大陆上的冷空气吹刮到海面上,多蒸汽雾。

※ **自我检测 6**:世界海洋上雾的高发区集中出现在________。

A. 大洋中心区域　　B. 赤道附近热带洋面上

C. 中高纬大洋东部　　D. 中高纬大洋西部

六、中国近海雾

海洋上的雾是在特定的海洋水文、气象条件下产生的,因而其分布具有很强的区域性和季节性。

（一）地理分布

我国海域是太平洋的多雾区之一，北起渤海湾，南至北部湾，大致呈带状分布。雾区范围具有南窄北宽的特点，南部宽 100 ~ 200 km，舟山群岛一带约 400 km，北部更宽些，如黄海 6—7 月几乎全部是雾区。黄海中、南部，长江口至舟山群岛和北部湾是三个相对多雾中心，见图 1-58。

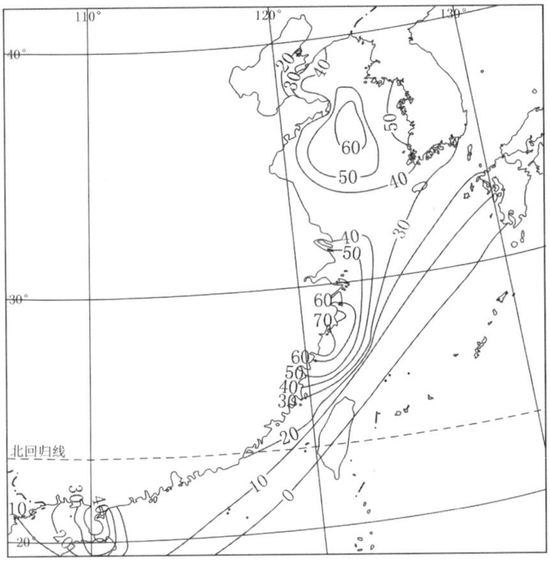

图 1-58 中国近海年平均雾日数

雾区范围的另一特点是南少北多。琼州海峡和北部湾西北部冬、春季多雾，年雾日（一日中任何时间出现雾，不论持续时间长短，均计为一个雾日）为 20 ~ 30 天；台湾海峡西部和福建沿海年雾日为 20 ~ 35 天（台湾海峡东部、澎湖列岛一带却很少，只有 4 ~ 5 天）；闽浙沿岸到长江口一带，年雾日增加到 50 ~ 60 天。山东半岛南部成山角和石岛一带海面雾最频，年雾日超过 80 天，最长连续雾日超过 25 天，有"雾窟"之称，从鸭绿江口到济州岛的朝鲜西部沿海雾也较多，年雾日达 50 多天，有时与山东南部沿海的雾区连成一片。

渤海是我国的内海，暖流不易达到，因而雾很少，仅在渤海海峡附近多些，年雾日为 20 ~ 40 天。此外，台湾以东洋面、海南岛榆林港以南终年受暖流控制，缺乏冷却条件，因而基本无雾。

（二）季节变化

我国近海的海雾以南海北部沿岸出现最早，始于 12 月，12 月至翌年 4 月为雾季，2—3 月雾最多。东海的雾始于 3 月，3—7 月为雾季，其中浙江沿海至长江口 4—6 月最盛。黄海的雾始于 4 月，4—8 月为雾季，6—7 月最盛。8 月，除黄海北部外，我国整个沿海的雾骤然减少。

以上情况表明,我国近海的雾在时间上从春至夏,由南向北推延,表现出南早北晚的特点。

(三)我国近海雾的成因

我国近海雾的形成主要与我国沿海的两支海流有关。

1. 黑潮暖流

黑潮是世界著名暖流之一。由北赤道流在菲律宾以东向北,到台湾岛东南转向东北,分出一支称台湾暖流。在日本西南分出两支:一支流向日本海,称对马暖流;另一支流向黄海,绕过老铁山到渤海,称黄海暖流。

2. 沿岸冷流

大陆江河入海径流,包括辽南沿岸流、辽东沿岸流、渤海沿岸流、苏北沿岸流和闽浙沿岸流等。沿岸冷流夏季弱小,仅出现在渤海湾,冬季强盛时达南海沿岸。

微课视频
中国近海雾的分布

※ **自我检测** 7:我国成山角附近海域出现雾的概率最大的月份在________。

A. 2—3 月　　B. 4—5 月

C. 6—7 月　　D. 12 月至翌年 1 月

七、船舶测算海雾的方法

利用船舶观测资料测算海雾生消通常有以下方法。

(一)干湿球温度表法

当空气没有达到饱和状态时,湿球读数总是低于干球读数;当空气处于饱和状态时,干、湿球温度计读数相同。空气中水汽含量越少,空气越干燥,干、湿球温度计读数差值越大;若空气中水汽含量增加,则干、湿球温度计读数差值将减小(见图 1-59)。因此,根据干、湿球温度计读数差值的变化,可以测算海上雾的生消趋势。

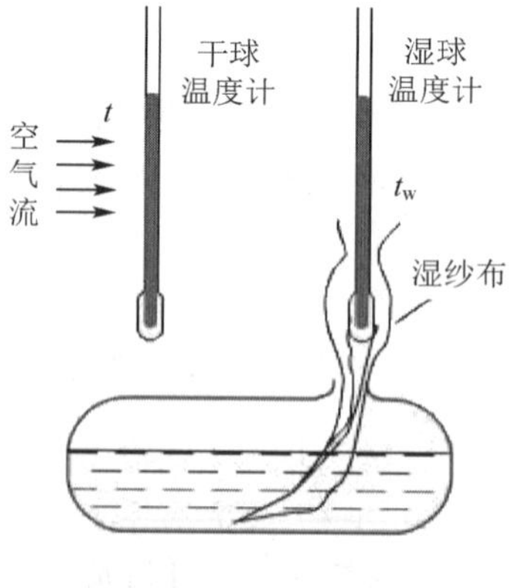

图 1-59　干湿球温度表

(1)当干湿球温度表读数差逐渐增大时,表明成雾的可能性减小。

(2)当干湿球温度表读数差值趋于一致时,表明向成雾的趋势发展。

(3)干湿球温度表读数相同时出现海雾。下雨时干湿球温度表读数也会相同,海上却没有雾。因此,测算海雾还要与天气形势等方法结合起来。

(4)雾形成后,若干湿球温度表读数差值增大,则海雾趋于消散。

此种方法简单易行,但与实际会有出入。实验证明,海上大气中含有盐粒子,是吸湿性的凝结核,故相对湿度在 80% ~90% 就有可能出现海雾。

(二)露点水温图解法

船舶将沿途不同时刻观测的空气露点温度和表层海水温度的资料点绘成两条曲线,如图 1-60 所示,图中 t_d 曲线是露点温度随时间变化曲线,t_w 曲线是表层海水温度随时间变化曲线。可根据两条曲线之间的距离变化来判断海雾的生消趋势。

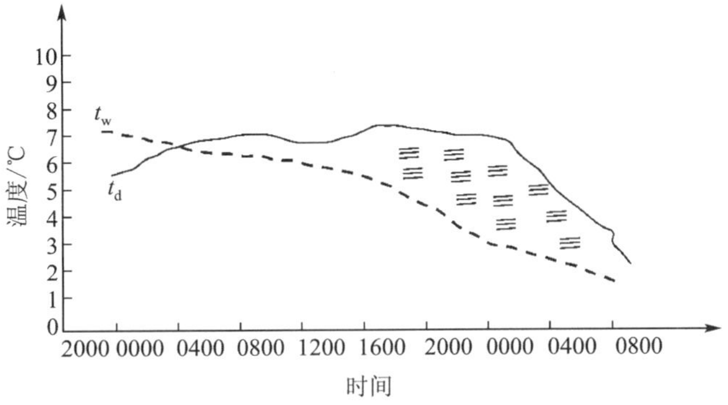

图 1-60　露点水温曲线图

(1)水温高于露点温度时不会生成雾。

(2)两条曲线间距越来越小,说明成雾的可能性越来越大。

(3)当两条曲线相交且露点温度高于海水温度时,雾就快产生了。据统计,当 $t_d - t_w \geq 2$ ℃,其他条件适当时,常出现海雾。

(4)有雾时,如果水温高于露点温度并且两曲线的间距越来越大,则说明雾正在消散。

(三)利用天气形势判断

海雾的出现往往与特定的天气形势有关,适宜的天气系统产生的风会源源不断地将暖湿空气输送到冷的海面上,最易形成雾。在我国沿海出现海雾最常见的天气形势有以下四种(见图 1-61)。

1. 入海变性冷高压西部的平流雾

冷高压入海后,在其西部能否形成平流雾,主要取决于系统平流雾的厚度和系统在海上停留变性的时间。一般来说,系统越厚、变性越大,就越有利于在系统的西部区域

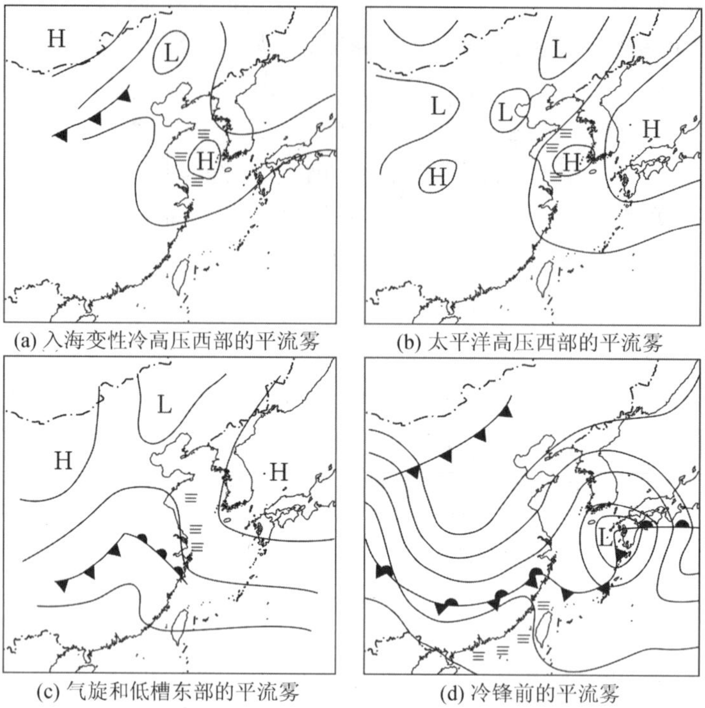

(a) 入海变性冷高压西部的平流雾　(b) 太平洋高压西部的平流雾

(c) 气旋和低槽东部的平流雾　(d) 冷锋前的平流雾

图 1-61　形成平流雾的常见天气形势

形成平流雾。这种平流雾多见于春季，一般出现在海陆交界地区。

2. 太平洋高压西部的平流雾

入夏以后，太平洋高压脊向西北伸展，如果其西缘正好伸至中国国沿海地区，则有利于沿海地区出现平流雾。由于太平洋高压脊是暖性深厚系统，维特时间较长，所以受影响的平流雾范围广、厚度大，而且持续时间长，短则 1 ~ 2 天，长则 5 ~ 6 天或超过 6 天。

3. 气旋和低槽东部的平流雾

江淮气旋引起的平流雾，主要出现在黄海沿岸；黄河气旋引起的平流雾，主要出现在渤海沿岸；西南低压槽引起的平流雾，主要出现在珠江口以东的华东和华南沿岸。

4. 冷锋前和气旋暖区的平流雾

静止锋、冷锋前部或锋面气旋暖区中的偏南气流均有利于暖湿气流的输送，常常形成平流雾。尤其锋面气旋暖区中盛行西南风(北半球)，当风速适宜时，形成雾的概率很大，是构成雾的主要天气形势之一。

※ **自我检测** 8：我国沿海及太平洋海域容易产生海雾的系统模式是________。

Ⅰ. 入海冷高压东部；Ⅱ. 太平洋高压西伸脊西部；Ⅲ. 江淮气旋西部；Ⅳ. 江淮气旋东部；Ⅴ. 冷锋或静止锋前部；Ⅵ. 入海冷高压西部。

A. Ⅱ，Ⅳ ~ Ⅵ　　B. Ⅰ，Ⅱ，Ⅳ，Ⅴ

C. Ⅱ，Ⅲ，Ⅴ，Ⅵ　　D. Ⅰ，Ⅱ，Ⅳ ~ Ⅵ

微课视频
船舶测算海雾

八、海面能见度

1. 海面能见度的概念

在海上，正常目力所能达到的最大水平距离称为海面能见度（Visibility），通常以 km 或 n mile 为单位。“能见”是指在白天能看到和辨认出目标物的形体和轮廓，在夜间能清楚地看到目标灯的发光点。凡是看不清目标物的轮廓，认不清其形体，或者所见目标灯的发光点模糊，灯光散乱，都不能算“能见”。

大气透明度是影响能见度的直接因子，其次是目标物和背景的亮度以及人的视觉感应能力。影响能见度的主要天气现象有沙尘暴、雾、霾、烟、雨、雪和低云等，其中雾是影响能见度的首要因素。

2. 海面能见度等级

根据能见距离大小，将能见度分为 0 ~ 9 共 10 个等级（见表 1-7），能见度好，等级高；能见度差，等级低。但在气候资料和世界各国发布的天气报告中，通常能见度不用等级，而以能见度恶劣（Visibility Bad）、能见度不良（Visibility Poor）、能见度中等（Visibility Moderate）、能见度良好（Visibility Good）、能见度很好（Visibility Very Good）、能见度极好（Visibility Unlimited）等用语来表示。

表 1-7　能见度等级表

等级	能见距离		能见度鉴定	海上可能出现的天气现象
	n mile	km		
0	≤0.03	≤0.05	能见度恶劣	浓雾
1	0.03 ~ 0.10	0.05 ~ 0.20		浓雾或雪暴
2	0.10 ~ 0.25	0.20 ~ 0.50		大雾或大雪
3	0.25 ~ 0.50	0.50 ~ 1.00	能见度不良	雾或中雪
4	0.50 ~ 1.00	1.00 ~ 2.00		轻雾或暴雨
5	1.00 ~ 2.00	2.00 ~ 4.00	能见度中等	小雪、大雨、轻雾
6	2.00 ~ 5.00	4.00 ~ 10.00		中雨、小雪、轻雾
7	5.00 ~ 11.00	10.00 ~ 20.00	能见度良好	小雨、毛毛雨
8	11.00 ~ 27.00	20.00 ~ 50.00	能见度很好	无降水
9	≥27.00	≥50.00	能见度极好	空气透明

【气象小常识】

“雾”和“霾”的区别

一般来讲，雾和霾的区别主要在于水分含量的多少：水分含量达到 90% 以上的叫雾，水分含量低于 80% 的叫霾。水分含量为 80% ~ 90% 的是雾和霾的混合物，但主要成分是霾。就能见度来区分:目标物的水平能见度降低到 1 km 以内的,就是雾;水平能见度在 1 ~10 km 的,称为轻雾或霭;水平能见度小于 10 km 的,且是灰尘颗粒造成的,就是霾或灰霾。另外,霾和雾还有一些肉眼看得见的“不一样”:雾的厚度只有几十米至 200 m,霾则有 1 ~3 km;雾的颜色是乳白色、青白色,霾则是黄色、橙灰色;雾的边界很清晰,过了“雾区”可能就是晴空万里,霾则与周围环境边界不明显。

第二章

海洋学基础知识

【本章概述】

本章主要介绍对船舶航行有重要影响的海流、海浪、海冰的形成及其相关特征，重点掌握海水运动的两种重要形式——海流和海浪。熟悉海流的形成，风海流的重要特征及世界大洋海流的分布，掌握风浪、涌浪和近岸浪的形成及特点，熟悉世界大洋狂风恶浪的海区。通过对本章涉及的海洋学内容的学习和理解，帮助船舶驾驶人员正确地认知海水的运动形式及其变化规律，恰当地利用海洋条件，使船舶航行安全、省时、经济。

【知识目标】

熟知海流和海浪的不同成因和分类；熟知世界大洋海流模式及实际大洋的海流分布；掌握中国近海海流的特点；理解流波效应和水气温差效应对海浪的影响；熟知世界大洋上狂风恶浪的海区及中国近海海浪的特征。

【能力目标】

通过对海流、海浪和海冰的学习、理解和掌握，能正确地认识水文要素对船舶航行的影响和制约，能善于利用有利的天气条件和水文条件，有效地引导船舶航行，并能巧妙地避开大风浪区，保障船舶的航行安全。

第一节　海流

【本节内容】

了解海流的定义和表示方法；熟悉海流的分类，重点掌握风海流的基本特征、世界大洋表层海流模式；熟悉世界大洋海流分布概况；熟悉中国近海海流的形成及特点。

【案例导入】

洋流形成全球网络　鸭子漂流成经典

案例视频
鸭子漂流经典案例

1992 年，中国一艘装载着近 3 万只澄海（中国玩具之都）产的橡皮小黄鸭的货船开往美国华盛顿州，在太平洋遭遇强风暴。从破损的集装箱里散落的小黄鸭组成了“鸭子舰队”，开始了它们的“奇幻漂流”，最远的竟然漂行了 3 万多千米。不少海洋爱好者表示，在太平洋、北冰洋、大西洋均看到过它们的踪迹，并称赞“它们不仅是一只橡皮小鸭子，还是勇士，是不向命运低头的小家伙，是值得敬佩的小英雄”。令人难以置信的是，其中 1 万多只玩具鸭组成的“鸭子舰队”在海洋上漂流了 14 年之后，于 2007 年抵达英国海岸。

海流是海水的普遍运动形式之一，它不仅对海洋水文要素的分布以及天气和气候具有显著影响，对船舶航行也有直接影响。例如，顺流增速、逆流减速、横流使航迹发生漂移；海流还能带动流冰向中纬度漂移；海雾的形成与冷暖海流的分布也有密切的关系；此外，十分强大的海流也会给气候带来显著影响，如暖流增加了所经地区的温度和湿度，寒流则降低了温度和湿度。

一、海流的定义与表示方法

海流（Ocean Current）是指海洋中的海水具有相对稳定速度的流动，它是海水运动的形式之一。流速的单位常用 kn 和 n mile/d 来表示。海流的方向是指去向，常用 8 个方位表示或以度为单位。例如，由西向东的流，流向为 90°，称为东流。海流的主轴是指海流流动方向上流速最大点的连线。海流的规模常用流幅来表示，流幅是指垂于主轴的水平宽度和上下厚度。海流的强弱常用平均流速或平均流量来表示。

海流多用矢量分布图来表示，常用的有流场分布图和海流频率玫瑰图。流场分布图是表示某一时刻或某一段时间内（常用旬或月）的平均流况，常以观测点或网格区内的平均流速矢量表示。箭头指向海流的方向，用箭矢的长度、粗细、羽尾数或标值来表示流速大小。海流传真图多采用此种方式。

在航海上，海流的资料可以从航用海图、《世界大洋航路》、《航路指南》及各种水流图册等航海图书资料中获取。一般在海图上洋流的标示方法如图 2-1 所示，箭矢方向代表的是流向，数字代表的是平均流速。

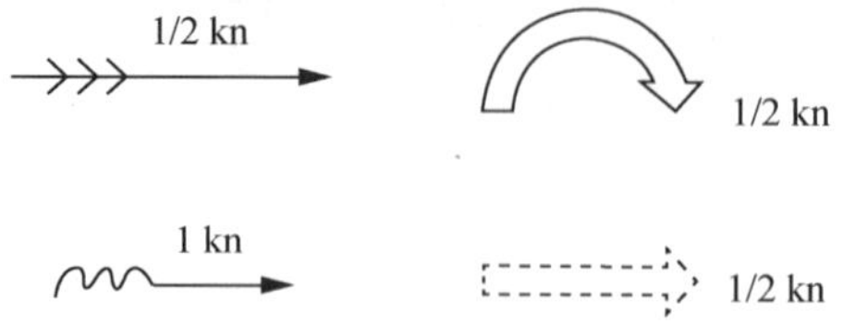

图 2-1　海图上洋流的标示方法

二、海流的分类

1. 按成因分类

按形成原因的不同，海流大致可分为风海流、地转流、补偿流和潮流四种。

2. 按温度属性分类

相对于海流流经海域的水温而言，若海流的水温高于它所经海域的水温，称为暖流（Warm Current）；若海流的水温低于它所经海域的水温，称为寒流或冷流（Cold Current）；若海流的水温与它所经海域的水温相差不大，则称为中性流（Neutral Current）。一般来说，从低纬流向高纬的海流具有暖流性质，从高纬流向低纬的海流具有寒流性质，而东西向流动的海流多属中性流。

3. 按流向与海岸的位置分类

根据流向与海岸的相对关系，可将海流分为沿岸流、向岸流和离岸流。

※ **自我检测** 1：下列说法正确的是________。

A. 冷海流是指水温低的海流，也称寒流

B. 冷海流是指水温低于它所经海域水温的海流

C. 冷海流是指由海水深处流向表层的海流

D. 冷海流是指由海水表层流向深处的海流

三、风海流

（一）风海流的形成及分类

风海流（Wind-driven/Generated Current）是在海面风的作用下形成的海水流动。当风向不变的风持续（一般超过 6 h）吹过海面时，会对海面产生切应力，引起表层海水流动。流动一开始，海水便受到地转偏向力和下层静止海水对上层运动海水的黏滞摩擦力的作用。当切应力、摩擦力和地转偏向力达到平衡时，就形成了稳定的海流。风海流是海洋中最常见也是最主要的海流，其强度通常比其他海流强得多。

风海流包括风生流和漂流（Drift）。风生流是由某一短期天气过程或阵性风引起的暂时性的海流，其流向、流速随风向、风速的改变而经常变化。漂流是指由大范围盛行风长期吹刮所引起的流向、流速常年比较稳定的风海流，因此漂流又被称为定海流或定常流，通常情况下提到的风海流即指漂流。

出现在远离海岸的深海中的风海流，海底对表层海水运动没有影响，称为无限深海的漂流；形成于近岸浅水域中的风海流，因受海底的影响，比深海漂流复杂得多，称为有限深海（或浅海）的漂流。

(二)表层风海流的大小(流速)和方向(流向)

1. 流速

无限深海的风海流表层流速可用下面经验公式计算:

$$v_0 = \frac{0.0247w}{\sqrt{\sin\varphi}} \tag{2-1}$$

式中:v_0——流速(kn);

w——海面风速(m/s);

φ——纬度。

式(2-1)表明,漂流的流速与海面风速成正比,与所在纬度正弦值的平方根成反比。在浅海中,由于海底摩擦力的影响,流速表达式很复杂,此处不做介绍。

2. 流向

理论和实践都证明,在无限深海中,由于地转偏向力的作用,表层风海流的流向在北半球偏于风的去向之右约45°,在南半球偏于风的去向之左约45°。

在浅海中,流向与风向之间偏角较小,当海深很小时,流向与风向几乎一致。

(三)风海流随深度的变化——埃克曼螺线

在无限深海中,风海流的方向和强度随深度的变化如图2-2所示,图中曲线就是著名的埃克曼螺线(Ekman Spiral)。从图中可以看出,流向随深度的增加逐渐向右(南半球向左)偏转,流速随深度的增加逐渐减小。到某一深度时,流向与表层海流方向相反,而流速仅为表层流速的4.3%左右,这一深度称为摩擦深度。观测表明,风海流一般只存在于洋面以下200~300 m的深度。

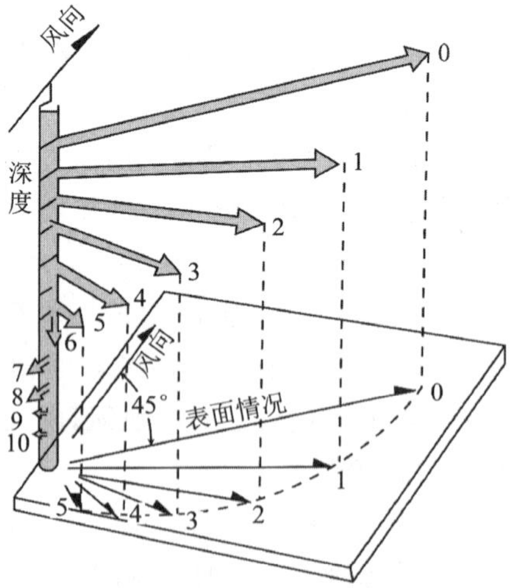

图2-2　北半球无限深海风海流随深度变化

※ **自我检测** 2：若深海海面风向为 NW 风，则表层风海流的流向应为________。

A. 在北半球为南流，在南半球为东流

B. 在北半球为西流，在南半球为北流

C. 在北半球为东流，在南半球为南流

D. 在北半球为北流，在南半球为西流

四、地转流

地转流（Geostrophic Current）又称梯度流，其成因类似于大气运动中的地转风。它是指当等压面（海面）发生倾斜时，海水的水平压力梯度力和水平地转偏向力平衡时的稳定海流。根据引起等压面倾斜的原因不同，地转流又可分为倾斜流和密度流两种类型。

倾斜流（Slope Current）是指由不均匀的外压场作用引起海水等压面倾斜而产生的地转流。其流速大小与等压面的倾斜程度有关，倾斜度越大，水平压力梯度越大，流速就越大；流向与等压面的倾斜方向有关。在北半球，观测者若背流而立，则右边等压面高，左边等压面低；南半球则正好相反。此外，流向和流速不随深度改变。

密度流（Density Current）是单纯由于海水密度分布不均匀引起等压面倾斜而产生的地转流。一般来说，海水密度取决于海水的温度和盐度，而海水温度和盐度的变化主要表现于表层海水中，所以海水密度的变化特点表现为上层变化大、下层变化小。随深度增加密度逐渐趋于均匀，因而导致等压面的倾斜度也是上层大、下层小，到一定深度后几乎没有倾斜存在，所以密度流随深度增加而减弱。海水温度变化通常比盐度变化显著得多，所以海水密度的变化主要取决于水温变化。在水温高的地方，海水密度小，等压面较高；在水温低的地方，海水密度大，等压面较低，等压面从高温区向低温区倾斜。因此，在北半球若观测者背流而立，则右边等压面高，海水密度小（水温高），左边等压面低，海水密度大（水温低）；南半球正好相反。

※ **自我检测** 3：在北半球背密度流而立，密度小的（高温）水域在________，密度大的（低温）水域在________。

A. 右；左　　B. 左；右　　C. 前；后　　D. 后；前

五、补偿流

由于海水的流动具有连续性，若某处的海水流失，必有其他地方的海水流过来补偿，这样形成的海流称为补偿流（Compensation Current）。补偿流有水平方向的，也有垂直方向的。

垂直方向的补偿流又可分为上升流（即涌升流，Upwelling Current）和下降流（Downwelling Current）。在某些沿岸海区，由向岸风或离岸风造成的增、减水，是形成垂直补偿流的主要原因。因为海水温度随深度增加而降低，所以在出现上升流的海区，上升流使表层海温降低。

六、潮流

潮流(Tidal Current)是由天体引潮力引起的海水周期性的水平运动。

实际海流往往是多种原因共同作用的结果,其中某一原因可能是主要的。例如,在大洋中,潮流的量值极小,主要考虑风海流和地转流,而在近海,尤其是岛屿、海湾和海峡地区,潮流则比较显著。因此,在实践中,有时把海岸带的海流只分为潮流(周期性的海流)和余流(非周期性的海流)。

微课视频
海流的定义及分类

七、世界大洋环流模式

世界大洋表层海流以风海流为主,其形成的主要原因是海面盛行风的长期吹刮,如果将世界海洋环流的分布与世界风带的分布加以比较,就可以看出两者之间的密切关系。综合各大洋海流的基本状况,可以概括出如图 2-3 所示的世界大洋表层环流模式。

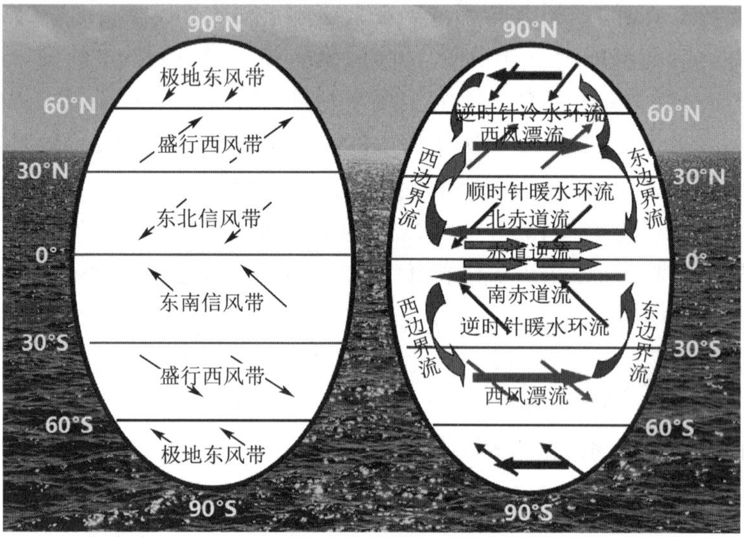

图 2-3　盛行风带与洋流模式

1. 信风海流

在稳定的东北信风和东南信风作用下,形成了两支强大的信风海流(Trade Wind Drift),分别称为北赤道流和南赤道流。它们自东向西流动,横贯大洋,宽度约 2 000 km,流速平均为 0.925～1.000 kn,靠近赤道一侧比另一侧大,可达 1.000～2.000 kn。信风流属于中性流。由于南半球水体的作用,南、北赤道流并不完全对称分布在赤道两侧,北半球夏季时偏北,冬季时偏南移,除南印度洋的南赤道流位于 10°S 与南回归线之间外,其他洋面总体上稍偏向北半球。

2. 赤道逆流

在南、北赤道流之间有一自西向东的赤道逆流(Equatorial Counter-current),是由南、北赤道流到达大洋西岸时,受大陆的阻挡分支而成的。赤道逆流在大洋东岸分支,又分别汇入南、北赤道流,它也是中性流。赤道逆流的位置与赤道无风带一致,偏于赤道以北,在3°N~5°N到10°N~12°N,流速为1 kn左右,最大可达3 kn,北半球冬季时流速较小,许多地方只有0.5 kn,甚至更小。

3. 西边界流

南、北赤道流流到大洋西岸后分支,除小部分向低纬汇入赤道逆流外,大部分转向高纬沿着大陆的边缘流动,成为近岸水系和大洋水系之间的边界,称为西边界流。在大洋西部,当海水从赤道向极地运动时,受到的地转偏向力逐渐增大,使海流不断向东偏转,沿着顺时针(南半球逆时针)方向运动,加上风系的切应力作用,导致大洋西部海水运动加速。在各大洋中,所有强大的海流都集中在大洋西部的狭窄边缘上,如黑潮、墨西哥湾流等。大洋的西边界流由于来自热带洋面,水温高、流速大,是较强的暖流,它将大量的热量和水汽向高纬输送,对中高纬海区的海况和气候产生巨大影响。

4. 西风漂流

西边界流进入盛行西风带后便成为基本上自西向东流动的西风漂流(West Wind Drift)。在南半球,因无大陆阻隔,三大洋西风漂流彼此连通,形成一个围绕南极自西向东流动的连续水环。北大西洋西风漂流具有暖流特性,且可一直保持到横越大洋,北太平洋西风漂流西段是暖流,东段是中性流,南半球的西风漂流则具有寒流特性。

5. 东边界流

西风漂流流至大洋东岸分支,一支主流沿着大陆的西海岸流向低纬,成为大洋的东边界流。与西边界流相比,东边界流流动缓慢,平均流速不超过0.5 kn,流幅宽广,影响深度较浅,是一支寒流。东边界流最后汇入赤道流中。

东、西边界流,赤道流和西风漂流,构成了在纬度40°以内顺时针(南半球逆时针)方向的大循环,它主要是受信风和盛行西风作用而形成的。因为这支环流所在纬度较低、水温较高,所以又被称为暖水环流圈。

6. 高纬冷水环流和南极海流

在北半球,西风漂流到达大洋东岸向高纬的分支是暖流,进入极地东风带后,在风系和岸形的影响下,这支海流先向西流动,然后在大洋西部折向南行,具有寒流性质。它大约在40°N附近与西风漂流汇合,于是在高纬构成一个逆时针方向的小循环。该环流的水温较低,特别是在大洋西岸,冬季结冰,春季多冰山或流冰,故称为冷水环流圈。

在南半球,三大洋西风漂流彼此连通,形成南极绕极环流,而没有出现高纬的冷水环流圈。仅在南极大陆周围出现受极地东风影响而产生的自东向西的南极海流,这种海流常被因受南极岸形和其他因素影响而发生的地方性海流所切断。

由上述可见,海流系统的形成是盛行风带、地转偏向力、海陆岸形分布等多种因素共同作用的结果,因此实际海流系统要比上述模式复杂得多。

※ **自我检测** 4:北大西洋的主要表层海流系统为________。

A. 低纬度为顺时针环流,高纬度为顺时针环流

B. 低纬度为逆时针环流,高纬度为顺时针环流

C. 低纬度为顺时针环流,高纬度为逆时针环流

D. 低纬度为逆时针环流,高纬度为逆时针环流

微课视频
大洋环流模式

八、世界大洋主要表层海流系统

世界各大洋的主要海流分布如图 2-4 所示,其中南北流向的海流多以流经地区来命名。

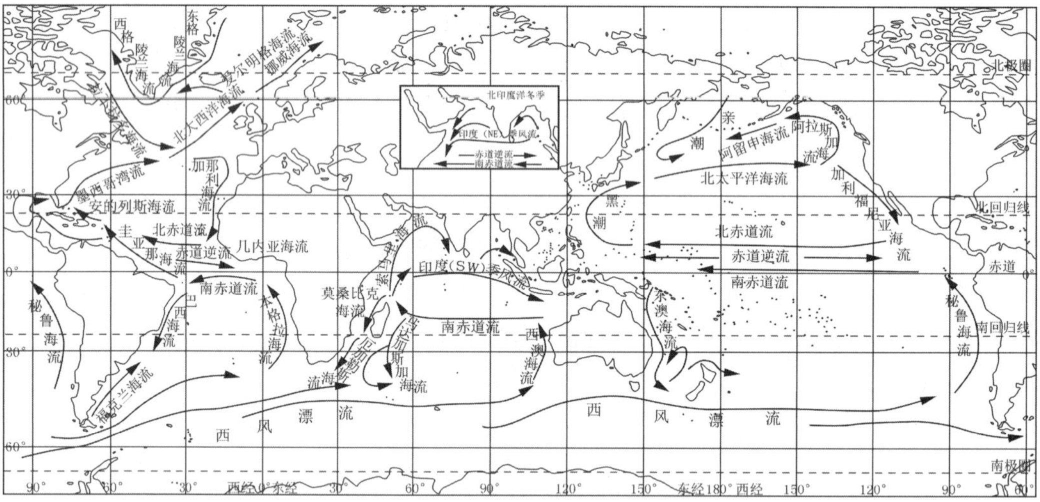

图 2-4　世界各大洋主要海流示意图

1. 太平洋的海流系统

在北太平洋上,北赤道流在 10°N ~ 22°N 自东向西横越太平洋,平均流速为 1 kn 左右。北赤道流到达菲律宾东岸向南北分支,向南一支沿棉兰老岛海岸南下汇入赤道逆流中,主流继续北上称为黑潮(Kuroshio),是世界著名的暖流之一。黑潮沿菲律宾以东北上,流经台湾东部海面进入东海,继续沿大陆架边缘北上,后转向东北经日本南部在 40°N 附近与亲潮汇合。

黑潮的宽度和流速都呈现出明显的季节性变化,宽度一般约为 100 n mile,流速在我国东海为 1 ~ 2 kn,在日本南部沿海为 3 ~ 4 kn,最大为 5 ~ 6 kn。黑潮到达 40°N ~ 50°N 之后受盛行西风影响,形成了一支自西向东横穿大洋的海流,称北太平洋海流,其流速较小,为 0.5 ~ 1.0 kn。北太平洋海流到达北美西岸分为南、北两支,南支沿北美西岸南下,称为加利福尼亚海流,是一支寒流,平均流速约为 0.5 kn;北支沿北美西岸北上进入阿拉斯加湾,形成阿拉斯加海流。阿拉斯加海流的一部分沿阿留申群岛南下,称为

阿留申海流，另一部分进入白令海。阿拉斯加海流和阿留申海流都具有暖流性质。

亲潮（Oyashio）源于鄂霍次克海和白令海，沿堪察加半岛和千岛群岛向西南流动，是北太平洋上水温最低的寒流，流速为0.5～1.0 kn。亲潮南下到38°N～40°N附近与黑潮相遇后，一部分加入北太平洋海流，另一部分下沉到暖流之下。

在南、北赤道流之间，有一支自西向东流动的赤道逆流，流速为0.5～1.0 kn，其位置略偏向北半球。它流到大洋东岸分成两支，之后分别汇入南、北赤道流中。

南赤道流在4°N～10°S自东向西流动，流速为0.4～1.3 kn。其到大洋西部后主流沿澳大利亚东岸向南流动，称为东澳暖流，流速为0.5～1.0 kn，它在40°S以南与南大洋的西风漂流汇合。南太平洋的西风漂流平均流速为0.5～1.0 kn，在整个西风带上自西向东流动。当其越过南太平洋遇到南美西岸时，一部分北上形成秘鲁海流，流速约为0.5 kn，是世界大洋中行程最长的一股寒流。

微课视频
太平洋和印度洋的海流

2. 大西洋的海流系统

北大西洋的北赤道流源于佛得角群岛，在15°N～20°N自东向西流动。其横渡大洋后，与北上的南赤道流北分支——圭亚那海流汇合，又在安的列斯群岛南端分为两部分，小安的列斯群岛外侧的部分称为安的列斯海流；另一部分转向西北，经安的列斯群岛进入加勒比海和墨西哥湾，然后经佛罗里达海峡流出，与安的列斯海流汇合后，沿北美东岸北上，流至35°N附近后转入深海，这就是著名的墨西哥湾流，简称湾流（Gulf Stream），它是世界上最强大的暖流，水温常高达30 ℃以上。湾流的位置经常变化，宽度较窄，流速相当大，可达4～5 kn。湾流到达40°N附近折向东北横过北大西洋，形成北大西洋海流，流速为1.0～1.3 kn。它的水温仍很高，是暖流，把大量的热量输送至高纬，使西、北欧冬季气温比同纬度的亚洲大陆东岸高出10 ℃以上。北大西洋海流在大洋东部形成几个主要分支，分别向南或向北流去。向南流的一支经伊比利亚半岛和亚速尔群岛之间南下，称为加那利海流，平均流速为0.50～0.75 kn，为寒流。向东北流去的分支到达冰岛南部时，又分为经挪威沿岸向北流的挪威海流和在冰岛南部转向西流的爱尔明格海流。爱尔明格海流向西流动，绕过冰岛以后转向北和西北，汇合东格陵兰海流。东格陵兰海流是一支自极地海域沿格陵兰东岸向西南流的寒流，流速一般为0.5 kn左右，夏季可增至1 kn，水温极低，常从北冰洋带来大量的海冰。东格陵兰海流离开格陵兰南端后，急转向西北沿格陵兰西岸流动，改称西格陵兰海流，它流经戴维斯海峡进入巴芬湾。挪威海流、爱尔明格海流和西格陵兰海流具有暖流性质。

拉布拉多海流是源于极地水域沿北美东岸南下的强寒流，水温很低，它将大量的冰山和海冰沿北美东岸向南带往纽芬兰岛附近。

南、北赤道流之间，在3°N～10°N处是自西向东流动的赤道逆流，它向东流入几内亚湾，在几内亚湾的部分称为几内亚海流。

南赤道流源于几内亚湾，沿着4°N～10°S向西流动，平均流速为0.6 kn，在向西移动的过程中流速渐增，到南美东岸时高达2.5 kn。南赤道流在南美东岸南下的分支称为巴西海流，为暖流，流速小于1.0 kn，它到40°S附近折向东，与西风漂流汇合。西风漂流通过合恩角时，有一支沿南美东岸北上的海流，称为福克兰海流，它是一支夹带冰

微课视频
北大西洋海流系统

山的寒流，当其北上到达33°S时与南下的巴西海流汇合。在好望角附近，西风漂流的一部分沿非洲西岸北上，形成本格拉寒流，流速约为0.8 kn。

3. 印度洋的海流系统

北印度洋的海流主要受季风影响，称为季风流。

冬季北印度洋在NE季风作用下，引起表层海水向西或西南方向流动，称为印度东北季风流，平均流速为2～3 kn。东北季风流在赤道附近与东流的赤道逆流相接，构成了北印度洋冬季的逆时针方向环流系统。

夏季北印度洋盛行SW季风，海水在西南季风作用下向东或东北方向流动，称为印度西南季风流。其中，在索马里沿岸有一支流向东北的索马里海流，流速较大，一般都在4 kn以上，最大可达7 kn。此时，赤道逆流消失，整个北印度洋直到5°S，表层海流均为东流，七八月最明显，它与南赤道流构成一个顺时针方向的环流。

南赤道流的北界通常在6°S～10°S，南界在20°S左右，自东向西流动，流速为1.5～2.5 kn。南赤道流流到大洋西岸，一部分沿马达加斯加岛东岸南下，称为马达加斯加海流；另一部分的南支沿莫桑比克海峡南下，称为莫桑比克海流，流速约为1.7 kn。莫桑比克海流沿南非东岸继续南下，称为厄加勒斯海流，其流速较大，有时可达4.5 kn，它在非洲之角与西风漂流相接。西风漂流抵达澳大利亚西岸后部分北上，形成西澳海流，属寒流。马达加斯加海流、莫桑比克海流和厄加勒斯海流均属暖流。

4. 地中海和黑海的海流系统

地中海的海流总体上为逆时针方向环流，其中非洲沿海基本是东流，欧亚沿海基本为西流。从直布罗陀到2°W附近的东流，平均流速为2 kn左右，从1°E通过西西里岛到塞得港的东流，平均流速为0.5 kn左右。从达达尼尔海峡流出来的流进入爱琴海后，往南绕过希腊向西流去，流速为0.5 kn（见图2-5）。

黑海的海流总体上也是沿逆时针方向流动的。在黑海，由于注入的河川较多，降雨量也多，形成了流速约为3 kn的海流，经博斯普鲁斯海峡流入地中海。在达达尼尔海峡通常为西南流，流速为1～4 kn；偏北大风时，在查纳卡雷附近可达6 kn；刮西南大风时，会出现逆流，但不多见。在马尔马拉海通常为西流，流速较小。在博斯普鲁斯海峡通常为南流，流速为2～4 kn，遇偏北大风时，流速有时可达7 kn。

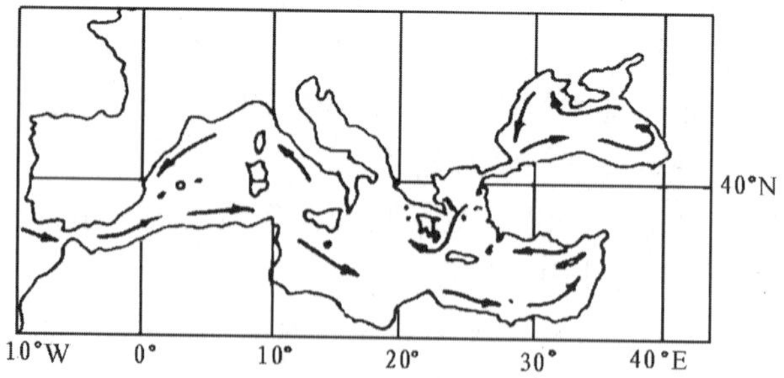

图2-5　地中海和黑海的海流系统

5. 红海和亚丁湾的海流系统

红海和亚丁湾的海流主要受季风影响。在东北季风期间,亚丁湾是西向海流,流速为1.0~1.5 kn,通过曼得海峡进入红海。在西南季风期间,亚丁湾为东向海流,流速约为2.0 kn,红海海流经曼德海峡流入亚丁湾。

※ **自我检测**5:北太平洋中高纬主要海流有________。

Ⅰ. 黑潮;Ⅱ. 亲潮;Ⅲ. 加利福尼亚海流;Ⅳ. 湾流;Ⅴ. 阿留申海流;Ⅵ. 北太平洋海流。

A. Ⅱ ~ Ⅵ　　B. Ⅰ, Ⅱ, Ⅳ, Ⅴ　　C. Ⅱ ~ Ⅳ, Ⅵ　　D. Ⅱ, Ⅴ, Ⅵ

九、中国近海的海流

中国近海的海流分为东中国海(渤海、黄海、东海)海流系统和南海海流系统。

(一)渤海、黄海和东海的海流系统

东中国海的海流系统由外海流和沿岸流两支流系组成,具有气旋式环流的特征,如图2-6所示。

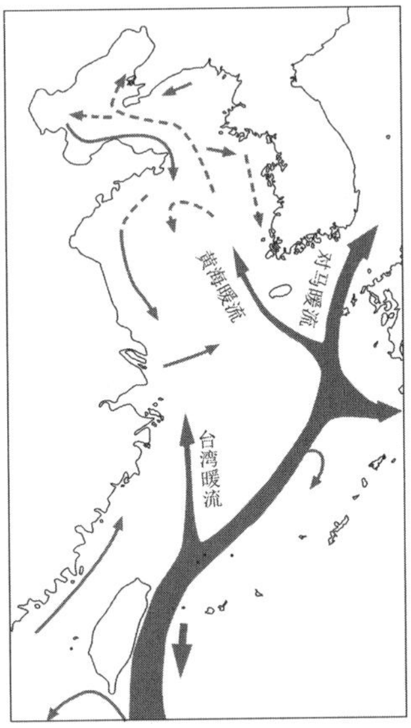

图2-6 渤海、黄海和东海的海流系统

1. 外海流系

外海流系由黑潮主干及其分支(台湾暖流、对马暖流和黄海暖流)组成。黑潮是北太平洋上的北赤道流向北的分支,它沿菲律宾北部诸岛向北流去,在北流的过程中,除(10月到翌年4月)有一部分流入巴士海峡外,主流沿台湾东部向东北流动进入东海,并沿大陆架边缘继续流向东北,至九州岛南方流出东海。130°E以西的这部分黑潮是中国东海外海流系的主干。黑潮水温较高,夏季表层水温可达29 ℃,冬季为20 ℃,由

南向北递减。

黑潮主流在我国台湾东北海域分出一弱小分支，沿闽浙外海北上，可达杭州湾外，然后转折向东与黄海冷水混合变性。因为这支海流从台湾附近流来，故称为台湾暖流（又称为黑潮的闽浙分支）。台湾暖流的流速具有明显的季节性，夏季强、冬季弱。这支暖流给我国浙江近海带来高温、高盐的外海水，当它与沿岸流交汇时存在明显的锋面，被渔民们称为“流隔”，著名的舟山渔场就形成在这个“流隔”处。

黑潮主流抵达日本奄美大岛以西约 29°30′N，129°E 附近又开始分支，主要的分支向东，通过吐噶喇海峡后沿日本南岸向东北方向流动。另一分支在奄美大岛以西向北流动，大约在五岛列岛南方海域又分为两部分：一部分经过对马海峡和朝鲜海峡进入日本海，称为对马暖流；另一部分在济州岛南面北上进入黄海南部，称为黄海暖流。对马暖流的流速和流量有年周期的变化，流速 9 月最大，约为 1.2 kn，2 月最小，仅为 0.2 kn 左右。黄海暖流经渤海海峡进入渤海后分为两支：一支入辽东湾构成右旋环流；另一支在渤海南部构成左旋环流。黄海暖流流向比较稳定，终年偏北，流速小于黑潮主流和对马暖流，为 0.2～0.3 kn。这支暖流在北上过程中，受到沿岸水文、气象条件的影响逐渐变性，随着进入黄海距离的增加，暖流特性很快减弱，在温度、盐度的分布上，表现出明显的由黄海南部伸向黄海北部的高温、高盐水舌，冬季尤为显著。

2. 沿岸流系

由于我国沿岸有许多大小不同的江河入海，把沿岸海水冲淡，这些被冲淡的海水沿岸边流动构成沿岸流系。沿岸流流动的总趋势是由北向南，在流动中不断与外海海水混合，产生许多小旋涡。在我国沿海自北向南主要有辽南沿岸流、辽东沿岸流、渤海沿岸流、苏北沿岸流和闽浙沿岸流等。

上述沿岸流系，冬季具有明显的冷流性质，在强烈的北向季风作用下，强度达最强，扩散范围也大，在东海可扩散到 126°E 左右，闽浙沿岸的沿岸流可经过台湾海峡南下到南海；春季，沿岸流由强变弱，并向北收缩；夏季，沿岸流的冷性基本消失，强度最弱。

（二）南海的海流系统

南海位于热带季风区，在季风的作用下，表层海流具有季风漂流的特性，如图 2-7 所示。

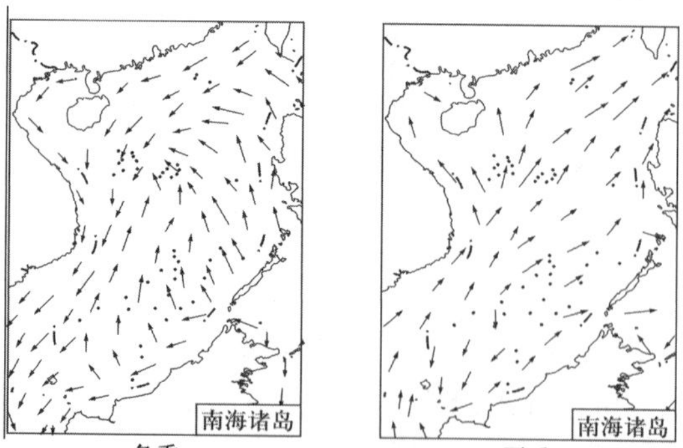

冬季　　夏季

图 2-7　南海季风流

在冬季东北季风期间，南海盛行西南向的漂流。经巴士海峡进入南海的黑潮海水，除少部分在台湾南部沿台湾西岸北上进入台湾海峡外，主流向西南进入南海北部，与来自台湾海峡的沿岸流汇合流向西南，后沿中南半岛南下，绝大部分海水经卡里马塔海峡和卡斯帕海峡流入爪哇海，小部分海水经马六甲海峡流入缅甸海。

在南海的东部，从苏禄海进入南海的海流有两支：北支从吕宋岛和巴拉望岛之间的海峡流入，开始流向西北，然后并入主流；南支从巴拉巴克海峡进来，流向西或西南。

可见：冬季南海表层海流具有明显的左旋环流特点。

在夏季西南季风期间，南海主要为东北流。海水大部分从爪哇海经卡里马塔海峡和卡斯帕海峡进入南海，主流靠近马来半岛和中南半岛一边，流速较快，流幅较窄，在向东北运动的过程中，流幅逐渐分散；到达南海北部时，大部分海水通过巴士海峡流出南海，与南来的黑潮汇合北上，而另一小部分海水继续北上进入台湾海峡到东海。

在冬季和夏季，南海西部的海流均比东部的强，强流区在越南近海。

※ **自我检测6**：黄海暖流基本呈________。

A. 冬弱夏强，从渤海海峡北部流入渤海

B. 冬强夏弱，从渤海海峡南部流入渤海

C. 冬强夏弱，从渤海海峡北部流入渤海

D. 冬弱夏强，从渤海海峡南部流入渤海

微课视频
中国近海海流

【海洋小常识】

地球表面被陆地分隔为彼此相通的广大水域称为海洋，其总面积约为3.61亿平方千米，约占地球表面积的71%，由于海洋面积远远大于陆地面积，故有人又将地球称为“水球”。海洋中含有13.5亿立方千米的水，约占地球上总水量的97%。

全球海洋通常被分为数个大洋和面积较小的海，海和洋意义并不相同。海洋的中间部分称为洋，约占海洋总面积的89%。它的深度大，一般在两三千米以上，海水的温度、盐度、颜色等不受大陆影响，有独立的潮汐和洋流系统，四个主要的大洋为太平洋、大西洋、印度洋、北冰洋，太平洋是最大、最深的大洋，北冰洋是最小、最浅的大洋。海洋的边缘部分称为海，深度较浅，一般在两三千米之内，约占海洋总面积的11%。海没有独立的潮汐和海流系统，水温因受大陆影响而有显著的季节变化，盐度受附近大陆河流和气候的影响也较明显，水色以黄绿色较多，透明度小。海按其所处位置的不同，可分边缘海和地中海两种类型。大洋靠近大陆的部分，被岛屿和半岛分隔开，水流交换畅通的称为边缘海，如东海、南海、日本海等；介于大陆之间的称地中海，如地中海、加勒比海等。如果地中海伸进一个大陆内部，仅有狭窄水道与海洋相通的，又称为内海，如渤海、波罗的海等。

海湾是海洋伸入大陆的部分，其深度和宽度向大陆方向逐渐减小，一般以入口处海角之间的连线或湾口处的等深线作为洋或海的分界线。海湾的特点是潮差较大，如比斯开湾、孟加拉湾、北部湾等。被夹在两块陆地之间，两端连接两大海域的狭窄通道叫海峡，如台湾海峡、马六甲海峡、直布罗陀海峡等。其水文特征是水流急，潮速大，上、下层或左、右两侧海水理化性质不同，流向不同。

第二节　海浪

【本节内容】

了解波浪要素及其分类；掌握风浪、涌浪、近岸浪的形成及特点；了解风暴潮、海啸、潮波的形成；了解群波和驻波的含义；理解有效波高和合成波高的概念；熟悉流波效应和水气温差效应对波浪的影响；重点掌握世界大洋主要大风浪区的分布；掌握我国近海风浪的分布特征。

【案例导入】

海啸案例

印度洋海啸，也称为南亚海啸，发生在2004年12月26日，这次地震发生的范围主要位于印度洋板块与亚欧板块的交界处。震中位于印度尼西亚苏门答腊以北的海底，当地地震局测量为里氏地震规模6.8，中国及美国量度到的强度则为里氏规模8.5～8.7。其后中国香港天文台和美国全国地震情报中心分别修正强度为8.9和9.0，最后确定为矩震级达到9.3。这是自1960年智利大地震以及1964年阿拉斯加耶稣受难日地震以来最强的地震，也是1900年以来规模第二大的地震，引发高达10余米的海啸，波及范围远至波斯湾的阿曼、非洲东岸索马里及毛里求斯、留尼汪等国，造成巨大的人员伤亡和财产损失。

案例视频
2004年印度洋海啸纪实

截至2005年1月20日的统计数据显示，印度洋大地震和海啸已经造成22.6万人死亡，这可能是世界近200多年来死伤最惨重的海啸灾难，并且当时死亡人数仍旧不断攀升。

海洋波浪是制约船舶运动的首要因素。实际航速主要受制于浪高和浪向，因此在大风浪中航行会造成舵效降低、航速下降。另外，船体受巨浪冲击还会损伤，造成“中拱”“中垂”现象，严重时能使船体断裂。当船舶摇摆周期与波浪周期相同时，会发生共振现象，有导致船舶倾覆的危险等。因此，航海者必须掌握海浪的变化规律。

一、波浪要素

波浪最明显的特征是水面周期性地起伏，就某一时刻而言，每隔一定距离出现一个峰和一个谷，就某一固定地点而言，每隔一定时间出现一个峰和一个谷。为讨论方便，当海浪发生时，先将其看成简单的正弦波（或余弦波）并定义以下波浪要素（见图2-8）：

（1）波峰：波面的最高点。

（2）波谷：波面的最低点。

（3）波高（H）：相邻的波峰与波谷之间的垂直距离。

(4)波幅(a):波高的一半,即 $a=\dfrac{H}{2}$。

(5)波长(λ):相邻的两个波峰(或波谷)间的水平距离。

(6)波陡(δ):波高 H 与波长 λ 之比,即 $\delta=\dfrac{H}{\lambda}$,其值表示波峰陡峭程度。

(7)周期(T):两相邻的波峰(或波谷)相继通过一固定点所需要的时间。

(8)波速(c):波形的传播速度,即波峰(或波谷)在单位时间内的水平位移,λ、c 和 T 三者之间满足关系:$c=\dfrac{\lambda}{T}$。

(9)波峰线:沿垂直于波浪传播方向通过波峰的线。

(10)波向线:垂直于波峰线的线。

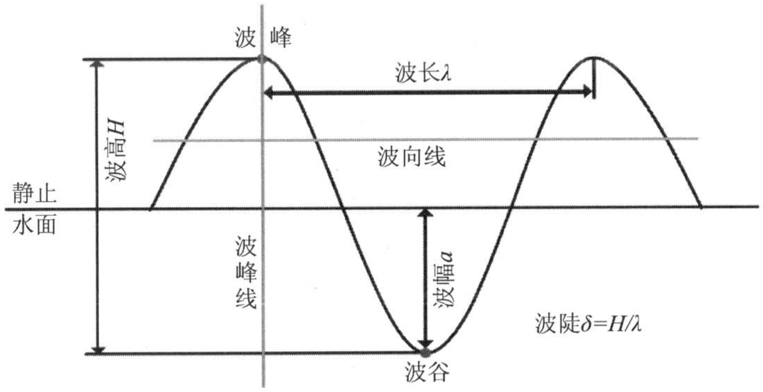

图 2-8 波浪要素

※ **自我检测** 1:在大洋上,当波陡 δ 接近________时,波浪开始破碎。

A. 1/9　　B. 1/7　　C. 1/5　　D. 1/3

二、波浪分类

海洋中的波浪很多,分类也不尽相同,常见的两种分类方法如下。

(一)按波长与水深的关系分类

按照波长相对于水深的大小,波浪可分为深水波和浅水波两种。

1. 深水波

波长远小于水深(水深至少大于波长的一半)的表面波动称为深水波。此时海底对波动的影响可以忽略,深水波波速只与波长和周期有关,而与水深无关。根据波浪理论可以证明:

$$c \approx 1.5T \tag{2-2}$$

$$\lambda \approx 1.5T^2 \tag{2-3}$$

可以看出：深水波波速 c 在数值上等于其周期 T 的 1.5 倍，而波长 λ 等于其周期 T 平方的 1.5 倍。

深水波中水质点的运动轨迹是以波高为直径的圆，圆的半径随着海水深度的增加成指数减小（见图 2-9）。

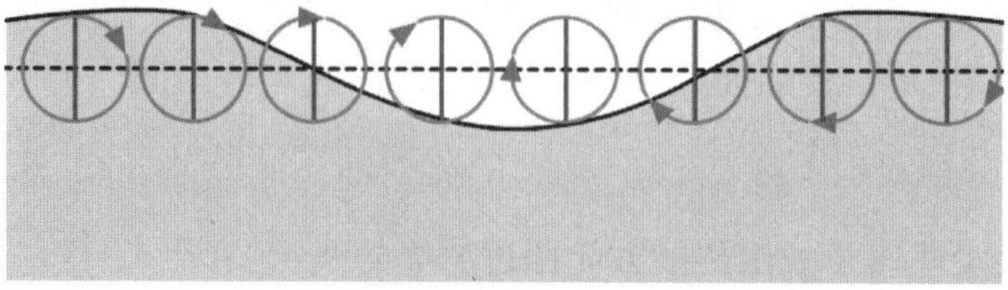

图 2-9　深水波水质点运动轨迹

2. 浅水波

波长远大于水深（波长至少为水深的 20 倍）的波称为浅水波。浅水波运动受海底摩擦作用比较明显。根据海洋学波浪理论可以证明，浅水波波速为：

$$c = \sqrt{gh} \tag{2-4}$$

式中：h——水深。

由此可见，浅水波波速只取决于水深，而与波长和周期无关。水深越大，则波速越快；反之，则越慢。

浅水波中水质点运动轨迹呈椭圆形，随深度增加，椭圆长轴几乎不变，短轴迅速减小，近海底处几乎只在水平方向做周期性的往复运动（见图 2-10）。

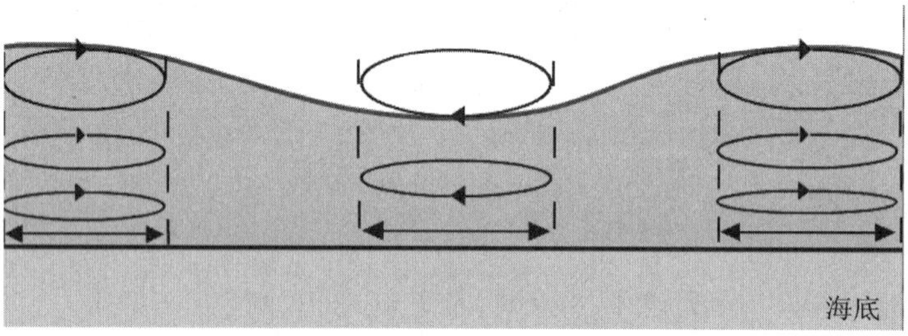

图 2-10　浅水波水质点运动轨迹

※ **自我检测** 2：在深水波中，当水质点运动到最低位置（即波谷）时，运动方向与波向之间的角度为________。

A. 0°　　B. 45°　　C. 90°　　D. 180°

（二）按成因分类

海洋中的各种波浪，其成因不尽相同，波浪按其形成原因的不同，可分为风浪、涌浪、近岸浪、海啸、风暴潮、内波和潮汐波等。人们习惯上将风浪、涌浪以及它们所形成的近岸浪，统称为海浪。

1. 风浪

由风的直接作用引起的水面波动称为风浪(Wind Wave)。俗话说“无风不起浪”，指的就是风浪。

当风力作用停止后，风浪由于受到重力和摩擦力影响而逐渐衰减。风浪的周期较短，波面不规则，较凌乱，其传播方向总是与风向保持一致。波高与风力有密切关系。人们早就有“风大浪高”的说法，从蒲福风级表上可以看到，风级越大，对应的波高就越高。例如，5 级风对应 2 m 高的浪，7 级风对应 4 m 高的浪，10 级风对应 9 m 高的浪等。因此，有长期航海经验的海员只要观察一下海面状况，就能立刻正确地将风力等级估计出来。

实际上风浪的大小并不仅仅取决于风力的大小，它还与风区(Wind Belt)和风时(Wind Duration)有关，还受水深及海域特征的影响。在离岸风作用下，海岸附近产生的波浪较小，是风浪的发展受到风区限制的典型例子。风区是指风速和风向近似一致的风所吹刮的距离，又称为风程。风区越长，浪在风区内移行得越远，风浪就越能得到进一步发展。风速很大的风，若吹刮时间短暂，即使在广阔的海洋上，也不可能吹起很大的浪。近似一致的风向和风速连续作用于风区的时间，称为风时。一般而言，风对水面持续作用的时间越长，海水所获得的动能越大，风浪也就越大。综上所述，风力越大，风区越长，风时越久，风浪就越能得到进一步发展。

风浪的发展具有过渡、定常和充分成长三种状态。假设某一恒定的风吹在风区足够大的大洋上，风浪随风时的增加而增长，风浪的这种状态称为过渡状态。假设某一恒定的风无限期地吹下去，风浪由于受风区尺度的限制趋于稳定而不再增长，风浪的这种状态称为定常状态。

然而，风浪的发展不是无限制的，当波陡$\left(\delta=\frac{H}{\lambda}\right)$接近$\frac{1}{7}$时，波浪开始破碎，波高停止发展。这是因为风传递给风浪的能量，除用于增大波高外，还有相当一部分能量消耗于涡动引起的摩擦上。当风浪成长至一定尺寸时，涡动作用消耗的能量较能量输入增加得快，直到风浪能量的收支平衡为止，这时风浪不再继续增长，而达到极限状态，这种状态的风浪称为充分成长的风浪。海上实际风浪的最大高度能达到 25 m 左右。

充分成长的风浪只决定于风速，对于给定的风速，有风浪充分成长所需要的临界风时和风区。图 2-11 给出了三者的关系曲线。由图可见，风速越大，风浪充分成长所需要的最小风时越长、最小风区也越大。例如，当风速为 20 kn 时，最小风区为 75 n mile，最小风时为 10 h；当风速为 30 kn 时，最小风区和最小风时则分别增加到 280 n mile 和 23 h。

在较大范围内平均深度较小，且深度无显著变化的水域，风浪充分成长所需要的时间要比深水区中短，这是因为成长至足够浪高后，水底摩擦将引起能量消耗，从而影响风浪的继续成长。

※ **自我检测** 3：风速越大，风浪充分成长所需要的最小风区越________，最小风时越________。

A. 小；短　　B. 小；长　　C. 大；短　　D. 大；长

微课视频
风浪特征

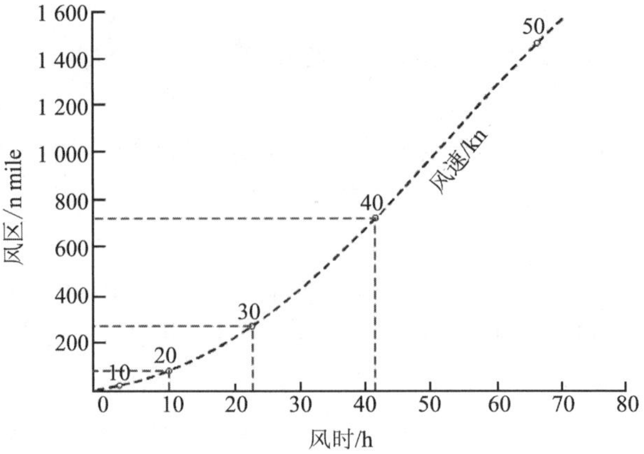

图 2-11　风浪充分成长与风区、风时的关系

2. 涌浪

风浪离开风区后传至远处，或者风区里的风停息后所遗留下来的波浪，称为涌浪(Swell)。涌浪波面光滑，波长较长。俗话说“无风三尺浪”，指的就是涌浪。显然，涌浪的传播方向与海面上的实际风向无关，两者间可成任意角度。

随着传播距离的增加，涌浪的波高逐渐降低。导致涌浪衰减的原因之一是涡动黏滞性引起的能量消耗，即风浪离开风区后不再得到能量，并且常经过风力平静或风向不同的海域，受到海水的涡动黏滞摩擦、空气阻力等作用，本身能量不断消耗，从而使波高减小。涌的这种消耗是有选择性的，波长大的衰减慢，波长小的衰减快。首先衰减那些叠加在大浪上的微浪，所以涌浪的波面一般都比较光滑，波长较长。涌浪衰减的另一原因是散射作用。风浪离开风区后，向较宽阔的水域散开，能量散布于较大的水域。

在波高衰减的同时，周期和波长也逐渐加大。长波比短波波速大，在传播过程中长波总是在前面，加上短波衰减得快，所以随着传播距离的加大，波长较长、周期较大的波越来越显著。因此，涌浪又有“长浪”之称。因为涌浪的传播速度比风暴系统本身的移速快得多，所以涌浪的出现往往是海上台风等风暴系统来临的重要预兆。

※ **自我检测 4**：涌浪在传播过程中，________。

A. 波高衰减，周期和波长逐渐加大

B. 波高增大，周期和波长逐渐加大

C. 波高不变，波长和周期逐渐加大

D. 周期不变，波长和波高逐渐加大

3. 近岸浪

风浪或涌浪传至浅水或近岸区域后，因受地形影响将发生一系列变化，称为近岸浪(Coastal Wave)。近岸浪的变形效应主要有以下几种。

(1)波向绕射和折射

海浪可以绕过障碍进入岛屿、海岬或防波堤等遮蔽的水域，绕射进入防波堤的波高要降低。折射的结果是使波峰线越来越趋于与等深线平行。因此，当外海传来的波浪接近海岸时，通常波峰线总是与海岸平行的。

(2)波高增大

当波浪由深水传至浅水时，能量集中在越来越薄的水层内，于是波高明显增大，当1/7 时，波浪就会变得不稳定并发生破碎。“冲浪”运动所利用的就是近岸浪的这种效应。这种情况应当引起航海者的高度重视。尤其在某些海区沿岸航行时，应密切注意水深的急剧变化，使船舶保持在深水区航行。例如，在好望角沿岸和比斯开湾这种现象尤为显著，若不注意，就可能造成严重的后果。

(3)岬角处浪高，海湾内浪小

当海岸线有曲折时，在凸出处由于波向辐合，波高变大，波浪的冲击力加强；在凹进处由于波向辐散，波高变小，波浪的冲击力减弱。因此，通常岬角受海浪冲击和破坏较大，而海湾内风浪较小，好避风。

(4)波浪卷倒和破碎

在浅水中，当波高接近水深时，波谷处的水质点受海底摩擦的影响，其速度比波峰处的水质点速度要慢些，使波前不断变陡，当波前几乎成垂直时，波浪就卷倒和破碎，称为“破浪”。因此，在暗礁处常出现白浪花。在海岸附近的破浪称为拍岸浪(Surf)，如图 2-12 所示。

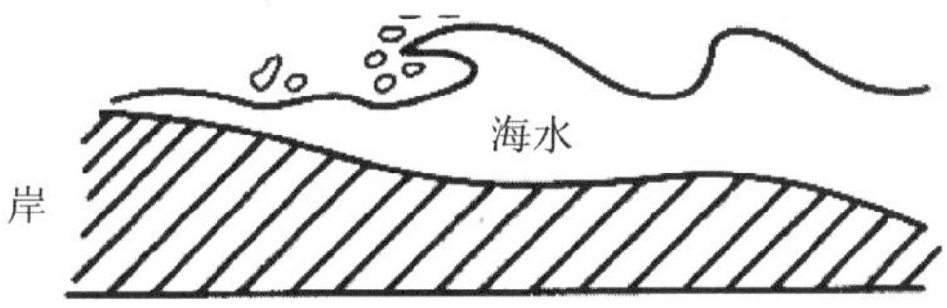

图 2-12　拍岸浪

※ **自我检测 5**：当波浪由深水区传至浅水或近岸时，其变化为________。

A. 波长变长　　　　B. 周期变小

C. 波高减小　　　　D. 波面变缓

4. 海啸

由于海底或海岸附近发生地震或火山爆发而形成的海面异常波动，称为海啸(Tsunami)，又称地震波。

海啸的特点是周期很长(15 ~ 60 min)、波长很长(常达几百千米)、波速很大(每小时可传播几百千米甚至上千千米)。在外海海啸坡度很小，较难观测到，但当它传至近岸时，由于水深变浅，波高剧增，可达 10 m 以上，最大可达 25 m，危害甚大。在震中附近航行的船舶，因海水上下振动(纵波)而有触礁的感觉，称为“海震”。

世界上常受海啸袭击的国家和地区有日本、菲律宾、印度尼西亚、加勒比海、墨西哥沿岸和地中海。这些国家和地区现已设立海啸报警系统。航行船舶克服海啸危害的有效方法是及时将船驶入深水区或封闭式港口内。

微课视频
海洋中的巨型波动——海啸

5. 风暴潮

由于强烈的大气扰动(如强台风、强锋面气旋或寒潮大风等)而引起的海面异常上升现象,称为风暴潮(Storm Surge)。

风暴潮主要是因海面大气压强分布不均匀和大风而造成的。统计表明,受风暴影响时,气压每下降1 hPa,海面约升高1 cm。当风暴向岸边移动时,受强风的牵引海水涌向岸边,沿海海面明显升高,海面升高的幅度与风速的平方成正比。若强风吹向的是半封闭的V形海湾,则海面升高更加显著。风暴潮与天文潮同时发生,如果适逢天文大潮,则会导致水位暴涨,可造成十分严重的危害。

我国风暴潮多发区有莱州湾、渤海湾、长江口至闽江口、汕头至珠江口、雷州湾和海南岛东北角一带,其中莱州湾、汕头至珠江口是严重多发区。

6. 内波

在海洋中,密度相差较大的水层界面上的波动称为内波(Internal Wave)。内波的产生需具备两个条件:一是流体密度稳定分层,二是要有扰动源,两者缺一不可。内波的振幅常高达几十米,甚至上百米,内波对航行中船舶的影响有两种情况。

(1)"死水"

船舶前进时带动了上部密度较小的水层在密度较大的水层上滑动,从而形成了内波。此时船舶运动能量都消耗在这种内波上,所以即使开足功率,也难以前进,故称这样的海面为"死水"。

(2)"共振"

当船舶的固有摇摆周期与内波周期重合时,就会出现共振现象,使船舶摇摆幅度大大增加。

船舶克服"死水"和"共振"的有效方法是改变航速和航向。

内波虽不像海面波浪那样汹涌澎湃,但它隐匿水中,暗中作祟,常使人们防范不及,故有"水下魔鬼"之称。内波的破坏力,主要产生于内波的跃层上下,会形成两支流向正相反的内波流。这种内波流可高达1.5 m/s,犹如剪刀一般,破坏力极大。1963年4月10日,美国"长尾鲨号"核潜艇,在大西洋距波士顿港口350 km处突然沉没,艇上129人无一生还,事后经过对沉入海底变成碎片的残骸分析判断,下沉的原因是潜艇在水中航渡时,遇到了强烈的内波,将其拖曳至海底,使其承受不了超极限的压力而破碎,这就是强大内波垂直力作用的后果。

7. 潮汐波

海水在天体引潮力作用下产生的长周期的波动,称为潮波(Tidal Wave)。由此引起的海面周期性的涨潮和落潮称为潮汐。关于潮汐波的有关知识,在"航海学"课程中已做详细介绍,这里不再赘述。

三、其他因素对波高的影响

1. 流波效应

如果浪向与流向成一定的夹角，则波浪通过海流后不仅波高、波长会发生变化，波浪的传播方向也会发生变化，海流对波浪的这种影响，称为流波效应。据统计，当海流流速为 2 ~ 3 kn，风速为 10 ~ 15 m/s 时，波浪传播方向与海流流向相向或接近相向的情况下，其波高增加最大，比无流时的波高增加 20% ~ 30%，并使部分波浪破碎或全部破碎。当波浪传播方向与流向相同时，波长增大，波高减小。若流速与波速相比可以忽略，则可以不考虑流的影响。

2. 水气温差效应

研究表明，在风速相同的条件下，气温低于水温时，比水温、气温相等时的波高要高。气温比水温低得越多，波高增大得越明显。据统计，气温比水温每低 1 ℃，波高平均以 5% 的比例增加。因此，当有强冷空气（如冬季的寒潮）时，水气温差加剧，海面状况容易恶化。

冬季北太平洋上日本关东东部的黑潮流域，水气温差可达 5 ~ 10 ℃，再加上冬季季风盛行时，海浪和海流接近于相向传播，波流效应也较显著，而且经常有气旋在这一海域爆发性发展，所以有时出现比预想恶劣得多的海况，是海事的多发海域，故有"魔鬼海域"之称。冬季船舶应尽量避开这一海域。

※ **自我检测 6**：关于流波效应的研究表明________。

A. 波浪和海流的运动方向相反或接近相反时，波高减小

B. 波浪和海流的运动方向相反或接近相反时，波高不变

C. 波浪和海流的运动方向相同或接近相同时，波高减小

D. 波浪和海流的运动方向相同或接近相同时，波高增大

四、常用的统计波高

1. 平均波高

连续观测几个波，取所有波高的平均值称为平均波高，用 $\overline{H}$ 表示。平均波高反映了海面波高的平均状态。

2. 有效波高

将连续观测到的波高按大小排列起来，并就其中前面较高的一部分波高计算平均值，称为部分大波的平均波高。例如，对于该系列波前面的 1/1 000、1/100、1/10、1/3 个波，其平均波高分别以符号 $H_{1/1\,000}$、$H_{1/100}$、$H_{1/10}$、$H_{1/3}$ 表示。它们的意义是，如果共观测 1 000 个波，则分别代表其中前面较高的 1 个、10 个、100 个、333 个波的平均波高值。部分大波平均波高能反映出海浪的显著部分或特别显著部分的状态。

习惯上将 $H_{1/3}$ 称为有效波高，具有这种波高的波称为有效波。一个有经验的海员直接目测到的波高非常接近于有效波高值。有效波高是航海上应用最多的一种波，如传真波浪预报图上的预报波高就是有效波高。

3. 合成波高

合成波高是风浪波高 H_W 和涌浪波高 H_S 两者的合成，用 H_E 表示，即：

$$H_E = \sqrt{H_W^2 + H_S^2} \tag{2-5}$$

式中：H_W 和 H_S 为海上观测船分别目测得到的平均显著波高。传真波浪分析图上的波高是合成波高。

4. 有效波高与其他统计波高的关系

假设有效波高为 1 m 时，其他统计波高与有效波高的比值如下：

$$\overline{H} = 0.63$$

$$H_{1/10} = 1.27$$

$$H_{1/100} = 1.61$$

$$H_{1/1\,000} = 1.94$$

由上述各波高间的关系可知，有效波高大于平均波高，但船舶在海面上实际观测到的某些波高可能比波浪图上的波高要大，个别波高甚至是波浪图上所示的波高值的 2 倍，这一点航海者必须重视。

五、世界大洋狂风恶浪的海区

根据对多年海浪观测资料分析可知，世界各大洋多狂风恶浪的海域主要有以下几个。

1. 冬季北太平洋和北大西洋中高纬海域

冬季，在北太平洋和北大西洋的中高纬，大风和大浪的分布范围很广，频率也很高，在 30°N 以北海域，北太平洋波高不小于 3.5 m 的大浪频率达到 20% ~30%，北大西洋上的大浪频率还要更高一些，波高不小于 3.5 m 的大浪频率高达 50%。另外，两大洋西部大浪频率高于东部，在北太平洋的千岛群岛与阿留申群岛之间大浪频率高达 40%，而北大西洋的格陵兰、纽芬兰及北欧沿岸，大浪频率高达 50% ~60%。

冬季这两个海域多狂风恶浪，原因主要有三个：

(1) 极地来的东风（冷）与西风带的西风（暖）在这两个地区相遇频生锋面和气旋，从而造成狂风恶浪。

(2) 这两个地区是冷暖海流交汇地带，冷流使其上方空气更冷，暖流使其上方空气更暖，因此造成冷暖空气相遇更容易生成锋和气旋，或促使移动过来的锋和气旋加强。

(3) 这两个地区正好是两个永久性大气活动中心——冰岛低压和阿留申低压所在地，尤其在冬季低压发展强盛，从而带来狂风恶浪。

特别值得一提的是，著名的比斯开湾是通往北欧的重要航道，每年 10 月至翌年

3月比斯开湾的海况非常恶劣，经常狂风怒吼、波涛汹涌，极不平静。这主要是因为比斯开湾地处法国西部45°N附近的盛行西风带上，湾口正好对着北大西洋。冬季的北大西洋中高纬度地区又是狂风恶浪区，由于口大内小的地形，外海波浪长驱直入。当波浪传入比斯开湾后，因水深变浅和沿岸地形的影响，波高剧增。此外，北大西洋海流经过时一分支沿比斯开湾北岸流入，南岸流出，使入湾的波浪遇到出湾的海流，产生流波效应导致波高进一步增大。以上种种因素，造成了冬半年比斯开湾航线海况十分恶劣，经常会遇到10 m以上的大浪。

2. 夏季北印度洋海域

夏季，整个北印度洋为强劲的西南季风控制，风力常可达8～9级或以上，浪高达6 m以上，7—8月最强盛。尤其是在索科特拉岛东南部海域，大风频率高达40%，大浪频率高达74%，是世界海洋上大浪频率最高的海域。

冬季，北印度洋盛行东北季风，一般3～4级海面较平静，是航海的黄金季节。

3. 南半球咆哮西风带

南半球30°S以南中高纬度海域称为"咆哮西风带"，终年盛行强劲的西风，为典型的狂风恶浪的海区，其中处于世界重要航道上的好望角（南非最南端）和合恩角（南美最南端）海域，由于岬角效应，风浪更大，海面巨浪滔天，严重影响船舶的航行安全。

※ **自我检测**7：下列为世界著名的狂风恶浪海域的有________。

Ⅰ. 好望角附近洋面；Ⅱ. 比斯开湾；Ⅲ. 夏季北印度洋；Ⅳ. 百慕大附近洋面；Ⅴ. 夏季北大西洋；Ⅵ. 冬季北太平洋中高纬度洋面。

A. Ⅰ～Ⅳ，Ⅵ　　B. Ⅰ，Ⅱ，Ⅳ～Ⅵ

C. Ⅱ～Ⅳ，Ⅵ　　D. Ⅰ～Ⅲ，Ⅵ

六、中国近海的风浪

中国近海的浪主要受季风制约。

冬季，我国近海受偏北风的影响以偏北向浪为主。长江口以北海域盛行西北风和北风，渤海、黄海多西北浪和北向浪。东海和南海盛行东北季风，因此，以东北浪居多，其中台湾海峡东北浪占优势。

夏季，受偏南季风的影响，各海区多偏南向浪。渤海、黄海和东海以东南向浪为主，南海以南向浪为主。

冬季，我国近海大浪区多出现在台湾海峡、成山角附近以及台湾以东海域，其中大浪频率最高出现在台湾海峡，而夏季除热带气旋的影响外，通常浪比冬季小很多。

春、秋两季，波向随风向转换变化较大。

【天气小谚语】

水里泛青苔，天有风雨来。

第三节　海冰

【本节内容】

了解海冰的概念及形成特点，理解海水结冰与纯水结冰的不同；了解海冰的分类，尤其是冰山的基本特征；掌握船舶接近冰山活动区的一些征兆；熟悉浮冰和冰山的漂移规律；熟悉世界大洋冰况的时空分布；掌握我国近海的结冰情况；熟悉船体积冰的条件及船体积冰的预防方法。

【案例导入】

冰海沉船

1912 年，英国豪华客船“泰坦尼克号”在北大西洋航行途中，触碰冰山沉没，1 635 人葬身大海，成为世界航海史上最惨痛的一次海难事故。同年，由俄国圣彼得堡开出的海船“圣安娜号”，被海冰包围后冲不出冰的包围圈，随冰漂流近两年，直到船体完全被冰撞碎，仅有 2 人获救。海冰的能量无法估算，给航海造成的大大小小的灾难数不胜数，几乎每年都会发生。海冰还能破坏港口设施，造成港口封冻，航道阻塞。流冰，特别是冰山，严重威胁船舶航行安全。

案例视频《冰海沉船》片段

海冰对高纬度地区以至极地地区的水文、热力循环、洋流和生态系统都有重大影响。海冰过多时可能会导致海港封港、堵塞航道、挤压船舶等问题，它是海洋主要灾害之一，素有“白色杀手”之称。

一、海冰的定义及形成

1. 海冰的定义

广义的海冰（Sea Ice）是指海洋中各种冰的总称，它包括海水本身结冰和由大陆冰川，江河流入海洋中的陆源冰（Land-origin Ice）。

2. 海冰的形成

海冰包括咸水冰和淡水冰，其中咸水冰由海水直接冻结而成，淡水冰为陆源冰。由于海水中含有大量的溶解盐类，其结冰过程、结冰速度和物理性质都与纯水冰不同。

纯水的冰点是 0 ℃，最大密度时的温度为 4 ℃，因此，当上、下层水温都降至 4 ℃以下时，若水面继续降温，上层水的密度就会减小，小到比下层水轻，从而抑制对流，当水面温度降至 0 ℃时就会结冰。

海水结冰除与海水温度和盐度有关外，还与盐度的垂直分布及海深有关。海水冰点和最大密度时的温度都随盐度变化，盐度越高，冰点越低，最大密度时的温度更低。

从图2-13中可以看出，随着盐度的增大，海水的冰点较海水最大密度温度下降得慢。在盐度为24.69‰时，二者温度值相同，为 -1.33 ℃。当盐度大于24.69‰时，海水最大密度温度低于冰点。盐度小于24.69‰的海水结冰过程与纯水相同。盐度大于24.69‰的海水结冰过程则完全不同，其最大密度温度低于冰点，所以在结冰之前，随着温度不断降低，表面海水密度将不断地增大，由此而引起的热力对流将一直持续到从海面到海底完全结冰为止。这种对流作用将下层的热量向上输送，从而使海水的冷却速度减慢。大洋的平均盐度为35‰，冰点为 -1.9 ℃，因此深海中不易结冰，即使能够结冰的海域结冰的速度也较慢。海水结冰之后大部分盐分被排除在海冰之外，冰下海水盐度增大，加强了海水对流，从而也延缓了海水结冰的过程。海水的结冰不仅发生在海面，也能发生在水下对流混合层内。当水温下降到（或者低于）冰点时，只要有结晶核在，在海面和海水内部就会发生结冰现象。由于海冰密度低于海水密度，在海水内部形成的冰将迅速向上浮出海面。海水结冰除了要有持续的结冰温度出现之外，还取决于海水的盐度以及盐度的垂直梯度和水的深度。在持续降温的条件下，海冰首先出现在海岸附近，浅水区或盐度较低的海区（如河流的出海口）形成。

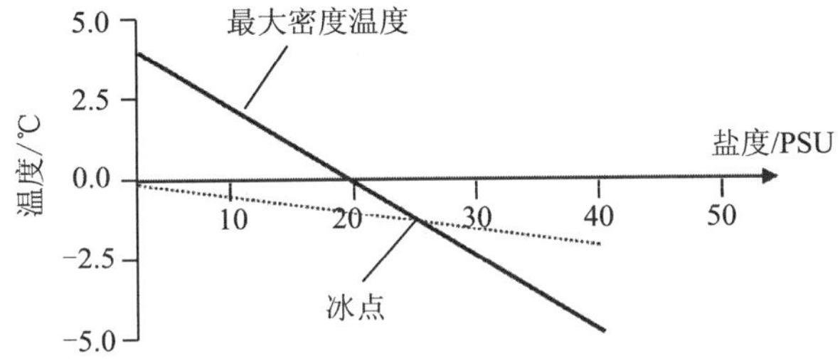

图2-13 海水的冰点与最大密度温度随盐度的变化

※ **自我检测1**：下列说法正确的是________。

A. 海水最大密度时的温度和冰点不随盐度而变化

B. 海水的平均盐度为35‰，对应的冰点为 -1.9 ℃

C. 纯水最大密度时的温度为 -4 ℃，冰点为0 ℃

D. 海水结冰过程、结冰速度和物理性质都与纯水冰相同

二、海冰的分类

1. 按冰的运动状态分类

海冰按冰的运动状态可分为固定冰（Fast Ice）和流冰（Drift Ice）：

（1）固定冰

固定冰是指与海岸、海底或岛屿冻结在一起的冰。海面变化时，固定冰能够随之发生升降运动，其宽度可以从海岸向外延伸几米至数百千米。

（2）流冰

不考虑形成和分布，凡是自由漂浮在海面能够随风和海流漂移的冰统称为流冰。

2. 按冰的生成源地分类

海冰按冰的生成源地可分为海冰、河冰和陆冰。

3. 按冰的发展阶段分类

海冰按冰的发展阶段可分为初生冰、尼罗冰、饼状冰、初期冰、一年冰和老年冰六种：

(1)初生冰

初生冰包括冰针、油脂冰和海绵状冰，大多由松散的冰晶构成，漂浮在海面上。

(2)尼罗冰

尼罗冰是指初生冰继续增长，冻结成厚度在 10 cm 以内的有弹性的薄冰层，表面无光泽，颜色较暗。

(3)饼状冰

饼状冰是指直径为 30 ~ 300 cm，厚度在 10 cm 以内的圆形冰盘。

(4)初期冰

初期冰由尼罗冰或饼冰和冰块冻结在一起，形成厚度为 10 ~ 30 cm 的冰层，呈灰色或白色。

(5)一年冰

一年冰由初期冰发展而成，时间不超过一个冬季的冰，厚度为 30 ~ 300 cm。

(6)老年冰

老年冰是指至少经过一个夏季而未融尽的冰，厚度不小于 300 cm，表面光滑。

4. 冰山

冰山(Iceberg)是从冰川分离下来的、高出海面 5 m 以上的各种形状的巨大冰块，属陆冰范畴。冰山可以是漂浮的，也可以是搁浅的。冰山主要分为不规则的峰形冰山和规则的平顶(桌状)冰山。峰形冰山多呈金字塔形，最高达 149 m，通常其高度大于宽度，具有陡峭的坡度，易倾倒或翻转。由于海冰的密度一般为 0.86 ~ 0.92 g/cm^3，海水的密度为 1.028 g/m^3，因此冰山水上露出部分的体积只占整个冰山体积的$\frac{1}{9}\sim\frac{1}{10}$；而通常形状比较规则的冰山(如平顶冰山)，露出海面的高度通常为总高度的$\frac{1}{7}\sim\frac{1}{5}$。冰山的水下部分有时会伸展得很远，像暗礁或浅滩一样不易被船舶发现，对航行安全构成巨大威胁，所以船舶遇到冰山时，要与它保持足够的安全距离通过。另外，冰山若受暖海水的溶解作用，“腰部”会逐渐变细，最后可能会突然翻倒下来激起巨浪，给附近航行的船舶带来危险。

※ **自我检测** 2：冰山属于________。

A. 陆源冰　　B. 海水结冰

C. 冰雪覆盖的山　　D. 陆源冰和海水结冰

三、海冰的漂移规律

影响海冰的主要因素是风和海流。在无风的海域,浮冰和冰山随海流漂移,其漂移速度、方向与海流一致。在无流的海域,其漂移的方向为:在北半球,偏向风的去向之右约 28°;在南半球,偏向风的去向之左约 28°。其漂移速度大约是风速的 1/50。实际上,冰的漂移运动往往是风和海流引起的漂移运动的合成。

※ **自我检测** 3:在无流海域,当风速为 10 m/s 时,则冰山的漂移速度约为________。

A. 0.2 m/s　　B. 2 m/s　　C. 5 m/s　　D. 10 m/s

四、船体积冰及船舶临近冰区的征兆

1. 船体积冰

冬季高纬度航行,当气温很低(海水温度小于 5 ℃的海域),海上风浪较强时,波浪飞沫在空气中变成过冷水滴,一碰到船体便发生冻结,形成船体积冰(又称重冰集结或甲板冰)。船舶积冰主要发生在裸露的船体、甲板、上层建筑或天线上。它可折断天线,阻隔通信,使雷达失效,严重时能使船舶因重心上升或偏移、稳性被破坏、失去平衡而发生突然倾覆。船舶在发生船体积冰的海域航行时,应经常改变航向或减速,使波浪飞沫尽量少浸没船体表面。如估计将会遭遇严重积冰,则应设法将船舶驶往开阔的海域或较暖的海面。极冷的大陆气团在海上移动一段较长的距离后将会发生变性,气温回升。因此,重冰集结现象在开阔海洋上较少发生。

2. 船舶临近冰区的征兆

船舶在可能出现冰山的海域航行时,应注意海洋水文、气象要素的观测,加强瞭望,同时还要注意雷达回波,接收冰况图及有关部门发布的冰情报告及警报,及时掌握海洋上的流冰动态。当出现以下现象时,可判定船舶接近冰区:

(1)海水温度急剧降低时,表明前方可能有海冰存在。此外,临近海冰时海水的盐度明显减少。

(2)出现小块浮冰,可能听到冰块相互撞击的响声。

(3)在流冰边缘处经常出现浓雾屏带。这是因为比较温暖的空气移到冰山附近的冷水面时冷却而形成雾。

(4)望见远处海面反射出的光芒,可断定该方向有海冰存在。

(5)在大风浪区航行,波浪突然减弱,或海面突然变得平静,表明其上风有冰域存在。波高在 2 ~ 3 m 的浪,在距离冰域下 1 000 m 之内会明显减弱或消失,这是因为海冰阻碍了波浪的运动。

(6)听到海浪在冰中的冲击声或海冰因风浪的压挤而发出碎裂的声音,或冰山的融碎声、倒塌声。

(7)在空阔的海面上听到本船汽笛的回声,表明有矗立的冰山存在。但这种回声不是都能听到的。

(8)远处有海冰时,往往在水天线上出现海市蜃楼。

总之,在高纬度海域航行的船舶,一方面要注意雷达回波,按时接收冰况图和有关部门发布的冰况报告及警告;另一方面要加强瞭望,注意上述征兆的出现。

※ **自我检测** 4:船舶接近冰区的征兆之一是________。

A. 海水温度急剧降低

B. 在大风浪区航行,突然波浪增强或海面变得异常凶猛

C. 海水盐度明显增大

D. 海鸟成群飞来,很不安宁

五、世界大洋冰况

海冰主要分布在高纬度海域,并随季节变化。冬半年较严重,活动范围扩大;夏半年较轻,活动范围向高纬度收缩。

1. 北冰洋

北冰洋终年有部分海面被冰覆盖,自人类开始使用卫星记录冰雪融化情况的 1978 年开始,北冰洋的海冰覆盖范围呈下降趋势。专家估计,预计几十年后,在北冰洋的夏季将看不到海冰了。

未来随着海冰的融化,西北通道将可以通航,或许会成为一条黄金运输线路。从地理学角度讲,西北航道是指从加拿大东北部戴维斯海峡起始,沿加拿大的北部海岸一直延伸到美国的阿拉斯加州附近的一条航道。历史上,由于冰雪覆盖,连接欧亚的西北航道一直无法航行。

2. 北大西洋

在欧洲波罗的海和北美哈得孙湾,常年都有固定的岸冰。北大西洋的浮冰和冰山,在格陵兰岛东南海域和纽芬兰东南海域最多。从格陵兰岛西岸滑入巴芬湾的冰山,不仅进入北冰洋,而且平均每年有 388 座冰山经戴维斯海峡随拉布拉多寒流输送进大西洋,南界可达 40°N,冰山有时甚至可穿越湾流南下至 31°N。冰山盛行期是 4—6 月,活动仅限于北大西洋西部。

3. 北太平洋

北太平洋的白令海、鄂霍次克海、日本海以及堪察加半岛以东海湾、北海道和阿拉斯加湾,一年中都有不同的结冰期。在北太平洋西部,冰的南界的平均位置在 58°N 附近。从冰川入海形成的小冰山数量不多,仅限在阿拉斯加湾内活动。

日本近海的浮冰主要来自鄂霍次克海,流冰于 1 月上旬自库页岛南下,中旬到达北海道沿岸,以后势力增强,2 月末至 3 月达最盛期,3 月下旬开始衰退,4 月末完全消失。

4. 南大洋

南极大陆是世界上最大的冰山源地,在南极大陆周围洋面上经常有约 22 万座冰山

在游动，多数冰山在向北漂移中融化掉，因此，南大洋的海冰多为 2～3 m 厚的一年冰。冰山在南纬 55°以南到处都可遇到，其北界可达 40°S～45°S 或更低的纬度。

六、中国沿海的冰况

我国近海地区所处地理纬度大多比较低，不易出现结冰现象，唯有渤海和黄海北部，位于 37°N～41°N 的海区，每年有海冰出现。一般情况下，在 45°N～50°N 以北的海区才能形成海冰。渤海和黄海北部海冰的出现，主要是由于这一海区深入大陆，深度较浅，盐水冻结成冰。在正常的年份，结冰不甚严重，对航海的影响不大。但是在个别异常寒冷的冬季，渤海会出现严重的冰封。正常年份，渤海和黄海北部从 11 月中旬到 12 月中旬，由北向南先后从岸边开始结冰，分为初冰期、盛冰期和终冰期。盛冰期在 1 月中下旬到 2 月中下旬，此段时间冰情最严重，威胁着航海的安全。

※ **自我检测 5**：北太平洋，从冰川入海形成的小冰山，主要汇集在________。

A. 日本海　　B. 鄂霍次克海　　C. 白令海　　D. 阿拉斯加湾

【气象小常识】

“朝霞不出门，晚霞行千里”是什么意思？

一般来说，在夏季早上，低空空气稳定，很少有尘埃，如果当时出现了红色的云团，我们将其称为朝霞。这表示东方低空含有许多水滴，有云层存在，随着太阳升高，热力对流逐渐向平地发展，云层也会渐密，因此可能会出现刮风下雨一类的坏天气，所以说，白天的时候如果看到了红色的霞光，大家还是尽量不要出门的好。

在傍晚，由于一天的阳光加热，温度较高，低空大气中水分一般不会很多，但尘埃因对流变弱而可能大量集中到低层。因此，如果出现鲜艳的晚霞，则说明晚霞主要是由尘埃等干粒子对阳光散射所致的。所以说晚上的时候如果出现了红色的云霞，那么就证明第二天的天气一般不错，适合出行，这就是为什么叫作“朝霞不出门，晚霞行千里”。这也是有一定科学道理的。

第三章

船舶海洋水文、气象要素观测

【本章概述】

本章在掌握气象学和海洋学知识的基础上，学习如何使用船上仪器设备进行海洋水文、气象要素的观测和记录。主要介绍船舶测报的意义及观测要求和一般规定；介绍船上观测的项目、时次和程序；介绍气温和湿度、气压、风的观测过程和注意事项；介绍云、海面有效能见度以及天气现象的观测方法；介绍海浪、海温、海发光等水文要素的观测方法。通过对多种气象要素和水文要素的观测，保证气象导航服务的顺利实施，对实时天气和海况预报，对提高天气预报准确率起到重要作用，尤其在应对灾害性天气预报时，更显其特殊意义。

【知识目标】

熟知船舶海洋水文、气象要素观测的时次和程序规定；掌握气温、气压、湿度、风的观测仪器、观测要求和注意事项；掌握真风的求法；掌握云、海面有效能见度、天气现象的观测方法和注意事项；掌握海浪、海温、海发光的观测方法。

【能力目标】

通过对各种气象要素和水文要素的学习和理解，掌握船上观测设备的使用方法及观测规定，正确运用船上仪器设备进行气象要素和水文要素的观测和记录，学会通过绘制简图的方法来计算真风。

第一节 船舶测报概述

【本节内容】

了解船舶测报的含义；熟悉船舶测报的基本要求；掌握船舶观测的水文、气象要素项目、观测时次和程序；了解观测资料的传递及规定。

【案例导入】

南海海洋气象水文观测

1988年1月，受联合国教科文组织委托，中国在南沙永暑礁建设有人驻守的海洋观测站，被编为全球海平面联测网第74号站，主要任务是观测包括风向、风速、雷暴、潮位、波浪在内的近20个项目的南海海区水文、气象要素。至2015年，该站共取得南海海区水文、气象观测数据500多万条，为过往南海的中外船舶提供了可靠的航海水文、气象保障；该站通过中国国家海洋局每月向世界气象组织提供1次月平均潮位资料，每5 min提供1次实时潮位资料，为国际减灾、海洋气象预报研究和和平利用海洋资源发挥了积极作用。

船舶海洋水文、气象辅助测报（简称船舶测报）是指组织海上生产运输船、渔船或其他从事海上活动的船舶进行海洋水文、气象要素的观测、记录，并把观测数据通过相关设备发送至岸上的气象台站。它可以弥补海上测站稀疏、资料获取不足的状况，同时，船舶还可根据自身的观测数据，对陆上气象部门发布的天气预报进行适当的补充订正，使船舶得到更符合实际的预报结果，以辅助本船更好、更安全地完成航行任务。

船舶测报工作是由交通运输、海洋、渔业和气象部门共同承担的一项全球性合作业务，也是一项应尽的国际义务。在国外，参加测报的船舶称为志愿观测船。船舶测报包括海洋水文要素、气象要素的观测和之后的资料处理，所获得的资料能反映出测报船只所在海域的水文、气象基本状况。目前，全世界已经形成了一个比较完整的全球海洋-大气的监测网。测报船舶发回的海上水文、气象要素资料对实时天气和海况预报、提高预报准确率起到重要作用，尤其是在应对灾害性天气预报时，更有其特殊意义。

一、观测项目、时次和程序

1. 观测项目

气象项目：海面有效能见度、云、天气现象、风、气压、空气温度和湿度等。

水文项目：海浪、表层海水温度、表层海水盐度、海发光和铅直海水温度等。

2. 观测时次

观测时间一律使用世界时(Z),每天按 0000、0600、1200、1800 进行四次观测,但表层海水盐度观测要求每天 0600 采集一次水样;海发光观测每天在天黑后进行;铅直海水温度观测在每天 0000、1200 进行;如遇海上天气、海况恶劣的情况,风、气压、海浪等项目加密到每小时观测一次。

3. 观测程序

测船离港后,按规范进行测报。每次观测应从正点前 30 min 开始至正点结束,观测程序一般由测船自行安排。但气象项目观测应安排在正点前 15 min 内进行,其中气压要素应在接近正点时观测。

遇有船只避让等特殊情况不能准时观测时,可在正点后 30 min 内补测完毕,并在记录表中有关栏内注明。因故无法补测时,应注明原因。

※ **自我检测** 1:在船舶海洋水文、气象观测中 ,每次观测时间应从________开始至正点结束。

A. 正点前 10 min　　B. 正点前 30 min

C. 接近正点时　　D. 正点后 10 min

二、观测要求和注意事项

船舶水文、气象要素观测必须严格遵守国家海洋局制定的《船舶海洋水文气象辅助测报规范》,以确保获取准确的海洋水文、气象情报和资料,观测过程中要求注意以下三方面。

1. 同时性

测报人员每日需定时校对观测钟表,使之 24 h 内误差不大于 1 min。

2. 代表性

船舶观测所获得的资料应能反映出船舶所在海域的水文、气象基本情况。

3. 准确性

观测中使用的仪器设备,必须是经国家批准生产的或经国家有关机构鉴定确定质量合格的产品,且在仪器检定的有效期内。定期对仪器设备进行维护保养,发生故障应及时排除或更换,并在记录表备注栏内注明。观测前巡视检查仪器设备,当仪器有故障时,应使用备用仪器观测或目测;测报管理部门要建立测船测报工作情况的技术档案,并及时按规定认真填写;各测报管理部门对收集的资料要按规定进行处理并按时上报。

观测记录要用黑笔填写在记录簿上,字迹清楚端正,不要涂改。每次观测后应签名。观测记录要妥善保管,到港后要通知测报管理部门到船取回或者暂交有关部门妥善保管。表 3-1 为船舶海洋水文、气象辅助测报记录簿。

表 3-1 船舶海洋水文气象辅助测报记录簿

船名　　　　船舶呼号　　　　年　　　月　　　日　　　　第　航次

世界时 GG(北京时)				0000(0800)	0600(1400)	1200(2000)	1800(0200)
航线				由　到	由　到	由　到	由　到
船位	纬度(LaLaLa)						
	经度(LoLoLo)						
	航向(DsDsDs)						
	航速(VsVsVs)			kn	kn	kn	kn
	观测前三小时内主导航向 Ds						
	观测前三小时内平均航速 Vs			kn	kn	kn	kn
云	总云量 N/低云量 N_h			/	/	/	/
	云状	高云 C_H	电码				
		中云 C_M	电码				
		低云 C_L	电码				
	最低云高 h		电码	m	m	m	m
能见度 VV			电码	km	km	km	km
现在天气现象 WW			电码				
过去天气现象 W_1W_2			电码				
风浪波高 HwHw			电码	m	m	m	m
涌浪来向 dw1dw2			电码				
涌浪波高 Hw1Hw1			电码	m	m	m	m
风	合成风向						
	合成风速			m/s	m/s	m/s	m/s
	真风向 dd						
	真风速 ff			m/s	m/s	m/s	m/s
干球温度	读数	器差					
	订正后 TTT						
湿球温度	读数	器差					
	订正后 TcTcTc						
相对湿度	读数	器差					
	订正后						
气压	读数						
	综合订正						
	海平面气压 PPPP hPa			hPa	hPa	hPa	hPa
表层水温	读数	器差					
	订正后 TwTwTw						
采水瓶号		盐度					
海发光							

续表

<table>
<tr><td colspan="3">世界时 GG(北京时)</td><td colspan="2">0000(0800)</td><td>0600(1400)</td><td colspan="2">1200(2000)</td><td colspan="2">1800(0200)</td></tr>
<tr><td colspan="3">观测员</td><td colspan="2"></td><td></td><td colspan="2"></td><td colspan="2"></td></tr>
<tr><td colspan="3">记要栏</td><td colspan="2"></td><td></td><td colspan="2"></td><td colspan="2"></td></tr>
<tr><td colspan="3">年 月 日</td><td colspan="2"></td><td></td><td colspan="2"></td><td colspan="2"></td></tr>
<tr><td>BXBX</td><td>BXBX</td><td>BXBX</td><td>BBXX</td><td>BXBX</td><td>4PPPP</td><td>4</td><td>4</td><td>4</td><td>4</td></tr>
<tr><td>DDDD</td><td></td><td></td><td></td><td></td><td>$7wwW_1W_2$</td><td>7</td><td>7</td><td>7</td><td>7</td></tr>
<tr><td>YYGGiw</td><td></td><td></td><td></td><td></td><td>$8N_hC_LC_MC_H$</td><td>8</td><td>8</td><td>8</td><td>8</td></tr>
<tr><td>99LaLaLa</td><td>99</td><td>99</td><td>99</td><td>99</td><td>222DsVs</td><td>222</td><td>222</td><td>222</td><td>222</td></tr>
<tr><td>QcLoLoLo</td><td></td><td></td><td></td><td></td><td>0SnTwTwTw</td><td>0</td><td>0</td><td>0</td><td>0</td></tr>
<tr><td>4ixhVV</td><td>4</td><td>4</td><td>4</td><td>4</td><td>2//HwHw</td><td>2//</td><td>2//</td><td>2//</td><td>2//</td></tr>
<tr><td>Nddff</td><td></td><td></td><td></td><td></td><td>3dw1dw1//</td><td>3 //</td><td>3 //</td><td>3 //</td><td>3 //</td></tr>
<tr><td>1SnTTT</td><td>1</td><td>1</td><td>1</td><td>1</td><td>4//Hw1Hw1</td><td>4//</td><td>4//</td><td>4//</td><td>4//</td></tr>
</table>

※ **自我检测** 2:船舶海洋水文、气象观测要求的“三性”是指________。

A. 同时性、代表性、准确性 B. 国际性、先进性、准确性

C. 国际性、安全性、准确性 D. 客观性、先进性、准确性

【天气小谚语】

早晨下雨当日晴,晚上下雨到天明。

第二节 气象要素和水文要素的观测

【本节内容】

掌握各种气象要素和水文要素的观测方法及注意事项,部分观测仪器的名称及正确操作,准确填写船舶海洋水文气象辅助测报记录簿,会根据船风和视风来求算真风。

【案例导入】

气象观测站

地面气象站泛指设在陆地和海上(船舶、浮标等)实施地面气象观测的场所,有时仅指设在陆地上的地面气象站。气象站设有气象观测场和气象观测所需的仪器设备装置,观测所得的资料,按世界气象组织规定的统一格式整理、编报,通过通信系统输送给有关部门。

一、气温与湿度的观测

1. 观测仪器

船上常用干湿球温度表或船舶数字气象仪来观测空气的温度和湿度。

干湿球温度表是由同时测定空气温度和湿度的一对规格相同、装置在百叶箱中的温度表构成(见图3-1)。一支用来测定气温,称“干球温度计”;另一支球部包扎一条纱布,纱布的下部浸到一个带盖的水杯内,杯口距球部3 cm,杯中盛蒸馏水(只允许用医用蒸馏水),供湿润湿球纱布用,称“湿球温度计”。

图3-1　百叶箱中的干湿球温度表

干湿球温度表安装在百叶箱内,干球在左,湿球在右,球部距离甲板1.5 m。船上因条件受限,百叶箱一般水平固定在空气流通、远离热源的驾驶台两侧,箱门方向不得与船头方向相同。

船舶数字气象仪通常由风向风速传感器、温度湿度传感器、显示器和电缆四部分组成,如图3-2所示,其中百叶箱中温度湿度传感器便是测量温湿度的元件。

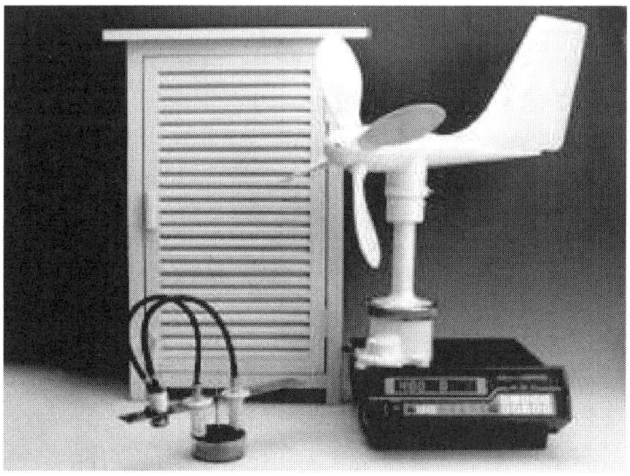

图3-2　船舶数字气象仪

2. 观测原理

当空气中水汽含量未达到饱和时，湿球表面的水分不断蒸发，消耗湿球的热量而降温，同时又从流经湿球的空气中吸取热量。当湿球因蒸发而消耗的热量和从周围空气中获得的热量相平衡时，湿球温度就不再继续下降，这样就维持了相对稳定的干、湿球温度差。干、湿球温度差值的大小主要与当时空气湿度的大小有关。空气越干燥，湿球表面水分蒸发得越快，湿球温度降低得越多，干、湿球温度差就越大；空气越潮湿，湿球水分蒸发得越慢，湿球温度降低得越少，干、湿球温度差就越小。

因此，可以根据干、湿球温度值，从理论上推算当时空气湿度，在实际工作中，使用湿度查算表（见表3-2），查算水汽压和相对湿度，根据查出的水汽压值，进一步使用露点查算表（见表3-3），查算露点。

湿度查算举例：某日利用干湿球温度表观测温度和湿度，按所附检定证进行器差订正后的干、湿球温度值分别为21 ℃和20 ℃，查表求算水汽压、相对湿度和露点温度。

查表3-2，在横行 $t-t'=21-20=1$ ℃和纵行 $t=20$ ℃交点查出 $e=22.6$ hPa，$f=91\%$，再以水汽压22.6 hPa为引数查表3-2，得露点温度为19 ℃。

表3-2　湿度查算表

t	$t-t'$																					
	0		1		2		3		4		5		6		7		8		9		10	
	e	f	e	f	e	f	e	f	e	f	e	f	e	f	e	f	e	f	e	f	e	f
-10	2.6	92	1.6	56	0.6	21																
-9	2.9	93	1.8	59	0.8	26																
-8	3.1	93	2.1	62	1.0	31																
-7	3.4	94	2.3	65	1.3	35	0.2	7			湿球已结冰											
-6	3.7	95	2.6	67	1.5	39	0.5	12														
-5	4.0	96	2.9	69	1.8	43	0.7	17														
-4	4.4	97	3.2	71	2.1	46	1.0	22														
-3	4.8	97	3.6	73	2.4	50	1.3	27	0.2	4												
-2	5.2	98	4.0	76	2.8	53	1.6	31	0.5	10												
-1	5.6	99	4.4	77	3.2	56	2.0	35	0.8	15												
0	6.1	100	4.9	80	3.7	60	2.5	41	1.4	22	0.2	4										
1	6.6	100	5.3	81	4.1	62	2.9	44	1.7	28	0.6	9										
2	7.0	100	5.8	82	4.5	64	3.3	47	2.1	30	0.9	13										
3	7.6	100	6.3	83	5.0	66	3.7	49	2.5	33	1.3	17										
4	8.1	100	6.8	84	5.5	67	4.2	51	2.9	36	1.7	21	0.5	6								
5	8.7	100	7.3	84	6.0	68	4.7	54	3.4	39	2.1	25	0.9	10								
6	9.4	100	7.9	85	6.5	70	5.2	56	3.9	41	2.6	28	1.3	14								
7	10.0	100	8.6	85	7.1	71	5.8	57	4.4	44	3.1	33	1.8	18	0.6	5						
8	10.7	100	9.2	86	7.8	72	6.3	59	4.9	46	3.6	34	2.3	21	1.0	9						
9	11.5	100	9.9	87	8.4	73	7.0	61	5.5	48	4.2	36	2.8	24	1.5	13						
10	12.3	100	10.7	87	9.1	74	7.6	62	6.2	50	4.8	39	3.4	27	2.0	16	0.7	8				

续表

t	t－t′																				
	0		1		2		3		4		5		6		7		8		9		10	
	e	f	e	f	e	f	e	f	e	f	e	f	e	f	e	f	e	f	e	f	e	f
11	13.1	100	11.5	88	9.9	75	8.3	64	6.8	52	5.4	41	4.0	30	2.6	20	1.2	9				
12	14.0	100	12.3	88	10.7	76	9.1	65	7.5	54	6.0	43	4.6	33	3.2	23	1.8	13	0.4	3		
13	15.0	100	13.2	88	11.5	77	9.9	66	8.3	55	6.8	45	5.2	35	3.8	25	2.4	16	1.0	7		
14	16.0	100	14.2	89	12.4	78	10.8	67	9.1	57	7.5	47	6.0	37	4.5	28	3.0	19	1.5	10		
15	17.1	100	15.2	89	13.4	78	11.6	68	10.0	58	8.3	49	6.7	39	5.2	30	3.7	21	2.2	13	0.8	5
16	18.2	100	16.3	89	14.4	79	12.6	69	10.8	60	9.2	50	7.5	41	5.9	33	4.4	24	2.9	16	1.4	8
17	19.4	100	17.4	90	15.5	80	13.6	70	11.8	61	10.1	52	8.4	43	6.7	35	5.1	26	3.6	18	2.1	11
18	20.6	100	18.6	90	16.6	80	14.7	71	12.8	62	11.0	53	9.3	45	7.6	37	5.9	29	4.3	21	2.8	13
19	22.0	100	19.9	90	17.8	81	15.8	72	13.9	63	12.0	55	10.2	46	8.5	39	6.8	31	5.1	23	3.5	16
20	23.4	100	21.2	91	19.1	81	17.0	73	15.0	64	13.1	56	11.2	48	9.4	40	7.7	33	6.0	26	4.3	19
21	24.9	100	22.6	91	20.4	82	18.3	73	16.2	65	14.2	57	12.3	50	10.4	42	8.6	35	6.9	28	5.2	21
22	26.5	100	24.1	91	21.8	82	19.6	74	17.5	66	15.4	58	13.4	51	11.5	43	9.6	36	7.8	30	6.1	23
23	28.1	100	25.7	91	23.3	83	21.0	75	18.8	67	16.7	59	14.6	52	12.6	45	10.7	38	8.8	31	7.0	25
24	29.9	100	27.3	91	24.9	83	22.5	75	20.2	68	18.0	60	15.9	53	13.8	46	11.8	40	9.9	33	8.0	27
25	31.7	100	29.1	92	26.5	84	24.1	76	21.7	68	19.4	61	17.2	54	15.1	48	13.0	41	11.0	35	9.1	29
26	33.6	100	30.9	92	28.3	84	25.7	76	23.3	69	20.9	62	18.6	55	16.4	49	14.3	42	12.2	36	10.2	30
27	35.7	100	32.8	92	30.1	84	27.5	77	24.9	70	22.5	63	20.1	56	17.8	50	15.6	44	13.5	38	11.4	32
28	37.8	100	34.9	92	32.1	84	29.3	77	26.7	71	24.1	64	21.7	57	19.3	51	17.0	45	14.8	39	12.7	34
29	40.1	100	37.1	92	34.1	85	31.3	77	28.5	71	25.9	65	23.3	58	20.9	52	18.5	46	16.2	40	14.0	35
30	42.5	100	39.3	93	36.3	85	33.3	78	30.5	72	27.7	65	25.1	59	22.6	53	20.1	47	17.7	42	15.4	36
31	44.9	100											26.9	60	24.3	54	21.8	48	19.3	43	16.9	38
32	47.6	100	41.7	93	38.5	86	35.5	79	32.5	72	29.7	66	28.9	61	26.1	55	23.5	49	21.0	44	18.5	39
33	50.4	100	44.2	93	41.1	86	37.7	79	34.7	73	31.7	67	30.9	61	28.1	56	25.3	50	22.7	45	20.2	40
34	53.3	100	46.9	93	43.6	87	40.4	80	36.9	73	33.9	67	33.1	62	30.1	57	27.3	51	24.6	46	21.9	41
35	56.3	100	49.7	93	46.2	87	42.9	81	39.8	75	36.1	68	35.3	63	32.3	57	29.3	52	26.5	47	23.8	42
36	59.5	100	52.5	93	48.9	87	45.4	81	42.2	75	38.5	68	37.7	63	34.3	58	31.5	53	28.5	48	25.7	43
37	62.8	100													36.9	59	33.7	54	30.7	49	25.7	44

注：表中 t 为干球温度(℃)，t' 为湿球温度(℃)，e 为水汽压(hPa)，f 为相对湿度(%)。

表 3-3　露点查算表

水汽压 e/hPa	露点 t_d/℃	水汽压 e/hPa	露点 t_d/℃	水汽压 e/hPa	露点 t_d/℃	水汽压 e/hPa	露点 t_d/℃
1.4	-19	3.5~3.7	-7	7.9~8.4	4	17.7~18.7	16
1.5	-18	3.8~4.0	-6	8.5~9.0	5	18.8~20.0	17
1.6	-17	4.1~4.3	-5	9.1~9.6	6	20.1~21.3	18
1.7~1.8	-16	1.4~4.7	-4	9.7~10.3	7	21.4~22.6	19
1.9	-15	4.8~5.0	-3	10.4~11.1	8	22.7~24.1	20
2.0~2.1	-14	5.1~5.4	-2	11.2~11.8	9	24.2~25.6	21
2.2~2.3	-13	5.5~5.8	-1	11.9~12.7	10	25.7~27.2	22
2.4~2.5	-12	5.9~6.1	0	12.8~13.5	11	27.3~28.9	23
2.6~2.7	-11	6.2~6.3	0	13.6~14.5	12	29.0~30.7	24
2.8~2.9	-10	6.4~6.7	1	14.6~15.4	13	30.8~32.6	25
3.0~3.2	-9	6.8~7.3	2	15.5~16.5	14	32.7~34.6	26
3.3~3.4	-8	7.4~7.8	3	16.6~17.6	15	34.7~36.7	27

3. 观测注意事项

观测注意事项如下：

(1)百叶箱应水平地固定在空气流通、远离热源的驾驶台上。干、湿球距离甲板1.5 m。箱门方向不宜与船头相同，通常在驾驶台两侧各装一只。各种温度表、器测传感器应安装在百叶箱内。

(2)观测干、湿球温度表时，视线应与温度表水银柱顶端保持水平，屏住呼吸，遮住阳光，迅速读数，先读小数，后读整数，干球和湿球温度通常以摄氏度(℃)为单位，读到一位小数，温度在0 ℃以下时，记录数值前加“-”号。

(3)温度读数按所附检定证进行器差订正。

(4)当湿球纱布冻结时，停止湿球温度的观测。

(5)使用器测传感器观测应按照仪器使用说明观测干球温度、湿球温度和相对湿度。

微课视频
空气温度和湿度的观测

二、气压的观测

1. 观测仪器

气象台测量气压使用的标准仪器是水银气压表。船上由于条件受限，通常使用空盒气压表和能够连续自动记录气压变化的气压计。空盒气压表是利用金属盒的弹性形变与大气压力相平衡的原理制成的，可分为感应部分、传动放大部分和指示部分。感应部分是一组有弹性的密闭圆形金属空盒，盒内近似真空，当金属盒弹性与大气压力相平衡时，空盒就保持一定的形状。传动放大部分能使气压的微小部分通过指针显示出来。指示部分由指针、刻度盘和附属温度表组成，如图 3-3 所示，在空盒底部有一个指针调整螺旋，可校正指针位置，平时不可随便触动，否则将改变仪器整个的订正值。

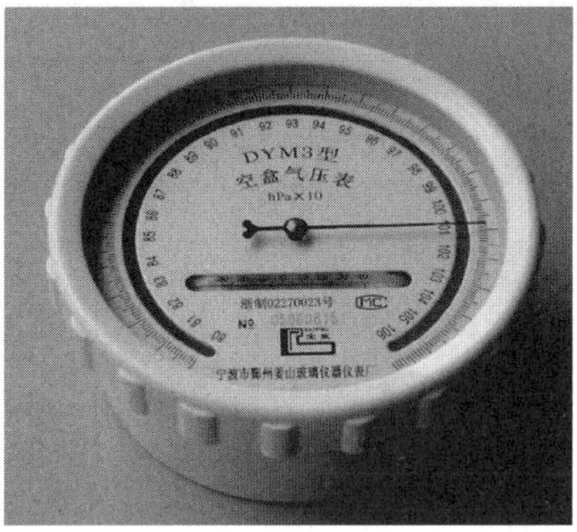

图 3-3　空盒气压表

2. 观测原理

空盒气压表以弹性金属做成的薄膜空盒作为感应元件，它将大气压力转换成空盒的弹性位移，通过杠杆和传动机构带动指针。当指针沿顺时针方向偏转时，指示出气压升高的变化量；当指针沿逆时针方向偏转时，指示出气压降低的变化量。当空盒的弹性应力与大气压力相平衡时，指针就停止转动，这时指针所指示的气压值就是当时的大气压力值。

3. 观测注意事项

观测注意事项如下：

(1)空盒气压表应水平放置在温度均匀少变、没有热源、不直接通风的房间里，要始终避免太阳直接照射。

(2)气压表下应有减振装置，以减轻振动，不观测时要把空盒气压表盒盖盖上。

(3)打开盒盖，先读附属温度表，读数要快，要求读至一位小数。然后用手指轻击气压表玻璃面，待指针静止后，读指针所指示的气压值。

(4)读数时视线要通过指针并与刻度面垂直，要求读至一位小数。读数后，立即进行复读，然后关好盒盖。

4. 读数订正

观测的气压读数，需要利用其附带的仪器检定证进行以下四项订正才能得到海平面气压。

(1)刻度订正

刻度订正值依据所测气压从仪器检定证上查找。

(2)温度订正

温度订正是为了订正由于温度变化引起空盒弹性形变而造成的误差。空盒气压表是在 0 ℃时与水银气压表校对的，因此只有在该温度时才有正确的读数。订正值 Δp =

$\alpha \times t$,式中 α 为温度系数,可从仪器检定证查得;t 为附属温度。

(3)补充订正

补充订正用于订正由于空盒的剩余形变而引起的误差,可从仪器检定证查得。

(4)高度订正

经过前三项订正得到的气压为驾驶台的现场气压,又称本站气压。

由于实际工作中,通常近似认为高度每升高 8 m,气压降低 1 hPa,因此高度订正时应加上驾驶台与海平面的气压差值,才能得到海平面气压。通常取高度订正值等于船舶平均吃水线至船上气压表安放的高度乘以 0.13。

例:用 4108 号空盒气压表读得附温为 20.8 ℃,气压读数为 1 002.5 hPa,气压表距离船舶平均吃水线高度为 20 m,求海平面气压。

解:(1)刻度订正:从仪器检定证上查得为 +0.1 hPa。

(2)温度订正:$-0.01 \times 20.8 \approx -0.2$ hPa。

(3)补充订正:从检定证查得 +0.3 hPa。

(4)高度订正:$20 \times 0.13 = 2.6$ hPa。

综合订正值 = (+0.1) + (−0.2) + (+0.3) + (+2.6) = +2.8 hPa。

因此,海平面气压 = 1 002.5 + 2.8 = 1 005.3 hPa。

附:4108 号空盒检定证

中华人民共和国气象仪器检定证

仪器名称:空盒气压表

仪器号码:4108　1988 年 3 月 15 日签发

(1)刻度订正(见表 3-4)

表 3-4　气压及订正值

[(检定时温度 15.0 ℃)单位:hPa]

气压	订正值	气压	订正值	气压	订正值
1 070		970	+0.1	870	−0.4
1 060	−0.2	960	0.0	860	−0.4
1 050	−0.1	950	−0.2	850	−0.2
1 040	−0.1	940	−0.2	840	0.0
1 030	0.0	930	−0.3	830	+0.1
1 020	0.0	920	−0.3	820	+0.2
1 010	0.0	910	−0.4	810	+0.2
1 000	+0.1	900	−0.5	800	+0.3
990	+0.2	890	−0.5		
980	+0.2	880	−0.5		

(2)温度订正:−0.01 hPa/℃(测定时气压为 995 hPa)。

(3)补充订正:+0.3 hPa。

微课视频
气压的观测

三、风的观测

风的观测包括风向和风速两部分。我国新规定海面风的观测采用正点观测前 10 min 内的平均风速及相应的最多风向，这也与世界气象组织（WMO）的规定相一致。

（一）观测仪器

船上测风通常利用船舶气象仪或三杯轻便风向风速表。

1. XZC2-2 型数字气象仪

XZC2-2 型数字气象仪中风向风速传感器（见图 3-4）是测风的关键部分，其外形类似一个没有机翼的螺旋桨机体，螺旋桨及尾翼部分分别是风速和风向的感应部分。在风的作用下，由于尾翼作用，传感器头部始终迎着风的来向（即风向），螺旋桨则同时按左旋方向回转，此时尾翼方向就是该瞬时风的去向，螺旋桨转速反映了该瞬时的风速。

图 3-4　风向风速传感器

2. 三杯轻便风向风速表

仪器由风向部分（风向标、方位盘、制动托套），风速部分（十字护架、风速杯、风速表主体）和手柄三部分组成，如图 3-5 所示。

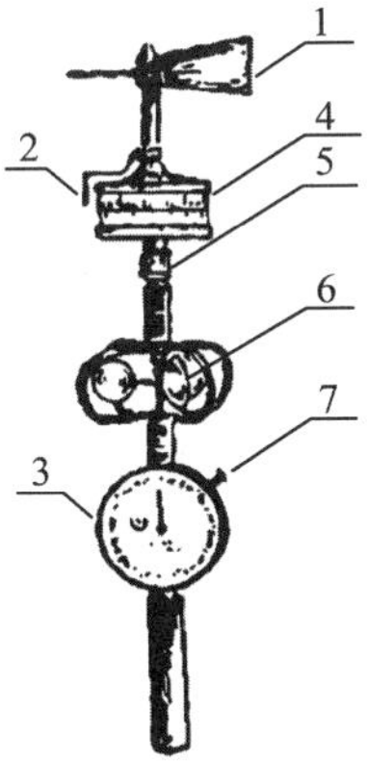

图 3-5　三杯轻便风向风速表

1—风向标；2—风向指针；3—风速表刻度盘；

4—方位盘；5—制动托套；6—风速杯；7—启动按钮

测风时，观测者站在四周无障碍物的地方，手持仪器，高出头部并保持垂直，风速表刻度盘与当时风向平行，观测者站在仪器的下风方，然后将方位盘的制动托套先下拉并向右转一角度，启动方位盘，使其能自由转动，按地磁子午线的方向稳定下来，注视风向指针约 2 min，其最多风向即为观测时风向。在观测风速时，待风速杯旋转约 0.5 min 后，按下启动按钮，启动风速表，待 1 min 后指针自动停转，再读出风速示值（m/s），将此值从风速检定曲线图中查出实际风速（取一位小数），即得出所测平均风速。

（二）观测注意事项

观测注意事项如下：

（1）风的传感器应安装于船舶大桅顶部，四周无障碍、不挡风的地方。安装时应调整风向传感器的 0°与船首方向一致。

（2）观测时应记下船舶当时的航向和航速，按照各测风仪器的使用说明，对在航时测得的风向、风速进行记录。风速以 m/s 为单位，记到一位小数。

（3）静风时，风速记 0.0，风向记为 *c*；风向以度（°）为单位，记整数，正北记为 0°。

（4）当船舶气象仪失灵且无法使用其他仪器进行观测时，必须根据海面状况进行目力测风。在离岸较远的海洋上，风浪的来向与风向一致，可用罗经测定风浪来向作为真风向；风速是参照风力等级表中海面特征来判定的，将判定的风力等级所对应的风速中数值记录在真风速栏。

（三）图解法求真风

船舶航行时，会产生一种风向与航向相同、风速与船速相等的风，称为“船行风”或“船风”。这种风的出现使我们在船上用仪器测得的风不是真风，而是真风和船风的矢量和，称为“视风”，三者的关系为：

$$\vec{v}_A = \vec{v}_T + \vec{v}_S$$

式中：$\vec{v}_A$——视风；

$\vec{v}_T$——真风；

$\vec{v}_S$——船风。

根据矢量的合成和分解原理，在方格纸上或在海图的罗经花处作图。以方格纸中的一个交点或罗经花的中心为船位点 O，从 O 点向与航向相反的方向画船风矢量$\overrightarrow{OA}$，$\overrightarrow{OA}$的长度表示船速；再从 O 点作视风矢量$\overrightarrow{OB}$，其长度表示视风速，连接 AB，即为真风矢量。箭头由 A 指向 B 是真风方向，用量角器从罗经花上可量得真风向，用两脚规量取$\overrightarrow{AB}$长度，按$\overrightarrow{OA}$、$\overrightarrow{OB}$同样比例所得的风速即为真风速。

例题：某船航向 090°，航速为 10 kn，测得视风向 055°，视风速为 8.0 m/s，试用图解法求真风。

分析：任取一线段 a 作为速度的单位长度 1 m/s，如图 3-6 所示，取点 S 作为船位点，由 S 画船风矢量$\overrightarrow{SA}$，矢量方向与船舶运动方向相反，$\overrightarrow{SA}$长度由航速决定（10 kn =

5 m/s),再由 S 点画视风矢量$\overrightarrow{SB}$,视风向 55°(来向),$\overrightarrow{SB}$的长度为 8 m/s,最后连接 AB,按照矢量合成的原理,$\overrightarrow{AB}$即为真风,箭头由 A 指向 B,用量角器量得真风向为 18°,用刻度尺量得$\overrightarrow{AB}$的长为 5 m/s。

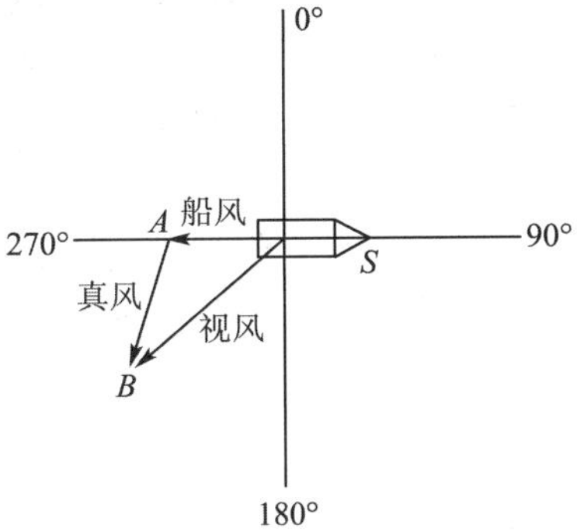

图 3-6 图解法求真风

求解时要注意两个问题:

(1)要把风速单位与船速单位换算成一致。

(2)图中矢量方向指的是风速矢量方向,它们与风向相反。

四、云的观测

云的观测包括判定云状、估计云量和目测最低云的云底高度。云的观测应尽量选择在能看到全部天空和水天线的位置上进行。观测时,如阳光较强,需戴黑色或暗色眼镜,夜间观测时应避开较强灯光进行。

(一)云状的观测和记录

观测时,应注意当时云的外形特征、结构、色泽、高度和各种常见天气现象,根据不同地理纬度、不同季节,结合云的发展演变过程,参照云图等综合判断。

1. 低云族

低云族包括积云(Cu)、积雨云(Cb)、层积云(Sc)、层云(St)、雨层云(Ns)五属。

(1)积云

积云垂直向上发展,顶部呈圆弧形或圆弧形重叠凸起,而底部几乎是水平的云块,云体边界分明(包括破碎的、不规则的积云块)。如果积云和太阳处在相反的位置上,则云的中部比隆起的边缘要明亮;如果处在同一侧,则云的中部显得黝黑但边缘带有鲜明的金黄色;如果光从旁边照映着积云,云体明暗就特别明显。积云一般无降水。

(2)积雨云

积雨云的云体浓厚庞大,垂直发展强烈,远看很像耸立的高山。云顶由冰晶组成,有白色的丝缕状结构,常呈砧状或马鬃状。云底明暗混乱起伏明显,有时呈悬球状结构。积雨云常产生雷暴、阵雨(雪)天气,有时伴有阵性大风,有时降冰雹,云底偶有龙卷产生。

(3)层积云

层积云的团块、薄片或条形组成的云群或云层,常成行、成群或呈波状排列,云块个体都相当大。云层有时布满全天,有时分布稀疏,常呈灰色、灰白色,其中常有若干部分比较阴暗。层积云有时可降雨、雪,但强度一般微弱。层积云除直接生成外,也可由高积云、层云、雨层云演变而来,或由积云、积雨云扩展或平衍而成。

(4)层云

层云的云底是低而均匀的云层,像雾但不接触地面或海面,呈灰色或灰白色。层云除直接生成外,也可由雾缓慢抬升或层积云演变而来。由层云分裂或由雾抬升而成的不规则的松散碎片(碎层云)也属层云。层云可降毛毛雨或米雪,但无雨(雪)幡下垂。

(5)雨层云

雨层云是厚而均匀的降水云层,完全遮蔽日月,呈灰色,布满全天,常有连续性降水。当因降水不及地在云底形成雨(雪)时,云底显得混乱,没有明显的界线。雨层云多数由高层云演变而成,有时也可能直接由高积云、层积云演变而成。

2. 中云族

中云族包括高层云、高积云两属。

(1)高层云

高层云带有条纹或纤缕结构的云幕,有时较均匀,颜色为灰白或灰色,有时微带蓝色。云层较薄的部分,可以看到昏暗不清的日月轮廓,看上去好像隔着一层毛玻璃。厚的高层云,其底部比较阴暗,看不到日月。由于云层厚度不一,各部分明暗程度也就不同,但是云底没有明显起伏。高层云可降连续性或间歇性的雨、雪。高层云常有卷层云变厚或雨层云变薄而成,有时也可由高积云演变而成。

(2)高积云

高积云的云块较小,轮廓分明,常呈扁圆形、瓦块状、鱼鳞片或水波状的密集云条成群、成行或呈波状排列。在地平线30°以上,多数云块的视宽度角为1°~5°,有时可出现在两个或几个高度上。薄的云块呈白色,厚的云块呈暗灰色。在薄的高积云上,常有环绕日、月的彩虹或颜色外红内蓝的华环。高层云、层积云都可与高积云相互演变。

3. 高云族

高云族包括卷云、卷层云、卷积云三属。

(1)卷云

卷云具有丝缕状结构、柔丝般光泽和分离散乱的云。云体通常为白色无暗影,呈丝条状、羽毛状、马尾状、钩状、团簇状、片状、砧状等。卷云见晕的机会较少,即使出现,晕也不完整。日出之前、日落之后,在阳光反射下,卷云常呈鲜明的黄色或橙色。卷云可从卷层云演变而来,有的是积雨云顶部残留下来的。

(2)卷层云

卷层云像白色透明的幕,有时云薄得几乎看不出来,日、月透过云幕时轮廓明显,地物有影,常有晕环,使天空呈乳白色。有时丝缕结构隐约可辨,好像乱丝一般。冬季卷层云可有少量降雪。厚的卷层云易与薄的高层云相混，日、月轮廓分明，地物有影或有晕，或有丝缕结构者为卷层云。如果可辨日、月位置，地物无影也无晕，则为高层云。

(3)卷积云

卷积云似鳞片或球状的细小云块组成的云片或云层，常排列成行成群，很像轻风吹过水面所引起的小波纹，白色无暗影，有柔丝般光泽。卷积云可由卷云或卷层云蜕变而成，有时高积云也可演变为卷积云。真正的卷积云并不常见。整层高积云的边缘，有时有小的高积云块，形态和卷积云相似，但不要误认为是卷积云。

云状按国际简写字母，分高、中、低三族记入记录表相应栏内。同族云出现多属时，云量多的云状记在前，云量相同时，记录的先后次序自定。无云时（包括某一族）相应云状栏空白。无法判断云状时，相应栏记“—”。

（二）云量的观测和记录

云量观测包括总云量和低云量的观测。云量是指将全部天空分成十等份，云所遮蔽天空视野的成数。总云量是指天空被所有的云遮蔽的总成数。低云量是指天空被低云所遮蔽的成数。

总云量记录方法为：将全部天空分成十等份，全天无云总云量记0；天空完全为云所遮蔽时总云量记10；天空为云所蔽，但只要从云隙中可见青天，则总云量记10^-；云占全天1/10，总云量记1；云占全天2/10；总云量记2；其余依此类推。天空有稍许云，其量不足0.5/10时，总云量也记0。

低云量的记录方法与总云量相同，总云量和低云量以分数形式记入记录表相应栏内，总云量为分子，低云量为分母。

（三）最低云底高度的观测与记录

云高是指云底与海面的垂直距离。观测时只记录最低云底高度。观测时结合当时的季节、天气条件及不同地理纬度进行目测，以m为单位记入相应栏内。

（四）云的夜间观测

夜间观测云，应站在没有灯光或灯光比较暗的地方进行观测，根据星光的有无和模糊程度来判断。例如，高云一般都可见星光，卷层云使星光模糊而均匀，卷云使星光有的地方明亮，有的地方模糊。

夜间估计云量时，视星光的能见与否及清晰程度来确定，看不见星光的那部分天空为总云量。夜间在云状和云量能完全确定的情况下，记录方法与白天相同。若不能判定云状，则估计天空被遮蔽而看不到星光的那一部分作为总云量，云状和低云量栏记“—”。

（五）其他特殊情况的云量、云状的观测和记录

(1)因雾使天空的云量、云状无法辨明时，总、低云量记10，低云状栏内记“≡”；因

雾使天空的云量、云状不能完全辨明时，总、低云量记 10，低云状栏内记“≡”，可见的云状记录在相应栏内。

（2）当霾使天空的云量、云状全部或部分不明时，总、低云量记“—”，低云状栏记“∞”，可辨部分的云状记录在相应栏内。若透过这些现象能完全辨明云量、云状，则按正常情况记录。

五、天气现象的观测

天气现象是指在大气中、海面上及船体（或其他建筑物）上产生的或出现的降水、水汽凝结物（除云外）、冻结物、干质悬浮物和光、电的现象，也包括风的一些特征。

天气现象的观测包括现在天气现象和过去天气现象的观测。现在天气现象是指定时观测时所观测到的天气现象；过去天气现象是指在定时观测之前 6 h 内发现的天气现象。船舶观测的天气现象有以下 12 种：

（1）霾（Haze）：大量微尘杂质浮游在空中，使海面能见度小于 10 km 的空气普遍混浊现象。

（2）轻雾（Mist）。

（3）雷暴（Thunderstorm）：产生于积雨云中，在云与云之间或云与地之间产生的放电现象。表现为闪电兼有雷声，有时只闻雷声不见闪电。

（4）龙卷（Spout）：详细特征见第四章第七节。

（5）雾（Fog）。

（6）毛毛雨（Drizzle）。

（7）雨（Rain）。

（8）雪（Snow）（固态降水）。

（9）雨夹雪（Rain and Snow）。

（10）阵雨（Showery Rain）、阵雪（Showery Snow）、阵性雨夹雪（Showery Rain and Snow）。

（11）冰雹（Hail）：坚硬的球状、锥状或形状不规则的固态降水。

（12）雷雨（Thunder Showery）：雷暴和降水同时出现的现象。

天气现象用天气现象符号表示，分别记录在现在天气现象栏和过去天气现象栏内。

六、海面有效能见度的观测

1. 海面有效能见度的概念

前面我们介绍了海面能见度的概念。在海上，实际观测的是海面有效能见度。海面有效能见度是指视力正常的人在当时条件下能见到的海面 1/2 以上视野范围内的最大水平距离，以 km 为单位。

2. 海面有效能见度的观测

观测时,应选择在船上较高、视野开阔的地方(夜间应站在不受灯光影响处)。白天观测应根据水天线的清晰度判断海面有效能见度,当水天线完全看不清楚时,则按经验判定,参照表3-5。

表3-5 海面有效能见度参照表

海天交界线清晰程度	海面有效能见度/km	
	眼高出海面的高度 ≤7 m 时	眼高出海面的高度 >7 m 时
十分清楚	> 50.0	
清楚	20.0 ~ 50.0	> 50.0
勉强可以看清	10.0 ~ 20.0	20.0 ~ 50.0
隐约可辨	4.0 ~ 10.0	10.0 ~ 20.0
完全看不清	< 4.0	< 10.0

夜间观测时,应先在黑暗处停留至少5 min,待眼睛适应后再进行观测,或可根据月光、天黑以前能见度的变化趋势以及当时天气现象和气象要素的变化情况,结合实践经验进行估计。

海面有效能见度的记录取一位小数,能见距离不足0.1 km时,记0.0;当夜间无星光、无月光无法进行观测时,相应栏记"—"。

七、表层海水温度的观测

表层海水温度是指海水表面到0.5 m深度之间的海水温度,单位为摄氏度(℃)。表层海水温度采用表层水温表进行观测。

观测时,采水点应避开船舶排水孔,先将帆布桶放在海水中感温1 min后采水提上,把表层水温表放入桶中搅动感温2 min后读数。读数时,水温表贮水杯不能离开采水桶的水面,并将水温表倾斜,使眼睛与水温表水银柱头保持在同一水平面上,先读小数后读整数。

夜间观测时,应将水温表置于眼睛与光源之间进行读数,尽量不要将水温表提出帆布桶,如不能在桶内读数,应保留水杯中的海水。观测完毕应用淡水冲洗观测用表及帆布桶。因大风浪或冰冻等因素影响观测时,可不观测。当用其他水温仪器观测时,按其具体使用方法进行。

八、海浪的观测

采用目测的方法进行观测,观测项目包括风浪高、涌浪高和涌浪向。浪高的单位为米(m),涌浪向的单位为度(°)。观测点应选择在视野开阔处,观测波高时首先要区分出风浪和涌浪，各挑选较远处 3～5 个显著大波，分别估计它们的波高，然后取平均作为风浪和涌浪的波高值，精确到一位小数，记入相应栏内。

观测时可利用船体吃水线至甲板的距离作为测定波高的参考标尺。若波长大于船长，则可在船处于波谷时观测前后的波峰高度相当于船身高度的倍数（或几分之一）来确定波高。观测时，如果船体发生倾斜，则应进行适当的倾角订正。

观测涌浪向时用罗经上的方位仪，使瞄准线平行于离船较远、波高较大的涌浪波峰线，然后转动 90°，使其对着涌浪来向，则指针读数即为涌浪来向。需要说明的是，海面上可能同时存在从几个方向来的涌浪，按规定只对其中波高最大的那列涌浪的波高和涌浪向进行观测。

九、海发光的观测

海发光是指夜间海面出现的浮游微生物的发光现象。观测时站在背光的黑暗处，注视海面浪花或航行航迹浪花上的发光现象。如表 3-6 所示，海发光按发光强度分成五个等级，记入海发光栏内。

表 3-6　海发光等级表

等级	海发光程度
0	无海发光现象
1	发光勉强可见
2	发光明晰可见
3	发光显著可见
4	发光特别明亮

十、表层海水盐度的观测

表层海水盐度是指海水表面到 0.5 m 深度之间的海水实用盐度。表层海水盐度单位为无量纲，精确度要求为 ±0.05。海水采样与保存方法：

(1) 每天 0600(Z) 测水温时采水样一瓶。

(2) 采用密封性能好的样品瓶，用帆布桶采水，每次采集量至少 250 mL。

(3) 装样品时，先倒净瓶中剩余海水，用现采海水冲洗样品瓶及瓶塞两遍，然后灌入海水样品，盖紧瓶塞，记下瓶号。

(4) 海水样品必须放在室内阴暗处，待到港后交测报管理部门。

【天气小谚语】

先下牛毛没大雨，后下牛毛不晴天。

第四章

天气系统及其天气特征

【本章概述】

本章主要介绍各种常见的天气系统（气团、锋、锋面气旋、热带气旋、冷高压、副热带高压）的基本概念，天气模式及重要特点；介绍不同天气系统的活动规律及典型天气特征；锋面气旋和热带气旋、冷高压和副热带高压的异同点。通过对本章中各种天气系统的学习和理解，尤其对不同天气系统影响下典型天气特征和海况的分析和掌握，有助于船舶驾驶人员准确地判断船舶所处海域的天况和海况，并能根据当前的天气系统和天气形势，结合气象传真图和气象报告等，准确地预测未来航线的天气和海况特征。

【知识目标】

熟知气团的定义、形成、源地及变性；熟知气团的地理分类和热力分类及主要天气特征。掌握锋的概念、分类及气象要素场特征；掌握各种锋的典型天气特征及锋的移动规律。掌握气旋和反气旋的定义、分类及特征；熟悉锋面气旋和热带气旋的天气特征及船舶通过两种气旋所伴随的天气；了解船舶避离热带气旋的方法。掌握冷高压和副热带高压的天气模式以及对中国天气的影响。

【能力目标】

通过对各种天气系统的学习，对各种天气系统影响下典型天气模式的掌握，深刻理解六种天气系统的结构与天气特征，能够在地面天气图上准确地进行系统识别，并根据传真图上标注的英文、数字及符号等，判断天气系统未来的移动趋势和强度变化，能结合船舶当前所处位置及未来航向，正确判断当前与未来的天况和海况。

第一节　气团

【本节内容】

熟悉气团的概念、形成条件及冷暖气团变性快慢的判别；掌握气团的地理分类及其主要特征；掌握气团的热力分类及其天气特征；熟悉影响我国沿海的主要气团。

【案例导入】

台湾：强烈大陆冷气团引发三月降雪奇观

案例视频
台湾三月降雪奇观

受强烈大陆冷气团来袭影响，我国台湾地区两座高山合欢山、玉山 2016 年 3 月 27 日降下罕见的“三月雪”，降雪持续至 28 日，合欢山武岭地区积雪达 10 cm。台湾地区气象部门公布的数据表明，台湾地区遭遇 41 年来最冷的三月。

天气现象和天气变化是由大气的物理属性和大气的运动过程决定的，而大气的物理属性是大气在运动过程中同下垫面不断作用下形成的，地球表面十分辽阔，地表性质错综复杂，在地表运动着的大气具有多种多样的物理属性。但从全球来看，在一定范围内仍存在着水平方向上物理属性相对均匀的大块空气和物理属性很不均匀的狭窄空气带。

一、气团的定义、形成及变性

1. 气团的定义

在广阔的空间里存在着水平方向上物理属性相对比较均匀的大块空气，它的水平范围可达几百千米到几千千米，垂直范围可达几千米到十几千米。这种在水平方向上物理属性（主要指温度、湿度和稳定度）比较均匀的大块空气，称为气团（Air Mass）。

2. 气团的形成

气团的形成需具备两个条件：一是大范围物理性质比较均匀的下垫面，如辽阔的海洋、冰雪覆盖的大陆、浩瀚的沙漠等；二是有适合的环流，通常指准静止大型高压系统中的下沉辐散气流，可使大范围空气较长时间停留或缓慢运行在同一下垫面上。

因为空气中的热量和水汽主要来源于下垫面，在适合的环流条件下，通过辐射、乱流、对流、蒸发、凝结、大范围垂直运动等物理过程，大范围空气与下垫面进行充分的热量和水汽交换，逐渐获得与下垫面相应的分布较均匀的物理属性而成为气团。因此，气团属性决定于下垫面的性质。

3. 气团的变性

气团形成的地区，称为气团源地。气团形成后，随着环流条件的变化，由源地移行到另一新的地区时，由于下垫面性质以及物理过程的改变，气团的属性也随之发生相应的变化，这种气团原有物理属性的改变过程称为气团变性。

气团的变性过程同气团的形成过程一样，也是通过湍流、大范围垂直运动和蒸发、凝结、辐射等物理过程来实现的（见图4-1）。变性的快慢和变性程度的大小，取决于流经地区下垫面性质与气团源地下垫面性质差异的大小，离开源地时间的长短以及空气运动状态的变化等。同时，不同气团变性的难易程度也是不同的。一般来说，冷气团移向暖区时容易变暖，暖气团移向冷区时则不易变冷，这是因为冷气团底层受热后，层结不稳定度增加，湍流、对流容易发展，能较快地把底层热量、水汽输送到大气上层，改变气团物理属性；相反，暖气团移向冷区时，气团底层不断变冷，层结稳定度增加，限制了冷却效应的垂直发展，致使气团变冷主要通过辐射过程缓慢进行，因而变性较慢。从气团水分变性来看，干气团容易变湿，湿气团不容易变干。因为干气团只要通过海洋或潮湿下垫面的蒸发作用就可增加水汽而变湿，湿气团则要通过大气中水汽凝结和降水过程才能把水分除去而变干，显然变干过程要比变湿过程缓慢。

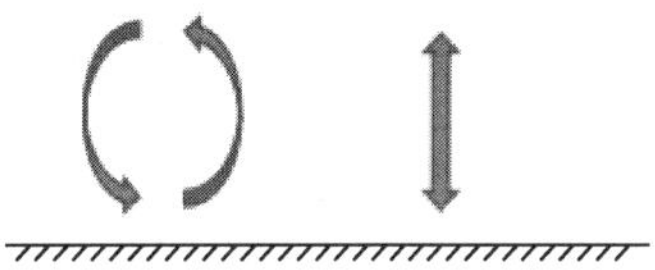

图4-1　气团变性过程

气团总是随着大气的运动而不停地移动，停滞或缓行的状态只是暂时的、相对的，因而气团的变性是经常的、绝对的。气团的形成只是不断变性过程中一个相对稳定的阶段。日常所见到的气团大多是已经离开源地而有不同程度变性的气团。

※ **自我检测**1：气团形成的必要条件是________。

Ⅰ.适宜的环流条件；Ⅱ.相同的纬度带；Ⅲ.大范围物理性质均匀的下垫面；Ⅳ.较大的气压梯度；Ⅴ.平坦的下垫面；Ⅵ.一定的地转偏向力。

A. Ⅰ～Ⅳ　　B. Ⅰ，Ⅲ　　C. Ⅱ，Ⅲ，Ⅴ，Ⅵ　　D. Ⅰ，Ⅴ，Ⅵ

微课视频
气团的定义、形成与变性

二、气团的分类及主要天气特征

为了分析气团的特性、分布、移动规律，常常对地球上的气团进行分类。气团分类的方法大多采用地理分类和热力分类。

（一）气团的地理分类

气团的地理分类是根据气团源地的地理位置和下垫面性质进行的。首先按源地的纬度位置把北（南）半球的气团分为四个基本类型，即冰洋（北极和南极）气团、极地（中纬度）气团、热带气团和赤道气团。再根据源地的海陆位置，把前三种基本类型又分为海洋型和大陆型。赤道气团源地主要是海洋,就不再区分海洋型和大陆型。这样,每个半球划分出7种气团。各种气团在地球上的分布如图4-2所示。地理分类法的优点是能够直接从气团源地了解气团的主要特征,但它不易区分相邻两个气团的属性,也无法表示气团离开源地后的属性变化。

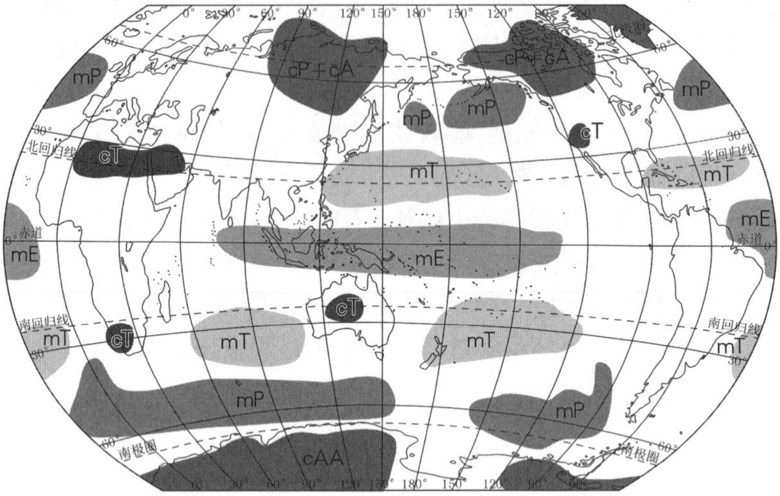

图4-2 气团的地理分类

1. 冰洋气团

冰洋气团(Arctic Air Mass)形成于常年冰雪覆盖的极地地区,在北半球的称为北极气团,在南半球的称为南极气团。其中来自冻结冰面的称为大陆性冰洋气团,来自未封冻洋面的称为海洋性冰洋气团。冰洋气团的下垫面温度极低,在低层常有强逆温层,气层非常稳定,水汽含量少,很少发生凝结现象。因此,冰洋气团的天气特点是干燥、寒冷、晴朗。

2. 极地气团

极地气团(Polar Air Mass)形成于中、高纬度大陆或海洋上的气团,分别称为极地大陆气团和极地海洋气团。这类气团的天气特点因季节和源地的不同而有所不同。极地大陆气团在冬季因下垫面常被冰雪覆盖,天气特点与冰洋气团相类似。夏季,大陆增暖,河川解冻,低层气温升高,水汽含量明显增加,逆温层消失,稳定度减小,所以常以多云天气为主。极地海洋气团大多是由极地大陆气团移至海洋上变性而成的。冬季,海面温度高于大陆,水汽供应也比较充分,所以天气较大陆气团差,常见多云、阴天,有时也会出现降水。这类气团移到较冷的海洋或大陆,常有层云、雾或毛毛雨等稳定性天气出现。夏季,极地海洋性气团和极地大陆性气团之间的差异就不是很明显。

3. 热带气团

热带气团(Tropical Air Mass)形成于副热带地区陆地上或海洋上的气团,分别称为热带大陆气团和热带海洋气团。热带大陆气团多形成于热带的沙漠地区,天气炎热而干燥,气层因低层温度高而不稳定,以晴朗少云天气为主。这种气团长期控制一个地区,往往形成严重的干旱。热带海洋气团的气温较高,湿层厚,大气低层不够稳定,由于副热带高压中盛行下沉气流,中层存在下沉逆温,阻碍了对流和乱流的发展,天气常是晴热。只有当副热带高压脊深入内陆,逆温层被上升运动破坏时才会出现不稳定降水天气。

4. 赤道气团

赤道气团(Equatorial Air Mass)是指形成于赤道附近海洋上的气团。这类气团气温高,湿度大,天气闷热,气层不稳定,对流、乱流十分活跃,因此多雷暴、阵性大风和阵性降水天气。

※ **自我检测** 2:热带海洋气团具有以下特征________。

A. 潮湿、温暖、气层稳定

B. 潮湿、温暖、整层气层不稳定

C. 干燥、温暖、气层稳定

D. 潮湿、温暖、低层不稳定、中层常有逆温层

(二)气团的热力分类

气团的热力分类是依据气团与流经地区下垫面间热力对比进行的。凡是气团温度高于流经地区下垫面温度的,称为暖气团(Warm Air Mass);气团温度低于流经地区下垫面温度的,称为冷气团(Cold Air Mass)。冷、暖气团是相对比较而言的,两者之间并没有绝对温度值界限。日常天气分析中还常依据气团与相邻气团间的温度对比划分冷、暖气团,温度相对高的称为暖气团,温度相对低的称为冷气团。冷、暖气团天气特征比较如表 4-1 所示。

表 4-1 冷、暖气团天气特征比较

天气特征	冷气团	暖气团
稳定度	不稳定	稳定
对流	有利对流	抑制对流
能见度	好	差
气象要素日变化	明显	不明显
云	Cu、Cb、雷阵雨(夏季)	St、Sc、毛毛雨和小雨(夏季)
	少云,干冷(冬季)	少云,好天气(冬季)

1. 暖气团

暖气团一般含有丰富的水汽,容易形成云雨天气。但是,当其移向冷区(高纬度)时,不仅会引起流经地区地面增温,而且气团低层因不断失热而逐渐变冷,气团温度直减率减小,气团趋于稳定,甚至有时可能发展成逆温层,以致暖气团中热力对流不易发展,往往呈现出稳定性天气。如果暖气团中湍流作用较强,也可能形成层云、层积云,甚至毛毛雨、小雨等天气。

2. 冷气团

冷气团一般形成干冷天气。如果从源地移向暖区(低纬度),则气团低层因不断吸热而增温,气团温度直减率趋向增大,层结稳定度减小,对流运动容易发展,可能发展成不稳定天气。如果冷气团来自海洋,水汽较多,则可能出现积状云,产生阵性降水天气。

冷暖气团的天气特征在不同季节、不同下垫面可能有所差别。例如,夏季的暖气团,水汽含量丰富,当被地形或外力抬升时,可以出现不稳定天气;冬季的冷气团不仅水汽含量少而且气层非常稳定,可能出现稳定性天气。同时,冷、暖气团在不同纬度所产生的天气也不完全一样。

※ **自我检测** 3:如果冷、暖气团中水汽含量较多,其天气特征为________。

A. 冷气团出现连续性降水,暖气团出现阵性降水和雷暴天气

B. 暖气团出现连续性降水,冷气团出现阵性降水和雷暴天气

C. 冷、暖气团均出现阵性降水和雷暴天气

D. 冷、暖气团均出现连续性降水

微课视频
气团的分类及主要特征

三、影响我国沿海的主要气团

我国大部分地区处于中纬度,冷、暖气流交绥频繁,缺少气团形成的环流条件。同时,地表性质复杂,没有大范围均匀的下垫面作为气团源地。因而,活动在我国境内的气团,大多是从其他地区移来的变性气团,其中最主要的是变性的极地大陆气团和热带海洋气团。

冬季:我国大部分地区主要受变性极地大陆气团的影响,来自西伯利亚和蒙古的冷空气控制我国大部地区,一般多大风、降温天气。气候特点是干燥、晴朗、低温、多偏北风。

夏季:我国沿海主要受变性热带海洋气团影响,气候特点是炎热、潮湿、多雷雨,如江淮的“梅雨”。在闽浙、台湾地区一带降水量较大,基隆港年降水日数平均为 214 天,有“雨港”之称。

我国西北地区主要受热带大陆气团影响,干燥、炎热、少雨,在它的控制下常出现严重的干旱和酷暑。例如,吐鲁番的夏季,白天最高气温达 49 ℃左右,夜间降到 0 ℃以下,日较差大。有些地方甚至几年滴雨不下。

春季:变性的极地大陆气团和热带海洋气团的势力相当,互有进退,因此是锋面和气旋活动最频繁的时期,天气比较复杂。

秋季:变性的极地大陆气团开始活跃,变性热带海洋气团南退,我国出现最为宜人的秋高气爽的天气。

※ **自我检测** 4:冬季影响我国的主要气团是变性极地大陆气团,在气压场上表现为________。

A. 副热带高压和大陆高压控制

B. 冷高压北上和高压脊南伸

C. 冷高压南下或高压脊南伸

D. 冷高压南下和副热带高压北上

【天气小谚语】

久雨冷风扫，天晴定可靠。

第二节　锋

【本节内容】

熟知锋的定义、空间结构及其分类；理解锋的各种气象要素场特征，重点掌握锋附近的风场变化特点；理解锋面的移动规律以及锋附近的垂直运动情况；掌握四种锋面天气的典型特征。

【案例导入】

世纪洪魔：1998 年长江洪灾

每年六七月间在长江中下游和淮河地区一般都有一段持续阴雨天气或降水集中时段。这一时期，由于大气环流的季风调整，来自海洋的暖湿气流与北方南下的冷空气在江淮流域持续交绥，形成一条东西向准静止锋，一般称为梅雨锋。1998 年，中国大地气候异常。6 月 12 日—8 月 27 日，整整 77 天里，汛期主雨带一直在我国长江流域南北拉锯及上下摆动。长江流域在经历了冬春多雨和 6 月梅雨季节之后；7 月下旬迎来了历史上少见的高强度“二度梅”，水位长期居高不下；8 月，长江上游的强降雨进一步加剧了长江中下游地区的洪涝灾害，中国大地经历了一场不寻常的洪水考验。

锋是冷、暖气团相交绥的地带，该地带冷、暖空气异常活跃，常常形成广阔的云系和降水天气，有时还出现大风、降温和雷暴等剧烈天气现象。因此，锋是温带地区重要的天气系统，是属性很不均匀的狭窄的空气带。

一、锋的定义和空间结构

气团形成后就要发生移动，冷气团要往低纬地区移动，暖气团则要向高纬地区移动。当冷、暖气团相遇时，两者之间便形成狭窄而又倾斜的过渡区。我们把两个不同性质气团之间的、随高度向冷空气一侧倾斜的狭窄过渡区，称为锋（Front）。

锋的空间结构如图 4-3 所示。锋靠近暖气团一侧的界面称为锋的上界，锋靠近冷气团一侧的界面称为锋的下界，上界与下界之间的水平距离称为锋的宽度。因为锋的宽度远比其长度小，所以近似地把它看成一个面，称为锋面。锋面与下垫面的交线称为锋线。在实际工作中，将锋面和锋线统称为锋。锋的长度和气团的水平范围相当，可达数百千米至数千千米，垂直伸展的高度亦与气团相当。锋的宽度在近地面层一般只有数十千米,在高空可达 200 ~ 400 km,甚至更宽。

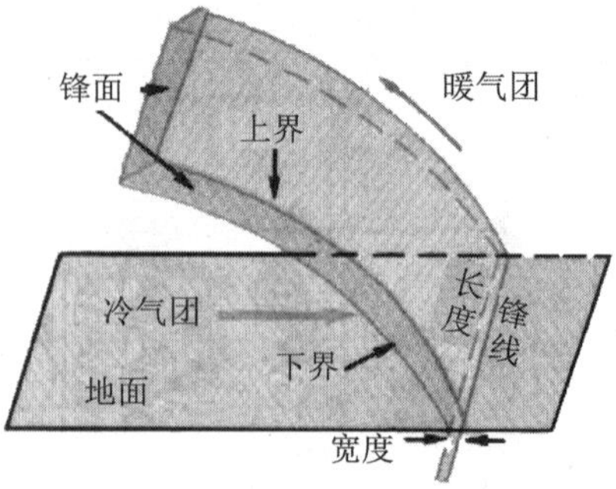

图 4-3　锋的空间结构

锋在空间总是呈倾斜状态,并且随着高度上升而向冷空气一侧倾斜。锋面坡度的形成与保持是地转偏向力作用的结果。锋面坡度(锋面与地面的夹角的正切)为 1/200 ~ 1/50。其中,冷锋的坡度为 1/100 ~ 1/70,暖锋约为 1/150,静止锋的坡度更小,约为 1/200。锋面坡度很小,锋面所遮蔽的地区必然很大。例如,坡度为 1/100,锋线长为 1 000 km、高为 10 km 的锋,其遮盖的面积可达 100 万平方千米。

※ **自我检测 1**:锋是三度空间结构的天气系统,它在空间呈现出________。

A. 水平带状结构　　　　B. 垂直带状结构

C. 螺旋带状结构　　　　D. 倾斜带状结构

微课视频
锋的定义及分类

二、锋的分类

按照不同的需要,锋有不同的分类方法。

1. 根据锋的移动情况分类

根据锋在移动过程中冷、暖气团所占的主、次地位,可将其分为冷锋(Cold Front)、暖锋(Warm Front)、静止锋(Stationary Front)和锢囚锋(Occluded Front)四种。

(1)冷锋

当冷、暖气团相遇时,冷气团起主导作用,推动锋面向暖气团一侧移动,称为冷锋。

(2)暖锋

当冷、暖气团相遇时,暖气团起主导作用,推动锋面向冷气团一侧移动,称为暖锋。

(3)静止锋

当冷、暖气团势力相当时,锋面移动缓慢或几乎呈静止状态,称为(准)静止锋。

(4)锢囚锋

当冷锋移动速度快于暖锋,冷锋赶上暖锋后,迫使暖空气抬离地面,近地面层由冷锋后部的冷气团与暖锋前的冷气团构成的交界面,称为锢囚锋(见图 4-4)。

若锋后的冷气团比锋前的冷气团更冷,则此类锢囚锋称为冷式锢囚锋;若锋后的冷气团比锋前的冷气团暖,则此类锢囚锋称为暖式锢囚锋;若锋后的冷气团与锋前的冷气团温度差不多,则此类锢囚锋称为中性锢囚锋。剖面图上原来两条锋的交接点称为锢囚点。有时因地形作用，两条冷锋相对而行趋于合并，也会形成锢囚锋，此类锋称地形锢囚锋。

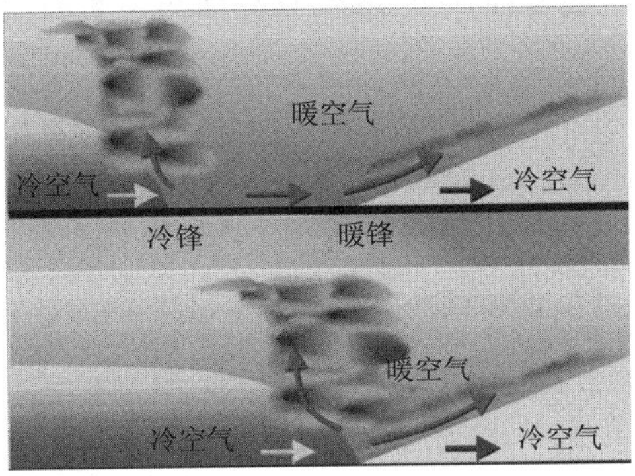

图 4-4 锢囚锋的形成

※ **自我检测** 2：形成锢囚锋时，________。

A. 冷气团被抬离地面
B. 暖气团被抬离地面
C. 冷气团和暖气团均不被抬离地面
D. 冷气团和暖气团同时被抬离地面

2. 根据组成锋的气团的地理类型分类

分隔冰洋气团和极地气团的锋称为冰洋锋；分隔极地气团和热带气团的锋，称为极锋；分隔热带气团和赤道气团的锋，称为副热带锋。这些主要气团之间的锋，统称为主锋。在冰洋气团，特别是在极地气团内部，由于其中各部分的变性程度不同，也会出现锋。为了区别于主锋，人们把这些锋称为副锋。

3. 根据锋伸展的高度分类

根据锋伸展的不同高度，可将锋分为对流层锋（从地面一直伸展到对流层中层以上的锋），地面锋（从地面向上伸展高度不到 1.5 km 的锋）和高空锋（仅存在于较高高度上，而不与地面接触的锋）三种。

三、锋附近气象要素场特征

锋是冷、暖气团之间的狭窄过渡带。它两侧的气象要素场有明显的不同，了解锋附近的要素场特征，对于分析锋面、掌握锋面天气大有益处。

1. 锋面坡度

锋在空间呈倾斜状态是锋的一个重要特征。锋面倾斜的程度，称为锋面坡度。锋面坡度的形成和维持是地球偏转力作用的结果。如图 4-5 所示，锋的一侧是冷气团，另一侧是暖气团，由于冷、暖气团密度不同，在两气团间便产生了一个由冷气团指向暖气团的水平气压梯度力（G），这个力迫使冷气团呈楔形伸向暖气团下方，并力图把暖气团抬挤到它的上方，使两者分界面趋于水平。

然而，当水平气压梯度力开始作用时，地转偏向力（A）就随之起作用，并不断地改变着冷空气的运动方向，使其逐渐同锋线趋于平行。当地转偏向力和锋面气压梯度力达到平衡时，气流平行于锋面做地转运动，这时冷、暖气团的分界面就不再向水平方向过渡而呈现出倾斜状态。当锋面保持稳定时，锋面与地平面的交角称锋面倾斜角（坡度角）。

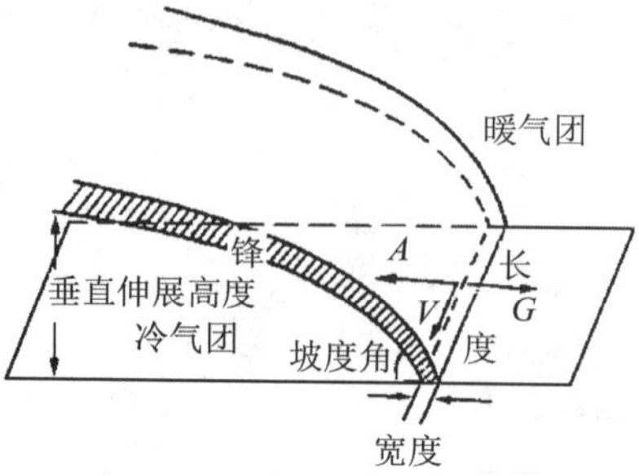

图 4-5　锋面坡度

2. 锋附近的温度场

锋区的水平温度梯度比锋两侧的单一气团内的温度梯度大得多。气团内部的气温水平分布比较均匀，通常在 100 km 内的气温差为 1 ℃，最多不超过 2 ℃。锋区内，在水平方向上的温度差异非常明显，100 km 的水平距离内可相差近 10 ℃，是气团内部温度差异的 5 ~ 10 倍。在等压面图上，锋区则表现为一条窄长的等温线密集带，称为高空锋区，其走向与地面锋线近似平行（见图 4-6）。等温线越密集，则高空锋区越强。因为锋面在空间是向冷空气一侧倾斜的，所以高空图上锋区的位置位于地面锋线的冷空气一侧，而且等压面高度越高，锋面向冷空气一侧偏移越多。对比同一时刻不同高度等压面上的锋区位置，可以大致确定锋面坡度。锋区相对位置越接近，表明锋面坡度越大。

锋的下部是冷气团，上部是暖气团，所以自下而上通过锋区时，出现气温随高度增高而增加的现象，称为锋面逆温。如果锋面两侧冷暖气团的温差较小，则锋区的温度垂直分布会表现出等温或微弱递减。

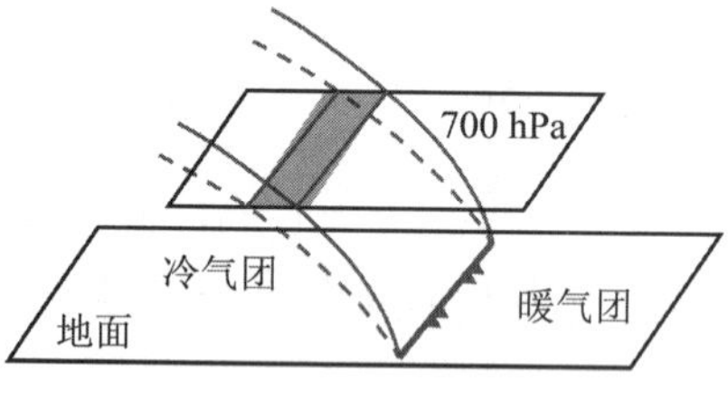

图 4-6　高空锋区

根据高空图上冷暖平流的性质可以确定锋的类型。一般来讲，若在高空图上，锋区有冷平流，则地面对应的是冷锋；若有暖平流，则地面对应的是暖锋；若无平流或仅有弱的冷暖平流，而地面锋线又很少移动，则可定为静止锋。

※ **自我检测** 3：在锋面附近，温度场特征是________。

A. 水平温度梯度大、垂直温度梯度小

B. 水平和垂直温度梯度均小

C. 水平温度梯度小、垂直温度梯度大

D. 水平和垂直温度梯度均大

3. 锋附近的气压场

锋面两侧是密度不同的冷、暖气团,因而锋区的气压变化要比气团内部的气压变化大得多。锋附近区域气压的分布不均匀,锋处于低压槽中,等压线通过锋面有指向高压的折角。

※ **自我检测** 4:地面锋线通常出现在________。

A. 高压脊中　　B. 低压槽中

C. 鞍形区中　　D. 热带气旋中

4. 锋附近的 3 h 变压场

锋附近的 3 h 变压场与锋的类型有密切的关系。

对于暖锋来说,当它向某一地点[见图 4-7(a)中的 A 点]移来时,该地上空密度大的冷空气柱逐渐变短,t_1时刻 A 点上空的冷空气柱长度为 h_2,随着暖锋的移近,到 t_2时刻,A 点上空的冷空气柱长度变为 h_1,冷空气柱的长度在不断减小,而密度小的暖空气柱逐渐增长。因此该地气压下降,出现负的 3 h 变压。暖锋锋线过境后,由于该地处于暖气团中[见图 4-7(a)中的 t_3时刻],空气柱的密度变化不大,气压也就变化不大了。

同样,从图 4-7(b)冷锋移动过程中测站气压变化示意图中,很容易看出冷锋过境前后某地气压变化情况,即锋前变压不大,锋后因冷空气柱逐渐增长而气压升高,出现正的 3 h 变压。

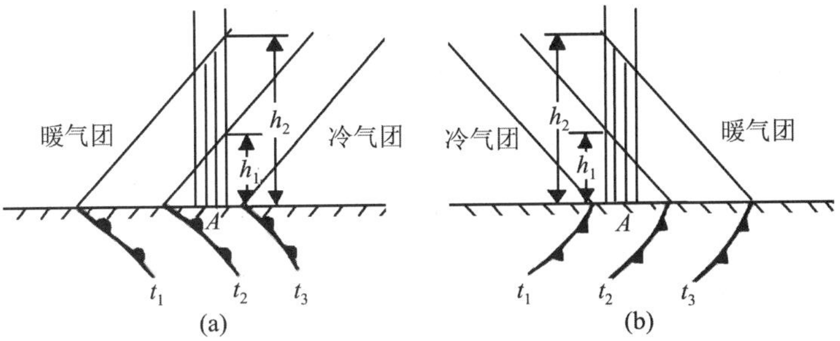

图 4-7　锋附近 3 h 变压场

静止锋少动,两侧的变压分布相近。

锢囚锋一般是冷锋追上暖锋而形成的,所以锋前多负变压,锋后多为正变压。

※ **自我检测** 5:在锋面附近,通常 3 h 变压场的分布特点为________。

A. 冷锋前负变压、暖锋后正变压　　B. 暖锋后负变压、冷锋前正变压

C. 暖锋前负变压、冷锋后正变压　　D. 冷锋后负变压、暖锋前正变压

5. 锋附近的风场

地面锋线处于低压槽中,根据梯度风原理,锋面附近的风场必然呈气旋性切变。暖

锋在北半球多西北—东南走向,锋前吹 E—SE 风,锋后吹 S—SW 风;在南半球,暖锋线的走向多为西南—东北走向,锋前吹 E—NE 风,锋后吹 N—NW 风(见图 4-8)。

(a)北半球　　(b)南半球

图 4-8　暖锋两侧常见风向

冷锋在北半球多为东北—西南走向,锋前吹 S—SW 风,锋后吹 N—NW 风;在南半球,冷锋多为东南—西北走向,锋前吹 N—NW 风,锋后吹 S—SW 风(见图 4-9)。锋前后风速值的大小主要取决于水平气压梯度的大小,一般冷锋后风速总大于冷锋前。

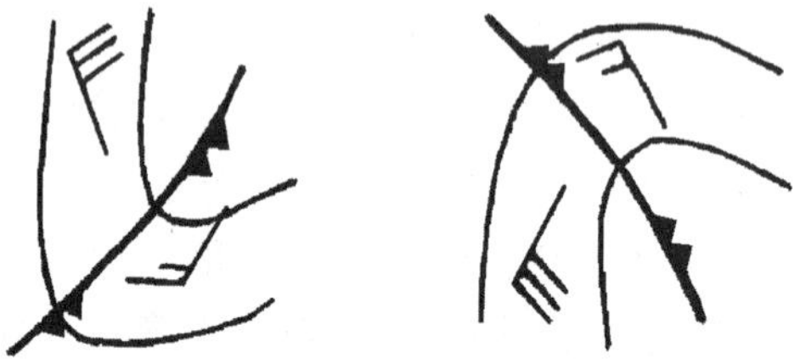

(a) 北半球　　(b) 南半球

图 4-9　冷锋两侧常见风向

※ **自我检测 6**:在南太平洋某船自东向西穿越暖锋,通常风向将由________。

A. N—NW 转 S—SW　　B. S—SW 转 E—NE

C. E—NE 转 S—SW　　D. E—NE 转 N—NW

微课视频
锋附近气象要素场特征

四、锋面天气模式

锋面天气模式主要指锋附近的云系、降水、风、能见度等气象要素的分布和演变状况。这些气象要素的分布和演变主要取决于锋面坡度大小、锋附近空气垂直运动状态、气团含水量和稳定度等因素。这些因素的不同组合状况构成了多种多样的锋面天气。这里介绍的各种锋面天气,都是典型模式。

(一)暖锋天气

当暖气团前进,冷气团后退时,这时形成的锋面为暖锋。暖空气在锋面上慢慢地向上滑升,在上升过程中绝热冷却,达到凝结高度后,便在锋面上产生云系(见图 4-10)。

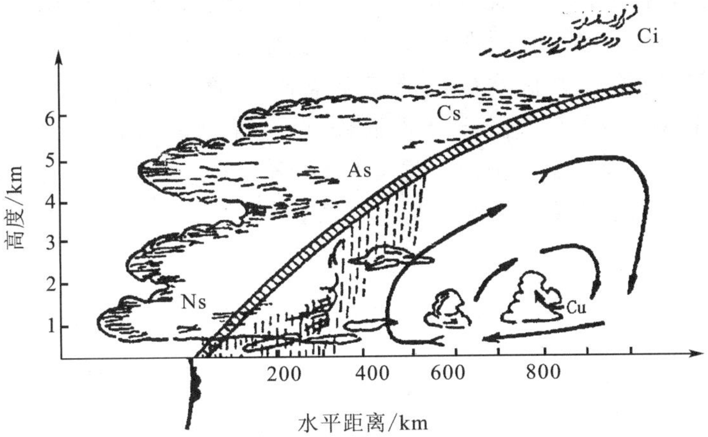

图 4-10　暖锋天气模型

当暖空气滑升的高度足够高，水汽又比较充沛时，暖锋上常常出现广阔的、系统的层状云系（见图 4-10）。云系序列从前往后：卷云（Ci）、卷层云（Cs）、高层云（As）、雨层云（Ns）。云层的厚度视暖空气上升的高度而异，一般情况下可达几千米，厚者可达对流层顶，而且愈接近地面锋线云层愈厚。暖锋降水主要发生在雨层云内，是连续性降水，降水宽度随锋面坡度大小而有所变化，一般为 300～400 km。暖锋云系有时因为空气湿度和垂直速度分布不均匀而造成不连续，可能出现几十千米，甚至几百千米的无云空隙。

在暖锋锋下的冷气团中，由于空气比较潮湿，在气流辐合作用和湍流作用下，常产生层积云和积云。如果从锋上暖空气中降下的雨滴在冷气团内发生蒸发，则使冷气团中水汽含量增多，达到饱和时，会产生碎积云和碎层云。当这种饱和凝结现象出现在锋线附近的地面层时，将形成锋面雾。

以上是暖锋天气的一般情况，但是在夏季暖空气不稳定时，也可能出现积雨云、雷雨等阵性降水。在春季暖气团中水汽含量很少时，则仅仅出现一些高云，少有降水。

明显的暖锋在我国出现得较少，大多伴随着气旋出现。春秋季一般出现在江淮流域和东北地区，夏季多出现在黄河流域。

※ **自我检测** 7：典型暖锋天气有________。

A. 大片连续性降水　　　　B. 阵性降水

C. 阵性大风　　　　　　　D. 平流雾

（二）冷锋天气

冷锋是冷气团向暖气团方向移动形成的锋面。根据锋和高空槽的配置、冷气团移动的快慢及锋上垂直运动的特点，冷锋又分为两类：第一型冷锋（或缓行冷锋）和第二型冷锋（或急行冷锋）。

1. 第一型冷锋

这种锋面处于高空槽线前部，移动缓慢，锋面坡度不大。

当暖空气比较稳定，水汽比较充沛时，会形成与暖锋相似的范围比较广阔的层状云系，只是云系出现在锋线后面，而且云系的分布次序与暖锋云系相反，降水性质与暖锋相似，但因坡度较暖锋大，故降水区范围较暖锋窄，一般为 200 ~ 300 km（见图 4-11）。在锋线附近降水区内还常有层积云、碎雨云和锋面雾形成。如果锋前暖空气不稳定，在地面锋线附近也常出现积雨云和雷阵雨天气。夏季，在我国西北、华北等地区，以及冬季在我国南方地区出现的冷锋天气多属这一类型。

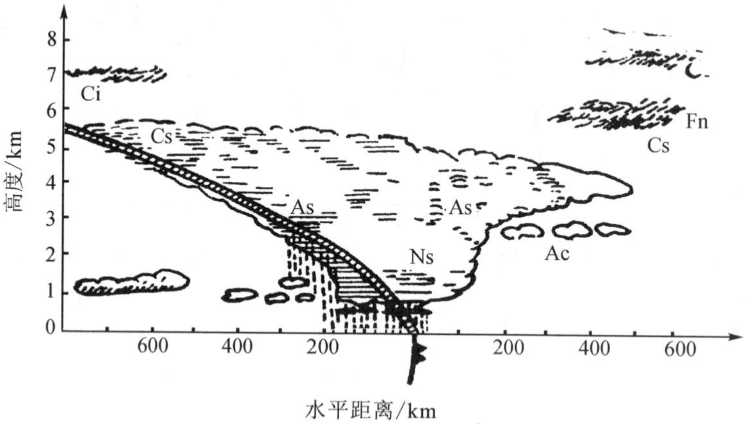

图 4-11　第一型冷锋天气模型

2. 第二型冷锋

这种冷锋处于高空槽后或槽线附近，移动快、坡度大。锋后冷空气强烈冲击锋前暖空气并迫使其产生剧烈的上升运动。这种冷锋在冬、夏两季的天气特点显著不同。

夏季，因暖气团潮湿不稳定，在地面锋线附近，一般会产生强烈发展的积雨云，出现雷暴、冰雹、飑线等强对流天气（见图 4-12）。

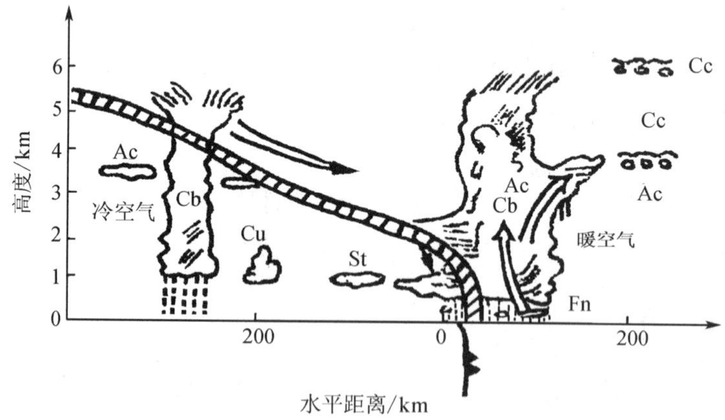

图 4-12　夏季第二型冷锋天气模型

在高层锋面上，冷平流较强，暖空气沿锋面下滑，往往没有云形成。这种冷锋过境时，往往乌云翻滚、狂风大作、电闪雷鸣、大雨倾盆，气象要素发生剧变。不过这种天气历时短暂,锋线过后,天空豁然晴朗。

冬季,由于暖气团湿度较小,在锋面上不可能形成强烈不稳定天气,只在锋线前方出现卷云、卷层云、高层云、雨层云等云系(见图 4-13)。

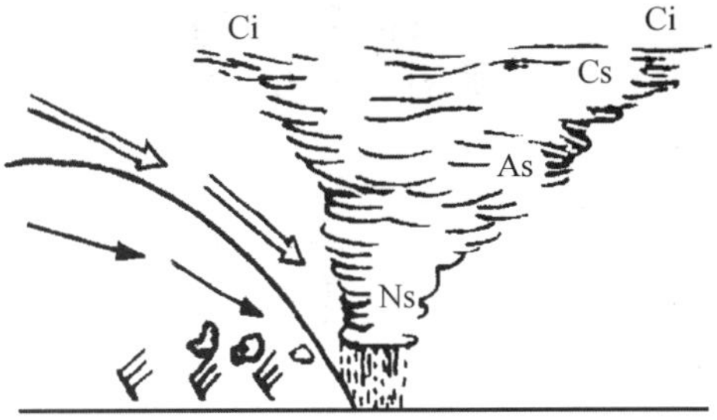

图 4-13 冬季第二型冷锋天气模型

当水汽充足时,地面锋线附近可能有很厚、很低的云层和宽度不大的连续性降水。地面锋线过境后,云层很快消失,风速增大,并常出现大风。在干旱的季节,空气湿度小,地面干燥、裸露,还会有沙暴天气。这种冷锋天气多出现在我国北方的冬、春两季。

※ **自我检测** 8:典型第二型冷锋可能出现的天气有________。

Ⅰ. 连续性降水;Ⅱ. 阵性大风;Ⅲ. 毛毛雨;Ⅳ. 冰雹;Ⅴ. 雷阵雨;Ⅵ. 龙卷风。

A. Ⅰ ~ Ⅵ　　B. Ⅰ, Ⅱ, Ⅳ ~ Ⅵ

C. Ⅱ ~ Ⅵ　　D. Ⅱ, Ⅳ ~ Ⅵ

(三)静止锋

静止锋的两侧冷暖气团往往形成"对峙"状态,暖气团前进,为冷气团所阻,暖气团被迫沿锋面上滑,情况与第一型冷锋类似,出现的云系与第一型冷锋云系大致相同(见图 4-14)。

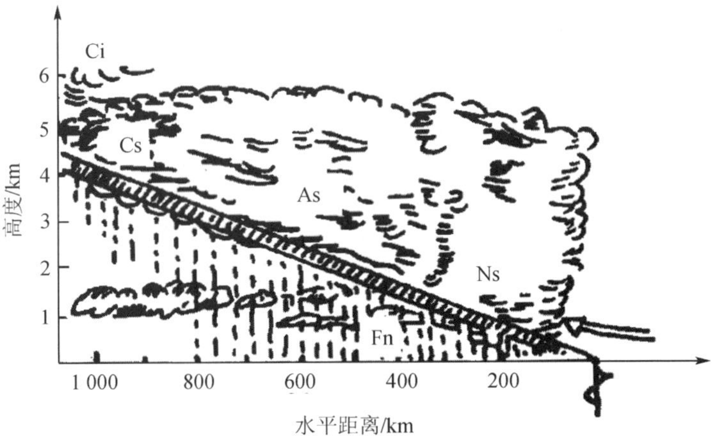

图 4-14 静止锋天气模型

由于静止锋的坡度很小,沿锋面上滑的暖空气可以伸展到距离锋线很远的地方,所以云区和降水区比冷、暖锋更为宽广。静止锋降水强度小,但持续时间长,可能造成“淫雨霏霏、连日不开”的连续阴雨天气。这种阴雨天气,直至该准静止锋转为冷锋或暖锋移出该地区或锋消失以后,才能转晴。初夏时,如果暖气团湿度增大,低层升温,气层可能呈现不稳定状态,锋上也可能形成积雨云和雷阵雨天气。

准静止锋主要出现在我国华南、西南和天山北侧,出现时间多在冬半年,对这些地区及其附近天气的影响很大。

※ **自我检测**9:准静止锋天气特点是________。

Ⅰ. 降水强度小;Ⅱ. 阵性降水;Ⅲ. 降水范围大、持续时间长;Ⅳ. 降水强度大;Ⅴ. 降水范围小、持续时间短;Ⅵ. 连续性降水。

A. Ⅰ,Ⅲ,Ⅵ　　B. Ⅰ,Ⅱ,Ⅴ,Ⅵ

C. Ⅱ,Ⅳ,Ⅴ　　D. Ⅱ,Ⅳ ~ Ⅵ

(四)锢囚锋

锢囚锋是由冷锋赶上暖锋或两条冷锋相遇,把暖空气抬到高空,由原来锋面合并形成的新锋面。它的天气保留着原来锋面天气的特征。例如,锢囚锋是由具有层状云系的冷、暖锋并合而成的,锢囚锋的云系也是层状云,并分布在锢囚点的两侧(见图4-15)。

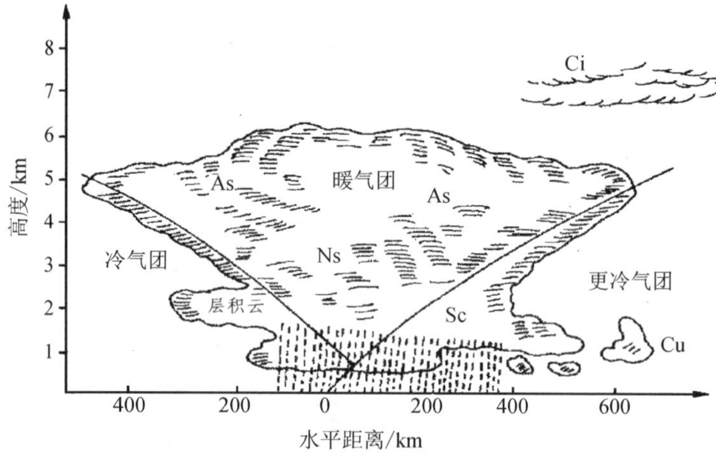

图4-15　锢囚锋天气模型

如果原来冷锋上是积状云,那么锢囚后,积状云与暖锋的层状云相连。锢囚锋的降水不仅保留着原来锋段降水的特点,而且由于锢囚作用,上升运动进一步发展,暖空气被抬升到锢囚点以上,云层变厚、降水增加、降水区扩大。锢囚点以下的锋段,根据锋是暖式或冷式锢囚锋而出现相应的云系。锢囚锋过境时,出现与原来锋面相关但更加复杂的天气。

我国锢囚锋主要出现在锋面频繁活动的东北、华北地区,以春季最多。东北地区的锢囚锋大多由蒙古国(蒙古)、俄罗斯移来,多属冷式锢囚锋。华北锢囚锋多在本地生成,属暖性锢囚锋。

※ **自我检测** 10：锢囚锋的天气特点是________。

Ⅰ. 云层增厚；Ⅱ. 云层变薄；Ⅲ. 降水范围较大、持续时间较长；Ⅳ. 降水减弱；Ⅴ. 降水范围小、持续时间短；Ⅵ. 降水增强。

A. Ⅰ，Ⅲ，Ⅵ　　B. Ⅰ，Ⅱ，Ⅴ，Ⅵ

C. Ⅱ，Ⅳ，Ⅴ　　D. Ⅱ，Ⅳ，Ⅴ，Ⅵ

五、锋面的移动规律

锋面与天气有着密切的关系，因此，掌握锋面移动规律，对正确预报天气至关重要。锋面移速取决于锋面两侧垂直于锋面风速分量的大小和方向（见图 4-16）。

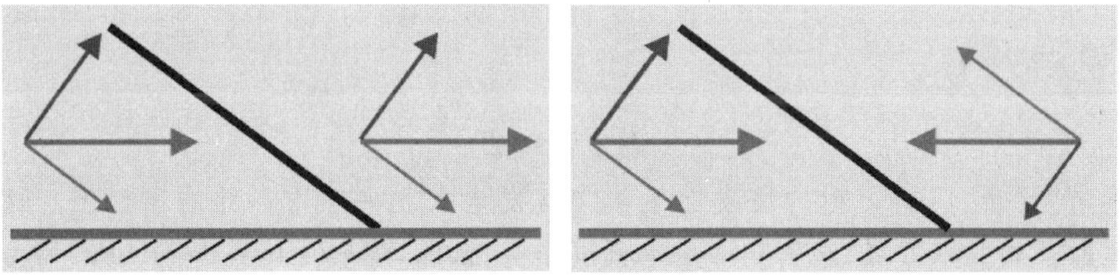

图 4-16　锋面两侧风速分解

锋面前后风向相同，垂直分量越大，锋面移速越快；反之则越慢。当锋面前后风向相反时，锋面移速决定于垂直于锋面的风速差，风速差越大，锋面移速越快；反之则越慢。当无垂直于锋面的风速时，锋面呈准静止状态。通常，在我国，冷锋移速在北方要比在南方快；暖锋移速较小，无一定规律。从季节来看，锋面移速冬、春两季较快，秋季次之，夏季较慢。

※ **自我检测** 11：冷锋的移速规律为________。

A. 南北走向与东西走向移速大体一致

B. 南北走向移速慢，东西走向移速快

C. 南北走向移速快，东西走向移速慢

D. 移速与冷锋走向无关

【气象小常识】

“山戴帽，大雨到”是什么意思呢？

“山戴帽”是说气压低，空中水汽多在山顶形成云层。至于是否会降雨，一般要视情况而定，如云逐渐降低且加厚，降雨的可能性就大；反之，云逐渐抬升变薄，下雨的可能性就小。

第三节　温带气旋

【本节内容】

熟悉气旋的定义、流场结构及主要天气特征；熟悉气旋的范围和强度的衡量标准；熟悉气旋的两种分类方法。掌握南北半球锋面气旋天气模式及不同部位船舶需重点防御的天气现象；熟悉锋面气旋中强风和大浪的分布方位。了解爆发性气旋的形成；了解锋面气旋的源地和移动规律；掌握影响我国海域的锋面气旋的活动特点。

【案例导入】

爆发性气旋

素有“温带台风”之称的爆发性气旋常常发生在北半球中高纬的洋面上。这种气旋在短时间内强烈发展，地面中心压大幅度下降，加深率每 24 h 可达 24 hPa，风力同时迅速增加到 30 m/s 以上，即达到强台风的风力。该种气旋常常会伴有强对流暴雪等强烈天气，给海上作业带来严重的威胁和灾难。

大气中各种尺度的空气涡旋造成了千变万化的天气现象，其中气旋和反气旋是两类极为重要而又常见的天气系统，它们的生成、移动和发展，对广大地区的天气有很大影响，可造成强烈的降水、雷暴、大风等恶劣天气，海上会造成大范围的大浪区，是重要的海上风暴系统。因此，了解、研究它们的活动规律，对天气分析和预报，保证船舶航行安全具有十分重要的意义。

一、气旋概况

1. 气旋定义

从流场上看，气旋是一个占有三度空间的大尺度水平空气涡旋，在北半球，气旋范围内的空气做逆时针旋转（南半球相反）；从气压场上看，在同一高度上，气旋中心的气压比四周低，故又称为低气压（简称低压）。

因此，气旋与低压是同一天气系统分别从流场和气压场角度衡量时所使用的两个不同的名称，除低纬地区外，一般两者可以通用。

2. 气旋的水平尺度

气旋的水平尺度（范围）以最外围一条闭合等压线的直径长度来表示。气旋的尺度平均为 1 000 km 左右，大的可达 2 000 ~ 3 000 km，小的只有 200 ~ 300 km 或更小。就平均情况而言，东亚的气旋水平尺度一般要比欧洲和北美的小。

3. 气旋的强度

气旋的强度一般用其中心气压值来表示。对于气旋,中心气压值越低,气旋强度越强;反之,越弱。另外,气旋的强度还可以用中心附近的最大风速来度量,中心附近最大风速越大,气旋越强;反之,越弱。

地面气旋的中心气压值一般在 970 ~ 1 010 hPa,发展得十分强大的气旋,中心气压值可低于 935 hPa,强台风中心气压值还要低很多。气旋的强度随时间不断变化,对气旋而言,若中心气压值随时间降低,则称为气旋发展或加深;若中心气压值随时间升高,则称为气旋减弱或填塞。

4. 气旋的分类

气旋通常按其形成和活动的主要地理区域或其热力结构来进行划分。

根据气旋形成和活动的地理区域,将其分为温带气旋和热带气旋;根据气旋的热力结构,将其分为锋面气旋和无锋面气旋(无锋面气旋包括热带气旋和热低压)。锋面气旋是指与冷、暖锋活动联系在一起,温度不对称的气旋,常活动于温带地区,故又称为温带气旋,而热带气旋以及一些地方性气旋均属于无锋面气旋。

所划分的气旋并不是一成不变的,不同类型的气旋,在一定条件下可以发生变化。如锋面气旋可在一定条件下转化为无锋面气旋,而冷性反气旋,当其南下到一定程度时则变性为暖性反气旋。

5. 气旋的天气特征

在近地面层,由于摩擦作用,气旋区域内的气流在做逆时针(北半球)或顺时针(南半球)旋转的同时,向气旋中心汇合,因而低层为空气的水平辐合,导致气旋区内的空气在垂直方向上做上升运动,易成云致雨。空气中水汽越多,上升运动越强烈,产生的降水就越大。因此,一般来说,气旋中有降水和大风天气,即往往和坏天气联系在一起。

※ **自我检测 1**:南半球气旋的流场结构大体为________。

A. 低层顺时针辐散、上层辐合并伴有上升运动

B. 低层顺时针辐合、上层辐散并伴有上升运动

C. 低层逆时针辐合、上层辐散并伴有上升运动

D. 低层顺时针辐散、上层辐合并伴有下沉运动

微课视频
气旋概况

二、温带气旋生命史

温带气旋频繁产生和活动于中高纬的温带地区,是经常影响中高纬大洋航线天气的主要风暴系统,发展强盛的温带气旋,最大风速可达 12 级或以上,可引起海上风暴、强烈的雷雨和低能见度等恶劣天气。由于在温带气旋中大多伴有锋面存在,因此又常称为锋面气旋。温带气旋在其生命演变史上各个阶段温、压场结构极不相同,故与其伴随的天气现象也有较大差异。

(一)温带气旋的生命史

根据气旋生成的波动学说,温带气旋大多生成于锋面上的波动。从生成到消亡,大体分为四个阶段,在每个阶段,锋面演变、气压场及卫星云图上都有一定的特征,如图 4-17 所示。

1. 波动阶段(或初生阶段)

在气旋发生前,高纬为东风,低纬为西风,且高纬冷,低纬暖,中间便存在一条锋面(虚线)[见图 4-17(a)]。开始出现波动时[见图 4-17(b)],冷空气向南侵袭,暖空气向北扩展,有利于在波峰附近形成一个气旋环流,并出现冷、暖锋及锋面降水。与此同时,地面上波峰附近气压开始下降,比四周气压低 2 ~ 3 hPa,可分析出一根闭合等压线,此时,气旋便产生了。在该阶段,冷锋向前行进和暖锋向东的撤退,使整个锋面波大致沿着摩擦层以上的暖区气流方向移动,且速度较快,24 h 可移动十几个经距。在卫星云图上主要表现为有逗点云系 A 逐渐逼近锋面云带 EGF,锋面云带变宽,在最宽处 G 为地面最大降压中心[见图 4-17(Ⅰ)]。

2. 成熟阶段(或青年阶段)

随着波动振幅的不断加大,冷、暖锋进一步发展,中心气压继续降低,比外围低 10 ~20 hPa,地面图上闭合等压线增多。锋面降水强度、范围继续增强。此阶段的气旋又称为青年气旋。在该阶段,气旋一般仍沿暖区气流方向移动,速度比波动阶段略减,24 h 大约移动 10 个经距[见图 4-17(c)、(d)]。在卫星云图上,锋面云带的凸起部分更加明显,并有向外辐散的卷云线[见图 4-17(Ⅱ)]。

3. 锢囚阶段

由于冷锋移动通常比暖锋快,最后可追上暖锋,地面暖空气被迫抬离地面称为锢囚。锢囚开始时,冷、暖锋相遇,锋面抬升作用增强,降水强度、范围均增大,在该阶段,气旋发展最强,中心气压降到最低,比外围低 20 hPa 以上,风力最强,大风范围进一步扩大,地面暖区范围不断变窄[见图 4-17(e)、(f)]。随着锢囚锋发展,气旋逐渐转变成低层的一个冷性涡旋,上空仍为暖空气占据,此时的移速大大减慢。在卫星云图上,地面气旋上空出现螺旋状云系,锋面云带后出现干舌,并逐渐伸向气旋中心,水汽供应切断,表示气旋已不会再发展[见图 4-17(Ⅲ)]。

4. 消亡阶段

气旋逐渐与锋面脱离,最终成为一个冷性涡旋,后在地面摩擦的作用下慢慢填塞消亡了[见图 4-17(g)、(h)]。在卫星云图上,涡旋云系破碎、断裂、消失[见图 4-17(Ⅳ)]。

完成这四个阶段一般需要 5 天左右,但不同地区也有较大差异。在东亚,一次气旋活动过程一般在 5 天以下,经常在 3 天左右即可完成;在北大西洋和欧洲的锋面气旋,其生命历程可远超过 5 天。

需要指出的是,实际上并不是所有的锋面气旋的发展演变都完全符合上述理想模式,但由于该模式基本把握了大多数锋面气旋各个发展阶段的关键特征,因此具有一定

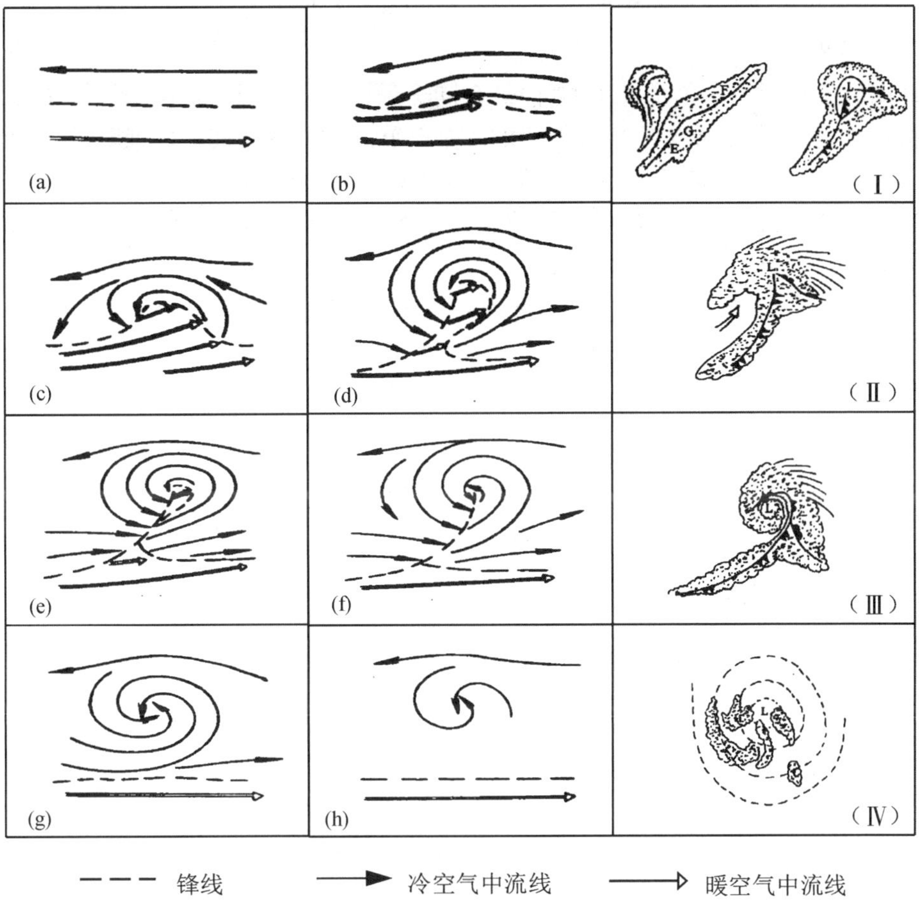

图 4-17　温带气旋生命史及各阶段的卫星云图特征

的代表意义。

(二)气旋的再生与气旋族

1. 气旋的再生

趋于消亡或正在消亡的气旋,在一定的条件下又重新发展起来的过程称为气旋的再生。在东亚地区气旋的再生一般有两种情况:

(1)副冷锋加入后再生

当有大量新鲜冷空气侵入衰老气旋后部,在新鲜冷空气与原来的冷空气之间构成新的温度对比,形成新的锋,称为副冷锋,由于副冷锋的侵入,气旋又重新活跃起来了。

(2)气旋入海后再生

有时气旋入海后,特别是冬半年,由于海面的加热作用,有暖湿空气侵入,增加了大气的不稳定及能量供给,再加上海面的摩擦力比陆地上小,均使气旋再度加强。例如,华北及江淮地区有些气旋在大陆上本来没有很大发展,但当它们东移进入渤海、黄海或日本海后，常常能迅速发展，甚至造成海面的突然大风，需要特别引起注意。

2. 气旋族

锋面气旋有时不是单个发生的，而是在同一条锋线上出现一连串的气旋序列，沿锋线顺次移动，称为气旋族。组成气旋族的各个气旋通常处在不同的发展阶段，最前面的可能已经锢囚（最老），其后跟着一个发展成熟的气旋，再后面跟着一个初生的气旋（最年轻）。一个气旋族中气旋个数不等，多的可达5个，少的只有2个。我国境内，除了江淮流域的梅雨季节外，出现较少，欧洲气旋族最常见，在中纬度的高空，像锁链一样的气旋一个挨着一个，首尾相接，一直延伸到高纬度地区，景色非常美丽、壮观。

※ **自我检测**2：当高空辐散大于低层辐合时，气旋将________。

A. 加深　　B. 减弱　　C. 保持不变　　D. 加大

三、锋面气旋天气模式及风浪分布特征

（一）温带气旋天气模式

气旋中的天气随季节、地理条件和气旋本身情况而异。从大量实际的个例中归纳出基本相同点，便可总结出气旋的天气模式。图4-18为成熟阶段气旋（青年气旋）的天气模式。

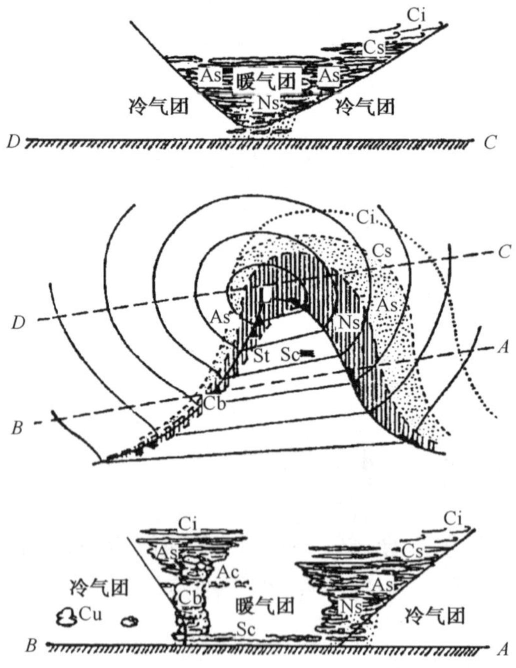

图4-18　锋面气旋天气模式（北半球）

假设在北半球，船舶自东向西沿着AB路线从气旋中心以南（低纬度一侧）与气旋

相向通过，会遇到以下的天气变化。

1. 气旋前部(东部)

气旋前部为暖锋的云系和降水。云系向前伸展很远，尤其是靠气旋中心时，云区最宽，离中心越远，云区越窄，从前往后依次见到的云系排列为：Ci—Cs—As—Ns。降水位于地面暖锋线前 200 ~ 400 km，一般为连续性降水，但当空气不稳定时，还会出现积状云和阵性降水。随着暖锋的接近，气压明显降低，风力增大，暖锋前多吹 E—SE 风(南半球 E—NE 风)。此外，在锋前 50 ~ 100 n mile 常有锋面雾。

2. 暖区(暖锋后、冷锋前)

当风向转为 S—SW 风(南半球为 N—NW 风)时，表明暖锋已过，进入了暖区。此时气压基本停止下降，其天气特点主要取决于暖气团的性质，如果暖气团水汽充沛(如热带海洋气团)，则靠近中心易出现 St、Sc，有时可出现大片平流雾和毛毛雨。如果暖气团比较干燥，则只有一些薄云。值得注意的是，除冷锋前的狭窄地带外，暖区中风力都不大，但当气旋入海发展，移近副高的西北或北部边缘时，暖区中常有 SW 大风出现。

3. 气旋后部(西部)

当风向转为 N—NW 风(南半球为 S—SW 风)时，表明冷锋已过，此时具有冷锋的云系和降水。如果是第一型冷锋(地面锋线通常位于高空槽前)，则一般为层状云、连续性降水，有时有锋面雾；如果是第二型冷锋(地面锋线通常位于高空槽附近或后部)，则多为积状云、阵性降水和阵性大风。锋后气压稳定回升，风力迅速增大，在海上，冷锋后常有 7 ~ 8 级大风，有时甚至达到 11 级。当船舶远离冷锋后，天气转晴，风力也逐渐减小。

如果船舶自东向西沿着 *CD* 路线从气旋中心以北(高纬度一侧)通过，则遇到的是锋面附近冷气团里的天气，靠近气旋中心有很厚的云层和较强的降水，风力增大，风向由 SE→E→NE→N→NW 做逆时针改变(南半球风向按 NE→E→SE→S→SW 做顺时针改变)。

以上是处于成熟阶段的气旋的天气模式，代表了锋面气旋天气所共有的基本特征。实际的锋面气旋天气由于所具备的条件不同还要复杂一些。当气旋处在锢囚阶段时，地面风速增大，辐合增强，通常云和降水都显著发展，云系比较对称地分布在锢囚锋两侧；当气旋进入消亡阶段时，云和降水逐渐减弱消失。

※ **自我检测** 3：在南半球强烈发展的锋面气旋其________。

A. 西部为偏南大风，东部为偏北大风，北部为偏东大风

B. 西部为偏南大风，东部为偏东大风，北部为偏北大风

C. 西部为偏北大风，东部为偏东大风，北部为偏南大风

D. 西部为偏东大风，东部为偏南大风，北部为偏北大风

微课视频
锋面气旋天气

(二)锋面气旋中风和浪的分布

对西北太平洋上较强气旋的研究结果表明，气旋中风和浪的分布并不是中心对

称的，而是南侧比北侧要显著，且气旋中心西南侧最为显著，这种不对称性在冬季最为明显。图 4-19 中显示，在气旋中心西南侧相当远处仍有强风和大浪，3 m 以上的波浪中心位于气旋中心 SSW 方向 300～600 n mile 处（图中同心圆分别表示距气旋中心 60 n mile、300 n mile 和 600 n mile 的距离）。因此，船舶航行应尽量避开这一部位，特别是与气旋相向而行时。

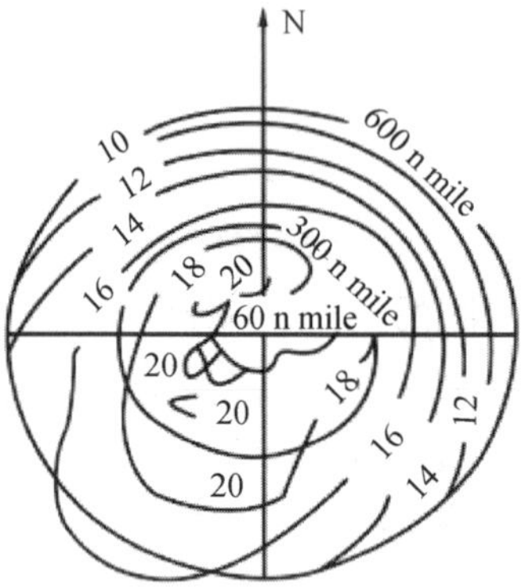

(a) 风速分布/(m/s)

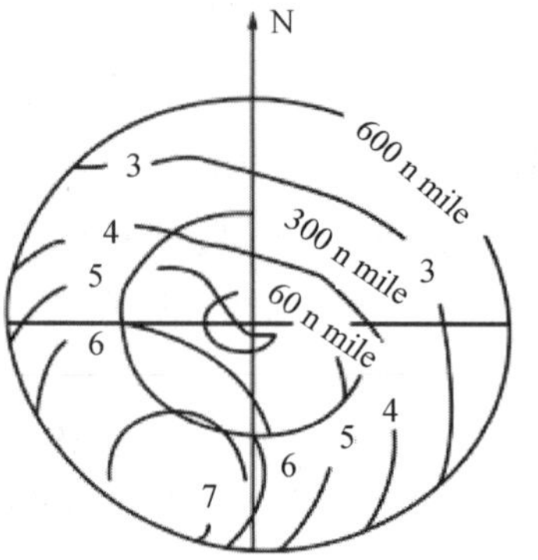

(b) 浪高分布/m

图 4-19　典型锋面气旋风浪分布

微课视频
锋面气旋的
风浪分布

※ **自我检测** 4：在南太平洋强锋面气旋中，风浪最大的区域常出现在________。

A. 气旋的西南部　　　　B. 气旋的东南部

C. 气旋的西北部　　　　D. 气旋的东北部

四、锋面气旋移动规律

1. 气旋的源地

锋面气旋主要活动在冷、暖气团接触频繁的温带地区。其中极锋区是温带气旋频繁发生的地方，极锋的平均位置在 45°N～50°N 一带，且随着季节有南北位移，最北可达 70°N 或更北，最南可达 25°N～30°N 或以南。就影响世界主要航区的锋面气旋而言，其源地主要在东亚和北美东部海岸地区，且冬季北美中部和东部的气旋要比亚洲多得多。来自东亚的锋面气旋影响北太平洋，影响北大西洋的锋面气旋则主要来自北美大陆和美国东部沿海。此外，北太平洋中部、东北太平洋和北大西洋中部也有锋面气旋生成。

2. 气旋的主要移动路径

研究表明，气旋在产生后，主要受西风带基本气流的引导，大体自西向东移动（无论南北半球均如此），西风带基本气流常呈波状前进，主要的气旋路径就出现在高空平均大槽东部的西南气流中。因此，东亚气旋入海后，沿东亚大槽槽前的西南气流向东北方向移动，不断并入阿留申低压，形成了北太平洋上的主要气旋路径。北美气旋入海后，是沿北美大槽槽前的西南气流向东北方向移动，最终并入冰岛低压，形成了北大西洋上的主要气旋路径。此外，还需注意的是，在太平洋中部，40°N，160°W ~ 170°W 东北太平洋附近海域气旋发生和通过的频数最多，并且通常气旋在此强烈发展，后绝大多数向东北方向迅速移动（移速可达 35 ~ 40 kn），常常使船舶来不及避离，气旋最终移至北美的太平洋沿岸和阿拉斯加湾；另外，发生和通过北大西洋中部的锋面气旋主要移向北欧，部分移入地中海。

3. 气旋的时间变化特点

就整个北太平洋海域而言，冬季（12 月至翌年 2 月）是气旋活动最频繁且发展最强烈的季节，1 月是全年气旋出现频率最高的月份，所占海域也最广，可达 30°N 以南；夏季气旋活动明显减少且强度减弱，7 月是全年气旋出现频率最低的月份，所占海域也向北收缩。北大西洋上的气旋活动具有与北太平洋相似的特点，即冬、春两季频率高、强度大、影响范围广，夏季气旋频率低、强度弱且范围北缩。在冬季，与影响北太平洋上来自东亚的气旋相比，影响北大西洋的来自北美中部和东部的气旋要多得多。

4. 气旋的移速

统计表明，锋面气旋在东亚的平均移速为 30 ~ 40 km/h，在北美约为 45 km/h，快的可达 100 km/h，慢的则只有 15 km/h。从气旋生命史的各个阶段来看，通常在初生和发展阶段的移速快，出生阶段最快，而锢囚和消亡阶段的移速慢。从季节来看，春季移速快，夏季移速慢。

※ **自我检测** 5：通常太平洋锋面气旋的移动方向________。

A. 与暖锋前地面等压线走向大体一致

B. 与暖区地面等压线走向大体一致

C. 与冷锋后地面等压线走向大体一致

D. 与冷锋后的风向大体一致

五、爆发性气旋

爆发性气旋俗称“气象炸弹”，是冬半年中高纬度洋面强烈发展的锋面气旋，爆发性发展的气旋可达到台风强度。它常伴有大范围的 9 ~ 11 级强风，具有很强的破坏力，严重威胁船舶的航行安全。

一般，当气旋发展速度达到 24 h 降低 24 hPa 或 12 h 降低 12 hPa 时，就定义为爆发性气旋，即气旋中心不论在哪一纬度上，其中心气压的加深率只要 24 h 达到 24 hPa，就称为爆发性气旋。

爆发性气旋常常发生在北半球中高纬的洋面上，素有“温带台风”之称。这种气旋在短时间内强烈发展，地面中心气压大幅度下降，迅速增加到 30 m/s 以上，即达到强台风的风力。爆发性气旋常常伴有强对流暴雪等强烈天气，给海上作业带来严重的威胁和灾难。北太平洋爆发性气旋主要发生在 135°E 以东，160°W 以西，35°N 以北的洋面上。东亚大陆及邻近海域很少有气旋有爆发性发展，而在其东侧的西北太平洋洋面

(35°N～55°N,140°E～170°E)是爆发性气旋的高发海域,约占82%。

※ **自我检测6**:爆发性气旋俗称“气象炸弹”,主要发生在________。

A. 春季海洋上　　B. 夏季海洋上

C. 秋季海洋上　　D. 冬季海洋上

六、影响我国海域的锋面气旋

统计表明,东亚的锋面气旋主要发生在两个地区:北面的一个位于45°N～55°N,习惯上称为北方气旋,包括蒙古气旋(大多生成于蒙古中部和东部),东北气旋(又称东北低压,多系蒙古气旋或河套、华北及渤海等地气旋移到东北地区而改称的),黄河气旋(生成于河套及黄河下游地区),黄海气旋(生成于黄海或由内陆以来的气旋)等。另一个,即南面的一个位于25°N～35°N,即我国江淮流域,东海和日本南部海面的广大地区,习惯上称为南方气旋,包括江淮气旋(主要发生在长江中下游、淮河流域和湘赣地区),东海气旋(生成活动于东海地区,也有江淮气旋东移入海后改称的)等。

东亚锋面气旋移动路径主要有三种(见图4-20):一是自西向东;二是自西南向东北;三是先自西北向东南,再折向东北。

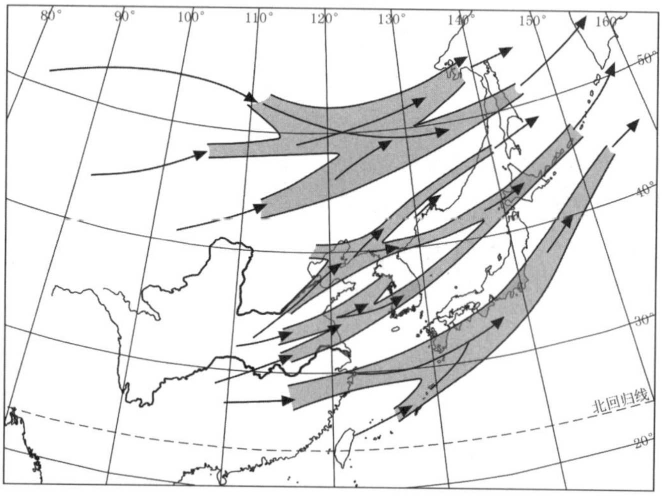

图4-20　东亚锋面气旋移动路径

(各条路径的宽窄,表示沿该路径气旋数目的相对数量)

以下主要介绍对我国沿海影响较大的锋面气旋的活动特点。

1. 东北气旋

东北气旋是生成于蒙古、河套、华北以及渤海等地并都经过东北地区的气旋,又称东北低压。东北气旋与蒙古气旋相似,都是从其他地区移来的,是我国气旋中发展最强的一类,它一年四季都可出现,以春、秋两季最为频繁。东北气旋常能引起大范围的大风、风沙、雷暴及强烈降水等灾害性天气,冬季能引导气旋后部冷空气南下,造成寒潮天气。

2. 黄河气旋

黄河气旋主要生成于河套、黄河下游及以东的海面上，常常影响黄河下游、辽东半岛、山东半岛、渤海、黄海北部和中部的海面。黄河气旋一年四季均可发生，但以 6—9 月为最多，约占全年总数的 80%。黄河气旋常出现较强的大风，风力可达 8 级以上，当其向渤海移动时，渤海和辽东半岛一带常出现 5 ~ 7 级的大风。若水汽充沛，则还可出现大到暴雨。黄河气旋的移动路径主要有三条：

(1) 气旋东移入海，不大发展。

(2) 向东北方向沿山东半岛入海，也不大发展。

(3) 自东北偏北方向经渤海进入东北地区，气旋往往会得到发展。

3. 江淮气旋

江淮气旋主要生成于长江中下游、淮河流域和湘赣地区。全年均可出现，但以春季和初夏(3—7 月)为最多，约占全年总数的 2/3，其中 6 月最为活跃。

江淮气旋生成后，长江、淮河及黄河下游等广大地区都会出现大片云系和降水，降水区常在 700 hPa 高空槽线(或切变线)与地面锋线之间，它是造成江淮地区暴雨的重要天气系统之一。另外冷锋后和暖锋前常因暖的雨滴蒸发而形成很低的碎雨云和锋面雾；入夏前的春季，一般大陆比海洋冷，在气旋东部，东南风把海上的暖湿空气输送到沿海及大陆，常常因冷却而形成平流雾或低云，甚至出现毛毛雨，使海面能见度十分恶劣。这种恶劣天气区随着气旋移动，海上航行的船舶要特别注意。

江淮气旋一般在陆上风速不大，而入海后常常能迅速发展产生较强的大风，暖锋前为偏东大风，暖区为偏南大风，冷锋后则为偏北大风，主要影响黄海南部和中部海面，有时也会影响黄海北部及渤海一带。

4. 东海气旋

东海气旋主要是在东海海域发生、发展的气旋或江淮气旋移入东海后改称的，常常会影响东海和黄海南部海域。东海气旋多发生在春季，其次为冬季，夏季最少。东海气旋水汽丰富，因而多阴雨天气，降水区主要分布在气旋中心附近。气旋后部常有偏北大风，大风发生往往很突然，风力以靠近气旋中心江苏南部、浙江和福建北部最强，有时可达 7 ~ 8 级。值得注意的是，台湾海峡由于地形的影响，当冷锋过境时风力更大。

东海气旋生成后先是向东北偏东方向移动，到达日本南部海面后常会强烈发展，其移向转为东北，因此对朝鲜、日本一带海区的天气影响很大，常带来大风、降水和低能见度等恶劣天气，影响范围也不断扩大。

此外，值得注意的是，在渤海中也偶尔有气旋新生，通常在 12 h 之内突然产生，后迅速加深造成大风，常称为渤海低压。渤海低压一般可持续 12 ~ 24 h，然后移向东北地区。目前，对渤海的这种新生气旋的预报还有一定的困难，因此在此活动的船舶必须多加注意。

※ **自我检测 7**：主要影响黄海南部和黄海中部洋面上航行船舶的气旋是________。

A. 日本低压　　B. 江淮气旋　　C. 东海气旋　　D. 黄河气旋

【天气小谚语】

空中鱼鳞天，不雨也风颠。

第四节 冷高压

【本节内容】

熟悉反气旋的定义、流场结构及主要天气特征；熟悉反气旋的范围和强度的衡量标准；熟悉反气旋的两种分类方法；掌握冷高压的天气模式；了解冷高压的活动规律；熟悉寒潮的概念及寒潮过境的天气特征；熟悉冷空气的源地和路径。

【案例导入】

寒潮来袭　直升机救助海上遇险人员

寒潮是指冬半年来自极地或寒带的寒冷空气，像潮水一样大规模地向中、低纬度侵袭。寒潮袭击时会造成气温急剧下降，并伴有大风和雨雪天气，对工农业生产、群众生活和人体健康等都有较为严重的影响。寒潮还影响航海航运，寒潮大风到达海上时，由于海面摩擦因素小，风力一般可达 7～8 级，阵风甚至达到 11～12 级，江面大风会导致港口封航，出入境船舶被取消出入境计划，被取消出境计划的船舶均滞留码头、锚地，等待安全时机出港。因此，当寒潮来袭时，海上的航运常常被迫停止，船只需进港避险。另外，寒潮大风可以制造海上风暴潮，形成数米高的巨浪，对海上船只有毁灭性的打击。

案例视频
寒潮来袭

一、反气旋概述

1. 反气旋的概念

从流场上看，反气旋（见图 4-21）是一个占有三度空间的大尺度空气涡旋。在北半球，反气旋范围内的空气做顺时针旋转，在南半球做逆时针旋转；从气压场上看，在同一高度上，反气旋中心的气压比四周高，故又称高气压（简称高压）。

因此，反气旋和高压是同一天气系统分别在流场和气压场的名称，除低纬地区外，一般两者可以相互换用。

※ **自我检测 1**：南半球反气旋的流场结构大体为________。

A. 低层顺时针辐散、上层辐合并伴有上升运动

B. 低层逆时针辐合、上层辐散并伴有下沉运动

C. 低层逆时针辐散、上层辐合并伴有下沉运动

D. 低层顺时针辐散、上层辐合并伴有下沉运动

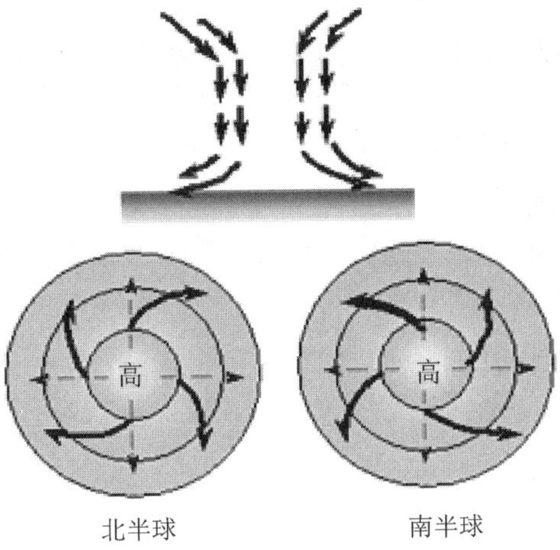

图 4-21 反气旋的流场

2. 反气旋的强度

反气旋的强度一般用其中心气压值来表示。对于反气旋,中心气压值越高,反气旋的强度越强;反之,越弱。另外,反气旋的强度还可以用其中的最大风速来度量,最大风速越大,反气旋越强;反之,越弱。反气旋中的强风一般出现在外围。

地面反气旋的中心气压值一般为 1 020 ~ 1 040 hPa,冬季最强的反气旋中心气压曾高达 1 083.8 hPa。反气旋一般是陆上的比海上的强,冬季的比夏季的强。

反气旋的强度随时间是不断变化的。对反气旋而言,若中心气压值随时间增加,则称为反气旋加强或发展;若中心气压值随时间降低,则称为反气旋减弱。

※ **自我检测 2**:当低层辐散大于高空辐合时,反气旋将________。

A. 加强　　B. 减弱

C. 保持不变　　D. 与高空辐合无关

3. 反气旋的范围

反气旋的水平尺度(范围)以最外围一条闭合等压线的直径长度来表示。通常反气旋的范围要比气旋大得多,一般为 1 500 ~ 2 000 km,发展强盛时可以达到 5 000 km 或以上,大的反气旋可以和最大的大陆和海洋相比。例如,冬季亚洲大陆上的反气旋往往占据整个亚洲大陆面积的 3/4,小的反气旋直径也有数百千米。

4. 反气旋的分类

反气旋根据形成和活动的地理区域,可分为极地反气旋、温带反气旋和副热带反气旋;根据其热力结构,分为冷性反气旋和暖性反气旋。活动于中高纬对流层中下层的温带反气旋属于冷性反气旋,又称为冷高压;活动于副热带地区的反气旋属于暖性反气旋,又称为副热带高压。

5. 反气旋一般天气特征

在近地面层,由于摩擦作用,反气旋区域内的气流在做顺时针(北半球)或逆时针

(南半球)旋转的同时,自中心向四周辐散,因而反气旋区低层为空气的水平辐散,中心区域盛行下沉气流,天气以晴好为主,风也较小。其边缘不同部位的天气随与周围天气系统的配置情况而异。

微课视频
反气旋

※ **自我检测** 3:下列说法正确的是________。

A. 高压处处是晴好天气　　B. 高压边缘是晴好天气

C. 高压中心是阴雨天气　　D. 高压中心是晴好天气

二、冷高压天气模式

(一)冷高压概况

冷高压形成于寒冷的中高纬地区,如北半球的格陵兰、加拿大、北极、西伯利亚和蒙古等地,一年四季均有活动,尤其在冬半年势力最强,活动最为频繁,往往造成降温、大风和降水天气,是影响中、高纬广大地区的重要天气系统之一。

冷高压出现在对流层中下层,由冷空气聚集形成,随高度上升强度减弱,属于冷性浅薄的天气系统。亚洲大陆面积广阔,北部地区冬半年气温很低,南部又有青藏高原和东西走向的高大山脉阻挡冷空气南下,因此成为北半球冷高压活动最为频繁、发展最强的地区,亚洲的冷高压是世界上最强大的冷高压(见图4-22),对东亚和西北太平洋地区天气和气候都有重大影响,它的活动往往和冷空气活动联系在一起,势力强大的冷高压南下侵入我国,往往带来一次次的寒潮天气过程。

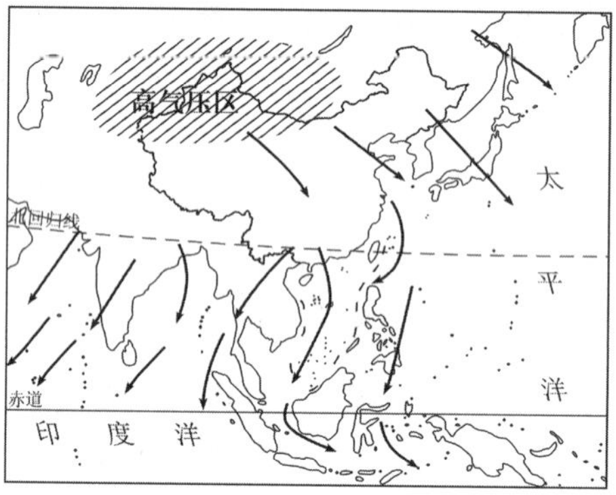

图4-22　亚洲冷高压

(二)冷高压天气特征

处于冷高压的不同部位,其天气特征往往是不同的,一般把冷高压分为前部、内部和后部三个部分。

1. 冷高压前部(东部)

冷高压入侵时,它所造成的恶劣天气主要出现在冷高压前缘的冷锋附近,此处等压线密集,水平气压梯度大,冷平流较强。其主要的天气特点:冷锋过境后,气温明显下降,偏北风较大,并常伴有雨雪。降温幅度和风力大小则因冷空气强度、路径及季节的不同而有差异,冬半年,强大的冷高压南下侵入我国时,常使气温剧烈下降,风力猛增,出现寒潮天气。在高纬度的海上航行时,处在冷高压的前部除了可能遭遇大风浪外,由于气温剧降,还容易引起船体积冰。

2. 冷高压内部(中部)

冷锋过后,则转受冷高压内部控制,气压升高,此时等压线变得稀疏,风速也明显减小。由于气团干冷,盛行下沉气流,故以晴冷、少云天气为主,风力微弱。在内陆、港口和沿海,由于辐射逆温和下沉逆温的存在易出现辐射雾、烟、霾等现象,能见度变坏。冬季可能有层云、层积云出现,夏季可能有淡积云出现。下沉逆温层上的波动,还易形成波状云。高压中部天气一般维持 2 ~ 3 天,以后随着气团的逐渐变性增暖,气温开始回升。

3. 冷高压后部(西部)

当冷高压中心入海后,我国沿海地区便处在高压后部,气压逐渐下降,偏南风,风力不大,偏南气流把海上的暖湿空气输送过来,气温有所回升且湿度增大。春季在入海变性的冷高压后部,还常出现平流雾、毛毛雨或层云。

※ **自我检测 4**:北半球移动性冷高压前部的一般天气特征是________。

A. 明显降温、偏东大风　　B. 明显降温、偏北大风

C. 晴冷、少云、微风　　D. 气温回升、偏南风

微课视频
冷高压天气模式

三、冷高压的活动规律

(一)冷高压的移动和变化

冷高压的活动相当频繁,我国一年四季都有冷空气活动,但强度和影响的范围随季节而不同。据统计,冬季一次强冷高压的活动过程平均为 7 天左右。东亚地区每 3 ~ 5 天就有一次,活动地区主要在蒙古西部到我国河套地区呈西北—东南走向的狭长地带内,夏季冷高压强度一般很弱。冷高压的移动受其上空 3 ~ 5 km 高度的气流的引导,移向和高空气流相一致,总体上是自西向东或自西北向东南方向移动,实际工作中一般用 700 hPa 气流来预报地面冷高压的移动效果较好。

实际上,冷高压的移动情况有多种形式,有时是整个高压一起移动,有时是高压中心基本不动,只是向某个方向或两个方向伸出高压脊,伸出的高压脊也可以发展成为一个脱离母体的单独的高压中心。冷高压在东移和南下过程中,由于变性会使高压中心产生分裂,它们在我国消失的不多,多数经我国后东移入海,在海上变性为暖高压,最后并入副热带高压中。

(二)冷空气的源地和路径

冷空气是导致天气变化的重要角色。我国大部分地区的天气过程大多表现为一次

又一次的冷空气南下过程。冬半年,我国常处于东亚大槽后部,冷空气活动对我国天气的影响十分显著,即使在夏季,冷空气活动也是引起大风、降水、冰雹等恶劣天气的重要原因。因此,要做好天气预报必须密切注意上游地区冷空气的活动情况。

冷空气与冷高压之间的关系十分密切。在冷空气南下前,冷高压提供了形成冷气团的理想环流条件,当冷高压主体从北方或西北方南下到达一定纬度静止时,其前方常以"扩散"形式分出一股股冷空气向偏南方向移动(这些冷空气在气压场上表现为小的冷高压单体或高压脊,它们一般移动得很快)。冷高压的强度能反映冷空气势力的强弱,冷高压强度越强,其前方扩散出的冷空气也越强,强冷空气会给所经之地带来剧烈的降温、霜冻、大风等灾害性天气。

1.冷空气的源地

冷空气源地是指冷空气开始形成和聚集的地区。据统计,影响我国的强冷空气源地主要有三个:

(1)新地岛以西的北方寒冷的洋面,来自这个地区的冷空气最多,达到寒潮强度的也最多。

(2)新地岛以东的北方寒冷的洋面,来自这个地区的冷空气频数不高,但强度较强,达到寒潮强度的也较多。

(3)冰岛以南洋面,来自这个地区的冷空气频数较多,但强度较弱,因此达到寒潮强度的较少。

※ **自我检测 5**:冬季冷空气南下,冷锋抵达我国东南沿海时风力最强劲海域________。

A.长江口　B.成山角附近　C.珠江口　D.台湾海峡

2.冷空气的路径

冷空气的路径是指冷空气主体移动的路线。统计结果表明,上述三个源地的冷空气在侵入我国之前,95%要经过西伯利亚中部地区(70°E~90°E,43°N~65°N),并在那里积累加强,故该地区称为"寒潮关键区"。影响我国的冷空气源地、路径及关键区如图 4-23 所示。

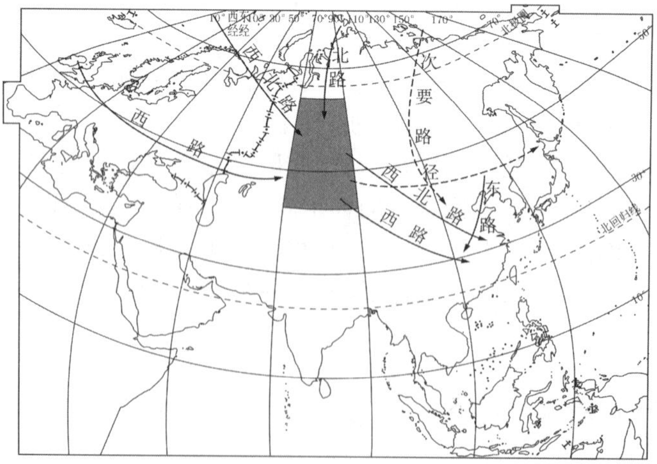

图 4-23　影响我国的冷空气源地、路径及关键区

冷空气从关键区南下侵入我国的路径一般有四条：

(1)西北路(中路)

冷空气从关键区经蒙古到达我国河套地区附近南下，直达长江中下游及江南地区，受该路冷空气影响，长江以北以偏北大风和降温为主，江南有雨雪。

(2)西路

冷空气从关键区经我国新疆、青海，从西藏高原东侧南下，主要影响西北、西南和江南各地，一般强度不大。

(3)东路

冷空气从关键区经蒙古到达我国内蒙古及东北地区，以后其主力继续东移，但低层冷空气折向西南，经渤海侵入华北，直达两湖盆地。此路冷空气常使渤海、黄海、黄河下游及长江下游出现东北大风。

(4)东路加西路

东路冷空气从河套下游南下，西路冷空气从青海以东南下，两股冷空气在黄土高原东侧、黄河和长江之间汇合继续南下，造成黄河、长江之间大范围的雨雪和大风天气。

冷空气从关键区到入侵我国西北地区，一般需要1~2天；入侵华北、东北地区，一般需要3天左右；入侵长江以南地区，需要4天左右。

(三)我国对冷空气的等级划分

冷空气，特别是强冷空气和寒潮是我国重大的灾害之一，它具有发生频率高、持续时间长、影响范围广、致灾严重等特点，给我国国民经济，特别是农业生产造成巨大损失。长期以来，我国气象工作者对于冷空气，特别是寒潮标准进行了大量的研究。但由于我国幅员辽阔，各地的自然地理和气候差异很大，因此过去几十年冷空气的分级标准各地不统一，并且时有更改，有的还不够科学、合理。

为了统一和规范影响我国单站的冷空气分级标准，国家气象局于2006年制定出台了《冷空气等级》国家标准，根据受影响地区在一定时段内日最低气温的下降幅度和日最低气温值两个指标将冷空气分为弱冷空气、中等强度冷空气、较强冷空气、强冷空气和寒潮五个等级(见表4-2)。

表4-2 冷空气分级标准

冷空气等级	日最低气温降温幅度	日最低气温
弱冷空气	48 h内小于6 ℃	
中等强度冷空气	48 h内大于或等于6 ℃但小于8℃	
较强冷空气	48 h内大于或等于8 ℃	大于8 ℃
强冷空气	48 h内大于或等于8 ℃	小于或等于8 ℃
寒潮	24 h内大于或等于8 ℃ 或48 h内大于或等于10 ℃ 或72 h内大于或等于12 ℃	小于或等于4 ℃

※ **自我检测6**：一般来说，在影响我国的各路冷空气中，强度较强的路径是________。

A.西路　　B.西北路　　C.东路　　D.东路加西路

微课视频
冷空气活动及寒潮

四、寒潮

1. 寒潮概述

寒潮是当冷高压强度很大时,其前缘冷锋所带来的大规模的强冷空气的南下活动过程。由于这种冷空气来势凶猛,如同汹涌的潮水一样,所以我国气象工作者把它称为"寒潮"或"寒潮爆发",在国际上也有称为"寒流"或"冷波"的。

我国规定,冷空气使某地的日最低气温在24 h内降温幅度大于或等于8 ℃,或在48 h内降温幅度大于或等于10 ℃,或在72 h内降温幅度大于或等于12 ℃,而且使该地的日最低气温下降到4 ℃或以下,则称为寒潮。

寒潮导致灾害严重,持续时间长,有关气象部门将"寒潮预警信号"分为四级:蓝色预警、黄色预警、橙色预警和红色预警(见图4-24)。

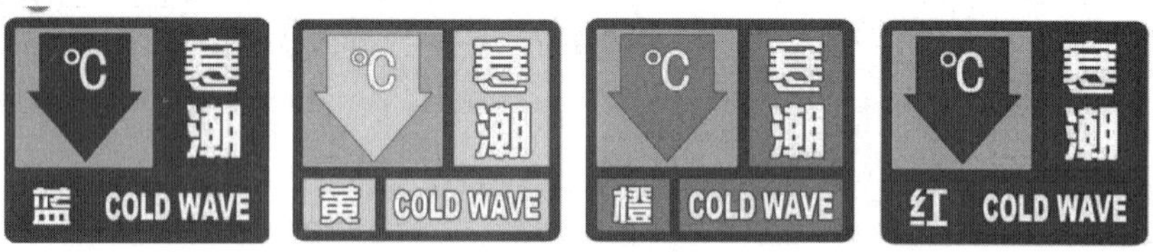

图4-24　寒潮预警信号

(1)寒潮蓝色预警信号:在48 h内最低气温将要下降8 ℃以上,最低气温小于等于4 ℃,陆地平均风力可达5级以上;或者已经下降8 ℃以上,最低气温小于等于4 ℃,平均风力达5级以上,并可能持续。

(2)寒潮黄色预警信号:在24 h内最低气温将要下降10 ℃以上,最低气温小于等于4 ℃,陆地平均风力可达6级以上;或者已经下降10 ℃以上,最低气温小于等于4 ℃,平均风力达6级以上,并可能持续。

(3)寒潮橙色预警信号:在24 h内最低气温将要下降12 ℃以上,最低气温小于等于0 ℃,陆地平均风力可达6级以上;或者已经下降12 ℃以上,最低气温小于等于0 ℃,平均风力达6级以上,并可能持续。

(4)寒潮红色预警信号:在24 h内最低气温将要下降16 ℃以上,最低气温小于等于0 ℃,陆地平均风力可达6级以上;或者已经下降16 ℃以上,最低气温小于等于0 ℃,平均风力达6级以上,并可能持续。

寒潮的形成是由于冬季冷空气在西伯利亚不断堆积加强,当成为强大的冷高压后,在高空低压大槽后部西北气流的引导下,冷空气便大举南侵,于是在我国南岭以北的广大地区形成寒潮或强降温天气过程。

寒潮的爆发需具备两个基本条件:一是要有冷空气的酝酿和积聚过程;二是要有引导冷空气侵入我国的合适流场。

2. 寒潮过程的天气特征

由于寒潮是大规模的强冷空气的活动过程，在地面图上表现为强冷高压南下，因此寒潮天气过程与前述冷高压的天气过程相似，但寒潮天气要剧烈得多，尤其是冷高压前缘的强冷锋附近，出现剧烈的降温和大风，有时还伴有雨、雪或霜冻。在高纬海上航行的船舶，除遭遇大风浪外，还容易引起船体积冰等危害。

寒潮冷锋过境前，一般吹偏南风，风力较弱，天气相对较暖。随着冷锋的接近，气压下降，水平气压梯度增大，偏南风相应增大。冷锋一过境，风向便转为偏北风，气压急剧上升，气温急降，湿度变小。若冷锋南下快，则风向一旦转为偏北风，风速急速增大；若冷锋南下慢，则风向转北后，风速逐渐增大，最大风力常出现在冷锋过境后的 3 h 左右。寒潮大风在海上一般为 6 ~ 8 级，最大可达 10 ~ 11 级，能激起很高的海浪。渤海、黄海、东海北部多为西北到北风，东海南部和南海多为东北风，大风持续时间一般为 1 ~ 2 天，有时在 2 天以上。

寒潮冷锋过境后，随着冷锋的远离，逐渐转受冷高压中部和后部天气的控制，天气特点如前“冷高压天气特征”所述。

当亚洲大陆有寒潮爆发南下时，由于青藏高原和伊朗高原的阻挡作用，强冷空气很少能直接侵袭到南亚地区，但东南亚和南海地区经常遭受强冷空气侵袭，尤其从12 月开始，强冷空气可以直入南海，到达越南南部、马来半岛南部，甚至越过赤道侵入南半球。

除了上述介绍的东亚寒潮之外，在北美洲，极地大陆气团在加拿大堆积形成冷高压，在一定高空环流形势下向南爆发也能形成寒潮天气，冬季常常影响美国中部和东部，有时甚至影响墨西哥沿岸海域。此外，欧洲和南半球的澳大利亚也有寒潮的天气过程。

※ **自我检测** 7：冬季我国沿海在强冷空气入侵前，一般会出现的天气为________。

A. 温暖、吹偏南风　　B. 阴冷、吹东风

C. 晴冷、吹偏微风　　D. 阴冷、吹偏北风

【气象小常识】

为什么说“瑞雪兆丰年”？

冬季天气冷，下的雪往往不易融化，盖在土壤上的雪是比较松软的，里面藏了许多不流动的空气，空气是不传热的，这样就像给庄稼盖上了一条棉被，外面的天气再冷，里面的温度也不会降得很低。当雪融化时，水留在土壤里，对春耕播种以及庄稼的发育都是很有利的，而且雪中含有很多氮化合物，在融雪时带到土壤中成为最好的肥料，所以冬季下几场大雪是来年丰收的预兆。

第五节　副热带高压

【本节内容】

熟悉副热带高压带的形成，理解副热带高压的天气分布特征，了解西太平洋副热带高压的各种特征指数，熟练描述西太平洋副热带高压的季节活动规律及对我国天气的影响。

【案例导入】

全球高温：都是副热带高压“惹的祸”

副热带高压是控制副热带地区的暖性高压系统，强而稳定的高压是控制全球大部分地区的主要推手。盛夏南方地区出现高温，气象专家认为，出梅时间偏早11天，梅雨量偏少。副热带高压是与我国雨带的分布息息相关。

微课视频
副热带高压天气

一、副热带高压概述

由三圈环流的形成可知，在南、北半球的副热带地区（20°～35°纬度），经常维持着沿纬圈分布的稳定而深厚的暖性高压带，称为副热带高压带，简称“副高”。由于海陆分布的影响，副热带高压带常常断裂成若干个具有闭合中心的高压单体。副热带高压主要位于海洋上，无论冬、夏都存在，且冬弱夏强，分别称为北太平洋副热带高压（又称夏威夷高压）、北大西洋副热带高压（又称亚速尔高压）、南太平洋副热带高压、南大西洋副热带高压和南印度洋副热带高压。需要指出的是，南半球由于海陆分布比较均匀，因此副高仍然维持带状结构。

副热带高压是行星尺度的、持久的暖性深厚系统，它是控制热带、副热带地区的永久性大气活动中心，是组成大气环流的重要成员之一。它除了制约热带、副热带地区天气外，对中、高纬度地区天气也有重要影响。出现在西北太平洋上的副热带高压（又称西太平洋副高），西端的脊常常伸到我国沿海，夏季可伸达我国大陆，对我国东部地区及附近海域的天气有直接的和重大的影响。

因此本节主要以西太平洋副高为例来介绍副高的基本特征和活动规律。

※ **自我检测1**：副热带高压带的形成主要取决于________。

A. 太阳辐射和海陆分布　　B. 太阳辐射和地形影响

C. 太阳辐射和地球自转　　D. 地球自转和海陆分布

微课视频
副热带高压概述

二、副热带高压天气分布特征

在高压内部一般是辐散气流占优势，为下沉气流区，特别是副高脊线附近下沉气流盛行，多晴朗少云天气，又因为气压梯度小，所以风力微弱，天气温暖，若西伸脊控制大陆则十分炎热，出现久旱无雨的天气（见图 4-25）。

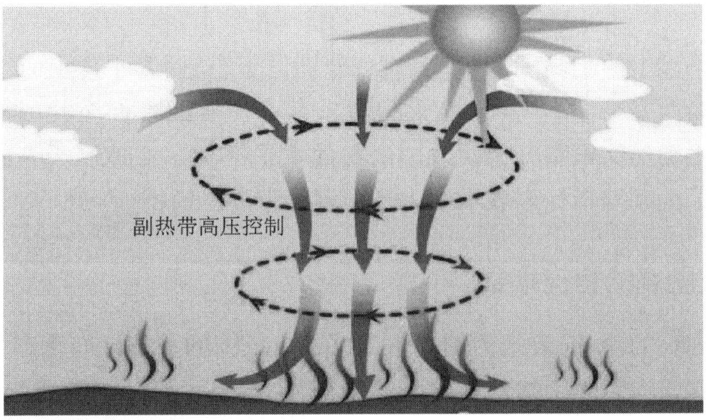

图 4-25　副高控制下的天气

如图 4-26 所示，副高西部和东部的天气有很大差异。在高压东部为偏北的冷气流，且大洋东部存在着冷的涌升流，因此下层数百米高度内成为相对的冷空气层，大气层结稳定，大洋上有时会出现低的层云和雾，长期受其控制的一些陆地，因久旱无雨而变成沙漠。在副高的西部是偏南向的暖气流，而且位于暖海流上空，大气层结不稳定，多雷阵雨和大风。

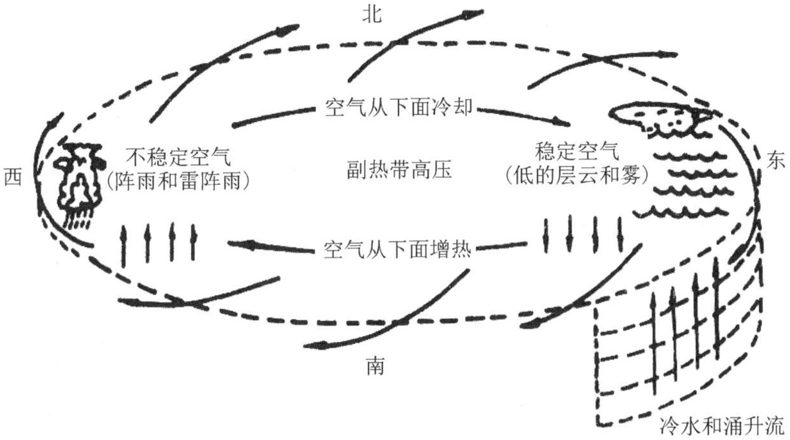

图 4-26　副高各部位天气特征

副高的北侧与盛行西风带相邻，气旋和锋面活动频繁，上升运动强，再加上西部偏南气流带来的丰沛的水汽，于是这些水汽在副高北侧凝结，形成大范围的雨带，雨带通常位于副高脊线以北 5 ~ 8 个纬距处，走向大致和脊线平行。副高南侧是信风气流（东风),通常风向稳定,风力不大,天气晴好。但当有东风波、热带气旋等天气系统时,会出现雷暴、大风、暴雨等强对流天气。

微课视频
西太平洋副高
天气特征

※ **自我检测** 2:西太平洋副高北部边缘与西风带相邻,其天气特征是________。

A. 晴朗少云　　B. 炎热微风　　C. 干燥少雨　　D. 多阴雨和风暴

三、西太平洋副热带高压

夏季北太平洋上的副高多为两个中心,分别位于东、西太平洋上,位于西太平洋上的副高通常称为西太平洋副高(或西太副高),其高压脊线可伸至我国沿海,有时可伸入内陆。为了正确地认识和分析西太副高与西太平洋及东亚地区天气的密切关系,中国气象局定义了一系列指标来表示西太平洋副热带高压的特征。

(一)西太副高的特征指数

西太平洋副高的活动,表现为副高强度、位置、范围的季节性变化和非季节性变化。为了更好地掌握西太平洋副热带高压的活动规律,首先了解一下西太平洋副高的特征指数。

1. 强度指数

以副高中心最高气压值来表示或以 500 hPa 图上 588 位势什米(dagpm)等高线所包围的面积变化来表示。588 线的范围西伸扩展,表示副高增强,其高压脊线也西伸;588 线的范围东撤缩小,表示副高减弱,其高压脊线也东退。

2. 位置指数

以 500 hPa 图上副高脊线(闭合等压线或等高线的长轴)的位置和走向表示副高所在位置和走向,以高压脊线的南北移动来表示副高的南退和北进。

3. 范围指数

以 500 hPa 图上的 588 dagpm 等高线表示副高边缘所伸展的范围。588 线的范围西伸扩展,表示副高增强,其高压脊线也西伸;588 线的范围东撤缩小,表示副高减弱,其高压脊线也东退。

4. 西伸脊点指数

以 500 hPa 图上 588 dagpm 线最西端所在的经度来表示西伸脊点位置。

※ **自我检测** 3:表示副高位置的变化时常用________。

A. 中心气压值　　B. 588 线所包围的面积

C. 南北向脊线　　D. 东西向脊线

(二)西太副高的季节性变化

西太副高受太阳高度及海陆热力差异的影响,有明显的季节变化。冬季,副高势力减弱，退居海上和低纬地区；夏季，副高势力增强，范围扩大，控制副热带地区的海洋和大陆，从春到夏，副高不断北进，入秋以后又南退。副高一年中北进与南退过程并不是匀速进行的，而是表现为稳定少变、缓慢移动和跳跃三种形式。一般北进持续时间较长，速度缓慢，南退经历的时间较短，速度快。

冬季副高脊线在 15°N 附近徘徊，强度较弱，随着季节的转暖，脊线开始缓慢北移，5 月底至 6 月初，特别是 6 月中旬，出现第一次北跳，脊线突然北跃至 20°N 以北，并稳定在 20°N～25°N，高压强度增强，范围扩大。到 7 月中旬，脊线再次北跳，跃过 25°N，到达 25°N～30°N，7 月底到 8 月初，脊线跨越 30°N 到达一年中最北的位置，势力最强。从 9 月起，脊线迅速南退并减弱，9 月上旬脊线第一次回跳到 25°N 附近，10 月上旬回跳到 20°N 以南地区，从而结束了以一年为周期的季节性南北移动。一般在 6—7 月副高跳跃性北进时，其强度亦出现突然增强，到 9 月中旬以后出现突然减弱。图 4-27、图 4-28 为西太平洋副热带高压季节性变动示意图。

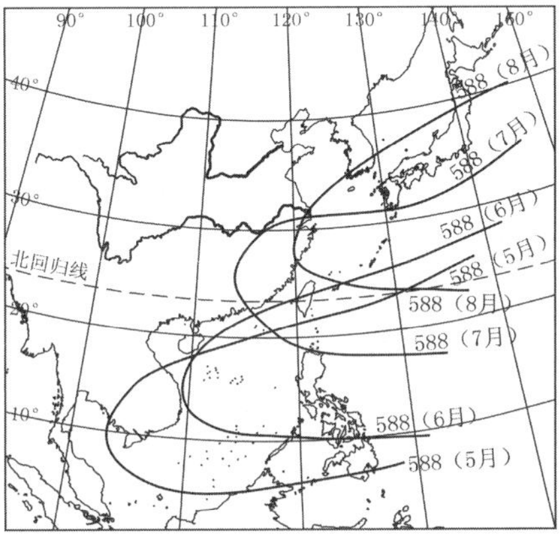

图 4-27　西太平洋副热带高压季节活动（北进）

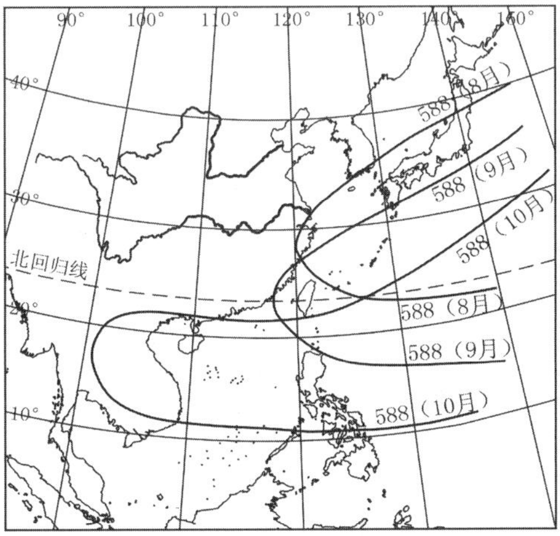

图 4-28　西太平洋副热带高压季节活动（南退）

（三）西太副高的短期变化（非季节性变化）

西太平洋副高在随季节做南退、北进的同时，还存在较短时期的活动。副高的短期变化主要表现为在季节性的北进中可能有短暂的南退，南退中可能有短暂的北进，呈现出南北振荡现象，并且北进常与西伸相结合，南退常与东撤相结合。这种短期变化持续时间长短不一，如果把一个进退作为一个周期，则西太副高的长周期可达 10 天以上，短的仅 1 ~2 天。短期活动在夏季最为明显。研究表明，西太副高的短期变化除内在原因外，大多和周围的天气系统活动密切相关。

※ **自我检测** 4：在西太平洋副高对我国天气影响特别显著的年份，它的强度和位置表现为________。

A. 副高弱、位置偏北、偏西

B. 副高强、位置偏南、偏东

C. 副高强、位置偏北、偏西

D. 副高弱、位置偏南、偏东

微课视频
西太平洋副高特征指数及活动规律

四、西太副高活动对我国沿海天气的影响

西太副高对我国东部地区以及近海的天气影响很大，特别是夏半年表现更为突出。副高的季节性位移影响着我国东部雨带的南北移动。

当副高脊线位于 20°N 以南时，雨带位于华南（27.5°N 以南地区），3 月至 6 月中旬是雨量比较集中的时期，这段时间通常称为华南雨季。其中 2—4 月，副高脊线由 18°N 以南的南海北部缓慢北进，3—4 月华南雨量缓慢增加，5 月上旬、中旬到 6 月上旬，副高脊线位于 18°N ~20°N，华南沿海的雨量陡增，6 月上旬达最大，这段时间一般称为华南前汛期。

从 6 月中旬起，副高脊线北跳过 20°N，稳定在 20°N ~25°N 时，雨带北移至长江中下游和日本一带，华南降水迅速减少，也标志着华南前汛期的结束，长江中下游梅雨期（即江淮的梅雨季节）开始。

到了 7 月中旬前后，副高脊线第二次北跳，跃过 25°N，稳定在 25°N ~30°N，此时雨带移到了黄淮流域，称为黄淮雨季，长江中下游的雨量迅速减少，梅雨结束，开始被西太副高所控制，天气炎热少雨，若副高强大，控制时间长，还会造成严重的干旱。此时的华南又开始多受热带气旋的影响，进入第二个雨量集中期，称为华南后汛期。

从 7 月底到 8 月初，副高脊线进一步北跃过 30°N，雨带也移至华北、东北地区，华北雨季开始，黄淮地区进入酷暑盛夏。9 月副高开始南退，雨带也随之南撤。当副高脊线南退回 25°N 以南后，长江流域进入秋雨季节，脊线退到 20°N 以南时，华南又多阴雨。

副高的变动和某些地区的旱涝关系极为密切，副高的南北季节性移动出现异常时，往往会造成一些地区干旱，另一些地区洪涝的反常现象。例如，1954 年、1980 年、

1991 年副高脊线长时间徘徊于 20°N～25°N，雨带稳定在江淮流域，造成江淮流域夏季洪涝。再如 1998 年，6 月梅雨过后，雨带并没有向北移动，7 月下旬梅雨再度重来，形成了历史上罕见的高强度“二度梅”，引发了自 1954 年以来长江又一次全流域的特大洪水。1978 年和 1983 年，副高脊线很快越过 20°N～25°N 到达 30°N 附近，雨带基本上未能在江淮流域稳定一段时间，江淮地区长时间处于副热带高压的控制之下，造成该地区干旱。

西太平洋高压脊和周围系统的相互作用，会给沿海地区带来阴雨、大风和雾等天气。春末夏初，当西太平洋副高显著加强时，若我国东部沿海有低压（槽）发展，即构成“东高西低”的形势或“南高北低”的形势，副高脊线的西部常出现偏南大风。

此外，若副高西伸脊的边缘正好控制我国沿海，其西侧的偏南气流将低纬的暖湿空气输送到沿岸冷流水域时，常常形成大范围的平流雾或低云。

另外，副高对西北太平洋热带气旋的移动路径也具有决定性的影响。

※ **自我检测 5**：在江淮流域的梅雨期，西北太平洋副高脊线通常稳定在________。

A. 25°N～30°N

B. 15°N～20°N

C. 15°N 附近

D. 20°N～25°N

微课视频
西太平洋副高对我国沿海天气的影响

五、冷高压与副热带高压之比较

冷高压与副热带高压都是反气旋，但它们在许多方面存在着明显差异，主要表现在以下几个方面。

1. 形成原因

副高主要是由于动力因子的作用而形成的；冷高压主要是由于热力因子的作用而形成的。

2. 发生源地

副高主要形成于热带洋面；冷高压形成于高纬大陆。

3. 气压系统随高度的变化

副高是暖性反气旋，是深厚系统，在 500 hPa 及以上天气图上表现明显；冷高压是冷性反气旋，是浅薄系统，在 700 hPa 及以下天气图上表现明显。

4. 水平尺度

副高是行星尺度天气系统，水平范围广；冷高压是大尺度天气系统，水平范围相对较小。

5. 移动特征

副高是准静止性的天气系统，其位置随季节发生南北移动；冷高压是移动性的天气系统，其移动受 700 hPa 高空气流的引导，移速较快。

6. 天气特征

副高西北侧多槽、锋面气旋活动，产生坏天气；冷高压东南侧有冷锋活动，产生坏天气。

【天气小谚语】

早晨天发红，海上警渔翁。

第六节　热带气旋

【本节内容】

熟悉热带气旋的定义、强度等级划分和名称；了解热带气旋的命名和编号；熟悉热带气旋警报的含义；熟知全球热带气旋发生源地和季节；熟悉热带气旋生命史及各阶段特征；理解热带气旋的形成条件；重点掌握热带气旋的结构和天气海况特征；了解热带气旋移动的一般规律；了解影响热带气旋移动的各种力的特点；理解影响热带气旋移动的主要天气系统；了解南海热带气旋的概况及活动规律；了解热带气旋来临前的征兆及热带气旋中心方位的判定；熟悉热带气旋部位的划分，正确判断船舶所处热带气旋部位及合适的避离方法。

【案例导入】

致命气旋——台风

台风是最可怕的天气系统，它给人类带来的灾害超过地震、火山、暴雨、干旱，排在所有自然灾害首位。我国是世界上少数的几个受台风影响最严重的国家之一，平均每年有 7 个左右台风在我国登陆，沿海地区从海南、广西、广东、台湾、福建、浙江、上海、江苏、山东、河北、天津一直到辽宁等省（自治区、直辖市）以及我国中部地区，均可能受到台风活动的影响。专家预计未来影响我国的台风数量将增加。西太平洋暖池区域（一般指热带西太平洋及印度洋东部多年平均海表温度在 28 ℃以上的区域）的对流活动将增强，有利于台风生成。因此，西北太平洋生成热带气旋频数有增加的趋势，强台风和影响我国的台风的频数也会有所增加。

案例视频
史上最强台风

热带气旋（Tropical Cyclone）是发生在热带海洋上的一种强烈的暖性气旋性涡旋，是对流层中最强大的风暴，被称为“风暴之王”（见图 4-29）。据测算，一个达到台风强度的热带气旋的能量相当于 1 万 ~50 万颗原子弹。热带气旋来临时，会带来狂风暴雨的天气，海面产生巨浪和风暴潮，严重威胁海上船舶航行的安全。因此，掌握热带气旋的发生、发展和活动规律对航海活动极为重要。

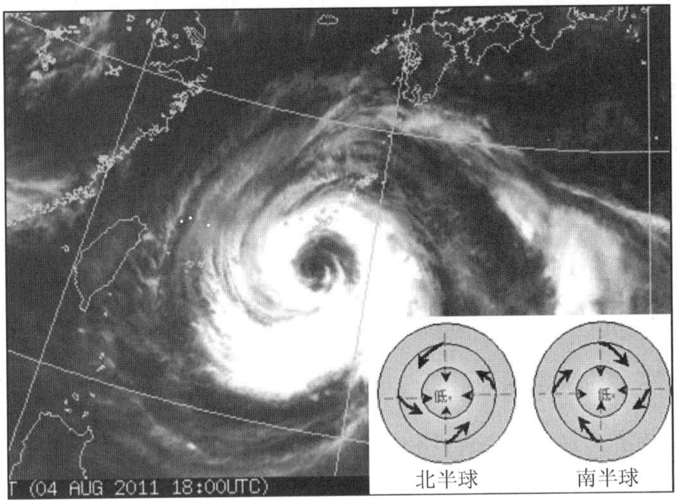

图 4-29　热带气旋流场及云图特征

一、热带气旋天气特征

1. 狂风

发展成熟的热带气旋，最大风速一般可达 60 ~ 70 m/s，少数可超过 100 m/s。热带气旋中心附近的最大风速与热带气旋中心气压有着密切关系，见式(4-1)，气压越低，风力越大。

$$V_{max}=5.7\sqrt{1\,010-P_0} \tag{4-1}$$

2. 暴雨

世界上一些惊人的暴雨记录往往与热带气旋有关。登陆的热带气旋常常会给沿海地区带来 300 ~ 400 mm 的特大暴雨。热带气旋侵入内陆时还能造成大水灾，如 1975 年 8 月 7503 号热带气旋侵入河南省造成千年不遇的特大暴雨，过程总降水量达 1 631 mm，日最大降水量达 1 005.4 mm，1 h 最大降水量达 235 mm，造成了惨重损失。

3. 巨浪

热带气旋中心的极低气压和云墙区的大风，使海面产生巨大的风浪和涌浪。在热带气旋大风区中，海浪都在 5 m 以上，强热带气旋可达 10 m 以上。强烈的波浪给海上船舶航行造成极大的影响和危害。

4. 风暴潮

热带气旋在沿海登陆时，还常造成风暴潮。当其与天文大潮叠加时，可引起海面水位异常上涨，有时冲毁海堤，形成海水倒灌，侵入内陆几千千米，造成巨大灾害。例如，1970 年 11 月，一个热带气旋恰逢天文大潮时在孟加拉湾登陆，暴潮高达 3 ~ 9 m，巨浪高达 20 m，直冲沿海地区，一些岛屿被淹没，死亡人数达 30 万人，是近百年来热带气旋造成的最严重灾难。

※ **自我检测 1**:根据热带气旋中心气压与近中心附近最大风速的近似公式,已知中心气压为 945 hPa,则近中心附近最大风速值约为________。

A. 64 m/s　　B. 46 m/s

C. 46 kn　　D. 64 kn

二、热带气旋的分类等级、命名和编号

(一)热带气旋的等级和名称

国际上根据热带气旋中心附近最大平均风速对其进行分级,并且按产生的地理区域规定了不同的通用标准名称:

(1)在西北太平洋(包括南海)将热带气旋分为四级:

①热带低压 TD(Tropical Depression):风速为 22 ~ 33 kn(风力 6 ~ 7 级)。

②热带风暴 TS(Tropical Storm):风速为 34 ~ 47 kn(风力 8 ~ 9 级)。

③强热带风暴 STS(Severe Tropical Storm):风速为 48 ~ 63 kn(风力 10 ~ 11 级)。

④台风 T(Typhoon):风速≥64 kn (风力≥12 级)。

其中中国气象局根据《关于实施热带气旋等级国家标准》(GB/T 19201—2006)的通知,将热带气旋按中心附近地面最大风速划分为六级:

①热带低压(TD):中心附近最大平均风速为 10.8 ~ 17.1 m/s,即风力 6 ~ 7 级。

②热带风暴(TS):中心附近最大平均风速为 17.2 ~ 24.4 m/s,即风力 8 ~ 9 级。

③强热带风暴(STS):中心附近最大平均风速为 24.5 ~ 32.6 m/s,即风力 10 ~ 11 级。

④台风(TY):中心附近最大平均风速为 32.7 ~ 41.4 m/s,即风力 12 ~ 13 级。

⑤强台风(STY):中心附近最大平均风速为 41.5 ~ 50.9 m/s,即风力 14 ~ 15 级。

⑥超强台风(Super TY):中心附近最大平均风速≥51.0 m/s,风力≥16 级。

(2)在东北太平洋和北大西洋(包括加勒比海、墨西哥湾)分为三级:

①热带低压 TD(Tropical Depression):风速≤33 kn(风力 6 ~ 7 级)。

②热带风暴 TS(Tropical Storm):风速为 34 ~ 63 kn(风力 8 ~ 11 级)。

③飓风 H(Hurricane):风速≥64 kn (风力≥12 级)。

其中美国国家海洋和大气管理局(NOAA)按照风速,将热带气旋分为七级:

①热带低压 TD:风速≤33 kn(风力 6 ~ 7 级)。

②热带风暴 TS:风速为 34 ~ 63 kn(风力 8 ~ 11 级)。

③一级飓风:风速为 64 ~ 82 kn(风力 12 ~ 13 级)。

④二级飓风:风速为 83 ~ 95 kn(风力 14 ~ 15 级)。

⑤三级飓风:风速为 96 ~ 113 kn(风力 16 ~ 17 级)。

⑥四级飓风:风速为 114 ~ 135 kn。

⑦五级飓风：风速 >135 kn。

(3)阿拉伯海和孟加拉湾将热带气旋分为两级：

①低气压 D(Depression)：风速 <8 级。

②气旋性风暴 CS(Cyclone Storm)：风速≥8 级。

微课视频
热带气旋的分类
标准和名称

(二)热带气旋的命名和编号

1. 热带气旋的命名

人们对台风的命名始于 20 世纪初，据说，首次给台风命名的是 20 世纪早期的一个澳大利亚预报员，他把热带气旋取名为他不喜欢的政治人物，借此，气象员就可以公开地戏称它。

在西北太平洋，正式以人名为台风命名始于 1945 年，开始时只用女人名，据说因受到女权主义者的反对，从 1979 年开始，用一个男人名和一个女人名交替使用。直到 1997 年 11 月 25 日—12 月 1 日，在香港举行的世界气象组织(简称 WMO)台风委员会第 30 次会议上决定，西北太平洋和南海的热带气旋采用具有亚洲风格的名字命名，并决定从 2000 年 1 月 1 日起开始使用新的命名方法。

新的台风命名方法是事先制定的一个命名表，然后按顺序年复一年地循环重复使用。命名表共有 140 个名字，分别由 WMO 所属的亚太地区的柬埔寨、中国、朝鲜、日本、老挝、马来西亚、密克罗尼西亚、菲律宾、韩国、泰国、美国以及越南等 14 个成员提供，每个成员提供 10 个名字。这 140 个名字分成 10 组，每组 14 个名字。按每个成员英文名称的字母顺序依次排列，按顺序循环使用，即西北太平洋和南海热带气旋命名表(见表 4-3)。同时，保留原有热带气旋的编号。具体而言，每个名字不超过 9 个字母；容易发音；在各成员语言中没有不好的意义；不会给各成员带来任何困难；不是商业机构的名字；选取的名字应得到全体成员的认可，如有任何一成员反对，这个名称就不能用作台风命名。

根据规定，一个热带气旋在其整个生命过程中无论加强或减弱，始终保持名字不变。这些名字大多出自提供国和地区家喻户晓的传奇故事等。中国提供的名字是："海葵""玉兔""风神""杜鹃""海马""悟空""海燕""海神""电母""海棠"。浏览台风命名表，已很少用人名，大多使用了动物、植物、食品等的名字，还有一些名字是某些形容词或美丽的传说，如玉兔、悟空等。"杜鹃"这个名字是由中国提供的，就是我们熟悉的杜鹃花；"科罗旺"是由柬埔寨提供的，是一种树的名字："莫拉克"是由泰国提供的，意为绿宝石："伊布都"是由菲律宾提供的，意为烟囱或将雨水从屋顶排至水沟的水管。

根据规定，一个热带气旋在其整个生命过程中无论加强还是减弱，始终保持名字不变。例如，0704 号热带风暴、强热带风暴和台风，其英文名均为"Man-Yi"，中文名为"万宜"。为避免一名多译造成的不必要的混乱，中国已确定了一套统一的中文译名。

表 4-3　西北太平洋和南海热带气旋命名表

英文名	中文	英文名	中文	英文名	中文	英文名	中文	英文名	中文	名字来源
Damrey	达维	Kong-rey	康妮	Nakri	娜基莉	Krovanh	科罗旺	Sarika	莎莉嘉	柬埔寨
Haikui	海葵	Yutu	玉兔	Fengshen	风神	Dujuan	杜鹃	Haima	海马	中国
Kirogi	鸿雁	Toraji	桃芝	Kalmaegi	海鸥	Mujigea	彩虹	Meari	米雷	朝鲜
Kai-tak	启德	Man-yi	万宜	Fung-wong	凤凰	Choi-wan	彩云	Ma-on	马鞍	中国(香港)
Tembin	天秤	Usagi	天兔	Kammuri	北冕	Koppu	巨爵	Tokage	蝎虎	日本
Bolaven	布拉万	Pabuk	帕布	Phanfone	巴蓬	Ketsana	蔷琵	Champi	洛坦	老挝
Sanba	三巴	Wutip	蝴蝶	Vongfong	黄蜂	Parma	烟花	In-fa	梅花	中国(澳门)
Jelawat	杰拉华	Sepat	圣帕	Nuri	鹦鹉	Melor	茉莉	Merbok	苗柏	马来西亚
Ewiniar	艾云尼	Fitow	菲特	Sinlaku	森拉克	Nepartak	尼伯特	Nanmadol	南玛都	密克罗尼西亚
Maliksi	马力斯	Danas	丹娜丝	Hagupit	黑格比	Lupit	卢碧	Talas	塔拉斯	菲律宾
Kaemi	格美	Nari	百合	Changmi	蔷薇	Mirinae	银河	Noru	奥鹿	韩国
Prapiroon	派比安	Wipha	韦帕	Mekkhala	米克拉	Nida	妮妲	Kulap	玫瑰	泰国
Maria	玛莉亚	Francisco	范斯高	Higos	海高斯	Omais	奥麦斯	Roke	洛克	美国
Son Tinh	山神	Lekima	利奇马	Bavi	巴威	Conson	康森	Sonca	桑卡	越南
Bopha	宝霞	Krosa	罗莎	Maysak	美莎克	Chanthu	灿都	Nesat	纳沙	柬埔寨
Wukong	悟空	Haiyan	海燕	Haishen	海神	Dianmu	电母	Haitang	海棠	中国
Sonamu	清松	Podul	杨柳	Noul	红霞	Mindulle	蒲公英	Nalgae	尼格	朝鲜
Shanshan	珊珊	Lingling	玲玲	Dolphin	白海豚	Lionrock	狮子山	Banyan	榕树	中国(香港)
Yagi	摩羯	Kajiki	剑鱼	Kujira	鲸鱼	Kompasu	圆规	Washi	天鹰	日本
Leepi	丽琵	Faxai	法茜	Chan-hom	灿鸿	Namtheun	南川	Pakhar	帕卡	老挝
Bebinca	贝碧嘉	Peipah	琵琶	Linfa	莲花	Malou	玛瑙	Sanvu	珊瑚	中国(澳门)
Rumbia	温比亚	Tapah	塔巴	Nangka	浪卡	Meranti	莫兰蒂	Mawar	玛娃	马来西亚
Soulik	苏力	Mitag	米娜	Soudelor	苏迪罗	Fanapi	凡亚比	Guchol	古超	密克罗尼西亚
Cimaron	西马仑	Hagibis	海贝思	Molave	莫拉菲	Malakas	马勒卡	Talim	泰利	菲律宾
Chebi	飞燕	Noguri	浣熊	Goni	天鹅	Megi	鲇鱼	Doksuri	杜苏芮	韩国
Mangkhut	山竹	Rammasun	威马逊	Morakot	艾莎尼	Atsani	暹芭	Khanun	卡努	泰国
Utor	尤特	Matmo	麦德姆	Etau	艾涛	Aere	艾利	Vicente	韦森特	美国
Trami	潭美	Halong	夏浪	Vamco	环高	Songda	桑达	Saola	苏拉	越南

2. 热带气旋的除名

一般情况下，事先制定的命名表按顺序年复一年地循环重复使用，但遇到特殊情况，命名表也会做一些调整，如当某个台风造成了特别重大的灾害或人员伤亡而声名狼藉，成为公众知名的台风后，为了防止它与其他的台风同名，台风委员会成员可申请将其使用的名称从命名表中删去，也就是将这个名称永远命名给这次热带气旋，其他热带气旋不再使用这一名称，比如说被除名的台风“云娜”。当某个台风的名称被从命名表中删除后，台风委员会将根据相关成员的提议，对热带气旋名称进行增补。

3. 热带气旋的编号

在2000年之前，我国中央气象台将发生在西北太平洋（经度180°以西，赤道以北）上风力≥8级的热带气旋，从每年1月1日起按出现的先后顺序进行数字编号。从

2000 年 1 月 1 日起,我国与亚太地区的许多国家一道同时启用一套新的这一区域的热带气旋命名法,并保留原来热带气旋编号法以配合使用。

台风的实际命名使用工作由日本气象厅东京区域专业气象中心负责,日本气象厅将西北太平洋或南海上的热带气旋确定为热带风暴强度时,即根据列表给予名称,并同时给予一个四位数字的编号。编号中前两位为年份,后两位为热带风暴在该年生成的顺序。例如,0704,即 2007 年第 4 号热带风暴。

日本对热带气旋既有编号又有命名。日本气象厅对热带气旋的编号与我国的不完全一致,但命名方法与我国一致。

美国对热带气旋不编号,而是对每一个热带气旋起英文名字,建立命名表,命名表中热带气旋名字中的第一个英文字母按英文字母表的顺序命名和排列。

※ **自我检测** 2:从 2000 年 1 月 1 日起,西北太平洋 14 个成员对进入________的热带气旋进行统一命名和编号。

A. 140°E 以西、赤道以北

B. 180°E 以西、赤道以北

C. 140°E 以西、10°N 以北

D. 180°E 以西、10°N 以北

微课视频
热带气旋编号、命名和警报

三、热带气旋警报

热带气旋警报是指气象部门发布的关于热带气旋的实况、警报、预报等内容的公众广播或电报,根据编号热带气旋的强度、影响时间和程度可分为消息、警报和紧急警报三级。

1. 消息

当热带气旋远离或尚未影响到预报责任区或未来 72 h 内将影响责任区时,根据需要发布“消息”,报道编号热带气旋的情况,警报解除时也可使用“消息”方式。

2. 警报

预计未来 48 h 内(强)热带风暴或台风将袭击或严重影响预报责任区时发布警报;(强)热带风暴或台风正在严重影响预报责任区时也要发布警报。

3. 紧急警报

预计未来 24 h 内(强)热带风暴或台风将登陆或靠近预报责任区沿海时发布紧急警报。

根据《中央气象台气象灾害预警发布办法》,我国的热带气旋警报通常称为台风预警,台风预警信号分为四级,按强度等级由弱到强依次为蓝色、黄色、橙色和红色(见表 4-4)。

表 4-4　热带气旋预警信号

预警信号名称	预警信号标志	预警信号含义
蓝色预警信号		在 24 h 内可能或已经受热带气旋影响，沿海或陆地平均风力可达 6 级以上，或阵风 8 级以上并可能持续
黄色预警信号		在 24 h 内可能或已经受热带气旋影响，沿海或陆地平均风力可达 8 级以上，或阵风 10 级以上并可能持续
橙色预警信号		在 12 h 内可能或已经受热带气旋影响，沿海或陆地平均风力可达 10 级以上，或阵风 12 级以上并可能持续
红色预警信号		在 6 h 内可能或者已经受热带气旋影响，沿海或陆地平均风力达 12 级以上，或阵风 14 级以上并可能持续

四、热带气旋的源地和发生频率

1. 全球热带气旋发生源地

全球热带气旋发生源地主要集中在八大海区（见图 4-30），即西北太平洋、东北太平洋、西南太平洋、西北大西洋、孟加拉湾、阿拉伯海、南印度洋西部、澳大利亚西北等海区。东南太平洋和南大西洋则没有热带气旋发生。

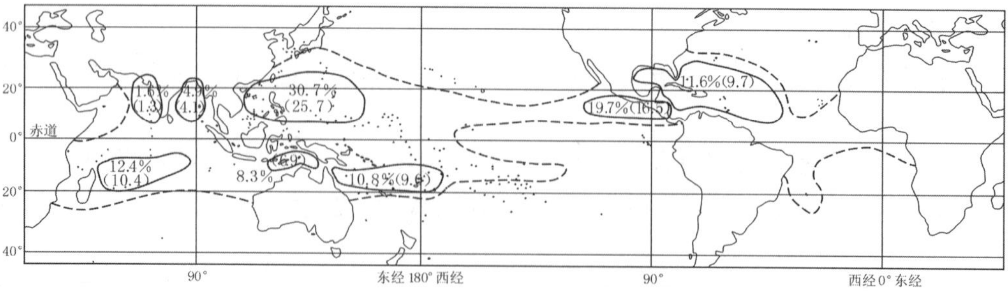

图 4-30　全球热带气旋发生源地分布

从纬度来看，热带气旋主要分布在南、北两个半球的5°～20°的纬度，其中10°～20°生成的热带气旋占总数的65%。在20°以外较高纬度发生的热带气旋只占13%左右，而且大多发生在西北太平洋和西北大西洋这两个海域。由于地转偏向力太小，发生在南北纬5°以内赤道附近的热带气旋极少。

2. 全球热带气旋发生季节

热带气旋一年四季均能发生。在北半球，除孟加拉湾和阿拉伯海以外，热带气旋发生最多的月份是7—10月；在南半球发生最多的月份是1—3月。

全球平均每年约有80个热带气旋产生，其中有1/2～2/3达到台风或飓风强度。北半球发生较多，占全球总数的73%；南半球较少，占全球总数的27%。北太平洋占全球发生总数的1/2以上，达52%，西北太平洋占全球总数的1/3以上，达36%左右。

3. 西北太平洋热带气旋发生源地

西北太平洋热带气旋发生的区域，南起3°N，北至37°N，南北宽达34°，但主要集中在5°N～22.5°N，91%的热带气旋发生在这个范围内。热带气旋源地相对集中在关岛西南方洋面、加罗林群岛中部洋面和南海中部三个地区。西北太平热带气旋达到台风强度的地区由关岛西南方至菲律宾以东5～10个经距的洋面上，这里是热带气旋加强为台风的主要地区。

此外，南海也是热带气旋经常加强的地区，许多热带气旋移至南海后发展为台风。热带气旋移至南海后发展到台风强度的次数是南海本地台风发生的次数的4/3以上。

4. 西北太平洋热带气旋发生季节

西北太平洋平均每年约发生29个热带气旋，其中8—9月最多，约占总数的40%，1—3月仅占4%。7—10月是热带气旋盛行的季节，约占全年总数的68%，我国称其为“台风季节”。不同年份，热带气旋出现的个数可能相差较大。

我国濒临西北太平洋，是全球受热带气旋影响最大的国家之一。据统计，年均有20.1个热带气旋进入海岸线300 km的沿海海域，其中频率最高的是南海，占总数的60.4%。我国每年平均有8个热带气旋登陆，华南沿海占58.1%，其次是华东沿海，占37.3%。登陆热带气旋集中出现在5—12月，其中7—9月占全年登陆热带气旋总数的76.4%，是热带气旋袭击我国的高峰季节；1—4月几乎没有热带气旋在我国登陆。最多年份的登陆热带气旋可达12个，最少年份为3个。

※ **自我检测3**：从统计资料来看，北太平洋西部热带气旋的主要源地之一在________。

A. 中国南沙群岛附近

B. 菲律宾以东至加罗林、马里亚纳等群岛

C. 台湾和琉球群岛之间的海域

D. 黄海和日本以南洋面间的海域

微课视频
热带气旋的发生源地与季节

五、热带气旋的生命史

热带气旋的生命期(从形成闭合环流起直到消失或转变为温带气旋为止)一般为3~8天,最长的可达20天以上,最短的仅1~2天。夏、秋两季生命期较长,冬、春两季较短。对于中心风力达到12级(台风)或以上的典型热带气旋,其生消过程通常可分为四个阶段。

1. 初生阶段

从最初的低压环流开始,发展到近中心最大风力达到6级。

2. 加深阶段

气旋不断加深,直到中心气压达到最低值,风速达到最大,眼区开始形成。

3. 成熟阶段

中心气压不再加深,风力不再增强,但大风和雨的范围逐渐扩大。

4. 消亡阶段

进入中、高纬,因冷空气侵入而转变为温带气旋或登陆消失。

从以上过程可见,热带气旋生命史中,成熟期的天气最恶劣,尤其成熟期台风进路的右半圆是船舶航行的最危险部位。

※ **自我检测** 4:热带气旋中心气压下降迅速、风速达到最大时,在其生命史上属于________。

A. 初生阶段　　B. 发展阶段　　C. 成熟阶段　　D. 消亡阶段

微课视频
热带气旋的形成、消亡与生命史

六、热带气旋的结构及天气海况特征

发展成熟的热带气旋其要素多呈圆形对称分布,圆形涡旋的直径一般为600~1 000 km,个别可达2 000 km以上。热带气旋垂直伸展一般到对流层上部,个别可达到平流层顶下部(15~20 km)。热带气旋的垂直尺度与水平尺度的比值约为1:50。由此可见,热带气旋是一个扁圆形的气旋性涡旋。

(一)气压场特征

热带气旋的中心气压一般都在950 hPa以下。历史上的最低纪录达877 hPa,风速达到110 m/s。在地面天气图上,热带气旋区域内等压线非常密集,这是热带气旋的一个显著特征。在台风区内,水平气压梯度很大,并且越靠近中心越大。

图4-31是一次强热带气旋经过浙江石浦站时,气压自记曲线的变化情况,由图可以看出,气压曲线变化急剧,呈漏斗状。当接近台风时,气压开始缓慢下降,当接近台风中心时,气压出现陡然下降,台风中心到达时气压达最低值914.5 hPa,中心过后,气压又迅速回升。

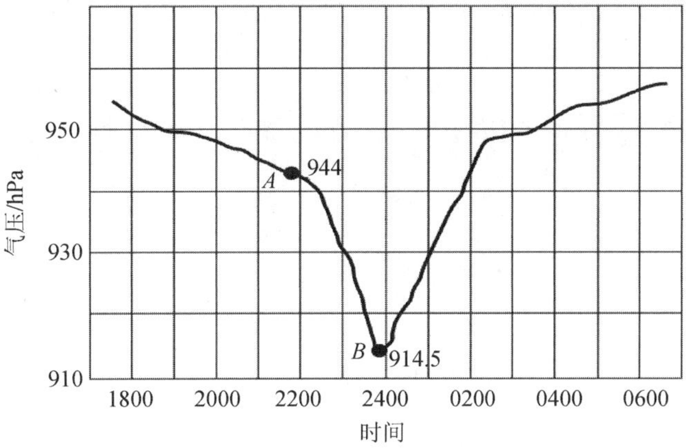

图 4-31 气压自记曲线

(二)水平流场及天气海况特征

热带气旋的地面流场,按风速大小通常可分为三个区域(见图 4-32)。

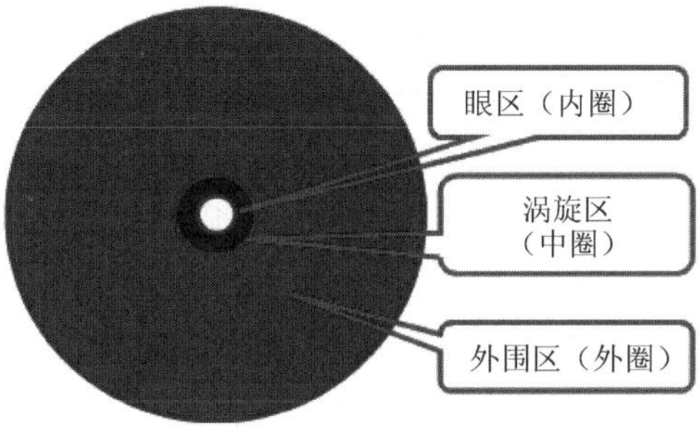

图 4-32 热带气旋水平流场划分

1. 外圈

外圈,又称外围区。自热带气旋边缘向内风速逐渐增大,风力一般在 8 级以下,呈阵性。涌浪由内向外传播,风浪自热带气旋边缘向内逐渐增大。

自热带气旋边缘向内,气压开始缓慢下降,随后下降速度逐渐加快。自热带气旋边缘向内,气温逐渐升高,有闷热感。由热带气旋边缘向内,辐射状卷云和卷层云逐渐变厚,有塔状高积云、层积云和积云出现,特别是在热带气旋前进的方向上,塔状云更多,且云体往往被风吹散,形成碎雨云,飘移速度快,称为“飞云”。

2. 中圈

中圈,又称涡旋区或云墙区。进入中圈,风力增大到 8 级以上,越往中心风力越大,在近中心附近为围绕眼的最大风速区,其宽度较窄,平均为 10 ~ 20 km,中圈易出现惊涛骇浪,浪高可达十几米以上。

气压由外向内急速下降,等压线特别密集,水平气压梯度大。中圈对流旺盛,形成宽数十千米、厚达 8 ~ 9 km 的高耸的环状云墙,大部分为积雨云,产生倾盆大雨。云墙及其临近地区是风雨最剧烈的地区，热带气旋区的最大降水和破坏性的风力常常发生在这里（见图4-33）。

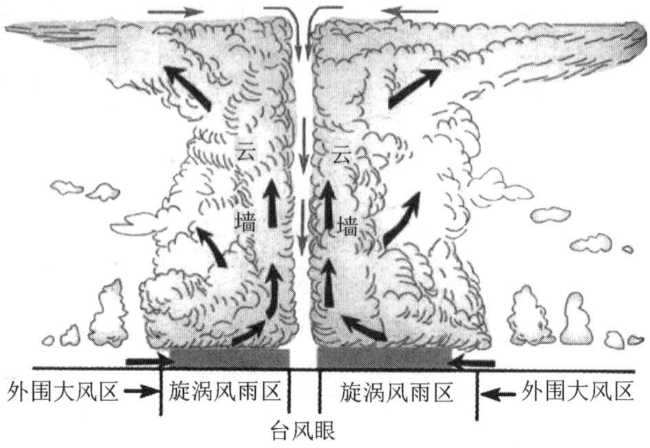

图4-33 热带气旋结构

3. 内圈

内圈，又称眼区。在眼区，风速向中心迅速减小，近乎是静风，眼区直径一般为10～50 km，最小的为10～20 km，最大的可达100～150 km。热带气旋越强，眼的直径相对较小。热带气旋眼区的海况十分恶劣，有“三角浪”或“金字塔浪”。

眼区气压降至最低，且停止下降。天空少云或晴空，无降水出现。

据统计，一个正常移动的台风正面过境时，从8级风力开始，逐渐增大到12级，再降到8级风力，通常总共要经历8～9 h，其中最紧张阶段，即11级以上风力所经历时间约为4 h，台风眼过境时间为0.5～1.5 h。

微课视频
热带气旋天气

※ **自我检测5**：热带气旋眼区的天气与海况特点是________。

A. 微风、少云、轻浪　　B. 狂风暴雨、“金字塔浪”

C. 微风、少云、“金字塔浪”　　D. 阵雨、大风大浪

七、热带气旋的形成和消亡

（一）热带气旋的形成条件

在洋面温度超过26 ℃以上的热带或副热带海区，由于近洋面气温高，大量空气受热膨胀上升，使近洋面气压降低，外围空气源源不断地补充流入继续上升。受地转偏向力的影响，流入的空气旋转起来，而上升空气逐渐变冷，其中的水汽冷却凝结形成水滴时，要放出热量，加热又促使低层空气不断上升。这样近洋面气压下降得更低，空气旋转得更加猛烈，最后形成了热带气旋。经过气象工作者们长期研究和观测，认为热带气旋的发生发展必须具备以下四个条件。

1. 广阔的高温洋面(提供高温、高湿的空气)

高海温的热带洋面通过海—气交换作用,使低层大气成为高温、高湿的气层。气层的不稳定程度,取决于低层大气的温度和湿度。因此,高温海区的热带洋面,蕴藏着大量不稳定能量。这种不稳定能量在一定条件下,通过水汽凝结而释放出来,使空气块沿湿绝热一直上升到十几千米高度始终都比四周暖,这样就有足够的能量维持热带气旋的暖心结构和垂直环流。可见,高温热带洋面提供的高温、高湿空气是热带气旋发生的一个必要条件,一般要求海温大于 26.6 ℃。

2. 对流层风速垂直切变要小(有利于热量聚集)

对流层风速垂直切变的大小,决定了初始扰动的对流凝结所释放的潜热能否集中在一个有限的空间范围内。如果风速垂直切变很大、通风条件良好,则会使积云对流产生的凝结潜热被迅速带离扰动区上空,热量不能在对流层的中上层集中。如果风速垂直切变小、通风条件不良,则凝结释放的潜热将积聚在一个有限范围的同一气柱内,可以很快形成暖心结构,促使初始扰动的气压不断下降,终于形成热带气旋。

3. 有一定的地转偏向力存在(有利于形成低压涡旋)

热带气旋是一个具有强烈旋转流场的移动性系统。热带气旋的强大旋转流场是其最基本的特征。因此,在热带气旋形成过程中,必须有使辐合气流逐渐形成强大的气旋式水平涡旋的条件。这便要求地转偏向力($A_n = 2\omega v\sin\varphi$)大于一定值。在赤道上地转偏向力为零,即使有热带扰动存在,也很快被辐合气流所填塞,故热带气旋无法形成。观测证实,热带扰动一般只有在离赤道 5°以外的地区才能发展成为热带气旋。

4. 热带低层扰动的存在(提供持续的质量、动量和水汽输入)

先存在一个热带低层扰动,也是热带气旋发生的必要条件,因为热带气旋发生需要低层有持续的质量、动量和水汽的输入。研究表明,热带气旋主要起源于两种初始扰动。由热带辐合带中的涡旋发展为热带气旋的,约占总数的 85%;此外,东风波加深后也可发展为热带气旋,约占总数的 15%。

(二)热带气旋的消亡条件

当热带气旋产生和维持条件发生改变时,就会逐渐减弱或消亡。热带气旋的消亡通常有两种情况。

1. 登陆后减弱消失

热带气旋登陆后,由于水汽供应量减少,能量来源枯竭,同时由于陆地摩擦作用,因而迅速减弱,最后完全消失。但其中有一部分热带气旋在近海地区登陆后不久又重新入海,在海上又能得到加强。

2. 移向中高纬冷海面或有冷空气侵入变为温带气旋

热带气旋移向较高纬度进入较冷海面,一般会有冷空气侵入,这时热带气旋就不再是单一的暖气团,而会逐渐形成冷、暖锋,变成温带气旋逐渐减弱消失。但应注意,有极个别热带气旋在变成温带气旋后，会由其他因素作用获得能量而重新发展。

※ **自我检测 6**：在北印度洋盛夏热带气旋极少产生的原因主要是________。

A. 缺乏广阔的暖洋面　　B. 地转偏向力太小

C. 缺乏有利的低层扰动流场　　D. 对流层风的垂直切变太大

八、热带气旋的移动

（一）热带气旋移动路径

据统计，每个热带气旋的移动路径都不相同，有的路径简单，有的十分复杂。但我们仍然可以从全球各大洋热带气旋的移动路径上看出：大多路径近似抛物线形，北半球为右旋抛物线形，南半球为左旋抛物线形，南北半球抛物线弯曲方向相反（见图 4-34）。

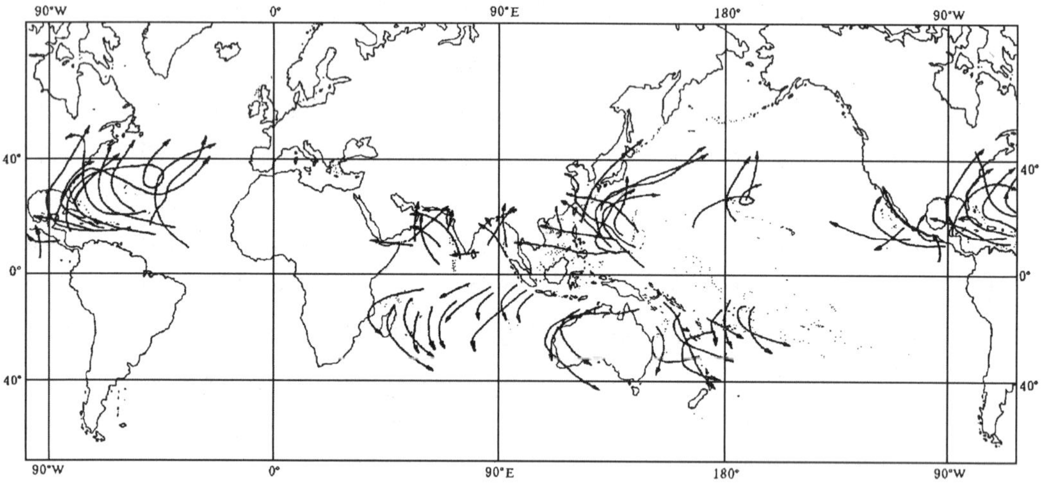

图 4-34　热带气旋移动路径

西太平洋热带气旋的主要路径，大致可分为西行（一）、西北行（登陆）（二）和海上转向（三）三种基本类型（见图 4-35）。

1. 西行路径

热带气旋从菲律宾以东一直向偏西方向移动，经过南海，在华南沿海、海南岛或越南一带登陆。这条路径的热带气旋对南海和华南沿海影响最大，发生的时间大多为每年的 9 月至翌年 2 月。

2. 西北行（登陆）路径

热带气旋从菲律宾以东向西北偏西方向移动，在我国台湾地区、福建一带登陆，或从菲律宾以东向西北方向移动，穿过琉球群岛，在浙江一带登陆。这类热带气旋对我国华东地区影响较大，发生的时间大多为每年的 7—9 月。

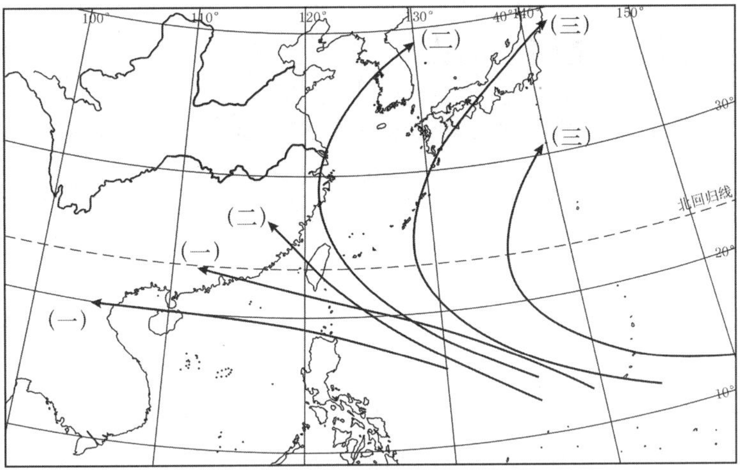

图 4-35　西北太平洋热带气旋移动路径

3. 海上转向路径

热带气旋从菲律宾以东向西北方向移动，到达我国东部海域或在我国沿海登陆，后转向东北朝日本移去，其路径呈典型抛物线形，这也是最常见的路径。这类热带气旋对我国东北沿海及日本影响最大，发生的时间大多为每年的 7—11 月。

微课视频
西北太平洋热带气旋的移动

除上述基本常规路径之外，有时也可出现打转、蛇行、突然折回等复杂多变的异常路径，而且这些异常路径通常出现在热带气旋转向前。

(二)热带气旋移动速度

热带气旋的平均移速为 20～30 km/h，最快可达 100 km/h，热带气旋的移速与其移动路径有一定关系。

(1)通常热带气旋在低纬移速小于高纬。

(2)对于转向热带气旋，转向前比转向后要慢一些，转向时最慢，甚至停滞不前。

(3)热带气旋加强时移速较慢，减弱时则较快。

值得注意的是，热带气旋在转向前其移动路径常表现为明显的蛇行特征。每一次摆动，都可能引起预报结论的混乱或随实况不断地改变预报结论。此外，当热带气旋出现异常路径时，往往移速减慢，甚至停滞不前。

※ **自我检测 7**：在南半球热带气旋移动的典型路径有________。

A. 西行、西北行和抛物线形

B. 西行、西北行和倒抛物线形

C. 西行、西南行和倒抛物线形

D. 西行、西北行和南行

九、影响热带气旋移动的力

热带气旋的移动是受到各种力综合作用的结果，这些力主要有水平气压梯度力、水平地转偏向力和自身内力。以下我们将热带气旋看作大型流场中的一个涡旋，分析其受力情况。

（一）外力

1. 水平气压梯度力（$\vec{G}_n$）

热带气旋所处环境流场气压分布不均匀，就会产生水平气压梯度力的作用。在东风带中，水平气压梯度力指向南（南半球指向北）；在西风带中，水平气压梯度力指向北（南半球指向南），如图 4-36 所示。

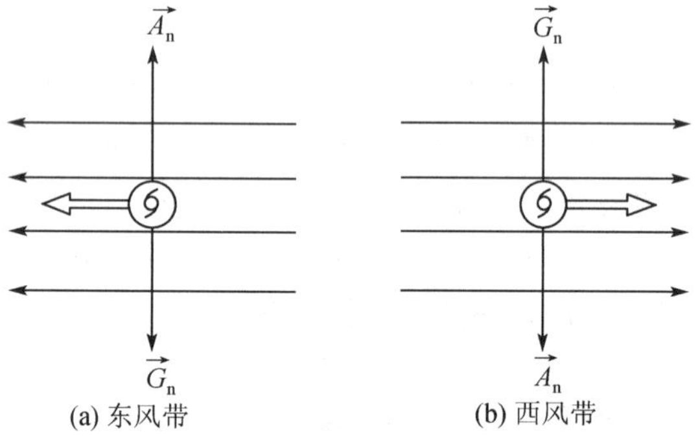

图 4-36　热带气旋在东风带和西风带中受力示意图

2. 水平地转偏向力（$\vec{A}_n$）

热带气旋作为一个整体向前移动时，还会受到地转偏向力的作用。地转偏向力的方向与热带气旋移向垂直，北半球指向移向的右侧（南半球指向移向的左侧）。可以证明，在完全没有其他力作用的情况下，当热带气旋以一定初速移动时，因受地转偏向力的作用，在北半球其轨迹将是一个顺时针方向的近似惯性圆。

当热带气旋受到的气压梯度力与地转偏向力平衡时，热带气旋将沿大型流场的地转风方向移动。在东风带中，基本上往偏西方向移动；在西风带中，基本上向偏东方向移动。这就是大型流场对热带气旋的引导作用，在实际工作中，常取 500 hPa 的气流作为引导（操纵）气流。

（二）内力（$\vec{N}$）

与上述气压梯度力和地转偏向力不同，内力是指热带气旋在自身内部流场作用下所产生的一种作用于热带气旋本身的力，主要是由其内部因径向运动和切向运动所引起的地转偏向力不同而产生的。

如图4-37所示,以北半球为例,将圆周上各点风速分解为切向运动和径向运动,设圆周上各点的切向风速和径向风速相等。

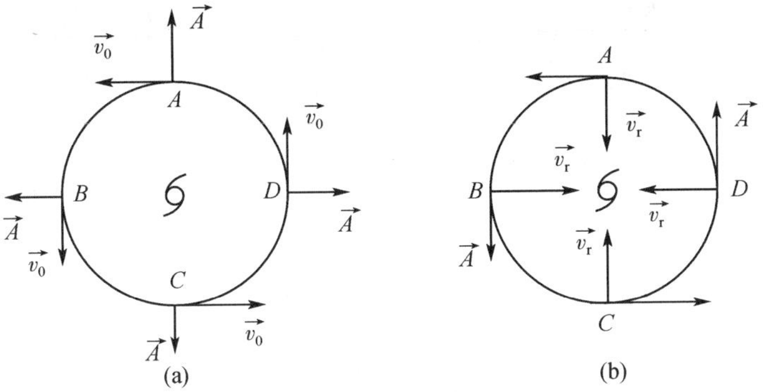

图4-37 热带气旋内力示意图

对于切向运动而言,在 B 点和 D 点,因所处的纬度相同,根据地转偏向力公式,这两点所受地转偏向力大小相等、方向相反,则相互抵消,对热带气旋移动不起作用。在 A 点和 C 点,由于 A 点的纬度高于 C 点,则 A 点的地转偏向力大于 C 点,对于整个热带气旋来说,受到一个向北(南半球向南)的内力。

同理,对于径向运动而言,可以判断整个热带气旋受到一个向西(南半球向东)的内力。作用在热带气旋上的总内力应为上述两个内力的合成,合力方向指向西北(南半球指向西南)。

(三)热带气旋在外力和内力作用下的移动情况

热带气旋的移动是由气压梯度力 $\vec{G}_n$、地转偏向力 $\vec{A}_n$ 和内力 $\vec{N}$ 共同决定的。在热带气旋强度变化不大和移动时加速度不大的情况下,可以近似地认为三力处于平衡状态。即:

$$\vec{G}_n + \vec{A}_n + \vec{N} = 0 \tag{4-2}$$

当热带气旋处于东风带时,气压梯度力 $\vec{G}_n$ 指向南,内力 $\vec{N}$ 指向西北,当地转偏向力和内力的合力与气压梯度力处于平衡时,地转偏向力 $\vec{A}_n$ 方向必定指向东北,而热带气旋移动方向和地转偏向力垂直,所以热带气旋移向就与大型气压场的引导气流方向有一个夹角,并偏向高压一侧,其移速 $\vec{v}_0$ 比引导气流速度小(因为 $|\vec{A}_n| < |\vec{G}_n|$),如图4-38(a)所示。

同理,当热带气旋处于西风带时,热带气旋移向与引导气流也有一个夹角,但偏向低压一侧,其移速 $\vec{v}_0$ 比引导气流大(因为 $|\vec{A}_n| > |\vec{G}_n|$),如图4-38(b)所示。

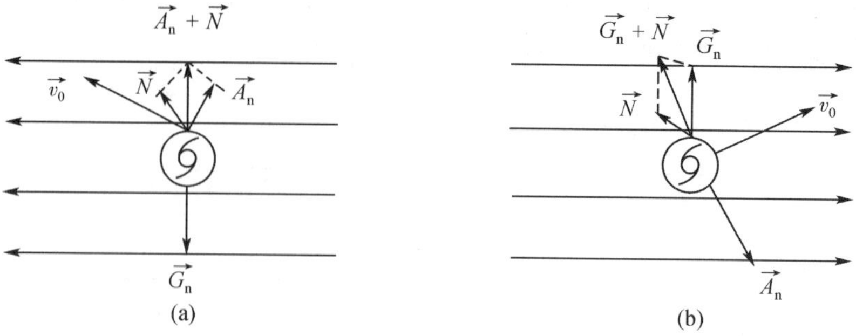

图 4-38　热带气旋在东西风带中受内外力示意图

由上述分析可以看出，热带气旋大致上是沿着引导气流方向移动的，在北半球，处于东风带中的热带气旋，其移向偏向引导气流的右侧（南半球左侧），处于西风带中的热带气旋，其移向偏于引导气流的左侧（南半球右侧），热带气旋强度越强，范围越大，则其与引导气流方向的夹角越大。引导气流越强，热带气旋移速越大，在同样大的大型气压梯度力情况下，热带气旋在西风带中的移速大于在东风带中的移速。

综上所述，当外力强而稳定时，热带气旋一般按常规路径移动。如果外力作用弱，或外力变化快而复杂，热带气旋则出现复杂的异常路径。因此，在做热带气旋路径预报时，首先必须考虑周围大气环流和天气系统演变的外力作用，同时也要考虑内力作用。

※ **自我检测** 8：影响台风移动的力主要有________。

Ⅰ. 地转偏向力；Ⅱ. 重力；Ⅲ. 大型流场内的气压梯度力；Ⅳ. 台风内力；Ⅴ. 离心力；Ⅵ. 海面摩擦力。

A. Ⅰ ~ Ⅵ　　B. Ⅰ，Ⅲ，Ⅳ　　C. Ⅰ，Ⅲ ~ Ⅵ　　D. Ⅰ，Ⅱ，Ⅵ

微课视频
热带气旋移动的
一般规律

十、影响热带气旋移动的主要天气系统

引导热带气旋移动的基本气流方向与周围大型天气系统密切相关。副热带高压是影响热带气旋移动的最直接、最经常的主要系统。此外，西风带系统和其他热带天气系统有时也能直接或间接地影响热带气旋的移动路径。

1. 副热带高压的影响

副热带高压与热带气旋不但地理位置靠近，而且由于副热带高压的时间尺度更持久、空间尺度更大，因此，对热带气旋的发生、发展和消亡都有直接的影响。副热带高压对于热带气旋的移动路径，特别是转向以前的路径，起着最主要、最直接的作用。

（1）当副高呈东西带状分布，且强度较强，形状稳定时，位于副高南侧的热带气旋受偏东气流引导，将向偏西方向移动，且西行路径比较稳定。副高加强西伸越显著，热带气旋西移路径越稳定，不易转向。

（2）当副高在热带气旋东侧有脊往南伸，特别是副高脊线有自东西向转为南北向的趋势时，热带气旋会很快转成往北移动。

(3)若副高脊的位置虽然西伸较多,但强度反而有减弱趋势,位于副高南侧较强的热带气旋则可使副高分裂为二,热带气旋从副高分裂处北上。

(4)当副高减弱东撤,处于副高西南侧的热带气旋,未来将转向北上,如果此时热带气旋位置偏东,将在海上转向;当位置偏西靠近我国时,热带气旋可能登陆我国以后再转向出海。

(5)当热带气旋转向到达副高北侧时,将在副高与西风带系统的共同作用下往东—东北方向移动。

(6)当西风带高压或大陆副热带高压与西北太平洋副高合并时,副高的形状和强度将发生很大变化,导致热带气旋路径发生突变或出现异常路径。

2. 西风大槽的影响

当深厚的西风槽底南伸到35°以南时,常迫使副热带高压减弱东撤。这时,如果有热带气旋恰好处在副热带高压西南端向西北方向移动,则以后就将转而受西风大槽前西南气流引导,转向北至东北方向移动。

如果西风大槽位置偏北或以短波槽的形式快速东移,则对热带气旋的移动影响不大。据统计,西风大槽的影响和热带气旋的相对位置有关。当槽底与热带气旋相距小于18个经距时,有利于热带气旋北上;否则不利于热带气旋北上。

此外,当西风带高空阻塞高压强大稳定时,若副高减弱东退,则已转向进入西风带中的热带气旋将改至向西移动。

3. "双台风"效应

在西北太平洋夏秋季节,常可以观察到在一定距离内同时出现2个热带气旋的情况,习惯上称为"双台风"(见图4-39)。由于气旋性流场的作用,"双台风"将影响彼此的移动路径,两个热带气旋将绕它们中心连线的"质量中心点"相互逆时针旋转并趋近,使热带气旋出现停滞、摆动或打转等复杂路径。

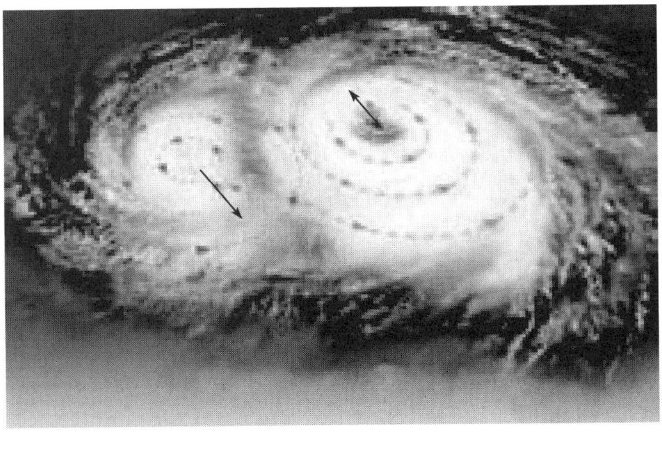

图4-39　"双台风"效应

"双台风"的相互旋转作用与"双台风"之间的相对距离密切相关。相距越近影响越大,相距越远影响越小。一般相距在20个纬距以内时,就可能产生明显的相互作用。

※ **自我检测**9:当台风处于强的西北太平洋副热带高压南侧时,台风移动与副高脊线的关系为________。

A. 移向与副高脊线垂直

B. 移向与副高脊线成45°角

C. 移向与副高脊线平行

D. 移向与副高脊线无明显关系

十一、南海热带气旋

南海是我国与南亚、非洲和欧洲等地区之间的重要海上通道。这里又是热带气旋频繁发生和活动的海域。

1. 概况

南海每年平均出现达到热带风暴强度的热带气旋有9个,约占西北太平洋总数的1/3,相当于北大西洋出现的总数。这些热带气旋当中,大约有1/2是在西太平洋形成之后从菲律宾以东移入南海的,其余约1/2是在南海地区由热带低压发展而成的。每年产生4个左右,包括热带低压则为7个左右。

南海热带气旋全年各月均可发生,其中,8—9月最多,占总数的将近45%,1—3月极少。大多数南海热带气旋发生在10°N以北,比西太平洋热带气旋要高5个纬度,主要出现在南海中部偏东的海面(12°N~20°N,112°E~120°E)。绝大部分南海热带气旋形成于热带辐合带上,少数是由东风波或其他扰动形成的。南海热带气旋从生成到登陆历时很短,对华南天气影响很大,登陆时间大多集中在7—9月。

2. 南海热带气旋的特征

南海热带气旋与西太平洋气旋比较,强度大的较少,仅占总数的1/3左右。南海热带气旋的半径平均为300~500 km,最小的不到100 km。垂直伸展高度为6~8 km,最高达10 km左右。多数热带气旋平均水平范围较小,垂直伸展高度较低,强度较弱。一般认为这是因其发生以后很快就登陆,没有得到充分发展的缘故。1970—1972年,16个南海热带气旋个例分析得出,其中心最大风速一般在35 m/s以下,个别达到50 m/s。中心气压一般为980~990 hPa,最低达960 hPa,很少观测到950 hPa以下的气压值。

在南海有时会出现一种范围小而强的热带气旋,俗称“豆台风”。它发展迅速,移动快,破坏力很强,有时连闭合等压线都分析不出来,只有台风涡旋环流。这种小而强的台风若不注意,同样可以带来巨大的损失。

3. 南海热带气旋的移动

南海热带气旋强度较弱,范围较小,移动路径受高空流场影响较大。夏季,当西太平洋副热带高压势力较强、高空形势较稳定时,南海热带气旋的路径多是西行或倒抛物线形。当高空环流较弱,或有“双台风”影响时,它常在海上打转,路径无规律。过渡季节或冬季，遇强冷空气南下，南海北部东北气流增强时，可使南海热带气旋南移。据统计，南海热带气旋进入 18°N 以北，115°E 以西后，一般向西北偏西方向移动，很少北移或转向。

南海热带气旋生成以后其主要移动路径大致可归纳为四种：抛物线形、倒抛物线形、西移和打转后北上。图 4-40 是前三类路径的示意图。

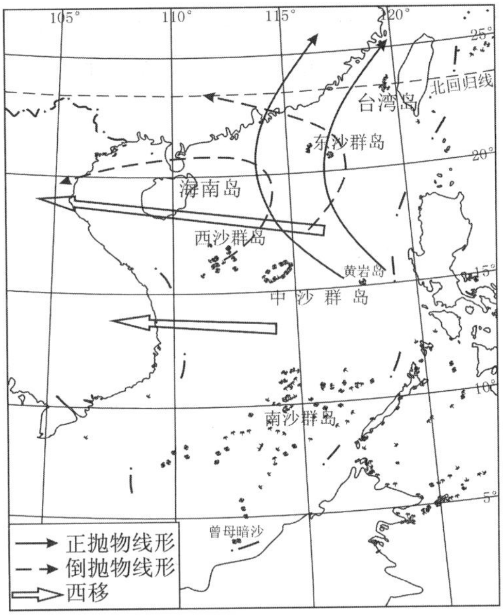

图 4-40　南海热带气旋路径

其中正抛物线形路径多发生在 5—6 月，倒抛物线形多发生在 7—8 月，西移多发生在 6—12 月，它们的位置 6—9 月偏北，10—12 月偏南。

南海热带气旋的异常路径中，较多的是“双台风”和突然折向的问题。在出现“双台风”时，南海热带气旋路径复杂多变，一般来说，当东、西两个热带气旋相距不大于 14 个纬距时，相互作用比较明显；北上热带气旋突然西折，发生在盛夏的西折和秋季的西折的环流形式和引导气流是不同的，在盛夏主要考虑海上副高和大陆副高的强度、位置变化，而入秋以后的突然西折路径主要与冷空气活动有关。由于一般热带气旋不可能穿越其北侧斜压性很强的锋区，常受阻减速而后西折，因此，入秋后进入南海或在南海生成的热带气旋在向西北方向移动过程中，要注意冷空气的动向及其强度变化，尤其在中、低层引导气流不一致时，需要着重考虑低层引导作用。

※ **自我检测** 10：产生于南海的“豆台风”的特点有________。

A. 生命期短、移动快、破坏力弱

B. 生命期短、移动快、破坏力强

C. 生命期短、移动慢、破坏力弱

D. 生命期短、移动慢、破坏力强

十二、热带气旋的测算与避离方法

(一)热带气旋来临的预兆

热带气旋来临前海象、天象和物象等方面的预兆,可以帮助我们判断航行海区附近是否有热带气旋活动,或提供附近已知热带气旋活动的最新动向,其中有些预兆具有很高的参考价值。

1. 涌浪

热带气旋造成的巨大波浪,能向四周传播到很远的距离。其传播速度比热带气旋本身移速快 3 倍以上,因此,在热带气旋来临之前 1 ~2 天,涌浪将首先到达。如果无风来涌浪,则说明远处可能有热带气旋(或其他风暴)存在。从涌浪的来向还可以判断热带气旋(或其他风暴)中心所在的方向。

例如,当热带气旋向西北方向移动时,从东南方向来的涌浪就会加强起来,涌浪增强得越来越快,说明热带气旋正在移近。如果涌浪达到一定程度后又逐渐变弱,则说明热带气旋已经在远处转向。但应注意,涌浪在前进过程中如受到岛屿或陆地的阻挡,也可能改变方向和强度。利用涌浪高和周期还可以确定热带气旋中心与船的距离。

2. 海水发臭或发光

有些地方热带气旋引起的涌浪或风海流使海水发生翻动,海底的腐烂物质上浮而发出腥臭气味。海水发光是由于热带气旋到来前 1 ~2 天,往往海水温度上升,某些能发光的浮游生物群集在海面上所致。

3. 海响

在热带气旋到来前一两天,某些地方有时可以听到海响,像远处吹号角的声音一样。海响与平常风浪所引起的响声不同,它往往在寂静时才能听到,持续时间较长,有时在两个地点同时发生。广东汕头一带就有“东吼叫,西吼应,台风来到鼻梁根”的说法。海响发生的原因很复杂。

4. 天色

当距热带气旋中心约 1 000 km 时,有时会看到天空由正常的颜色转变成霞一般的颜色。这种变化不一定发生在早、晚,因此不会与朝霞、晚霞混淆起来。

5. 云

当热带气旋外围接近时,天边出现辐辏状卷云,并逐渐变厚、变密,辐辏状云中心的方向就是热带气旋所在的方向。随着热带气旋的移近逐渐出现了卷层云、高层云和层积云,低空伴有的灰黑色碎层云和碎积云随风急驰。在中纬度地区,高云一般是从偏西向偏东方向移动的。但是,当热带气旋西行时,高云随热带气旋自偏东向偏西方向移动。因此,当看到高云移向反常时,也可作为热带气旋来临前的征兆。

6. 风

当热带气旋接近时，当地的盛行风会发生改变。在信风区域内，在小范围内发现东风风速比平均值大25%以上时，就应当提高警惕，尤其是在流线有气旋性弯曲的地方。以我国沿海为例，在南海沿岸西南风季节里，或是东海、黄海沿岸南风、东南风季节里，遇到东风或东北风出现并逐渐加强，表明可能有热带气旋来临。

7. 气压

热带气旋到达前2~3天，气压总的趋势是下降的，但是还可以看出日变化。随着热带气旋的接近，气压明显下降，日变化消失。

8. 海生物

海鸟成群飞来，很不安宁，乱飞乱叫，或落在甲板上，赶也不飞，表示附近有热带气旋存在，它们已饱受暴风雨的折磨。海猪从外海向港湾洄游，也是热带气旋来临的一种预兆。因热带气旋影响使海水激荡，这种动物便游向港湾避离。

其他生物的反常活动，如鱼虾比平时显著密集，海蛇浮出水面，鱼撞入捕虾笼等，都可能是热带气旋来临使海温、海流、波浪等发生异变引起海洋生物活动反常的现象。突然出现少见或从未见过的生物，也说明附近海上可能有热带气旋存在。这些生物是由海上大风形成的风海流或海水翻腾带来的。

对于上述热带气旋预兆，应根据多种资料进行综合分析，切勿单凭其中某一条就简单下结论。

※ **自我检测** 11：在西北太平洋，________是台风来临的征兆。

Ⅰ. 天空中出现辐射卷云；Ⅱ. 风向转为东风；Ⅲ. 气压明显下降；Ⅳ. 在信风带中高云自西向东移动；Ⅴ. 出现涌浪；Ⅵ. 风力逐渐加大。

A. Ⅰ ~ Ⅵ　　B. Ⅰ ~ Ⅲ，Ⅴ，Ⅵ

C. Ⅱ ~ Ⅵ　　D. Ⅰ，Ⅲ ~ Ⅵ

（二）热带气旋中心方位判定法

1. 观察云和涌

如前所述，热带气旋临近，但尚未受其环流影响时，就可以看到远处天边出现辐辏状卷云。这种云在水天线上的汇聚点方向指示热带气旋中心所在的方位；在外海，有规律的和不断增强的涌浪的方向，指示热带气旋中心（或其他风暴中心）所在的方位。

2. 根据风压定律

当船舶受到热带气旋环流的影响时，可根据船上测算的真风判断其中心方位（见图4-41）。背风而立，以正前方为0°，在北半球，热带气旋在左前方45°~90°的方位；在南半球，热带气旋在右前方45°~90°的方位。当风力为6级以下时，中心在45°左右；8级时，中心在67.5°左右；大于10级时，中心在90°左右。

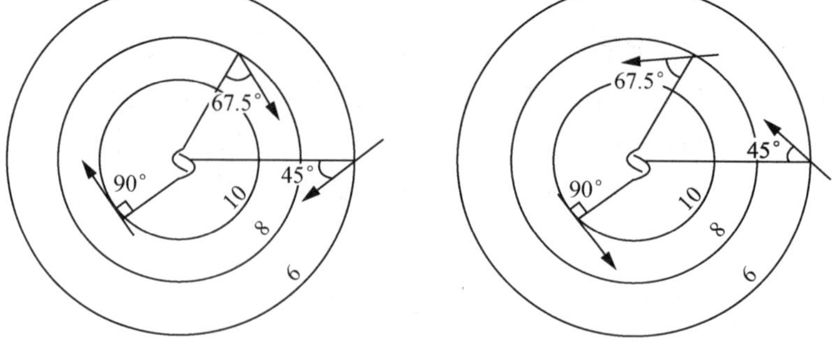

图 4-41　热带气旋中心方位判定

※ **自我检测** 12:某船在南半球误入热带气旋环流中,背真风而立,以正前方为 0°,若测得风力为 8 级,则可断定热带气旋中心位于右前方约________。

A. 22.5°　　　B. 45°　　　C. 67.5°　　　D. 90°

(三)热带气旋部位的划分

危险半圆和危险象限

顺着热带气旋的移动方向往前看,把热带气旋分成两个半圆,分别称为右半圆和左半圆。在北半球,右半圆又称为危险半圆,左半圆称为可航半圆;在南半球则相反,右半圆称为可航半圆,左半圆称为危险半圆。在北半球右前象限又称为危险象限,在南半球左前象限称为危险象限。

在北半球热带气旋的右半圆被称为危险半圆有以下理由:

(1)在北半球热带气旋中,风绕中心沿逆时针方向吹,右半圆各处的风向与热带气旋整体的移向接近一致,风速与热带气旋移速两者叠加,互相加强而使风力加大。特别是右半圆中心附近后部,由于风时和风程较长,波高最大。据统计,热带气旋最大波高出现在右后象限距中心 20 ~ 50 n mile 的地方;在左半圆,风向与热带气旋移向基本相反,由于矢量叠加的结果,风力被抵消一部分,风力相对较小。

(2)当船舶处于右半圆(尤其是右前象限)时,容易被吹进热带气旋中心的移动路线上,一旦被吹进中心,就不容易驶离。此外,北半球大多数热带气旋向右转走抛物线路径,一旦转向,处在危险半圆的船舶被卷入热带气旋中心的危险性很大。

(3)北半球热带气旋的右半圆一般与副高相邻,两个气压系统相互靠近,水平气压梯度加大,这也使右半圆的风力大于左半圆。

同理可知,在南半球左半圆为危险半圆而右半圆为可航半圆。这里必须指出,危险半圆和可航半圆只是相对而言的。实际上,在可航半圆航行也同样是很危险的。

(四)船舶所处热带气旋部位的判定

船舶一旦误入热带气旋区,必须首先正确地判断船舶在热带气旋中的部位,然后采取适当的航法尽快驶离。在缺乏气象台发布的热带气旋中心位置和移动方向等情报的特殊情况下，我们可以利用本船现场观测的真风和气压判断船舶所处的热带气旋部位。

1. 左、右半圆的判定

处于滞航状态下的船舶每隔一段时间进行几次连续观测。不论南、北半球，当真风向随时间沿顺时针方向变化时，表明船舶处在右半圆；当真风向沿逆时针方向变化时，表明船舶处在左半圆。若真风向基本不变，则表明船舶处在热带气旋的进路上（见图 4-42）。

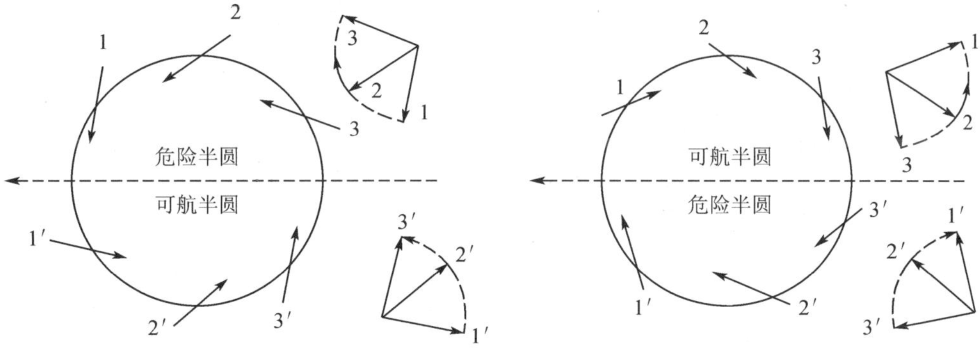

图 4-42　热带气旋部位及风向变化

2. 前、后半圆的判定

我们已经知道，越接近热带气旋中心时，风力越大，气压越低。当风速随时间增大（或气压随时间降低）时，表明船舶处在前半圆。当风速随时间减小（或气压随时间上升）时，表明船舶处在后半圆。例如，在北半球，当风向顺转、风力增大（或气压下降）时，可判定船舶处在危险象限（右前象限）。在南半球，当风向逆转、风力增大（或气压降低）时，表明船舶处于危险象限（左前象限）。同理，可以判定出其他三个象限。当风向不变而风力增大或气压降低时，表明船舶在热带气旋中心进路正前方。若风向不变而风力减小（或气压上升），则表明船舶处在后半圆热带气旋中心的尾迹上。

应注意，当热带气旋转向时，可能停滞不前，或原地打转，船舶测得的风和气压都不会有显著变化，上述方法是无效的。

当船舶离热带气旋中心非常近时，即使有气象台报告的热带气旋位置，由于定位总是有一定误差的，这时也需要船舶利用现场观测资料自行判断船舶所处的实际部位。

※ **自我检测** 13：某轮在东海遭遇热带气旋，测得真风向随时间的变化为 NW—WNW—W，气压上升，则可断定船舶处于热带气旋的________。

A. 右前象限　　B. 右后象限

C. 左前象限　　D. 左后象限

微课视频
热带气旋部位的
划分与判定

(五)船舶避离热带气旋的方法

1. 一般驾驶法

在北半球,若船舶误入危险半圆,则应使右舷船首顶风全速驶离,保持风从右舷(南半球为左舷)10°~45°来,直到离开危险区域为止,北半球的 A 船(南半球为 C 船)虚线所示,如图 4-43 所示;若船位于可航半圆,则应以右舷(南半球为左舷)船尾受风脱离,保持受风角为 30°~40°,船舶相对于热带气旋的航迹北半球的 B 船(南半球为 D 船)虚线所示,如图 4-43 所示;若因风浪过猛或其他原因无法向前航行,则应采取滞航的办法来操纵船舶,这样,随着热带气旋的移动就会逐渐脱离其控制。

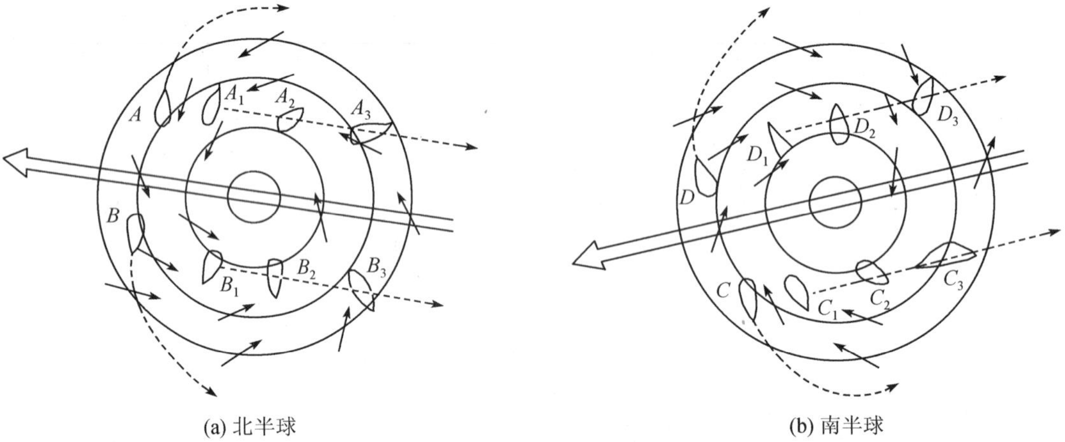

图 4-43　避离热带气旋驾驶法

2. 扇形避离法

根据天气报告可以得知热带气旋中心位置、移向、移速,再结合本船的船位、航向和航速,在海图上作扇形图,使船与热带气旋保持一定距离,这种方法称为扇形避离法。如图 4-44 所示,H_1,H_2,H_3,H_4分别代表世界时(Z)0000,0600,1200 和 1800 的热带气旋中心位置,A,B,C,D 分别代表以上各时刻的船位。当 0000 船舶位于 A 点时,根据天气报告得知热带气旋中心位于 H_1点,根据热带气旋的预报移向和移速,以热带气旋中心 H_1点为中心作扇形 1,其半径等于热带气旋未来 24 h 移动距离,夹角从热带气旋未来移向线左、右两侧各取 30°~45°,这就得到船舶未来 24 h 内需要避离的危险扇形区,然后每隔 6 h 依次作扇形 2、扇形 3 和扇形 4,直到船驶至 E 点完全脱离了热带气旋的威胁时,才恢复原来的航向。

采用扇形避离法应注意:

(1)只有在开阔海洋上航行的船舶可以应用,沿岸航行的船舶因为没有回旋的余地,不能用。

(2)扇形的半径也可考虑 8 级大风圈的半径,使船位最好距离热带气旋中心 200 n mile 以上,至少为 100 n mile。

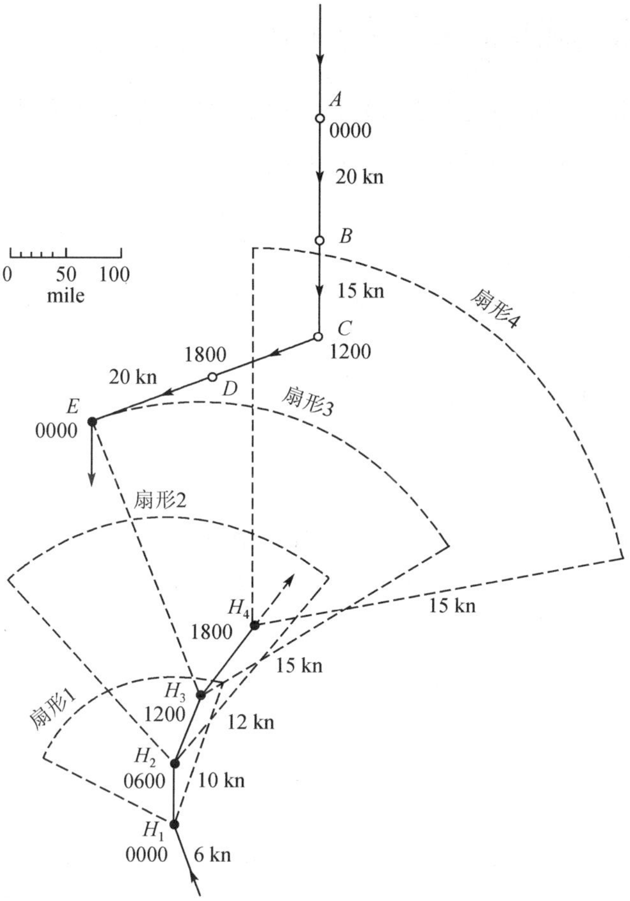

图 4-44　避离热带气旋扇形作图法（北半球）

(3)扇形夹角的大小,在低纬海区和热带气旋接近转向时一般可取 80° ~ 90°,在高纬海区,热带气旋转向后可取小些,一般取 60°左右。

(六)避风锚地的选择

当热带气旋来临时,在近海航行的船舶应及时避离,选择封闭式或背风的港口避风。如果没有这种条件,则应将船驶向外海深水中,全力以赴准备抗御。切不可犹豫不决,停留在近岸浅水海域或迎风港口中。例如,著名的大连港开口朝东南方向,如果预报是偏北风,则可在内锚地避风。但如果预报将吹偏南风,则应及时将船舶从内锚地调往外锚地。

※ **自我检测** 14:在南太平洋,若船舶处于强热带风暴的左半圆,避离方法是________。

A. 左舷船首受风　　　　B. 左舷船尾受风

C. 右舷船首受风　　　　D. 右舷船尾受风

十三、热带气旋与温带气旋的比较

热带气旋与温带气旋均为低压系统,但它们仍然在许多方面存在差异。为了更好地掌握两种气旋的特点,我们从以下几方面进行比较。

1. 源地

(1)热带气旋:生成于热带海洋上。

(2)温带气旋:生成于中高纬水平温度梯度比较大的陆地或海洋。

2. 季节

(1)热带气旋:四季均有,夏、秋两季最多。

(2)温带气旋:四季均有,冬、春两季最多。

3. 结构

(1)热带气旋:由同一气团构成,不带锋面,中心有眼区。

(2)温带气旋:由 2 ~ 3 个气团构成,通常有锋面,无眼区。

4. 大风

(1)热带气旋:最大风速出现在中心附近的涡旋区,风速很大,风速径向衰减快。

(2)温带气旋:最大风速出现在中心附近和冷锋后,风速相对热带气旋小,风速径向衰减慢,但 8 级风的范围大于热带气旋。

5. 气压

(1)热带气旋:外围气压变化平缓,但中心附近气压变化剧烈,气压变化曲线呈漏斗状。

(2)温带气旋:自外围向中心气压大致以线性趋势下降。

6. 卫星云图

(1)热带气旋:具有独特的白色的螺旋云带和黑色的眼区。

(2)温带气旋:具有与涡旋状云系相连的两条带状云系结构。

7. 坏天气

(1)热带气旋:坏天气对称分布在中心附近,其破坏性很大。

(2)温带气旋:坏天气出现在中心和锋面附近,其破坏性相对热带气旋要小。

由于热带气旋和温带气旋存在上述的差异,因此,航行在大洋上的船舶对待这两种风暴系统要采取不同的避离措施。

例如,对台风一定要避离或绕航,与台风中心保持一定的距离,绝对不能穿越中心,而在越洋航行时采用绕航的方法避离温带气旋往往是不可取的,必要时完全可以穿越其中心区域,一般选择在温带气旋中心附近的北侧通过(风浪相对较小)。

※ **自我检测 15**:台风与温带气旋相比较具有________。

Ⅰ. 温压场对称;Ⅱ. 有锋面、有眼;Ⅲ. 无锋面、有眼;Ⅳ. 温压场不对称;Ⅴ. 水平气压梯度大；Ⅵ.影响范围小。

A. Ⅰ,Ⅱ,Ⅴ,Ⅵ　　B. Ⅲ ~ Ⅵ

C. Ⅱ,Ⅳ ~ Ⅵ　　D. Ⅰ,Ⅲ,Ⅴ,Ⅵ

【天气小谚语】

一斗东风三斗雨。

第七节 中小尺度天气系统

【本节内容】

了解强对流性天气系统；掌握雷暴、飑线、龙卷等强对流性天气系统的概念及特征。

【案例导入】

龙卷风

龙卷风是大气中最强烈的涡旋现象，常发生于夏季的雷雨天气时，尤以下午至傍晚最为多见，影响范围虽小，但破坏力极大。龙卷风经过之处，常会发生拔起大树、掀翻车辆、摧毁建筑物等现象，它往往使成片庄稼、成万株果树瞬间被毁，令交通中断，房屋倒塌，人畜生命和经济遭受严重损失。

案例视频
龙卷风

气团、锋、温带气旋、热带气旋、冷高压、副热带高压等都属于大尺度天气系统，它们的水平尺度都在几百千米至几千千米以上，生命期为一天至几天。除此之外，大气中还有一类空间尺度较小，生命期较短的天气系统称为中小尺度系统，其中水平范围在十几千米至二三百千米，生命期在几个小时至十几个小时的称中尺度天气系统；若水平范围在几十米至十几千米，生命期只有几分钟至几个小时的，则称为小尺度天气系统。它们的共同特点是：水平范围小、生命史短、要素场水平梯度大、天气现象激烈、垂直速度大。中尺度系统主要包括雷暴群（或称多单体雷暴）、飑线等，小尺度系统包括雷暴单体及龙卷等。

中小尺度天气系统主要生成于中、低纬度地区的热季，多由强对流运动发展起来（又称对流性天气系统），因而能够产生强烈的阵性大风、阵雨、冰雹等不稳定的强对流天气，可造成不同程度的灾害，世界上把这种强对流天气列为仅次于热带气旋、地震、洪涝之后第四位具有杀伤性的灾害性天气。

一、雷暴

雷暴是积雨云中所发生的雷电交加的激烈的放电现象，一般伴有阵雨，故常与雷雨一词通称。同时,雷暴又指天气系统。通常把仅伴有阵雨的雷暴,称为"一般雷暴"或"普通雷暴";而将伴有暴雨、阵性大风、冰雹、龙卷等强对流性天气,带来严重灾害的雷暴称为"强雷暴"或"强风暴"。

(一)雷暴的生命史

产生雷暴的积雨云称为雷暴云或雷暴单体,其水平尺度在 10 km 左右,是小尺度天气系统。一次雷暴过程并不只是一块雷暴云,往往是由多个雷暴单体组成的,每个雷暴单体的生命史大致可分为发展、成熟和消散三个阶段,每个阶段持续十几分钟至半个小时左右(见图 4-45)。在不同阶段雷暴单体有不同的结构特征。

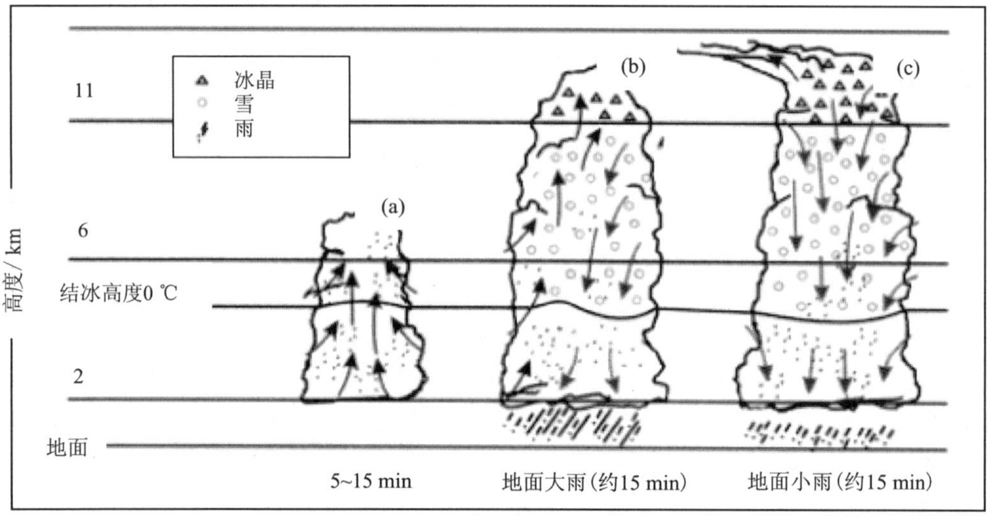

图 4-45　雷暴发展生命史

箭矢表示气流的方向和速度;(a)具有初始上升气流的发展阶段;
(b)有上升气流和下沉气流的成熟阶段;(c)由冷的下沉气流支配的消散阶段

1. 发展阶段

发展阶段,又称积云阶段,在这个阶段积云开始形成。其主要特征是上升气流贯穿于整个云体,地面风力一般很弱,风向也不定,低空有向云区的辐合气流,促使上升气流发展。

2. 成熟阶段

成熟阶段,又称旺盛阶段,这一阶段的重要标志是开始有降水。由于云中上升气流的不断发展,雨滴不断增大,当雨滴增大到上升气流托不住时,就开始降水,与此同时,在云与地或云与云之间发生大气放电现象,出现电闪雷鸣。此外,由于雨滴下落时携带着附近空气向下运动,在雷暴移行方向的后侧产生了下沉气流,当下沉气流冲到地面附近时,向四周散开,导致地面出现阵性大风。因而,这一阶段雷暴单体的近地面层变为辐散流场,出现雷暴高压,如图 4-46 所示。

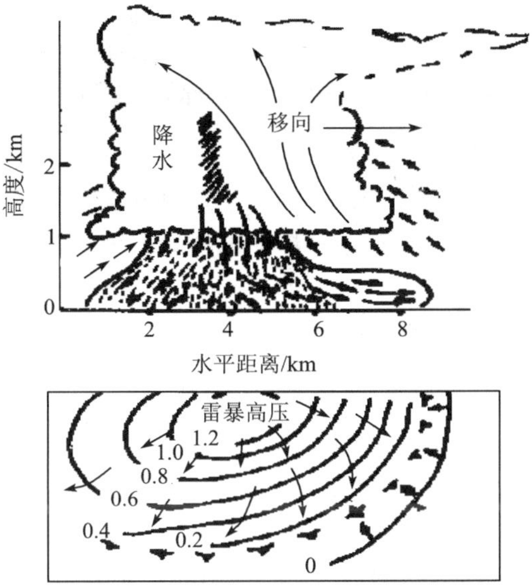

图 4-46 雷暴云和雷暴高压示意图

（上方图是雷暴云下沉冷空气扩散剖面示意）

3. 消散阶段

这个阶段的主要特征是下沉气流占据云体的主要部分。当雷暴云减弱消散时，天气现象也逐渐减弱消失。

（二）雷暴过境时气象要素和天气变化特征

雷暴单体经过某地时，地面的气象要素和天气现象均会发生明显的变化。

1. 气温

雷暴之前，气温较高，人有闷热的感觉，随着雷暴大风的到来和阵雨的开始，气温急剧下降，雷暴中心经过的地点，降温幅度最大。

2. 气压

雷暴之前，气压不断降低，常常会打破正常的气压日变化规律，雷暴单体经过测站时，测站的气压自记曲线上有时能观测到一个突然升压的隆起部分，就像鼻子一样，称为“气压鼻”或“雷暴鼻”。一般认为这是雷暴云中的下沉冷气流造成的，这个单站气压曲线上的气压鼻对应海平面气压图上的雷暴高压。但由于这个高压范围小，维持时间短，所以在一般天气图上反映不出来。

3. 风

雷暴之前，地面风力微弱，向着对流发展的云区辐合，当受到雷暴云前沿影响时，风向立即改变，阵风突然增大，雷暴阵风一般为 6 ~ 7 级，强烈的可达 30 m/s。阵风维持时间短，雷暴过境后风力很快减弱。

4. 云和雷电

雷暴之前，可观测到堡状和絮状的高积云。雷暴来临，云体发展，先观测到的是伪卷云，紧跟着的是巨大乌黑的积雨云。当积雨云顶升高到 -20 ℃时，便发生电闪雷鸣现象。

5. 降水

阵风出现后常常有几滴大雨，几分钟后，便是倾盆大雨，雨势很急，有时伴有冰雹。“山雨欲来风满楼”便是形象的描述。一段时间后，雨势慢慢减小。

（三）雷暴的形成及活动特点

1. 雷暴的形成

雷暴的形成一般由两种作用所引起：一是热力作用；二是动力抬升作用。由热力作用引起的雷暴称为热雷暴，它多发生在气团内部，一般强度不大，历时短暂，很少移动，产生的天气现象也不严重。热雷暴常出现在夏季的午后，因午后地面受日照而强烈增温，在近地面层形成绝对不稳定层结（$\gamma > \gamma_d$），引起局地热对流，使对流运动得以发展。在海洋上由于热力条件不同，热雷暴多发生在后半夜至凌晨前后。

动力抬升作用引起的雷暴，一般影响范围较大，维持时间长，强度高，产生的天气现象比较严重。动力抬升作用一般包括三类：锋面抬升、低层气流辐合抬升及地形抬升。

2. 雷暴的活动特点

雷暴的活动具有一定的地区性和季节性。低纬度雷暴出现的次数多于中纬度，中纬度多于高纬度。就相同纬度而言，雷暴出现的次数，一般是山地多于平原，内陆多于海洋。雷暴活动的季节性也很明显，夏季出现最多，冬季几乎没有。

以上介绍的是普通雷暴，还有一些更强大的对流系统称为强风暴，它能造成大风、暴雨、冰雹、龙卷等更严重的天气现象。

※ **自我检测** 1：海上热雷暴主要发生在________。

A. 上午　　B. 中午前后　　C. 下午至傍晚　　D. 后半夜至凌晨

二、飑线

飑线又称不稳定线或气压涌升线，是由若干排列成行的雷暴单体或雷暴群组成的风向、风速发生突变的狭窄的强对流天气带。这个带长为几十千米到二三百千米，宽度一般小于 1 km，是比普通雷暴影响范围更大的中尺度天气系统。飑线上的雷暴通常由若干个雷暴单体组成，少则 4 ~ 5 个，多则十几个或几十个，生消此起彼伏。因此，飑线比个别雷暴单体带来的天气变化要剧烈得多。飑线过境时，常会出现风向突变、风速猛增、气温陡降、气压骤升等剧烈的天气变化。

图 4-47 是 1974 年 6 月 17 日南京测站记录的一次飑线过境时气象要素剧变的情况。飑线在 1915（北京时）左右经过南京测站，至 2000，气压骤升 8 hPa，温度剧降 11 ℃，风速高达 38.9 m/s。在临近县下了冰雹，最大冰雹直径 10 ~ 11 cm，重量达 0.6 kg。

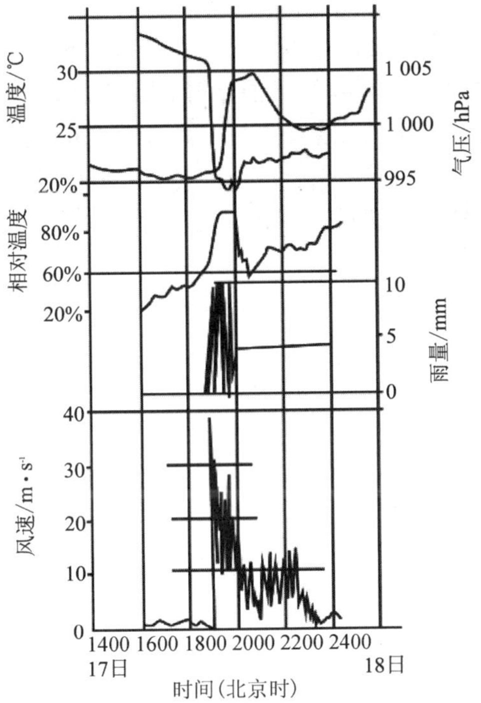

图 4-47　飑线经过测站时气象要素剧变的实例

1. 飑线的天气特征

飑线前天气较好,多为偏南风,且在发展到成熟阶段的飑线前方常伴有中尺度低压。飑线后天气变坏,风向急转为偏北、偏西风,风力大增,飑线之后一般有扁长的雷暴高压带和一明显的冷中心,在雷暴高压后方有时还伴有一个中尺度低压,由于它尾随在雷暴高压后,故称为"尾流低压"。飑线沿线到后部高压区内,有暴雨、冰雹、龙卷等天气。图 4-48 是地面上飑线天气形势。

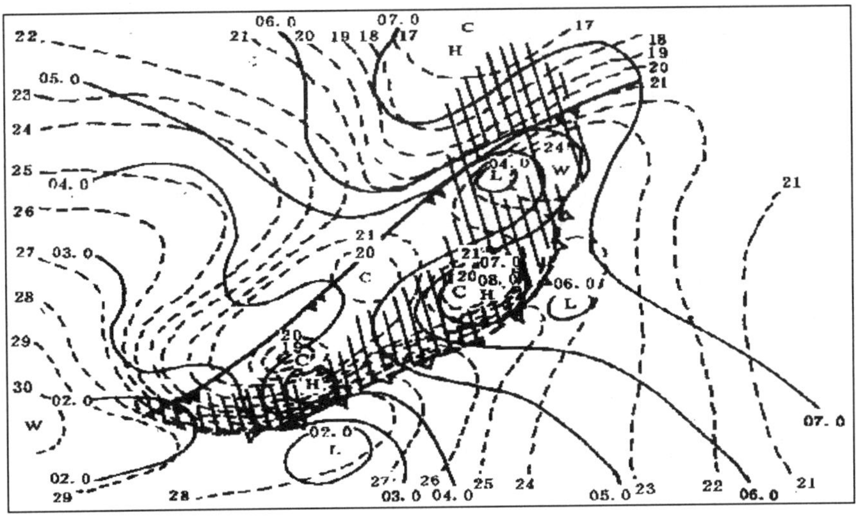

图 4-48　地面上的飑线天气形势(实线为等压线,虚线为等温线)

2. 飑线与冷锋的区别

飑线处于雷暴云下沉冷空气的前缘，空间结构和冷锋酷似，都是冷暖空气的分界面，过境时都伴有风向急转，风力猛增，气温下降，气压上升，加之它又常出现在冷锋附近，因此，容易把它与冷锋混淆。尽管飑线与冷锋有不少相似之处，但也有很大差异，故又常将飑线称为“伪冷锋”或“假冷锋”，两者的主要区别在于：

(1)冷锋是两种不同性质气团的分界面，是大尺度系统，飑线则是在同一气团内部形成和传播的中尺度系统。

(2)飑线附近的天气现象比冷锋天气剧烈得多，气象要素的变率也比冷锋附近的大得多。

(3)飑线的移速一般比冷锋要快，有时甚至是冷锋的 3 ~4 倍。

(4)飑线强度有明显的日变化，而冷锋没有。

※ **自我检测** 2：飑线过境时，风向突变，风力猛增并且在地面上伴随一个________。

A. 热低压　　B. 雷暴高压　　C. 雷暴低压　　D. 暖高压

三、龙卷

龙卷是和强对流云相伴出现的，具有垂直轴的小范围强烈涡旋，是一种破坏力很大的小尺度风暴系统，又称龙卷风，如图 4-49 所示。

图 4-49　龙卷示意图

大多数的龙卷出现在有强烈的雷雨时，少数出现在阵雨时，还有少数个别出现在未降水的浓积云底部。当有龙卷出现时，总有一个如同“象鼻子”一样的漏斗状云柱自雷暴云云底盘旋而下，有的能达到地面或水面，有的稍伸即隐，有的悬挂在空中，当它伸达地面或水面时，常能卷起大量的尘土或水，从四周包围成管状。在陆上卷起泥砂、尘土等，称为陆龙卷；在海上，卷起海水，称为水龙卷，俗称的“龙取水”就是这种天气现象。

(一)龙卷的一般特征

1. 水平范围很小

龙卷是一种强烈旋转的小涡旋,水平尺度很小,在地面上,其直径一般为几米到几百米,最大可达 1 km 左右;再往上,直径可达 3 ~ 4 km,最大达 10 km。

2. 持续时间很短

龙卷持续的时间很短,一般为几分钟到几十分钟。

3. 气压极低

龙卷中心的气压非常低。据估计,其中心气压可低至 400 hPa 以下,甚至达到 200 hPa。正是龙卷内部气压的剧降,造成了水汽的迅速凝结,龙卷才由不可见的空气涡旋变为可见的"象鼻子"式的漏斗云柱。

4. 风力极强

龙卷的主要特征是风力大,最大可达 100 ~ 200 m/s,其风速分布特征是:自中心向外增大,在距中心数十米的区域达最大,再往外,风速又迅速减小。

5. 破坏力极大

因为龙卷中有特别大的风速和内外气压差,所以龙卷的破坏力非常大,可拔树倒屋,甚至给局部地区造成更大的破坏。例如,1956 年 9 月,上海出现一次龙卷,将黄浦江边一个质量达 110 t 的油罐从地上拔起,并抛出 120 多米远。

6. 移动迅速

龙卷的移动路径多为直线,长度一般为 5 ~ 10 km,短的仅有 300 m,个别长的达 300 km;平均移速为 15 m/s,最快可达 70 m/s。龙卷的漏斗云柱一般是垂直向下的,但因空中风比地面风大,因此,"象鼻子"云柱的倾斜方向,通常指示龙卷移动的方向。这一特点可以作为船舶避离龙卷时一个很有用的参考。

(二)龙卷的形成及活动特点

龙卷形成的条件与雷暴、飑线相类似,但它要求的层结不稳定更加强烈,因此产生龙卷的雷暴云比别的雷暴云更高、更强,至于对于龙卷形成的物理机制和演变过程,目前尚无成熟的理论来解释。

龙卷有时会成对出现,两个龙卷的旋转方向正好相反,一个是气旋式的,另一个是反气旋式的,气旋式龙卷较为常见,如图 4-50 所示。

龙卷主要出现在夏半年,陆地上以发生于下午到傍晚的机会居多,海上一般出现在清晨 6 时左右。在热带和副热带,特别是墨西哥湾、地中海和孟加拉湾上空,水龙卷出现频繁,且多半发生在夏天和初秋。我国南海西沙群岛一带,一年四季均可出现龙卷,尤其以 8—10 月为最多。

图 4-50　左龙卷和右龙卷

※ **自我检测** 3:下列说法正确的是________。

A. 龙卷有时会成对出现,都为气旋式的

B. 气旋式龙卷较为常见

C. 龙卷不会成对出现,只能单独出现

D. 无反气旋式龙卷

【气象小常识】

龙卷风来袭,我们该如何应对?

龙卷风是一种强烈的小范围空气涡旋,其外形像一个巨大的漏斗,它是从积雨云中向地面伸出的一条形如龙头或龙尾的云柱,也有的似大象的鼻子,人们以形定名,称其为龙卷风。

当有龙卷风征兆时,最安全的是到地下室或半地下的掩蔽处,千万不要待在楼顶,或者跑出住宅,特别要远离危险房屋和活动房屋。如来不及跑出住宅,则应迅速打开气窗,以降低房屋内外的气压差造成的房屋倒塌损坏的程度。务必远离门、窗和房屋的外围墙壁,躲到与龙卷风方向相反的墙壁或小房间内抱头蹲下。

在野外遭遇龙卷风时,记住要快跑,但不能乱跑。应迅速向龙卷风前进的相反方向或垂直方向回避,不要停留在桥、高坎、沿海岸附近。来不及逃离的,应尽量到低洼地区躲避,但要远离大树、电线杆、简易房等,以避免被砸、被压或触电。如果附近没有屏障,则应平伏于低的地面,但要注意好自己的头部,也要注意水淹的可能。

乘汽车外出遇龙卷风是非常危险的。据调查,汽车遇龙卷风时几乎没有抵御能力,所以千万不要开着汽车躲避龙卷风,应立即把汽车开到低洼地方停靠。在电线杆或房屋已倒塌的紧急情况下,要尽可能切断电源,以防触电或引起火灾。

第五章

船舶气象信息的获取及分析

【本章概述】

本章主要介绍天气图的基础知识；介绍地面天气图以及高空天气图的测站填图格式及项目内容分析、各种填图符号的含义；介绍船舶获取各种图文气象信息的途径以及天气报告的识读与分析；重点介绍各种气象传真图的识读与分析方法。通过对本章内容的学习和掌握，有助于船舶驾驶人员准确地分析和预测航线天气，及时调整航线，保障船舶航行安全、省时、经济。

【知识目标】

熟悉天气图底图的三种投影方式；了解天气图的种类及图时；掌握地面天气图陆地测站填图格式及地面天气图的分析项目和分析方法；了解高空天气图填图格式及等压面图分析内容；了解低纬流线图的分析方法和常见的水平流场型式；熟知船舶获取气象信息的各种途径，掌握天气报告和气象传真图的分析技巧。

【能力目标】

通过对天气图的认知，尤其是对各种气象传真图的分析和理解，能正确分析航线天气，掌握重要天气系统的活动规律及对本船的影响，在某种天气系统影响下的天气特点，准确预知未来航线天气情况和海况，驾驶船舶避离不利天气，选取最佳航线航行。

第一节　天气图基础知识

【本节内容】

熟悉天气图底图及投影方式，会根据不同底图形状正确判断投影名称；了解天气图的种类及图时;熟悉地面天气图陆地测站填图格式,会根据测站实例分析其各项气象要素的含义;学会流线分析方法,正确判断流线图上水平流场型式。

【案例导入】

天气图的诞生

1854 年 11 月,历史上著名的克里米亚战争正在激烈进行,英法联军包围了塞瓦斯托波尔,陆战队准备在黑海的巴拉克拉瓦港登陆。这时候,黑海上突然狂风大作,巨浪滔天。英法联军不战自溃,几乎全军覆没。按照军方的要求,巴黎天文台台长勒弗里埃研究这次风暴。他向各国气象学家发信,收集风暴发生前后的气象报告。收集到气象报告以后,他依次把同一时间各地的气象情况填在一张图上。将不同时间的图联系起来分析,他发现这次风暴是自西向东移动的,在到达黑海前 1 ~2 天,已经先影响了西班牙和法国。

勒弗里埃分析后认为,如果当时欧洲设有气象站,风暴情况就可以及时电告英法舰队,使英法舰队避免这次风暴的袭击。1855 年 3 月,他向法国科学院建议,组织观测网,迅速地将观测资料集中到一地,分析绘制天气图,就有可能推断出未来风暴的运行路径。1856 年,法国成立了世界上第一个正规的天气预报服务系统。

一、天气图的概念

在一张特制的地图上,填有各地同一时刻观测的气象要素记录,这些记录按规定的格式以各种填图符号或数字标识在相应位置上,这样的一张特殊地图,便称为“天气图(Synoptic/Weather Chart/Map)”,它可以描述某一地区、某一时刻的天气形势和天气状况。在实际工作中,常常把天气分析和预报中使用的各种图统称为天气图。

当前世界各国气象部门制作天气预报的工具和手段很多,但天气图仍然是目前气象部门分析和预报天气的一种重要工具。船舶可利用气象传真机接收所需海区不同气象站发布的气象传真图,结合船舶航行进行航区天气分析和预报。

二、天气图的绘制过程

天气图的绘制过程包括观测、编报、传递、接收分发、填图和分析等主要环节,主要分为三个步骤。

1. 气象、水文要素的观测、记录和编报

各气象台站和船舶测站按规定对各气象、水文要素定时观测和记录,观测完后,立即编制成国际气象电码向区域分析中心(或国家海洋气象台)发报。

2. 收报和填图

全国或区域分析中心定时把国内外气象报告的主要内容按规定程序用无线电或有

线电传发出,各气象台站定时抄收气象电码。收到气象电码后,按国际统一规定的格式,立即将气象电码译成数字或符号填在天气图底图相应的位置上。

3. 分析

在填好的图上,天气预报员按照天气图分析原则和技术规定绘制各种等值线、标注天气系统符号和天气区等,这样就产生了一张可供预报用的天气图。目前,已经由计算机代替人工自动进行填图和等压线分析工作。

通常用于绘制天气图的观测资料要满足同时性、代表性和准确性三个条件,这就要求台站和船舶测站在观测时,应认真、严格地执行观测规范。

※ **自我检测** 1:天气图的制作过程依次为________。

A. 观测、填图、分析

B. 观测、编报发送、收报、填图、分析

C. 观测、填图、编报发送、收报、分析

D. 观测、编报发送、收报、分析、填图

三、天气图的底图、种类和图时

1. 天气图底图

天气图底图是用来填写各地测站所提供的气象观测记录的特种空白地图,图上标绘有经纬线、海岸线、观测站的站址(陆上气象站还标有该站的区号、站号)等。底图的范围和比例尺的大小主要根据天气分析内容、预报时效、季节和地区等而定。将地球上的经线、纬线及海岸线在平面上表示出来的方法叫作地图投影。天气图的投影要求,首先是保持形状和方向正确,其次是保持面积正确。

天气图底图常用的投影有三种,分别为墨卡托圆柱投影、极地平面投影、兰勃特投影,三种投影的比较及其适用地区见表 5-1。

表 5-1　天气图底图常用投影

名称	墨卡托圆柱投影 (等角正圆柱投影)	极地平面投影 (极射赤面投影)	兰勃特投影 (正形圆锥投影)
经线	平行等距的直线	极点向外辐射的直线	向极点收敛的直线
纬线	平行的直线,离赤道越远,纬距越大	以极点为中心的同心圆,离极点越远,纬距越大	以极点为中心的同心圆,纬距近似相等
经纬线网的形状	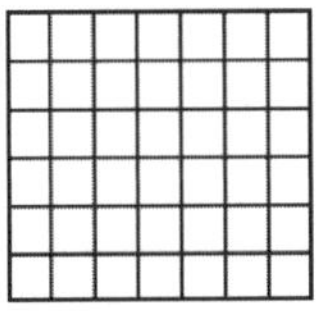	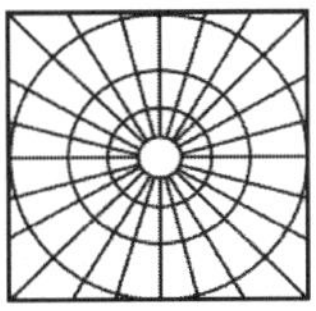	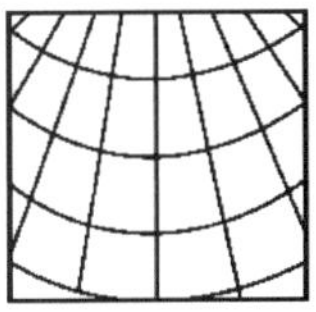
适用范围	热带地区天气图	半球和极地天气图	中纬地区天气图

※ **自我检测** 2:我国和日本的地面天气图通常采用________。

A. 墨卡托投影　　B. 等角正圆柱投影

C. 兰勃特投影　　D. 极地平面投影

2. 天气图种类和图时

为了观察和了解天气现象在三维空间的实况和变化规律,各气象台在日常分析中通常绘制的天气图有地面天气图、高空天气图和其他辅助图表。

根据世界气象组织(WMO)的规定,地面天气图(分析图)通常是利用每隔 6 h 一次,即世界时(Z)每日 0000、0600、1200、1800 的观测资料分别填绘制作的,因而图时即分别为每日世界时(Z)0000、0600、1200、1800,相应的北京时间为 0800、1400、2000 和 0200。除上述每日 4 次基本天气观测时间之外,中间还有 4 次补充观测时间,分别为世界时(Z)0300、0900、1500、2100,所以实际上每隔 3 h 就有一张地面天气图产生。

高空天气图(分析图)则是利用世界时(Z)每日 0000 和 1200 的探空资料绘制而成的,图时为世界时(Z)每日 0000 和 1200,相应的北京时间为 0800 和 2000。

※ **自我检测** 3:下列说法正确的是________。

A. 基本地面天气图每日 4 次,利用每隔 6 h 一次的基本天气观测资料填绘制作

B. 基本地面天气图每日 6 次,利用每隔 4 h 一次的基本天气观测资料填绘制作

C. 基本地面天气图每日 8 次,利用每隔 3 h 一次的基本天气观测资料填绘制作

D. 基本地面天气图每日 2 次,利用每隔 12 h 一次的基本天气观测资料填绘制作

【天气小谚语】

风静天热人又闷,有风有雨不用问。

第二节　地面天气图填图与分析

【本节内容】

熟悉地面天气图中陆地测站填图格式,熟悉各个气象记录(数字或符号)的含义并会正确识读,能根据给定的实际测站的填图案例,准确翻译该测站周围的大气状况;掌握地面天气图主要分析项目,针对各项目内容会简单分析,进而掌握天气图分析的技巧;了解低纬度流线图的分析方法并会识别各种水平流场型式。

【案例导入】

天气图发展

自从电报发明之后,各地的资料可以进行及时的传输,这就为进行二维天气图分析与预报提供了条件。事实上,早在电报发明之前,大约在 1826 年,德国的 Brandes 就曾

利用1783年西欧与中欧稀少的同期多天的气压和风的资料，第一次绘制了供事后研究用的天气图。他利用这些图讨论1783年全年的天气形势。到了1857年，Buys-Ballot就利用这些天气图给出了风与气压场的关系，这就是Buys-Ballot定理。但是Brandes的第一次天气图的尝试，很快被人遗忘和冷落了。一直到电报发明之后，于1861年在英国开始引入天气图，接着，各国便先后开展了天气图的分析，于是形成了天气学发展的新高潮。

地面天气图简称地面图，其中地面分析图直接反映了近地面层的天气情况，如气温、露点、风向、风速、海平面气压和天气现象等，又间接反映了一部分高空的天气情况，如云状、云高、云量，另外还能反映短时间内气象要素的演变趋势，如3 h变压、气压倾向等。因此，地面分析图是一张综合天气图，是天气分析与预报中一种最基本的工具。

一、地面天气图填图格式

地面图上各种资料是按照国际规定的格式填写的，地面图上的填图格式有两类：一类是陆地测站填图格式；另一类是船舶测站填图格式。

（一）陆地测站填图格式

1. 陆地测站填图格式概述

陆地测站填图格式如图5-1所示。

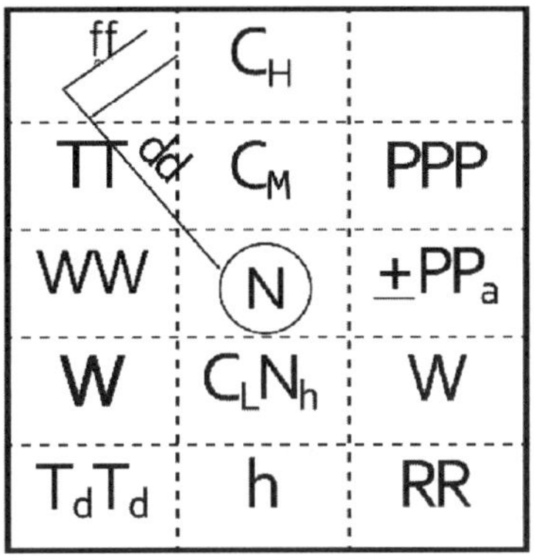

图5-1　陆地测站填图格式

图中的○表示天气图底图上相应的测站或船位，称为站圈。N表示总云量，以站圈中各种涂黑符号来表示，符号说明见表5-2。

表5-2　总云量符号

符号										
总云量	无云	≤1	2~3	4	5	6	7~8	9~10−	10	不明

C_H、C_M、C_L表示高云状、中云状和低云状，以符号表示，符号说明见表 5-3。

表 5-3　云状符号

符号	低云状	符号	中云状	符号	高云状
不填	没有低云	不填	没有中云	不填	没有高云
	淡积云		透光高层云	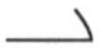	毛卷云
	浓积云		蔽光高层云或雨层云		密卷云
	秃积雨云		透光高积云		伪卷云
	积云性层积云		荚状高积云		钩卷云
	普通层积云		系统发展的辐射状高积云		卷层云（云层高度＜45°）
	层云或碎层云		积云性高积云		卷层云（云层高度＞45°）
	碎雨云		复高积云或蔽光高积云		卷层云（云层布满全天）
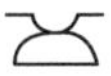	不同高度的积云或层积云		堡状或絮状高积云	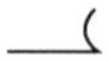	卷层云（云量不增加也没布满全天）
	鬃积雨云或砧状积雨云		混乱天空的高积云		卷积云

N_h表示低云量，以数字表示，填图数字与实际云量的关系见表 5-4。例如，填图数字"8"表示实际低云量为 7～8 成。

表 5-4　填图数字与实际低云量

填图数字	不填	1	3	4	5	6	8	9	10	×
低云量	无云	≤1	2～3	4	5	6	7～8	9～10－	10	不明

h 表示最低云的云底高度，以数字表示，填图数字与实际高度关系见表 5-5。例如，填图数字"600"表示实际低云高为 600～1 000 m。

表 5-5　填图数字与实际低云高

填图数字	0	50	100	200	300	600	1 000	1 500	2 000	不填
低云高/m	≤50	50～100	100～200	200～300	300～600	600～1 000	1 000～1 500	1 500～2 000	2 000～2 500	没有低于2 500 m 的云

PPP 表示海平面气压，一般以三位数字表示，填十位、个位和小数一位（不带小数点），省略了气压的百位和千位，单位为 hPa。例如，图上数字"058"，表示实际海平面气压为 1 005.8 hPa。

PP_a 表示 3 h 气压变量，即观测时气压与观测前 3 h 气压的差值，填个位和小数一位（不带小数点），单位为 hPa。如果气压上升，则数字前加“ + ”号；如果气压下降，则数字前加“ - ”号。a 表示 3 h 气压倾向，说明见表 5-6。例如，+15 表示最近 3 h 内气压上升了 1.5 hPa，微降后升。

表 5-6 3 h 气压倾向

符号			/		—			\	
3 h 气压倾向	升后微降	升后平	稳定上升	微降后升	不变	降后微升	降后平	稳定下降	微升后降

TT、T_dT_d 表示气温和露点温度，以数字表示，无小数位，若实际气温为零下，则前面加“ - ”号，单位为℃。例如，15 表示气温为 15 ℃。（露点类似。）

WW 表示现在天气现象（即观测时或观测前 1 h 内的天气现象），详细说明见表 5-7。

表 5-7 现在天气现象符号表

天气现象	符号	天气现象	符号	天气现象	符号
没有以下天气现象	空白	雾	≡	阵雨	
霾	∞	毛毛雨	,	阵雪	
轻雾	=	雨	•	阵性雨夹雪	
雷暴		雨夹雪	• ∗	冰雹	▲
龙卷		雪	∗	雷雨	

W 表示过去天气现象（即观测前 6 h 内出现的天气现象），说明见表 5-8。

表 5-8 过去天气现象符号表

符号	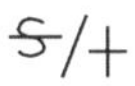	≡	,	•	∗	▽	
过去天气现象	沙暴或吹雪	雾	毛毛雨	雨	雪	阵性降水	雷暴

VV 表示水平能见度，以数字表示，单位为 km。例如，填图数字为“10”，表示 10 km；填“0.5”时，则表示 500 m。

RR 表示观测前 6 h 内（包括观测时）的降水量，以数字表示，单位为 mm。例如，填图数字“4” 表示 6 h 内降水量为 4 mm。

dd 表示风向，以矢杆表示，从站圈往外矢杆所指方向就是风的来向，即为风向，天气图上可显示出 8 方位或 16 方位风向。

ff 表示风速，以矢羽表示，矢羽与矢杆垂直或接近垂直。国外传真图常用节（kn）表示风速，一条长矢羽表示风速在 10 kn 左右，一条短矢羽表示风速为 5 kn 左右，一面三角旗矢羽表示风速在 50 kn 左右；而在国内传真图上常用 m/s 表示风速，一条长矢羽表示风速在 4 m/s 左右，一条短矢羽表示风速在 2 m/s 左右，一面三角旗矢羽表示风速在 20 m/s 左右（见表 5-9）。

表 5-9　风速符号

国际形式				中国习用	
风速/kn	填图符号	风速/kn	填图符号	风速/kn	填图符号
0		63 ~ 67	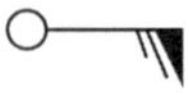	1	
1 ~ 2		68 ~ 72	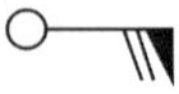	2	
3 ~ 7		73 ~ 77	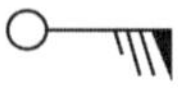	3 ~ 4	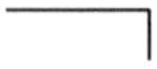
8 ~ 12		78 ~ 82	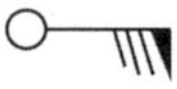	5 ~ 6	
13 ~ 17		83 ~ 87	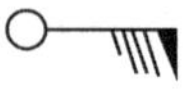	7 ~ 8	
…		88 ~ 92		…	
…		93 ~ 97	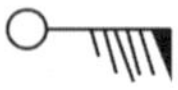	…	
…		98 ~ 102		17 ~ 18	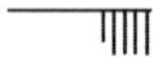
43 ~ 47	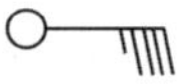	103 ~ 108		19 ~ 20	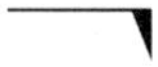
48 ~ 52				21 ~ 22	
53 ~ 57	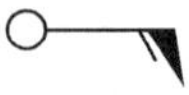			23 ~ 24	
58 ~ 62	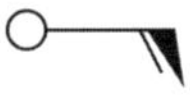			25 ~ 26	

微课视频
天气图基础知识

2. 陆地测站填图格式实例

图 5-2 填图实例说明：该站上空总云量为 10，高云不明，中云为复高积云或蔽光高积云，低云为碎雨云，低云量为 9，低云高为 300 ~ 600 m，西北风为 5 kn，现在天气现象有小雨，过去天气现象为阵性降水，能见度为 5 km，气温为 18 ℃，露点温度为 17 ℃，气压为 1 005.8 hPa，最近 3 h 内气压微降后升，气压变量为 +1.2 hPa，过去 6 h 内降水量为 4 mm。

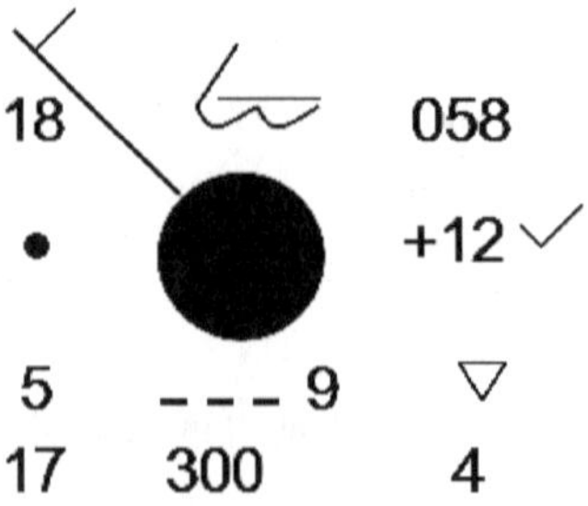

图 5-2　填图实例

(二)船舶测站填图格式

图 5-3 是国际规定的船舶测站填图格式,它与陆地测站格式相似。不同之处有以下几项:

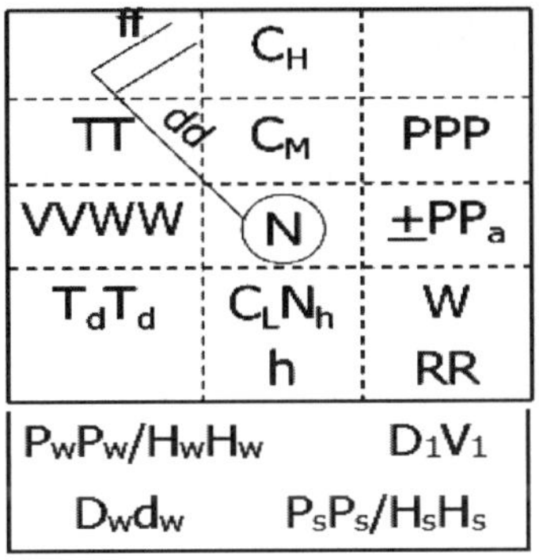

图 5-3 国际规定的船舶测站填图格式

P_WP_W表示风浪周期,单位为秒(s)。

H_WH_W表示风浪波高,单位为米(m)。

D_1V_1表示船舶航向、航速。

D_Wd_W表示主波向,指大波的传播方向。

P_sP_s 表示涌浪周期,单位为秒(s)。

H_sH_s 表示涌浪波高,单位为米(m)。

※ **自我检测** 1:在中国天气图上,风羽为一个三角旗、一长杠和一短杠表示风速大约为________。

A. 35 m/s B. 28 m/s C. 26 m/s D. 16 m/s

二、地面天气图分析项目

地面图上填写的各个测站的气象资料,只能反映气象要素和天气现象的分布实况,为了揭示天气现象与天气系统之间的联系,为制作天气预报提供基本依据,还需要对地面图做进一步分析。地面图的分析项目主要包括海平面气压场、等 3 h 变压场、锋和天气现象等。

微课视频
地面天气分析

1. 海平面气压场分析

海平面气压场的分析,就是按规定在地面图上绘制等压线,等压线绘出后,就能清楚地看出海平面高度上气压系统的分布情况。绘制等压线的主要技术规定如下:

(1)等压线用黑色细实线绘制。在同一张地面图上,等压线之间的数值间隔必须相等,我国规定一般每隔 2.5 hPa 画一条,所绘制的等压线数值是 2.5 的整数倍,即按……,997.5,1 000.0,1 002.5,……等数值序列绘制等压线。此外,在等压线过密处，可隔 5 hPa 绘制一条；日、美、英等国家每隔 4 hPa 绘制一条等压线，按……，996，1 000，1 004，……，等数值序列绘制。

（2）等压线应画到图边，否则闭合。除没有记录的地区外，均应将各条等压线的末端排列整齐，终止在某一经线或纬线上，在非闭合等压线两端应标注等压线数值。如果等压线闭合，则在等压线的正北端开一小缺口，在缺口中间标注数值，一般标注千位、百位、十位、个位和第一位小数，不标单位。数字必须与当地的纬线平行。

（3）我国在低压中心用红色标注“低”或“D”，在高压中心用蓝色标注“高”或“G”，在台风中心用红色符号标注“§”。国外天气图上多用“L”标注低压中心，用“H”标注高压中心。

（4）高、低压中心强度用黑色铅笔标注在中心符号下方（一般为整数）。中心强度一般是根据气压系统中心附近可靠的气压记录来确定。

（5）等压线过锋线时，应有明显的折角，且折角的尖端指向高压一侧。

2. 等 3 h 变压场分析

在地面图上通过分析等 3 h 变压线，可以了解等 3 h 变压场的分布情况。由各地 3 h 变压相等的点连接而成的线，称为等 3 h 变压线。

用黑色铅笔绘制细虚线。通常每隔 1 hPa 分析一条，用黑色标注每条等值线的数值和变压中心的最大变压值，并在正、负变压中心前分别加注正号（蓝色）、负号（红色）。3 h 变压是过去 3 h 气压变化的综合反映，在一定程度上可以指示未来短时间内气压变化的趋势。因此，对等 3 h 变压场的分析有助于确定锋面性质和位置，亦可作为预报气压系统和锋面移动方向的重要依据。

3. 锋的分析

锋是重要的天气系统之一，在地面图上锋表现为锋线，在其两侧气象要素的分布常具有不连续的特征，据此在地面图上可分析出锋线的位置、性质和强度等。各种锋线用不同的符号或颜色表示，如表 5-10 所示。

表 5-10 锋的符号

锋的种类	彩色符号	单色印刷图上的符号
暖锋	———— 红色	
冷锋	———— 蓝色	
准静止锋	════ 上红下蓝	
锢囚锋	———— 紫色	

4. 天气现象分析

为使各种主要天气现象的分布一目了然，在气象台的地面分析图上，还用不同颜色铅笔勾画出大风、雾、降水、沙暴、吹雪等重要天气现象的区域。一般用绿色绘制降水天气区,用红色绘制雷暴天气区,用黄色绘制雾区,用棕色绘制沙尘暴区等。在传真图上常用锯齿状折线标识大风或浓雾警报区。

※ **自我检测 2**:在地面天气图上,除了分析等压线和锋线,一般还分析________。

A. 等温线和等 3 h 变压线　　B. 天气现象和等 3 h 变压线

C. 等温线和天气现象　　D. 天气现象、等温线和等 3 h 变压线

三、低纬流线图

在赤道附近和低纬度地区,空气运动不遵从地转平衡关系,也不遵守风压定律,并且气压日较差通常比日际变化大,往往掩盖了天气系统活动所引起的气压非周期性变化。因此,在低纬地区分析实测风场要比分析气压场更能反映环流特征,分析实测风场通常用流线或等风速线来实现。

(一)流线的概念和表示方法

在同一时刻,若一条曲线上任意一点的切线方向都与该点风向一致,则该曲线称为流线,意即流线上各点的风向与流线相切。在流线图上,用带箭头的黑色曲线表示流线,箭头方向代表气流方向。

流线不能交叉,但可以分支;流线既能起止于图的边缘,也可起止于风向有急剧变化的地方;风速大的地方流线密集,风速小的地方流线稀疏。

(二)流线图上常见的水平流场形式

流线图上一般有三种基本流线形式:平直流线和波状流线、渐近线、奇异点。其中奇异点又包括尖点、涡旋和中性点。

1. 平直流线和波状流线

流线中最常见的是平直流线和波状流线,如图 5-4 所示。平直流线是由一束近于平行、略有弯曲的流线组成的。波状流线相当于气压场中的波状槽脊,反映了低纬大气中的波状扰动。

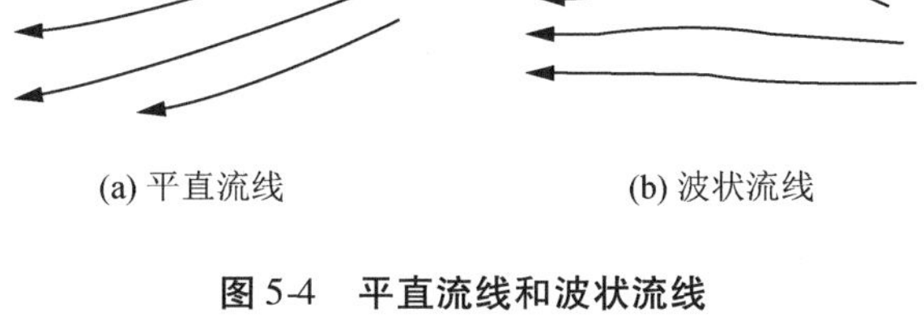

(a) 平直流线　　(b) 波状流线

图 5-4 平直流线和波状流线

2. 渐近线

渐近线是指流线分支或汇合的线，相当于数学中的渐近线。当流线离开渐近线时，流线呈辐散状，称该渐近线为辐散渐近线，如图 5-5(a)所示。当流线趋近渐近线时，流线呈辐合状，则称该渐近线为辐合渐近线，如图 5-5(b)所示。辐合渐近线往往与一些活跃的对流天气区(如积云、积雨云、阵雨等)相联系。

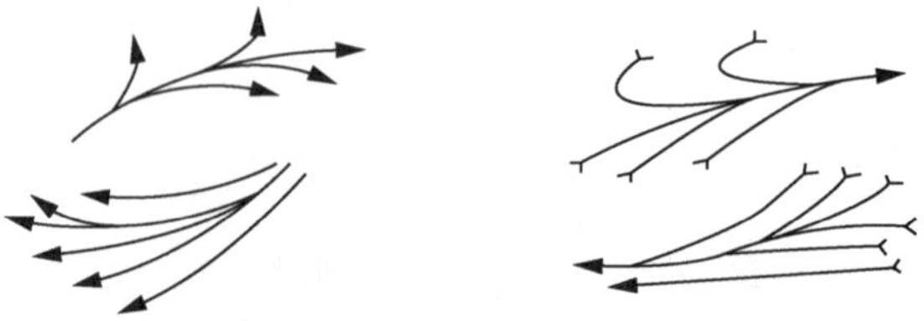

(a) 辐散渐近线　　(b) 辐合渐近线

图 5-5　渐近线

3. 奇异点

奇异点是流场中的静风点，在此点上风速为零，没有风向，其附近风速也较小，通过该点可画出一条以上的流线。奇异点可分为尖点，涡旋(汇、源)和中性点。

(1)尖点

尖点是波动向涡旋发展的过渡形式，其生命很短暂，实际工作中常因资料不足而难以分析出来。

(2)涡旋

涡旋(见图 5-6)的流型包括流入气流、流出气流、气旋式气流和反气旋式气流等多种形式。通常，地面流场中主要有两种涡旋：辐合型的气旋式涡旋和辐散型的反气旋式涡旋，分别以符号"C"和"A"表示，它们相当于气压场中的低压和高压。这种具有辐合点(汇)的流场，又称为单汇辐合流场；具有辐散点(源)的流场，又称为单源辐散流场。

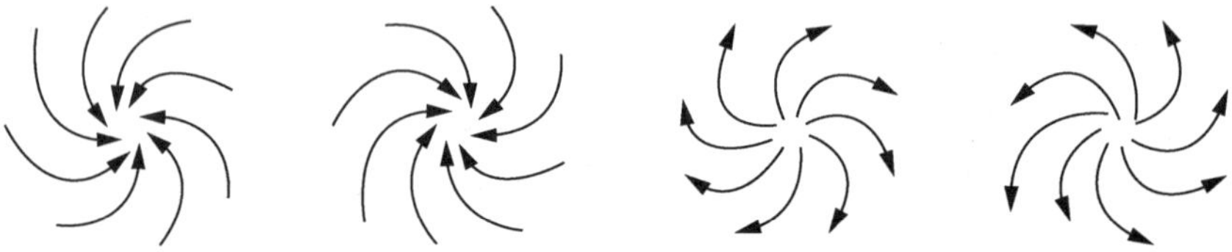

(a)　(b)　(c)　(d)

图 5-6　涡旋

(3)中性点

两条辐合渐近线与两条辐散渐近线的交点称为中性点(见图 5-7)，它相当于气压场中的鞍形场。

※ **自我检测** 3：在低纬地面流线图上，逆时针旋转单源辐散流场相当于________。

A. 北半球高气压　　B. 北半球低气压

C. 南半球低气压　　D. 南半球高气压

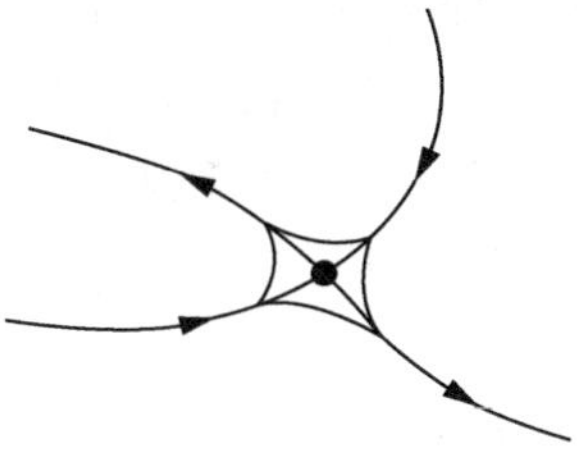

图 5-7　中性点

【天气小谚语】

八月十五云遮月，正月十五雪打灯。

第三节　高空天气图填图与分析

【本节内容】

熟悉高空等压面图上绘制等高线的含义；掌握高空天气图的填图格式及高空等压面图分析内容；等高线、等温线的绘制原则；会判断冷暖平流。

【案例导入】

高空天气图的应用

一般气象台以 850 hPa、700 hPa、500 hPa 等压面图为最常用。各层等压面图与地面天气图配合，可分析天气系统三维空间的结构及大气环流状况，将前后时间和各高度层次的天气图联系起来思考，可获得天气系统和大气环流演变的认识。世界共同规定的高空天气图一天有两次，即世界时 0000 和 1200，亦即北京时 0800 和 2000。

地面图虽然有较多的气象记录，其中也包括了一些能够反映高空大气运动的要素，但也只能间接反映空中大气状态，不全面，利用探空资料绘制的高空天气图，能直接地了解高空气压场、风场、温度场及湿度场的结构，从而全面认识大气的各种运动状态，以助于正确地预报未来的天气。

在实际工作中，最常用的高空天气图是等压面图。

一、等压面图的概念

空间等压面是一个起伏不平的曲面，用来表示等压面的这种起伏形势的图称为等压面形势图，简称等压面图。目前，船舶常用的等压面图有 850 hPa、700 hPa、500 hPa。

等压面的起伏和地形很相似。在同一等压面上，各点的气压相等，但海拔往往不相等，如图 5-8 所示，在空间同一等压面 P 上取 A、B、C 三点，这三点的气压数值相等，均为 P，但它们海拔不相同，即 $H_A > H_B > H_C$，在图中分别过 A'、C' 画等压面 P_{+1} 和 P_{-1}，A'、B、C' 三点的海拔相等，其气压值分别为 P_{+1}、P 和 P_{-1}，因为 $P_{+1} > P > P_{-1}$，故 $P_{A'} > P_B > P_{C'}$（$P_{A'}$、P_B、$P_{C'}$ 分别指 A'、B、C' 三点的气压值）。由此可见，等压面高度越高，如 A 点，在临近等高面上对应的气压就越高，如对应的 A' 点；等压面的高度越低，如 C 点，则在临近等高面上对应的气压就越低，如对应的 C' 点。

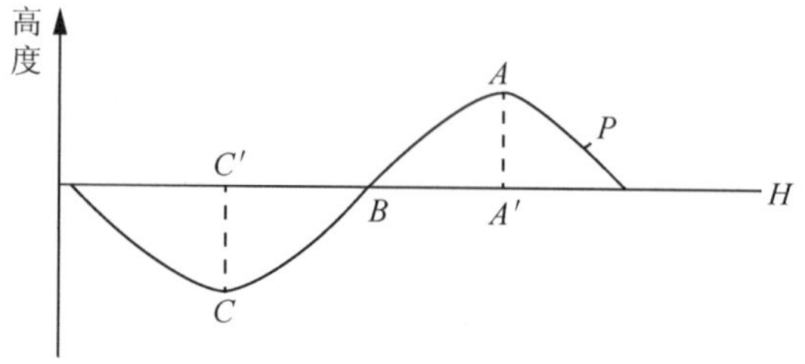

图 5-8　等压面的起伏与等高面上气压分布的关系

气象工作者仿照地理学中用地形等高线描述地形起伏的办法，在气象上用等高线来描述空间等压面相对于海平面的起伏形势，用一组间隔相等的等高面与空间某一等压面 P 相截，如图 5-9 所示，因每条截线都在等压面 P 上，故所截曲线上的各点的气压都等于 P。将这些截线都投影到一个水平面上，便得到 P 等压面距海平面的高度分别为 H_1、H_2、H_3、H_4、H_5 的等高线，等压面凸起部位相对应的是一组闭合等高线构成的高值区，和等压线下凹部位对应的是一组闭合等高线构成的低值区，等压面坡陡的地方，相应等高线较密集。因此，在等压面上绘制等高线，与在等高面上绘制等压线具有相同的意义。等压面图上等高线的高值区对应于等高面图上等压线的高值区，等压面图上等高线的低值区对应于等高面图上等压线的低值区。因此，通过分析等压面图上等高线的分布，就可以知道等压面附近空间气压场的情况。

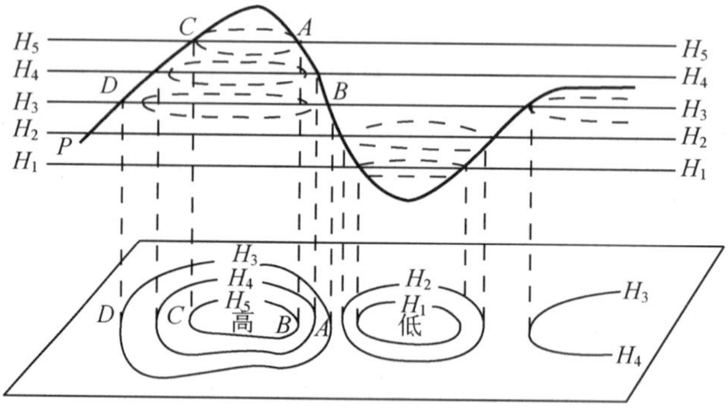

图 5-9　等压面形式与等压面图

需要注意的是，在绘制等压面图时所用的等压面高度不是几何高度，而是位势高度 H，其单位为位势米（gpm）（1 gpm 表示 1 kg 重的空气抬升 1 m 高度时所需要的能量）。它与几何高度 Z（m）的关系为：$H = gZ/9.8$。

若重力加速度 g 为 9.8 m/s^2，则有 $H = Z$。也就是说，当 g 等于 9.8 m/s^2 时，以位势米为单位的位势高度，在数值上等于用几何米表示的几何高度。因为 g 随纬度变化很小，所以 H 与 Z 在数值上相差很小，实际上可用几何高度值代替位势高度值，但要注意两者具有不同的物理含义。

※ **自我检测** 1：下列说法正确的是________。

A. 高空等压面图上等高线的高值区对应该等压面附近空间等高面上的高气压

B. 高空等压面图上等高线的低值区对应该等压面附近空间等高面上的低气压

C. A、B 都对

D. A、B 都错

微课视频
等压面图概念

二、高空天气图格式

高空分析图的单站填图格式如图 5-10 所示。图中各符号含义如下：

HHH 表示等压面高度（位势高度），以 dagpm 或 gpm 为单位，1 dagpm = 10 gpm。

TT 等压面上的气温，以℃为单位。

$T - T_d$ 表示等压面上温度露点差，以℃为单位。

dd、ff 分别表示等压面上的风向和风速，含义同地面图。

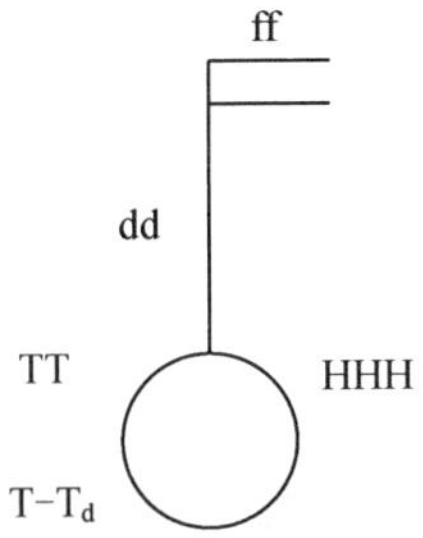

图 5-10　高空天气图的单站填图格式

※ **自我检测** 2：在高空图的填图项目中，包括________。

A. 位势高度、温度、风向风速和天气现象

B. 温度、气压、风向风速和温度露点差

C. 位势高度、温度、气压、风向风速和露点

D. 位势高度、温度、风向风速和温度露点差

三、高空天气图分析项目

1. 等高线分析

等高线是用黑色铅笔以平滑实线绘制的。我国规定，相邻等高线间隔为 40 gpm，在每条线上均须标明位势米的千位数、百位数、十位数，并规定：在 850 hPa 图上绘……，144，148，152，……等高线；在 700 hPa 图上绘……，296，300，304，……等高线；在 500 hPa 图上绘……，548，552，556，……等高线。闭合等高线的高值（高压）中心用蓝色标注“G”，低值（低压）中心用红色标注“D”。

有些国家(如日本、美国、英国等)相邻等高线间隔规定为 60 gpm,高、低气压中心分别用“H”和“L”标注,等高线标注四位数,如 700 hPa 图上绘……,3 000,3 060,3 120,……等高线。

在高空等压面图上,等高线的分布多呈波状。由于高空大气运动受地面摩擦力的影响很小,因此高空风与等高线的关系接近于地转风。等高线的走向与风向平行,在北半球,背风而立,高值区在右,低值区在左;在南半球,背风而立,高值区在左,低值区在右。等高线密集的地方,则风速大;反之,则风速小。

2. 槽线和切变线的分析

槽线和切变线是用棕色铅笔绘制的。槽线是低压槽内等高线曲率最大点的连线,它是气压场的特征线。在北半球,槽线多呈南—北向或东北—西南走向,通常槽前为西南风,槽后为西北风[见图 5-11(a)]。

切变线是风的不连续线,切变线两侧风向或风速有较强的气旋性切变,它是风场的特征线,常见于 850 hPa 和 700 hPa 图上[见图 5-11(b)]。槽线和切变线的共同点是风向均有较强的气旋性切变。

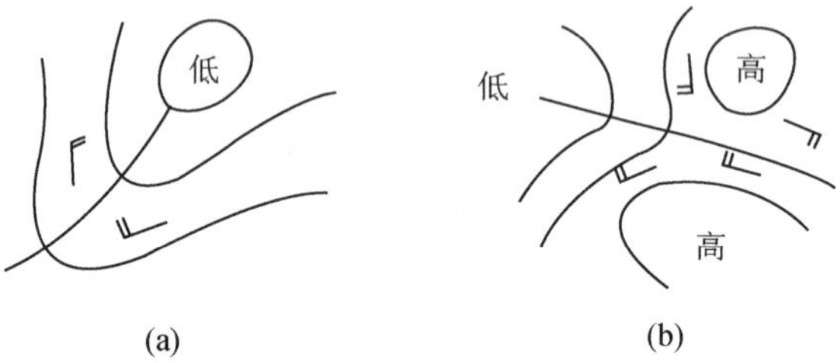

图 5-11 槽线和切变线

3. 等温线分析

等温线是用红色铅笔实线绘制的(传真图上等温线用虚线表示),我国规定每隔 4 ℃画一条,其数值均为 4 的整数倍,并标注具体数值,暖中心用红色标注“N”,冷中心用蓝色标注“L”。国外高空图上的等温线间隔有采用 6 ℃或 3 ℃的,暖中心标注“W”,冷中心标注“C”。

通常,等温线的分析是在等高线分析之后,等温线的分析除主要依据等压面图上温度记录外,还应参考等高线来分析。一般 700 hPa 或 500 hPa 以上的等压面,高温区往往是等压面高度较高的区域,低温区往往是等压面高度较低的区域。因此,在高压脊附近往往有温度场的暖脊存在,而在低压槽附近往往有温度场的冷槽存在,即表现为冷槽暖脊的水平结构(见图 5-12)。

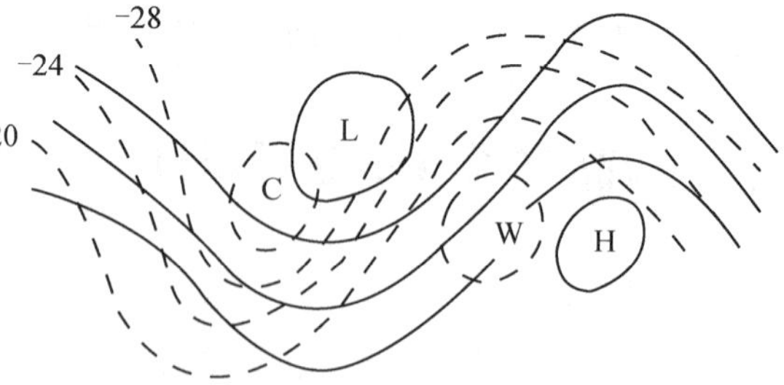

图 5-12 常见温压场配置

此外,等温线较密集的地带就是冷、暖空气温度对比较大的地带,这里往往是锋存在的区域。在高空等压面图上，用阴影区标注温度露点差值小的区域，表明该区域湿度较大。例如，日本等压面图上以温度露点差值不大于 3 ℃的区域作为湿度大的区域。

4. 温度平流

冷暖空气的水平运动引起某些地区增暖或变冷的现象，称为温度的平流变化，简称温度平流。在高空等压面图上，可根据等高线和等温线的配置情况来判断温度平流的性质和强度，从而推断气温和气压未来的变化。温度平流的判断方法：如空气从冷区流向暖区，则为冷平流；如空气从暖区流向冷区，则为暖平流。如图 5-13(a)所示，等高线与等温线相交，风由低值等温线(冷区)吹向高值等温线(暖区)，在此情况下，冷空气所经之处，气温将下降，有明显冷平流；图 5-13(b)所示的情况则正好相反，风由气温高值区(暖区)吹向气温低值区(冷区)，暖空气流经之处，气温升高，有明显暖平流。图 5-13(c)中左侧为冷平流，右侧为暖平流，冷暖平流之间可划出一条界线(双虚线所示)，此线附近等温线和等高线平行，既无冷平流，又无暖平流，即温度平流为零。因此，线又称为平流零线，它是冷、暖平流区的分界线。

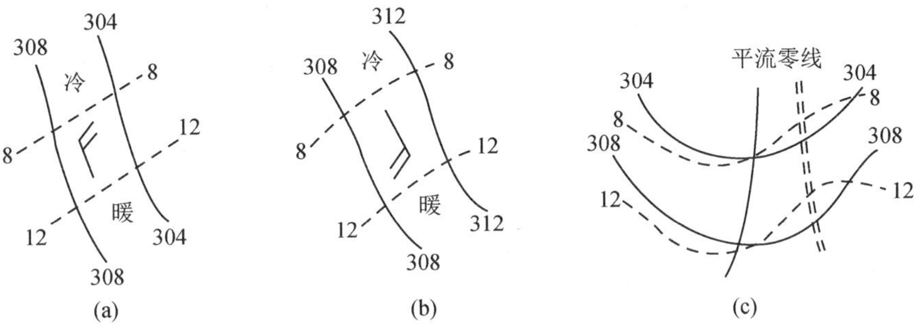

图 5-13　高空图上的冷暖平流情况

温度平流强度是指单位时间内因温度平流而引起的温度变化的数量大小。可从以下三个方面定性判断温度平流的强弱：

(1)等高线疏密程度

若其他条件相同，等高线越密，即风速越大，则平流强度也越大。

(2)等温线疏密程度

若其他条件相同，等温线越密集，说明温度梯度越大，则平流强度也越大。

(3)等高线与等温线交角的大小

若其他条件相同，等高线与等温线的交角越接近垂直，则平流强度也越大。

※ **自我检测** 3：通常高空分析图的分析项目有________。

A. 等压线、等温线、锋线、切变线等　　B. 等高线、槽线、切变线、等温线等

C. 等高线、锋线、等温线、切变线等　　D. 等压线、等高线、锋线、等温线、切变线等

微课视频
高空天气图分析

【天气小谚语】

有雨山戴帽，无雨云拦腰。

第四节　船舶海洋气象信息的获取

【本节内容】

熟悉船舶接收气象海洋信息的方法和途径。

【案例导入】

海洋与气象

我国有绵长的海岸线，数千个海岛，广阔的蓝色国土。美丽的海洋为我们提供了无尽的宝藏，也使海洋运输和海洋产业造福人类。海洋气象预报由于它的特殊性，已成为气象预报的一个专项门类。风向、风速、能见度、天气现象、天空状况、海面状况以及台风等重大危险天气的预报和警报，是近海航运气象服务的重要内容。根据有关国际组织公布的资料，在海洋工程技术和海洋预报技术发达的今天，世界海难的 60% ~80% 仍然是由于预报不准和使用预报不当而造成的。

案例视频
海洋观测站为船只提供气象保障

现代通信技术的发展使船舶获取气象海洋信息的途径越来越多，通常有以下几种。

一、通过船载气象传真机获取

传真是一种发展迅速的现代化通信技术，它不仅能传送文字信息，还能传递图像信息，所以在许多领域得到广泛的应用。近几十年来，气象传真广播得到迅速发展，其覆盖范围遍及世界所有海洋，几乎所有重要的沿海国家都通过气象传真广播，发布气象报告和天气预报，发送各种天气图、海况图及卫星云图等，为船舶提供气象服务。目前，大部分船舶已装备了气象传真接收机，因而，这些船舶可以方便、可靠地获得航行海区有关国家发布的气象、海况等传真资料。

二、通过 NAVTEX 获取

为了最大限度地保障海上人命与财产的安全，2002 年 8 月，一个新的 GMDSS 开始实施，从而改变了以人工敲键通信为基础的海上通信的落后局面。为适应 GMDSS 的要求，各国的海岸电台都相继设置了 NAVTEX 发射台，开始提供 NAVTEX 业务。该业务淘汰了以前的莫尔斯电码发送的形式，而采用无线电电传手段在固定频率 518 kHz 上，定时向船舶发送最新的航行警告、气象警告、天气预报和其他的海上安全信息。其覆盖范围大约为 400 n mile。凡配备有 NAVTEX 船舶，其接收机可选择接收并打印报文，故 NAVTEX 系统普遍受到船舶的欢迎，船舶可以通过 NAVTEX 及时接收天气报告和警报报文。

三、通过 INMARSAT 获取

海上航行船舶可以通过 INMARSAT-C 船载地面站和 INMARSAT 增强群呼(EGC)接收临近海岸电台发布的相应海区的天气报告和警报。我国大连、上海、广州、香港、基隆、花莲、高雄等地设置有海岸电台,每天中午定时用中、英文明码电报向国外商船转发由当地气象台制作的海上天气报告和警报,船舶可以通过船上的 INMARSAT-C 站和 EGC 接收。

四、通过互联网获取

随着互联网技术的快速发展,通过互联网发布气象信息已经成为每个气象台站发布气象信息的重要手段之一,气象网站发布的气象信息包括实况和预报信息两种,信息内容有文字描述的,也有图表形式的。气象网站发布的气象信息具有内容丰富、形式多样、更新迅速等特点。船舶驾驶人员可以利用互联网根据需要查阅、下载所航海域详细的气象和海况信息。

五、其他方式

航行于沿海水域的船舶还可以通过手机短信、沿岸的广播、电视、报纸、VHF 电台以及国际信号旗等其他途径获取气象海况预报信息或者警报信息。

微课视频
海上气象信息获取的途径

※ **自我检测 1**:船舶获取天气和海况图资料的主要途径为________。

A. NAVTEX、MFB(气象传真广播)　　B. MFB(气象传真广播)、WWW

C. MFB(气象传真广播)、EGC、NAVTEX　　D. NAVTEX、EGC、WWW

【天气小谚语】

天上豆荚云,不久雨将临;天上铁砧云,很快大雨淋。

第五节　气象报告的识读

【本节内容】

熟悉天气图底图及投影方式,会根据不同底图形状正确判断投影名称;了解天气图的种类及图时;熟悉地面天气图陆地测站填图格式,会根据测站实例分析其各项气象要素的含义;学会流线分析方法,正确判断流线图上水平流场型式。

【案例导入】

美媒:亚航没有提前领取天气报告

2014 年 12 月 28 日,亚航 QZ8501 在从印尼泗水飞往新加坡途中失事,途经一段有恶劣天气的空域。在飞机起飞前,该航班没有派人员领取相关的气象报告,错过了气象学家直接向航空公司告知有飞行潜在危险的机会。

通过接收气象部门为商船发布的海上天气报告(Weather Report)、警报(Warning)和气象传真图,并对它们进行阅读和分析,船舶可以及时而全面地掌握海上天气和海况的演变情况,有助于进一步保障船舶航行安全和提高船舶营运效益。

一、海岸电台的播报范围

现在世界各国都按国际海事组织(IMO)和世界气象组织所划定的海区范围,由指定的海岸无线电台(Coast Radio Station)广播海上天气报告和警报。例如,我国在大连、上海、广州、香港、基隆、花莲和高雄等地设有海岸电台,每天定时用中、英文明码电报向国内外的商船转发由当地气象台制作的海上天气报告和警报内容。各国海岸电台和 NAVTEX 发射台的天气报告的播发范围、内容、时间和频率可查阅每年印发的《无线电信号表》第三卷。图 5-14 ~ 图 5-16 给出了我国大连台、上海台和广州台的气象责任区域。

大连责任区域主要包括:渤海、渤海海峡、黄海北部、黄海中部(见图 5-14)。

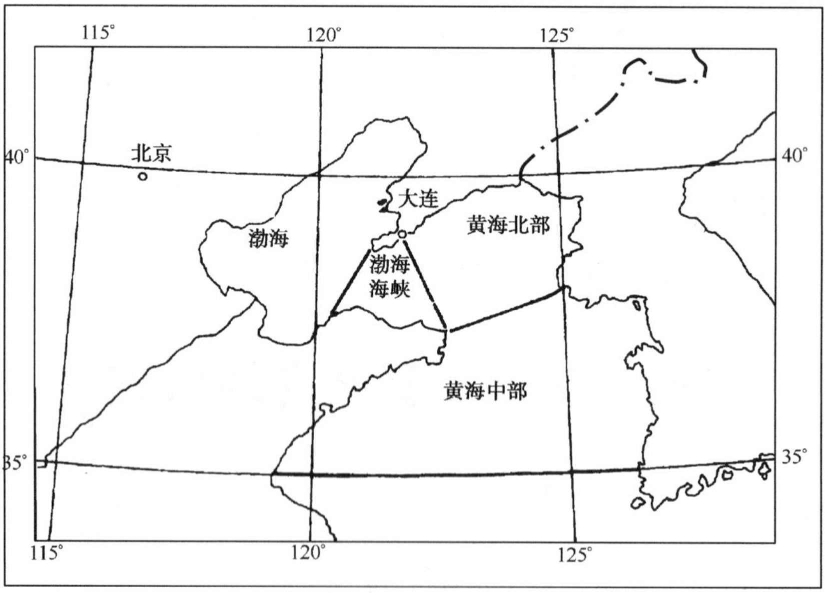

图 5-14　大连台的气象责任区域

上海责任区域主要包括：渤海、渤海海峡、黄海北部、黄海中部、黄海南部、东海北部、东海南部、台湾省（即台湾地区）北部、台湾海峡、济州、长崎、鹿儿岛、琉球、台湾省东部（见图5-15）。

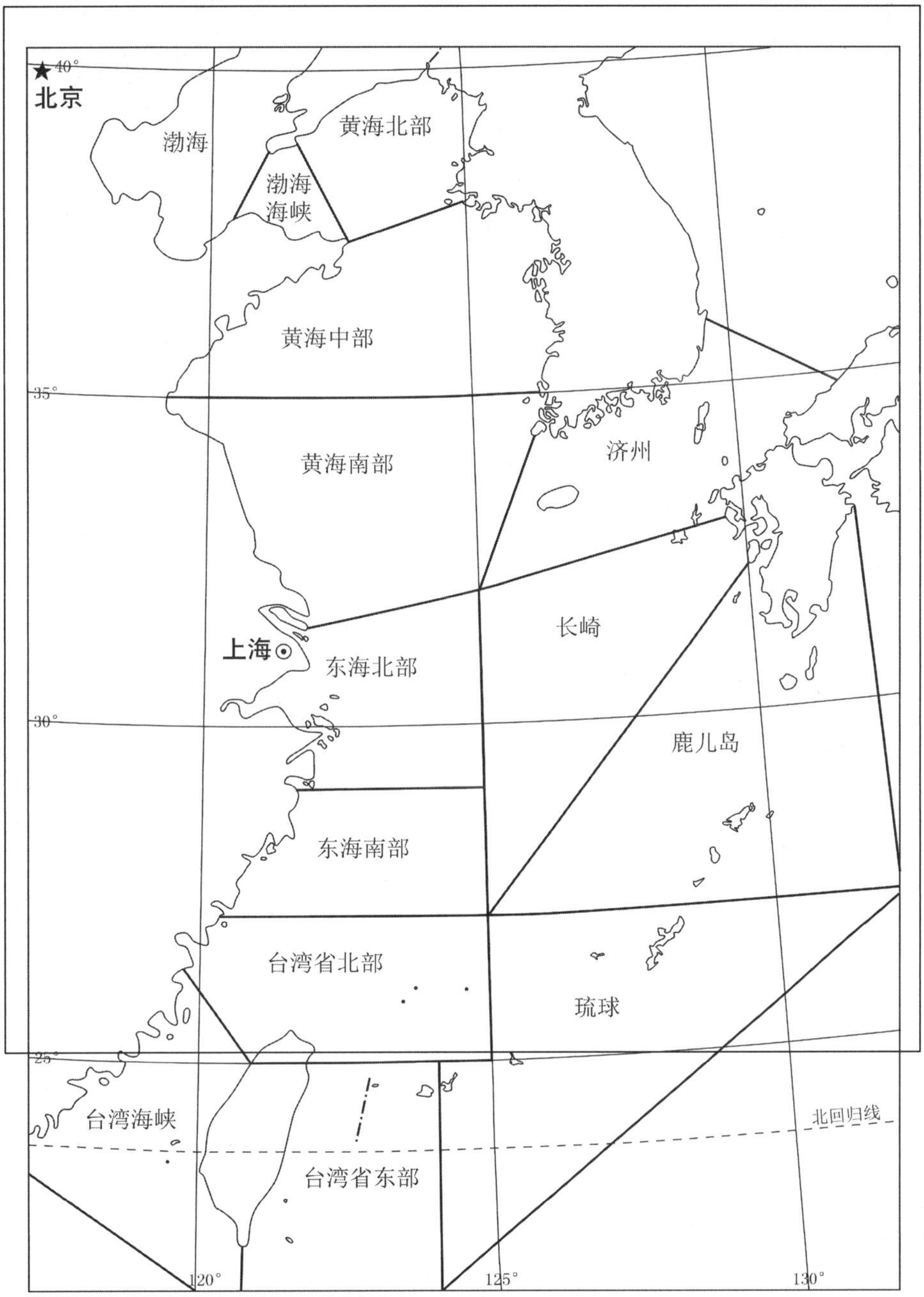

图5-15　上海台的气象责任区域

广州责任区域主要包括：台湾海峡、广东东部、广东西部、琼州海峡、北部湾、巴士、东沙、西沙、海南岛西南部、华列拉、头顿、中沙、南沙、曾母暗沙（见图5-16）。

香港责任区域主要包括：舟山、台湾北部、琉球、台湾东部、巴士、台湾海峡、广东、香港、北部湾、岘港、华列拉、民都洛、南沙、西沙、中沙、东沙、巴林塘（见图5-17）。

基隆、花莲、高雄的预报范围为台湾省近海。

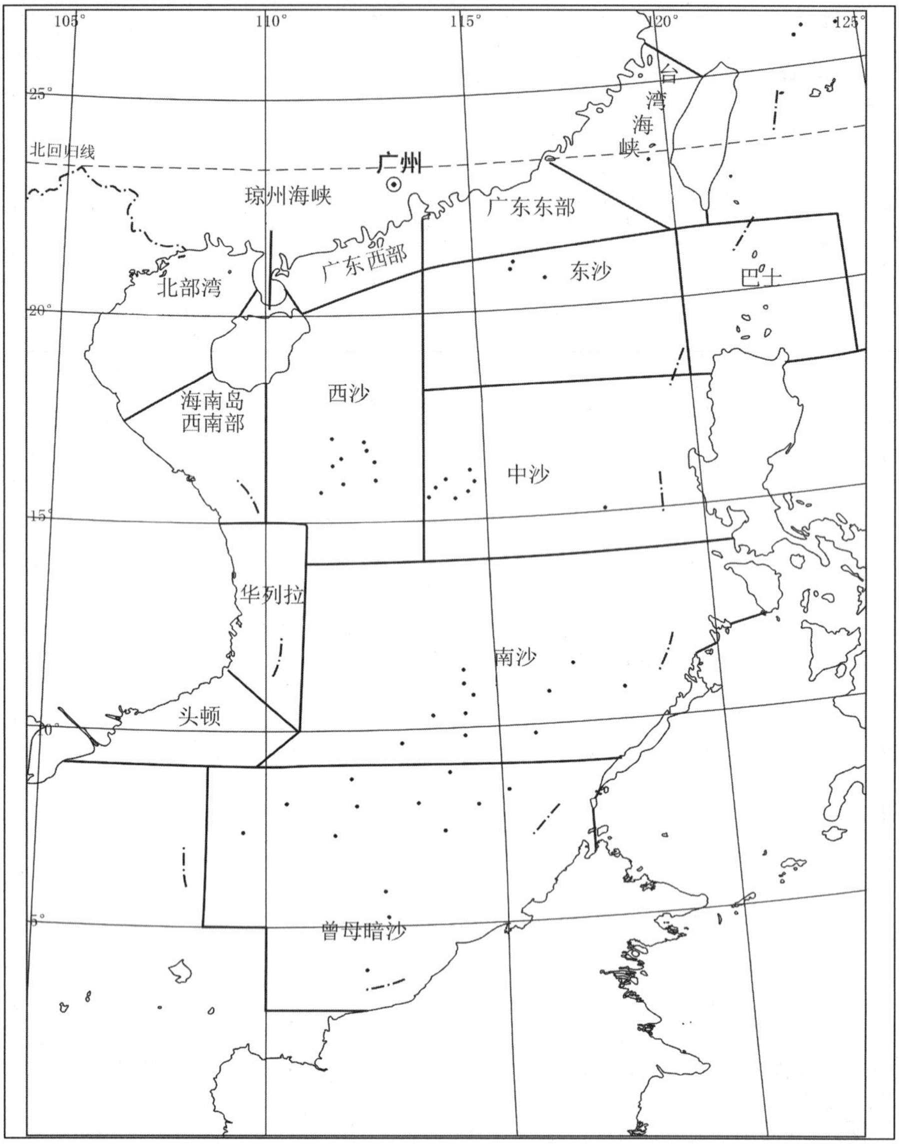

图5-16　广州台的气象责任区域

※ **自我检测1**：上海海岸电台播发的天气报告责任海区包括________。

A. 东海北部、台湾省北部、台湾省东部、台湾海峡、广东东部

B. 华列拉、头顿

C. 济州、长崎、鹿儿岛、琉球、巴士

D. 渤海、渤海海峡、黄海北部、黄海中部

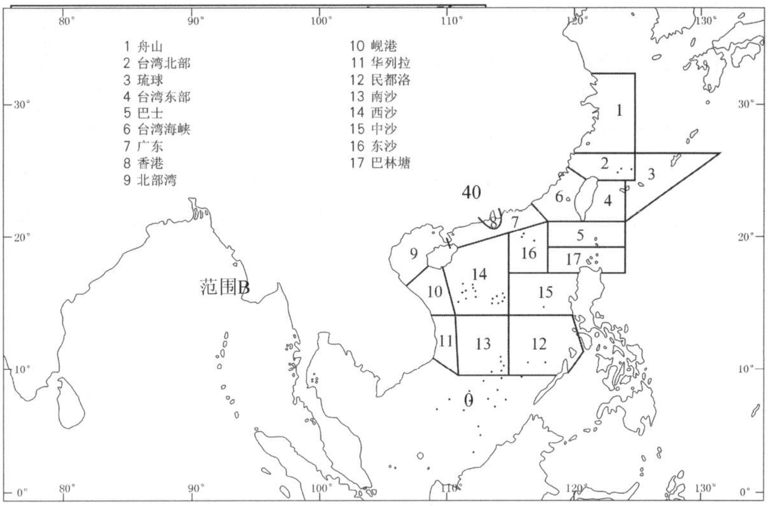

图 5-17　香港的气象责任区域

二、天气报告内容和阅读注意事项

1. 天气报告内容

各岸台均按统一规定的格式和内容编发报文，完整的报文由十部分组成，通常船舶只抄收前面第一到第三部分的内容：

第一部分——警报（如大风、风暴、热带气旋、浓雾警报等）。

第二部分——天气形势摘要（高压、低压、锋、热带气旋等天气系统的位置、强度、移向、移速等）。

第三部分——海区天气预报（天空状况、天气现象、风力、风向、浪级等）。

2. 阅读天气报告和警报的注意事项

（1）应注意广播台的名称、广播时间、播报区域、预报有效时间（世界时或地方时）和受重要天气系统影响的海域。了解不同岸台报文的习惯用法、风格和常用缩略语（如有的报文不分段落，无标点符号，甚至省略谓语动词等），并注意积累经验。

（2）应明确时间用语（地方时）的含义。

白天：0800—2000	夜间：2000—0800	
早晨：0500—0800	傍晚：1800—2000	
上午：0800—1200	中午：1100—1400	下午：1200—1800
上半夜：2000—2400	半夜：2300—0300	下半夜：0000—0500

（3）应明确天空状况（Sky Condition）用语含义。

晴（Clear Sky）：总云量 0～2

少云（Partly Cloudy）：总云量 3～5

多云（Cloudy）：总云量 6～8（或高云量 8～10）

阴（Overcast）：中、低云量 9～10

三、天气报告的应用

1. 阅读天气报告后应明确的两个问题

(1)目前,船舶所在海域受何天气系统及该系统的何部位控制。目前,天气状况是该系统控制下的一般天气还是包括地方性特殊天气;该系统是新生的还是趋于加强或减弱,抑或稳定少变等。

(2)未来的天气形势和天气状况。在未来 24 h 内,推算船位附近海域将受何系统及该系统的何部位控制,在该系统控制下将出现什么样的天气。若天气报告中只指出受控系统而未写明天气状况,则可结合有关天气模式和天气实况等自行推测未来的天气状况。

2. 点绘天气图

如需要,船舶可根据天气报告中天气形势摘要和警报内容,将高、低压系统中心位置、强度、锋线和大风、浓雾等重要天气区等标绘在一张空白海图上,称为点绘天气图。必要时还可将当天和前 1 ~2 天的高压、低压、热带气旋、锋、天气区等的位置、强度、移向、移速等标在同一张海图上,本船位置及推算船位也一并标上。这样就自制出一张能反映与航行海域有关的天气系统演变情况的简易动态天气图,在此基础上再应用外推法等进行航线短期预报。

在作图过程中,也可根据需要依照等压线分析原则和有关技术规定,用内插法绘出部分等压线。

微课视频
气象报告的识读

※ **自我检测** 2:海岸电台天气报告中天气形势主要给出的内容包括________。

Ⅰ.大风区;Ⅱ.高、低压中心位置和中心气压值;Ⅲ.锋面位置;Ⅳ.大浪区;Ⅴ.降水区。

A. Ⅰ,Ⅱ,Ⅴ　　B. Ⅰ ~ Ⅲ,Ⅴ　　C. Ⅱ,Ⅲ　　D. Ⅱ,Ⅳ

四、天气报告实例(上海台)

报头:SHAI/XSG

SHAI OBSY WEATHER REPORT

中文(In Chinese)

天气形势摘要 9 日 0000:

1 002 hPa 低压中心在 35°N,106°E,静止少动,正填塞中。

1 017 hPa 低压中心在 35°N,115°E,静止少动,正填塞中。

1 007 hPa 低压中心在 53°N,127°E,正以 12 kn 移速向东移动,冷锋从中心经过 51°N,124°E 到 50°N,115°E,暖锋从 46°N,128°E 经过 40°N,125°E 到 35°N,113°E。

1 043 hPa 高压中心在 49°N,108°E,正以 12 kn 移速向东南偏东方向移动。

1 023 hPa 高压中心在 30°N,135°E,移动缓慢,正减弱中。

1 022 hPa 高压中心在 45°N,135°E,静止少动,正减弱中。

天气预报 9 日 0800 起未来 24 h:

渤海、渤海海峡、黄海北部和黄海中部:晴到多云,北到东北风 6 ~7 级,大到巨浪。

黄海南部:晴到多云,西到西南风 3 ~4 级,晚上转北风 6 级,轻转大浪。东海北部:晴到多云,西北风晚上转西到西南风 3 ~4 级,明晨转北风 5 ~6 级,轻转大浪。东海南部:多云,东北风 4 ~5 级,轻浪。

上海港:晴到多云,南到西南风 2 ~3 级,明晨转北风 4 ~5 级,微浪转微波。

台湾海峡,台湾北部和台湾东部:多云,局部地区阴有雨,东北风 5 级,轻浪。

济州(岛)和长崎:晴到多云,西北风,晚上转西和西南风 4 级,明天清晨到上午转北风 6 级,轻转大浪。

鹿儿岛和琉球:多云,北到东北风 5 级,轻浪。

英文(In English)

SHAI/XSG

SHAI OBSY SYNOPTIC SITUATION 090000Z

LOW 1,002HPA AT 35N 106E STATIONARY FILLING UP

LOW 1,017HPA AT 35N 115E STATIONARY FILLING UP

LOW 1,007HPA AT 53N 127E MOVING ELY 12 KTS WITH COLD FRONT FROM CENTER PASSING 51N 124E TO 50N 115E AND WARM FRONT FROM 46N 128E PASSING 40N 125E TO 35N 113E

HIGH 1,043HPA AT 49N 108E MOVING ESE 12 KTS

HIGH 1,023HPA AT 30N 113E MOVING SLOWLY WEAKENING

HIGH 1,022HPA AT 45N 135E STATIONARY WEAKENING

24HOURS WEATHER FORECAST FROM 090800Z:

BOHAI SEA X BOHAI STRAITS X NORTH HUANGHAI SEA AND CENTRAL HUANGHAI SEA X CLEAR TO CLOUDY X N TO NE WINDS FORCE 6 TO 7 X EA ROUGH TO VERY ROUGH X SOUTH HUANGHAI SEA X CLEAR TO CLOUDY X W TO SW WINDS FORCE 3 TO 4 BECOMING NLY WINDS FORCE 6 TONIGHT X SEA SLIGHT BECOMING ROUGH X NORTH DONGHAI SEA X CLEAR TO CLOUDY X NW WINDS TURN TO W AND SW WINDS TONIGHT FORCE 3 TO 4 BECOMING NLY WINDS FORCE 5 TO 6 IN THE MORNING TOMORROW X SEA SLIGHT BECOMING ROUGH X SOUTH DONGHAI SEA X CLOUDY X NE WINDS FORCE 4 TO 5 X SEA SLIGHT X

SHANGHAI HARBOUR X CLEAR TO CLOUDY X S TO SW WINDS FORCE 2 TO 3 BECOMING NLY WINDS FORCE 4 TO 5 IN THE MORNING TOMORROW X SEA RIPPLES BECOMING SMOOTH X

TAIWAN STRAITS X NORTH TAIWAN AND EAST TAIWAN X CLOUDY LOCAL OVERCAST WITH RAIN X NE WINDS FORCE 5 X SEA SLIGHT X

CHEJU AND NAGASAKI X CLEAR TO CLOUDY X NW WINDS TURN TO W AND SW WINDS TONIGHT FORCE 4 BECOMING NLY WINDS FORCE 6 FROM TOMORROW MORNING TO FORENOON X SEA SLIGHT BECOMING ROUGH X

KAGOSHIMA AND RYUKYU X CLOUDY X N TO NE WINDS FORCE 5 X SEA

SLIGHT X STOP

※ **自我检测** 3:在天气报告中,"LOW 1,020HPA AT 35N 106E STATIONARY FILLING UP"的含义是位于35°N,106°E处低压,中心气压1 020 hPa,未来将________。

A. 静止少动,正在塞中　　B. 静止少动,正在加强

C. 迅速移动,正在塞中　　D. 迅速移动,正在加强

【天气小谚语】

雷打天顶,有雨不狠;雷打天边,大雨连天。

第六节　气象传真图识图与分析

【本节内容】

熟知船舶可接收的各种气象传真图的种类;能够对气象传真图图题进行准确识别,并读懂其含义;准确识读日本和美国地面分析图和预报图,理解图中各种数字、符号、英文的含义,并结合船舶所处位置,正确判断当前及未来受影响的天气系统及其天气特征;准确识读日本和美国海浪分析图和海浪预报图,会判断船舶所处位置当前和未来的海况特征;准确识读热带气旋警报图及卫星云图,识别不同图上天气系统的特征;了解海流图和海冰图上各种符号的含义。

【案例导入】

气象传真图的应用

气象传真图(见图5-18)的广泛应用,有利于船舶的安全经济航行,有利于最佳航线的选择,驾驶员应提高地面图、高空图、卫星云图和海况图的分析预报水平。从每年英版《无线电信号表》第三卷可以查得世界各海域气象传真电台的呼号、频率、发报时间和内容细目,船舶按时接收所需气象传真图。

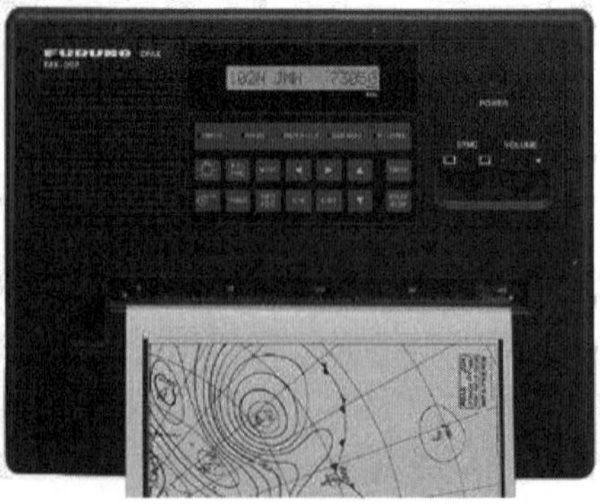

图5-18　气象传真图

气象传真图就是通过传真广播提供给用户的简化了的天气图。它是航海人员特别是船舶驾驶员分析海域天气和制作航线天气预报的重要工具。随着气象科学的迅速发展，在广泛应用电子计算技术和现代化通信手段的情况下，世界气象组织（WMO）已将全球气象传真广播台组成的服务网划分为六大区域（亚洲、非洲、南美洲、北美洲、西南太平洋和欧洲），以使航行在任何海域的船舶都可以接收到可靠的气象传真资料。世界气象组织要求各国鼓励在船上安装气象传真接收机，以便充分利用提供的气象资料，进行气象导航和自航，保证船舶航行的安全。

各台的发图内容和发图时间可查阅每年印发的英版《无线电信号表》第三卷。值得注意的是，各台使用的频率、发图内容和发图时间时有变动，使用时应注意各台预先发出的通知。船舶可根据各传真广播台发布的广播节目表有选择地接收传真图。

一、气象传真图的种类

目前，世界各国发布的气象传真图种类繁多，其中，适合航海使用的主要有三大类。

1. 传真天气图

传真天气图包括地面分析图（AS）、地面预报图（FS）、高空分析图（AU）和高空预报图（FU）。

2. 传真海况图

传真海况图包括波浪分析图（AW）、波浪预报图（FW）、表层海流图（SO、FO）、表层海温图（CO、FO）和海冰状况图（ST、FI）。

3. 传真卫星云图

传真卫星云图包括红外云图（IR）和可见光云图（VS）。

船舶可根据需要，利用气象传真接收机（或互联网）有选择地接收各国气象部门发布的气象传真图。

二、气象传真图图名标题

传真图一般在图角注有图名标题，简称图题（Heading），图题中标明该图的图类、图区、图时、传真广播台呼号等。图题通常标在图的左上角或右下角的小方框内，如图5-19所示。

TTAA（ii/iii）		CCC
YYGGgg	MM	JJJJ
…	…	…

图5-19　气象传真图图题格式

图题中各代号的含义如下：

TT——图类代号，用两个大写字母表示。关于图类代码见表 5-11。

表 5-11　常用气象传真图分类及图类代码

类别	代号	说明	类别	代号	说明
传真天气图	AS	地面分析	传真海况图	AW	海洋波浪分析
	AU	高空分析		FW	海洋波浪预报
	FS	地面预报		SO	海洋气象资料(表层海流)
	FU	高空预报		FO	海流预报
	FE	中期预报		ST	海冰情报
	FB	重要天气预报		FI	海冰预报
	WT	热带气旋(台风)警告		CO	(旬)月平均海洋气候
	WH	飓风警告	传真卫星云图	IR	红外云图
	WO	其他警告		VS	可见光云图

AA——图区代号，用两个大写字母表示。关于图区代码见表 5-12。

表 5-12　传真图图区代号

代号	图区	代号	图区
AA	Antarctic(南极)	JP	Japan(日本)
AC	Arctic(北极)	ME	Eastern Mediterranean Area(地中海东部)
AE	Southeast Asia(东南亚)	NA	North America(北美)
AF	Africa(非洲)	NT	North Atlantic(北大西洋)
AG	Argentina(阿根廷)	NZ	New Zealand(新西兰)
AP	Southern Africa(非洲南部)	OC	Oceanic(大洋洲)
AS	Asia(亚洲)	PA	Pacific(太平洋)
AU	Australia(澳大利亚)	PN	North Pacific(北太平洋)
BS	Bering Sea(白令海)	PS	South Pacific(南太平洋)
BZ	Brazil(巴西)	PW	West Pacific(西太平洋)
CH	Chile(智利)	SN	Sweden(瑞典)
CI	China(中国)	RA	Russia(Asia)[俄罗斯(亚洲部分)]
CN	Canada(加拿大)	RS	Russia(Europe)[俄罗斯(欧洲部分)]
EA	East Asia(东亚)	SA	South America(南美)
EC	East China Sea(东海)	SP	Spain(西班牙)
EE	Eastern Europe(东欧)	SS	South China Sea(南海)
EG	Egypt(埃及)	TU	Turkey(土耳其)
EM	Middle Europe(欧洲中部)	UK	United Kingdom(英国)
EW	Western Europe(西欧)	XE	Eastern Hemisphere(东半球)
FE	Far East(远东)	XN	Northern Hemisphere(北半球)
FR	France(法国)	XS	Southern Hemisphere(南半球)
GA	Gulf of Alaska(阿拉斯加湾)	XT	Tropical Belt(热带地区)
GM	Guam(关岛)	XW	Western Hemisphere(西半球)
HW	Hawaiian Islands(夏威夷群岛)	XX	Others(其他地区)
IO	Indian Ocean(印度洋)	ZA	South Africa(南非)

ii/iii——表示相同资料图的区分代号,常用1~3个数字表示。

1个数字用来区别不同时间,如COPN和$COPN_1$,前者表示10天平均洋面温度,后者表示月平均洋面温度。

2个数字表示预报时效或等压面高度(百帕的百位数和十位数),如50表示500 hPa;70表示700 hPa;85表示850 hPa;02表示24 h;04表示48 h;07表示72 h。

3个数字表示等压面高度和预报时效,一般高度在前,时效在后。例如,507表示500 hPa等压面72 h预报时效(具体含义见表5-13)。

表5-13 高空数字代号含义

代号	等压面和预报时效	代号	等压面和预报时效
85	850 hPa	507	500 hPa(72 h预报)
70	700 hPa	509	500 hPa(96 h预报)
50	500 hPa	512	500 hPa(120 h预报)
30	300 hPa	514	500 hPa(144 h预报)
852	850 hPa(24 h预报)	516	500 hPa(168 h预报)
702	700 hPa(24 h预报)	519	500 hPa(192 h预报)
502	500 hPa(24 h预报)	302	300 hPa(24 h预报)
504	500 hPa(48 h预报)	…	…

CCC——表示传真广播台的呼号或该台专用的缩写字母,可通过《无线电信号表》第三卷查阅。

YYGGgg——表示日、时、分,所用时间为世界时,用Z(Zebra Time)表示,有时用GMT或UTC表示。

MM——表示月份(月份英文缩写:JAN、FEB、MAR、APR、MAY、JUN、JUI、AUG、SEP、OCT、NOV、DEC)。

JJJJ——表示年份(用四位数表示)。

除了上述内容外,有时在图题中还会有一些注释信息,用于说明图类的英文全称等。

三、地面图

地面传真天气图又称地面图,是航海中最常用的基本天气图。地面图又分为地面分析图(AS)和地面预报图(FS)。不同国家和地区的传真气象广播所播发的地面图略有差异,下面以日本和美国的地面图为例来介绍地面天气图的识读。

(一)日本地面分析图

地面分析图中不仅绘有海岸线和经纬度网格线,还用各种符号、数字、文字等说明气压系统的位置和强度以及移动情况,此外还给出了单站天气实况资料等信息,因此在航海中应用比较广泛，下面以图 5-20 为例来介绍图中内容及含义。

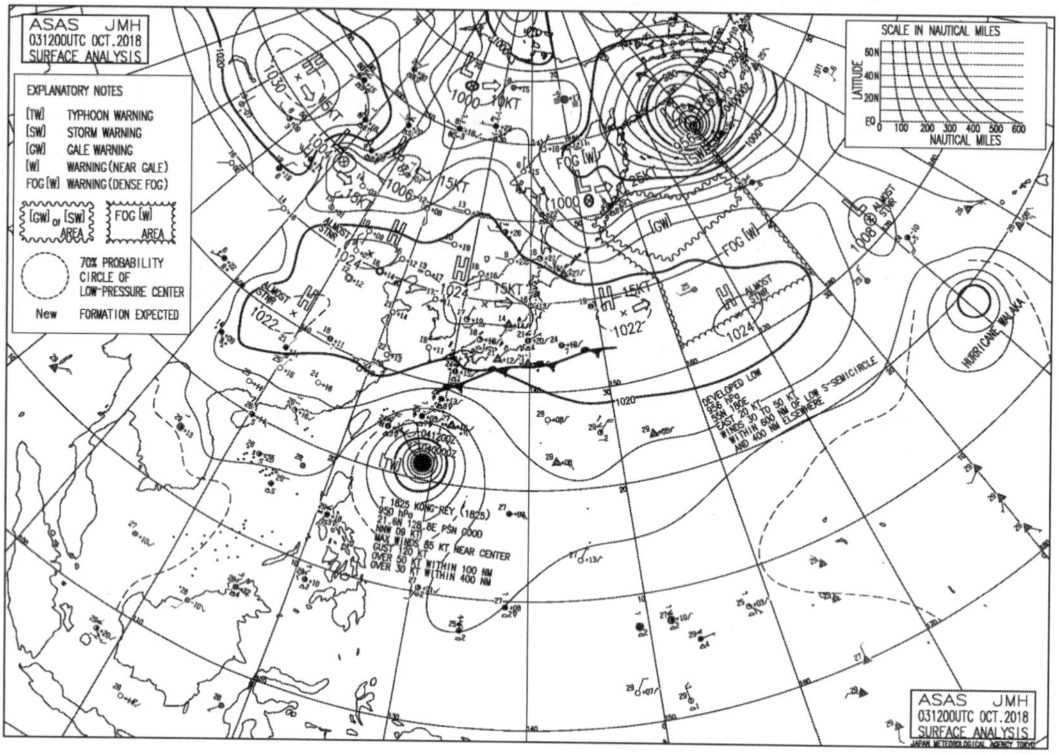

图 5-20　地面分析图

1. 图题

图中左上角和右下角的长方形框为图题。如图 5-20 所示，图题的含义为：日本东京 1 台（JMH）发布的亚洲（AS）地面分析图（AS），图上资料观测时间为 2018 年 10 月 3 日 1200（世界时）。图题中第三行是图类地面分析图的英文全称。

2. 测站资料

地面分析图中可以通过大量陆地或船舶测站的填图信息了解到测站所在天气海况信息。但地面分析图中测站填图内容一般都做了简化，通常只在相应的填图格式中保留了气温（TT），3 h 气压变量和气压倾向（ $\pm PP_a$ ），现在天气（WW），过去天气（W），风向（dd），风速（ff），总云量（N），低云量（ N_h ），云状（ C_H、C_M、C_L ）。

3. 气压系统

地面天气图中根据等压线的绘制原则，用黑实线绘制等压线，从而表示出不同的气压系统。在地面天气图中，为醒目起见，等压线每隔 20 hPa 用加粗的黑实线来表示，如 980 hPa、1 000 hPa、1 020 hPa 等。必要时增加的等压线用虚线表示，该虚线被称为辅助等压线，与相邻实线等压线气压差为 2 hPa。气压系统的中心用“×”来表示，气压系统的移动和发展情况通常用箭头和英文缩写来表示，其中“⟹”表示气压系统的移动方向，箭矢旁的数字表示气压系统中心的移速（单位为节，节的英文缩写在国外天气图上常用 KT 或 KTS 表示，在我国规定用 kn 表示），如“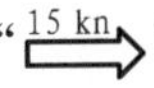

”中 15 kn 表示系统的移速为 15 kn。如箭矢旁没有数字而代之以 SLW，则表示有移向，但移速小于 5 kn。如系统中心附近无箭矢而标注 STNR（或 QSTNR）或 ALMOST STNR，表示气压系统中心移向不定，移速小于 5 kn，为准静止系统。此外，NEW 表示新生的气压系统，UKN 表示系统情况不明。

对于热带气旋，按其强度等级用下列的缩写符号来表示：

TD 表示热带低压（Tropical Depression），风力 <8 级（风速≤33 kn）；

TS 表示热带风暴（Tropical Storm），风力为 8 ~ 9 级（风速为 34 ~ 47 kn）；

STS 表示强热带风暴（Severe Tropical Storm），风力为 10 ~ 11 级（风速为 48 ~ 63 kn）；

T 表示台风（Typhoon），风力≥12 级（风速≥64 kn）。

对于热带气旋（不包括 L 和 TD）和风力≥10 级的强锋面气旋的移动，用一个扇形区（实线）和气旋中心预报位置的概率圆（虚线）“”表示其未来移动方向和中心可能到达的位置。扇形前面概率圆边上的数字表示预报日期和时间，气旋中心进入概率圆的概率约为 70%。

4. 天气系统和天气区

地面天气图中的天气系统主要根据图中的气压系统来进行识别，常见的天气系统主要包括低压系统（用“L”表示），高压系统（用“H”表示），热带气旋，锋面气旋，锋（冷锋、暖锋、静止锋和锢囚锋）等，这些天气系统的发生、发展和演变是地面天气图分析重点关注的内容。

此外，波折线（）所包围的区域表示该区域内有成片出现的降水、浓雾、大风或雷暴等天气现象。

5. 警报

在地面天气图中，当海上已经出现或预计未来 24 h 内将出现恶劣天气时，在天气系统相应的地理位置上注有醒目的警报符号。各警报符号的含义如下：

[W]表示一般警报（Warning），表示风力为 6 ~ 7 级；

[GW]表示强风警报（Gale Warning），表示风力为 8 ~ 9 级；

[SW]表示风暴警报（Storm Warning），表示风力为 10 ~ 11 级；但对温带气旋，表示风力≥10 级；

[TW]表示台风警报（Typhoon Warning），表示风力≥12 级；

[WH]表示飓风警报（Hurricane Warning），表示风力≥12 级；

[WO]表示其他警报（Other Warning），表示风力≥12 级；

FOG[W]表示浓雾警报（Fog Warning），表示水平能见度 <0.5 n mile 或 1 km。

6. 天气系统英文说明

在地面分析图上，常常在图的空白部分列有一段或几段英文简报，对热带气旋或锋面气旋进行注解，其中使用了很多缩略语和习用简化形式。下面以图 5-20 左下方一段英文简报为例来说明。

例如:2018 年第 25 号台风,名字为康妮。中心气压为 950 hPa,中心位置位于 21.6°N,128.8°E,定位误差小于 20 n mile。台风中心正以 9 kt 的速度向西北偏西方向移动,中心附近最大平均风速 85 kt,阵风风速 120 kt,半径 100 n mile 范围内风速超过 50 kt,半径 400 n mile 范围内风速超过 30 kt。

值得注意的是,英文注解中的热带气旋中心的定位精度都有明确的等级范围,具体含义如下:

PSN GOOD 表示飞机定位,误差小于 20 n mile;

PSN FAIR 表示卫星定位,误差为 20 ~ 40 n mile;

PSN POOR 表示外推定位,误差大于 40 n mile。

显然,当船舶距离热带气旋中心很近时,为避台风而考虑热带气旋中心的定位精度,是具有重要意义的。

英文简报中常见的缩写和常用名称还包括:

NM——海里(Nautical Miles);

STNR——静止(Stationary);

QSTNR——准静止(Quasi Stationary);

DSIPT——消散(Dissipate);

WKNG——正在减弱(Weakening);

RPDLY——迅速(Rapidly);

FRMG——正在形成(Forming);

MOVG——正在移动(Moving);

COMB——合并(Combined);

DCRS——减弱(Decrease);

INCRS——增强(Increase);

INSTFY——加强(Intensify);

SEMICIRCLE——半圆;

ELSEWHERE——其他地方;

GUST——阵风;

EXPECTED——预计的;

UPGRADED FROM——由……升级为;

DOWNGRADED FROM——由……减弱为。

微课视频
日本地面
分析图识读

(二)日本地面预报图

一般较大的气象台,每天要分析 4 次地面天气图。预报人员根据前后连贯的几张天气图,识别出各种天气系统,追溯它们是怎样发生、发展和移动的,再利用外推法、物理分析法、引导气流法、相似形势法等经验预报规则,并参照其他资料,如气候背景资料、单站记录、雷达和卫星资料等进行综合分析,最后做出天气系统未来移动和发展的预报。这种预报方法的准确性与预报人员的经验有很大关系，所以称为主观预报。

近几十年来，由于高速大容量电子计算机的出现、计算技术的发展和气象理论及观测手段的进步，已趋于由机器做天气预报，称为数值天气预报。船舶可以通过传真机有选择地接收数值天气预报产品，即各种传真天气预报图。

常见的地面预报图有 24 h、36 h、48 h 和 72 h 短期预报，还有 3～10 天的中期预报。这种图是在数值预报的基础上，加上有经验预报员的人工订正后发出的。有了地面预报图，就容易求出未来某时刻开阔洋面上任一点的风向、风速、风生流流向及流速、风浪向及浪高等海洋气象要素的量值。此外，还可以结合有关天气模式定性地考虑推算船位上的主要天气特征，做出航线天气预报。下面主要结合日本东京 JMH 台发布的地面预报图说明传真地面预报图的主要内容、常用符号和英文缩写的含义。

图 5-21 为日本东京 JMH 台 2018 年 10 月 3 日 1200（世界时）发布的亚洲 24 h 地面预报图。图中绘出了等压线的分布情况，包括气压系统的类别、中心位置、强度，还包括锋的类别、位置以及热带气旋的最大风速等，看起来一目了然。

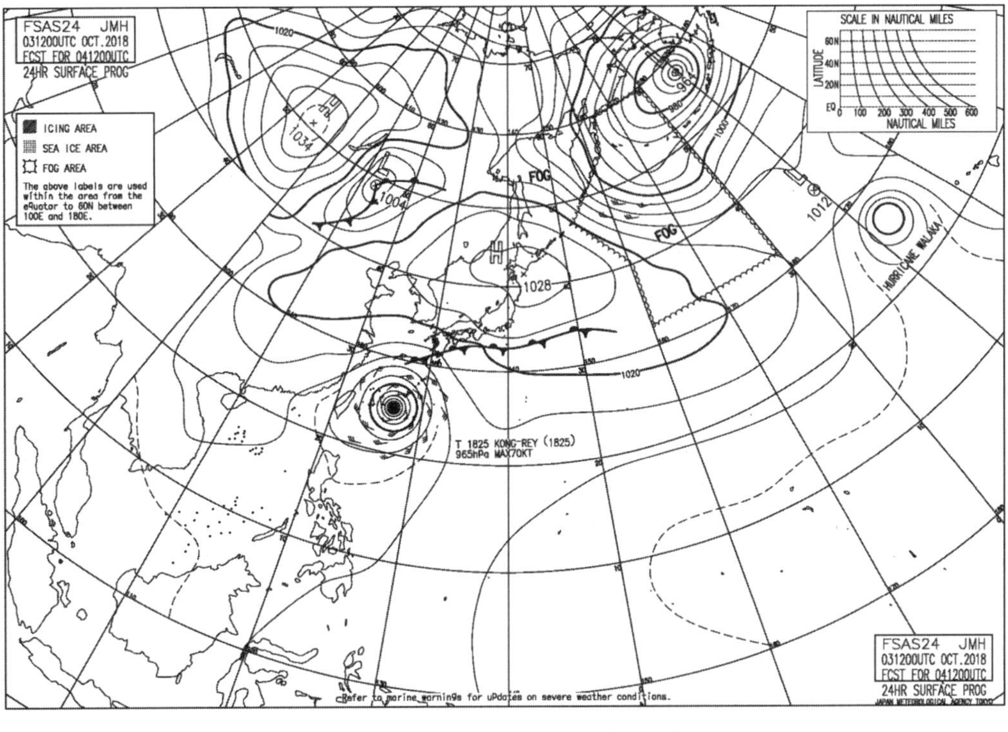

图 5-21 日本 JMH 台发布的地面预报图

微课视频
日本地面
预报图识读

（三）美国地面分析图

图 5-22 为美国国家海洋和大气管理局海洋预报中心（Ocean prediction centre of NOAA，简称美国海洋预报中心）2018 年 12 月 31 日 2059（世界时）发布的有效时刻为同日 1800 的北太平洋地面分析图。

图中显示，在墨卡托投影底图上绘有观测站点资料、等压线、气压系统标注、锋线、槽线、警报和英文缩写等内容。

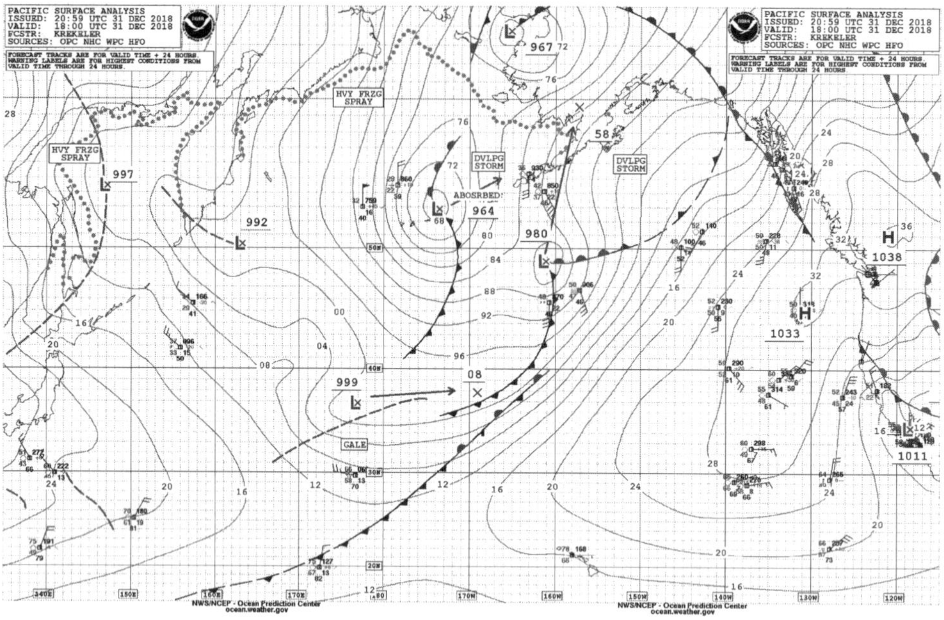

图 5-22　美国海洋预报中心发布的北太平洋地面分析图

1. 等压线

图中等压线每间隔 4 hPa 分析一条，用橙色平滑实线绘制。

2. 气压系统标注

图中高压中心当前位置标注大写字母“H”，未来 24 h 后中心位置标注符号“⊗”，高压中心未来 24 h 移动方向用箭头表示。

低压中心当前位置标注大写字母“L”和符号“×”，未来 24 h 后中心位置标注符号“×”，低压中心未来 24 h 移动方向用箭头表示。

高压或低压中心当前的中心气压值都用带有下划线的三位或四位数字填写在当前位置符号下方，高压或低压中心未来 24 h 后的中心气压值都用带有下划线的两位数字填写在位置符号下方，两位数字只包含气压值的个位和十位。例如，1 025 hPa，标为 25；973 hPa，标为 73。

图中左下方显示热带低压 NORU 中心附近最大风速 25 kt，阵风 60 kt。

3. 锋线和槽线

图中绘有冷锋锋线、暖锋锋线、准静止锋锋线、锢囚锋锋线及槽线（虚线）。

4. 警报

对重要的天气系统，如果系统形成的风速已经达到大风（8～9 级）、风暴（10～11 级）、飓风（≥12 级）强度，在附近方框内标注“GALE”“STORM”“HURCN FORCE”警报。如果未来 24 h 内系统将达到大风、风暴、飓风级别，则在适当区域标注“DVLPG

GALE”“DVLPG STORM”“DVLPG HURCN FORCE”。

5. 常见英文缩写

美国地面图常见英文缩写如表 5-14 所示。

表 5-14 美国地面图常见英文缩写

英文缩写	英文全拼	含义
DSIPT	DISSIPATE	系统消散
STNRY	STATIONARY	系统静止
WKNG	WEAKENING	系统减弱
RPDLY	RAPIDLY	系统加速
FRMG	FORMING	系统形成
MOVG	MOVING	系统移动
INLD	INLAND	系统登陆
DVLPG	DEVELOPING	系统发展
COMB	COMBINING	系统合并
DCRS	DECREASING	系统减弱
INCRS	INCREASING	系统加强
INTSFYG	INTENSIFYING	系统加深
TROF	TROUGH	槽
PSN	POSITION	位置
PRES	PRESSURE	气压
TRPCL	TROPICAL	热带的
HURCN	HURRICANE	飓风
MBS	MILLIBARS	毫巴
Q-STNRY	QUASI-STATIONARY	系统(准)静止

(四)美国地面预报图

图 5-23 为美国海洋预报中心于 2016 年 9 月 19 日 0453(世界时)发布的有效时刻为 20 日 0000 的北大西洋 24 h 地面预报图。

与地面分析图(见图 5-22)相比较,图中除不具有单站观测资料外,等压线、气压系统、锋线、槽线、警报和英文缩写等的规定与地面分析图基本一致。

需要注意的是,预报图中气压系统标注的分别是高压中心和低压中心在观测时刻、未来 24 h(即预报的有效时刻)和未来 48 h 的位置和强度。未来 24 h(有效时刻)的高压中心位置标注大写字母“H”,观测时刻和未来 48 h 后中心位置标注符号“⊗”,高压中心从观测时刻至未来 24 h(有效时刻)和从未来 24 h(有效时刻)至未来 48 h 的移动方向用箭头表示。未来 24 h(有效时刻)的低压中心位置标注大写字母“L”和符号“×”,观测时刻和未来 48 h 后中心位置标注符号“×”,低压中心从观测时刻至未来 24 h(有效时刻)和从未来 24 h(有效时刻)至未来 48 h 的移动方向用箭头表示。

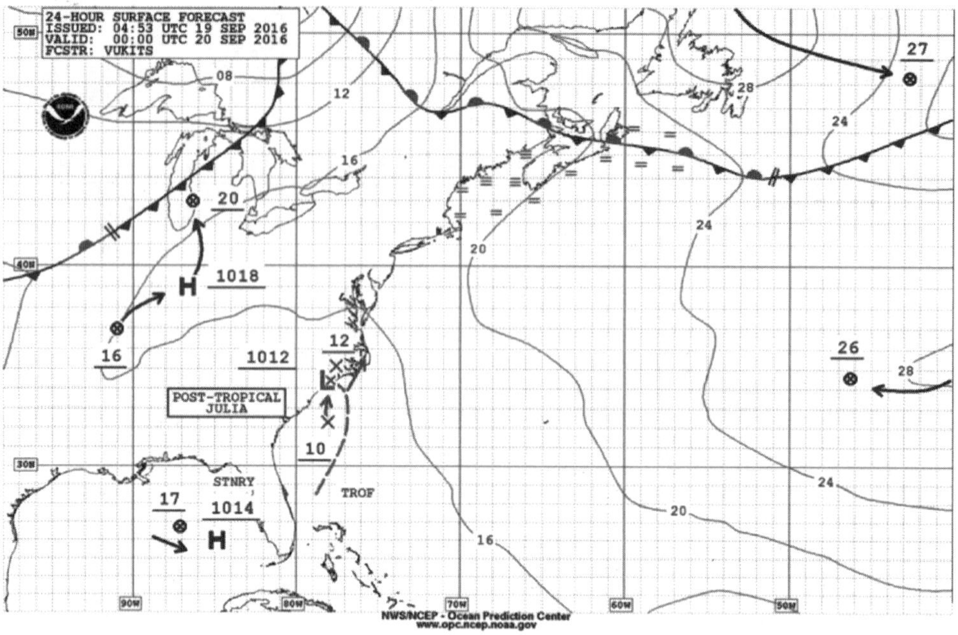

图 5-23 美国海洋预报中心发布的北大西洋 24 h 地面预报图

图中标注的“GALE”“STORM”“HURCN FORCE”警报分别表示重要的天气系统预计未来 24 h(有效时刻)正在或已经达到大风、风暴、飓风强度等级。标注的“DVLPG GALE”“DVLPG STORM”“DVLPG HURCN FORCE”警报分别表示重要的天气系统未来 48 h 内系统将达到大风、风暴、飓风等级。

图 5-24 为美国海洋预报中心 2018 年 12 月 31 日 1757(世界时)发布的有效时刻为 1 月 2 日 1200 的北大西洋 48 h 地面预报图。

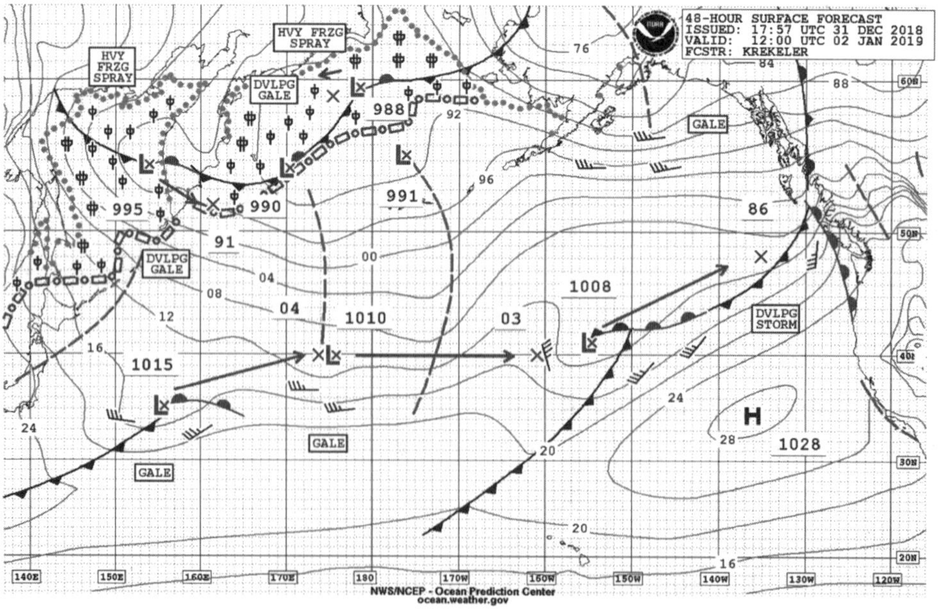

图 5-24 美国海洋预报中心发布的北大西洋 48 h 地面预报图

48 h 地面预报图中的预报项目和规定与 24 h 地面预报图(见图 5-23)基本一致。但需要注意的是,48 h 图中气压系统标注分别代表高压中心和低压中心在未来 24 h、未来 48 h(即预报有效时刻)和未来 72 h 的位置和强度。高低压中心位置符号和移动方向与 24 h 预报图的相同(只是时间差别)。图中标注的“GALE”“STORM”“HURCN FORCE”警报分别表示重要的天气系统预计未来 48 h(有效时刻)正在或已经达到大风、风暴、飓风强度等级。标注的“DVLPG GALE”“DVLPG STORM”“DVLPG HURCN FORCE”警报分别表示重要的天气系统未来 72 h 内系统将达到大风、风暴、飓风强度等级。

四、热带气旋警(预)报图

热带气旋是发生在热带海洋上的暖性低压系统,它是热带地区主要的天气系统,具有很大的破坏力,严重威胁着人民的生命财产安全和海上航行船舶的安全。因此,掌握热带气旋的发生、发展和活动规律极为重要。

热带气旋警(预)报图是气象传真台站在所辖海区出现热带气旋时发送的传真图,船舶驾驶员接收后可以通过此图及时了解热带气旋的当前位置、强度及移动变化情况等。图 5-25 为日本东京 JMH 台发布的亚洲 72 h 热带气旋警(预)报图。

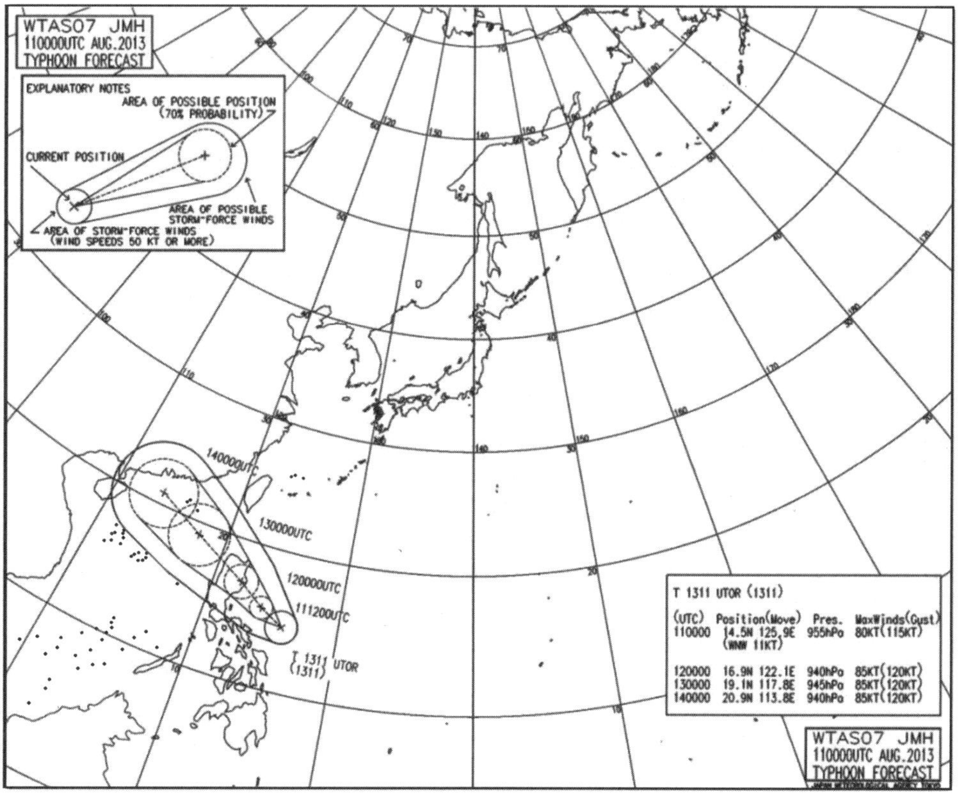

图 5-25　日本东京 JMH 台发布的亚洲 72 h 热带气旋警(预)报图

图 5-25 中绘出了热带气旋预报时的实际位置和未来 24 h、48 h、72 h 的预报位置、强度和风速。具体内容主要包括：

1. 实际大风(≥10 级)区

以预报时刻热带气旋的实际位置为中心，绘出的实线圆。圆外附近为小于 10 级的大风区。

2. 预报圆

预报圆表示热带气旋中心未来 24 h、48 h、72 h 可能落入的范围，分别以点、线、圆绘出。实际落入圆中的概率为 70% 左右。

3. 大风(≥10 级)警报区

大风(≥10 级)警报区以预报圆外的实线同心圆表示。预计该圆的某些地方未来可能被不小于 10 级大风覆盖，实际风暴区将取决于热带气旋的中心位置。

图 5-26 为我国中央气象台 2019 年 1 月 2 日 1200(北京时)发布的 1 号台风"帕布"未来 96 h 路径概率预报图。图中显示了未来 24 h 台风的位置及强度变化，这种台风路径概率预报图简单、直观、一目了然。

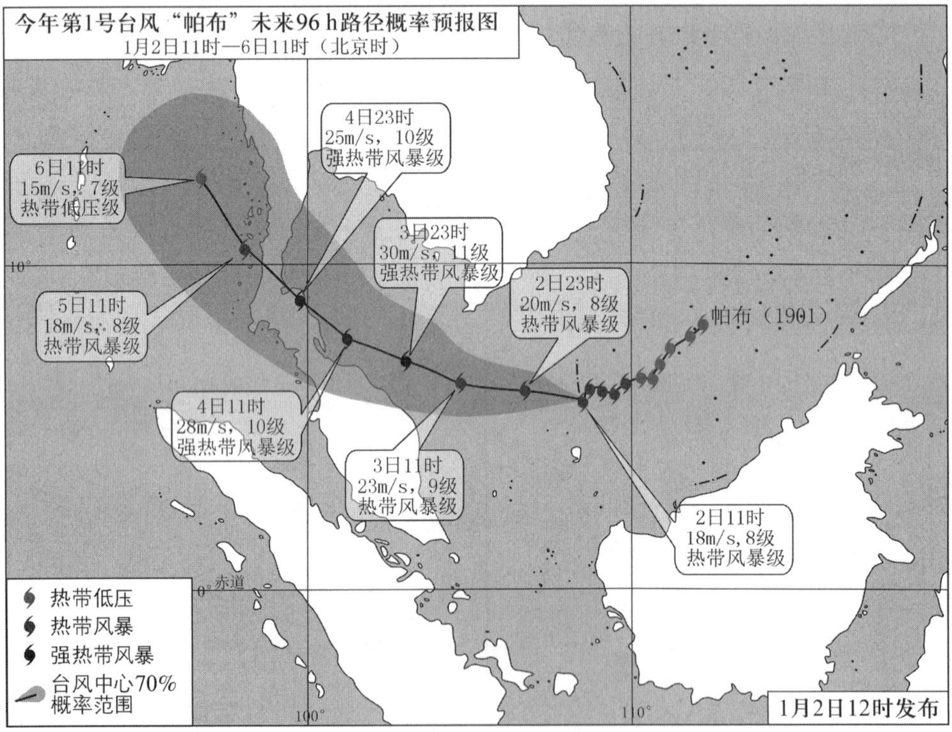

图 5-26　中国中央气象台发布的未来 96 h 台风路径概率预报图

五、高空图

高空图主要分为高空分析图(AU)和高空预报图(FU)两种。

1. 高空分析图

高空分析图的种类很多,有高空高度/温度分析图,高空高度/涡度分析图,不同层次的高空温度、垂直运动、高空流线分析图等。通过高空天气图的识读,可以了解大气压力场、风场、温度场和湿度场的空间分布及其相互联系,有助于认识天气系统空间结构和发展演变的原因。识读和分析的项目一般包括各等压面(主要为 850 hPa、700 hPa、500 hPa)的位势高度场、风场、温度场及温度露点差、槽线、切变线等。

图 5-27 是日本东京 JMH 传真台发布的有效时刻为 2018 年 10 月 3 日 1200(世界时)亚洲 700 hPa 高空分析图。图中的实线为等高线,两相邻等高线间隔为 60 位势米(gpm),高、低位势中心分别标注 H 和 L;虚线为等温线,两相邻等温线间隔 6 ℃,冷、暖中心分别标注 C 和 W。图中介于东经 80°～100°的网格区表示高大地形,点状阴影区表示温度露点差不大于 3 ℃($t-t_d \leq 3$ ℃)的潮湿区域。

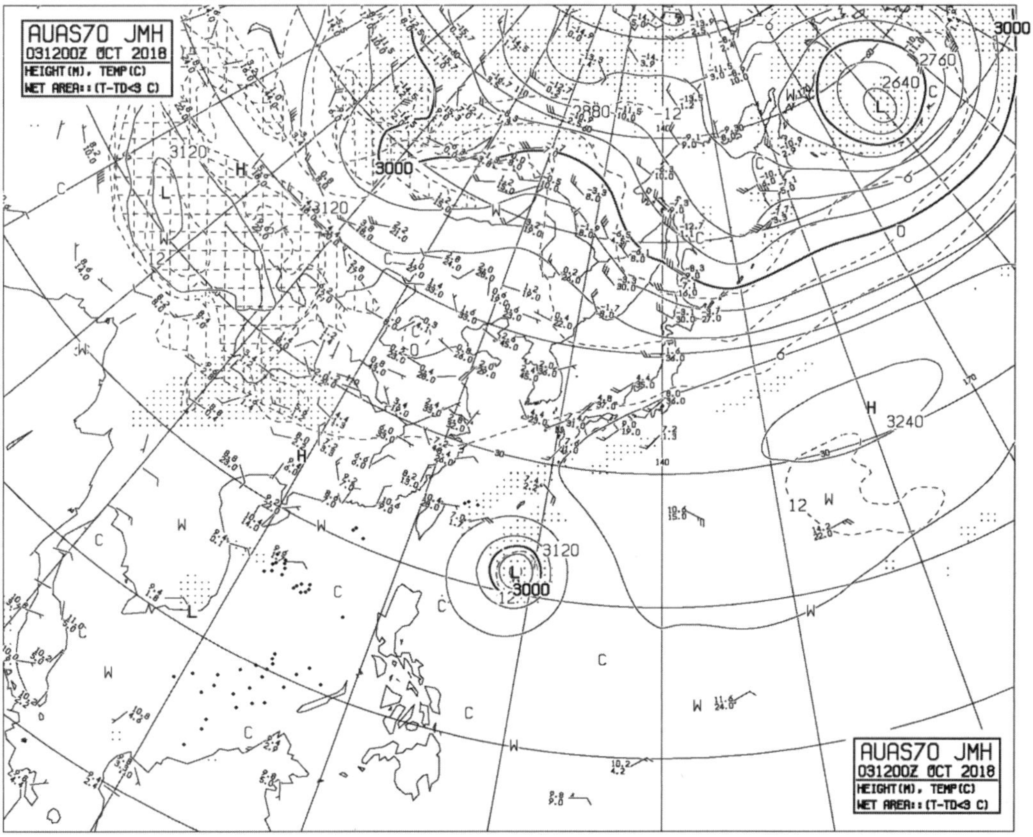

图 5-27　日本东京 JMH 台发布的亚洲 700 hPa 高空分析图

2. 高空预报图

高空预报图种类繁多,几乎涉及了空中所有要素的预报。高空预报图主要有等高线和天气系统,其技术规定与高空分析图相同。需要注意的是,不同的高空预报图的等压面层次和预报时效不同,要认真对图题进行识别(见图 5-28)。

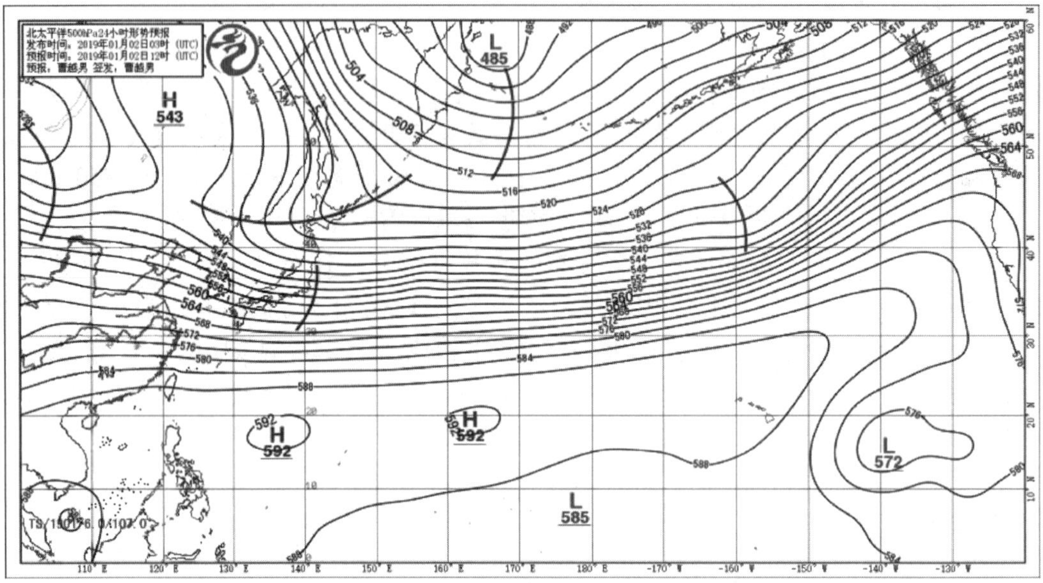

图 5-28 中国中央气象台发布的北太平洋 500 hPa 24 h 形势预报图

六、波浪图

波浪图对船舶航行和预防海难事故很有用处,由这种图可以预知从海面传来的最大波浪,所以对沿岸港口的防灾工作也有所帮助。波浪图有波浪分析图(AW)和波浪预报图(FW)两种,下面以日本和美国的波浪图为例来介绍波浪图的识读。

(一)日本波浪分析图

波浪分析图是根据船舶和海洋站的水文、气象观测资料制作的,图上有等波高线,主波向,高压、低压中心位置和强度、锋面位置,以及船舶实测的风向、风速、风浪与涌浪的波向、周期、波高、乱波海域等资料(见图 5-29)。

1. 等波高线

图中用平滑实线表示,单位为 m,等波高线从 2 m 起画,相邻等波高线间隔 1 m,不到 2 m 的标注"<2 m",另外,每隔 4 m 且能被 4 整除的(如 4 m,8 m,……),等波高线加粗,其目的是看图分析方便和醒目。

注意:日本波浪分析图中的等波高线是风浪高和涌浪高的合成波高。

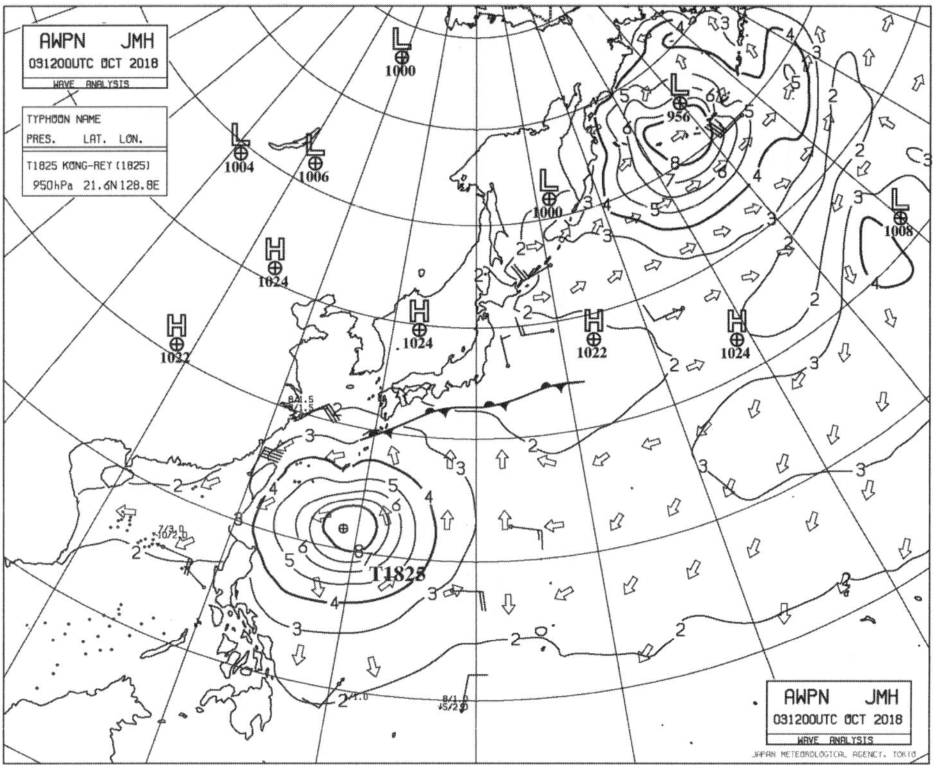

图 5-29　东京 JMH 台发布的西北太平洋波浪分析图

2. 主波向和乱波海域

图中双线箭头“⇨”代表主波向，即几列波并存时，波高最大者的传播方向。有的图中用“◌”表示乱波海域。

图中英文字母“S”“M”“R”“VR”分别表示轻浪（SLIGHT）、中浪（MODERATE）、大浪（ROUGH）和巨浪（VERY ROUGH）。

3. 天气系统

图中还绘出了同一时刻的高压、低压系统的中心位置、强度及锋面的位置。

4. 水文、气象要素实况

图中还给出了海上观测船舶位点所观测的水文、气象要素实况，包括风向、风速、风浪向、风浪高、风浪周期、涌浪向、涌浪高及涌浪周期（见图 5-30）。

（二）日本波浪预报图

波浪预报图是根据观测的海浪实况、天气形势预报和气象要素预报制作的。预报未来 24 h 高压、低压中心位置和强度、锋面位置，以及波高分布、主波向、波高和周期等。日本波浪预报图内容主要包含四项：等波高线（其说明同波浪分析图）、主波向（其说明同波浪分析图）、天气系统（其说明同波浪分析图）、个别地点主波的波高和周期（不同于波浪分析图）。

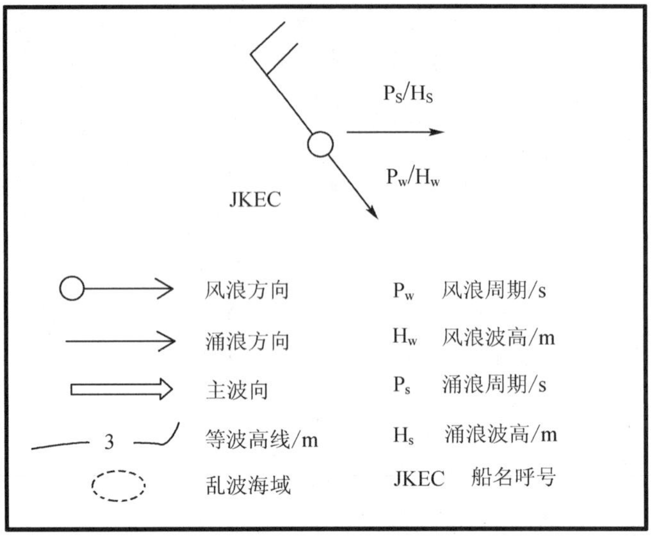

图 5-30 波浪分析图水文、气象要素图例

图 5-31 是日本东京 1 台(JMH)发布的北太平洋海域(PN)24 h 波浪预报图(FW),波浪预报图是根据观测的海浪实况、天气形势预报和气象要素预报制作的。发布时间为 2018 年 10 月 3 日 1200(世界时),预报有效时刻为 4 日 1200。

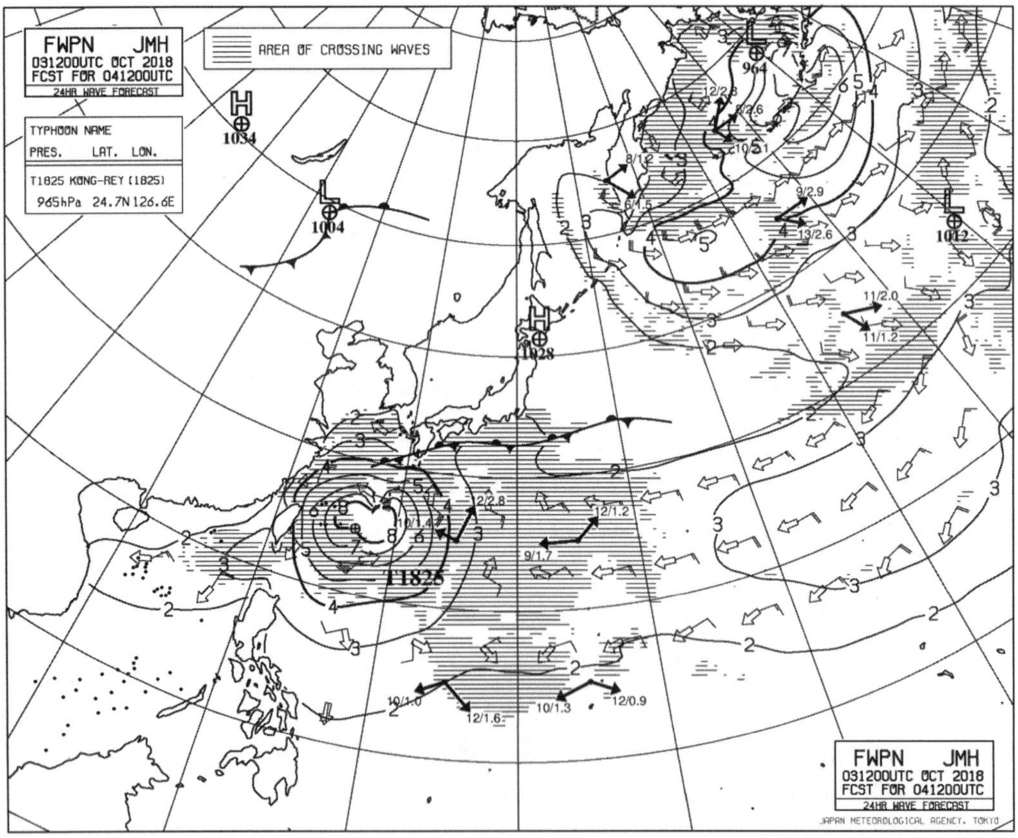

图 5-31 东京 JMH 台发布北太平洋海域波浪预报图

注意：日本波浪预报图中的等波高线数值是有效波高（$H_{1/3}$）。目前的有效波高主要是由海洋部门运用数值模拟方法得出的。图中阴影部位为三角浪海域。

微课视频
波浪传真图的识读

我国国家海洋局也通过传真广播和电视每天发布中国海域及周边海区的 24 h 波浪预报图。现阶段，世界各国发布的波浪预报时效多为 24 ~ 36 h。

（三）美国波浪图

图 5-32 为美国海洋预报中心 2019 年 1 月 1 日 0541（世界时）发布北大西洋 48 h 风和浪的预报图。图中实线为等波高线，依据有效波高绘制，相邻等波高线间隔 1 m，数字表示浪高值，用风矢量符号表示风向和风速。

随着天气和海浪预报方法的逐步改进，一些主要的海洋预报中心发布 5 ~ 10 天的海浪预报。例如，美国关岛舰队气象海洋数值预报中心（FNMOC）目前通过互联网对外公开发布全球各大洋逐日 6 天、间隔 12 h 的有效波高和海面风场预报，这些图表资料可在相关网站获取。

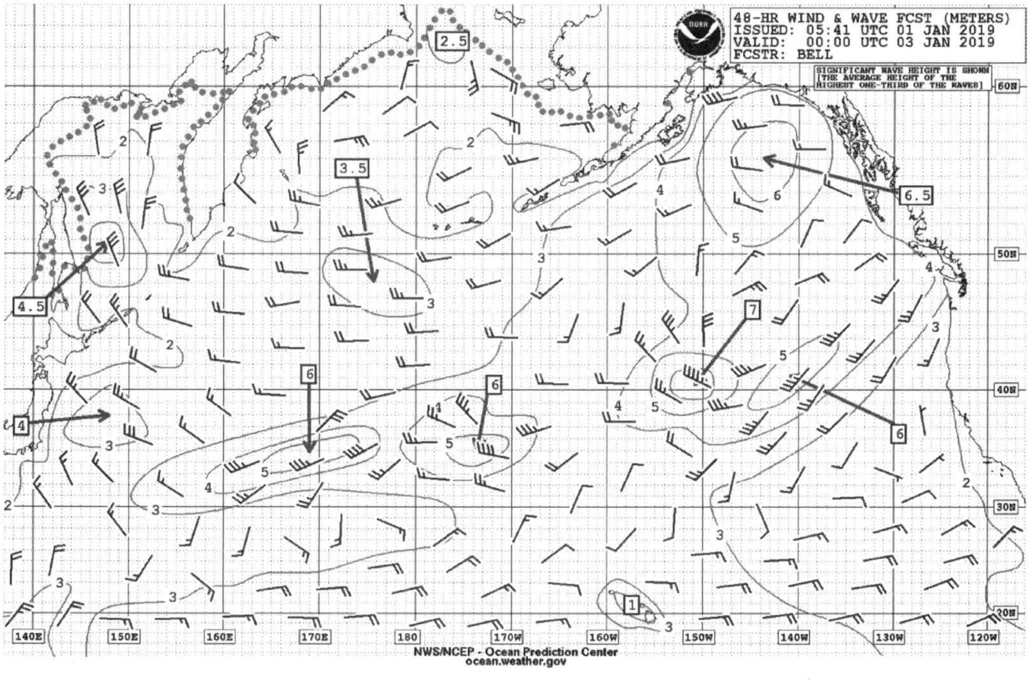

图 5-32　美国海洋预报中心发布的北大西洋 48 h 风和浪的预报图

七、海流图

海流一般变化缓慢，比较稳定，所以传真海流图的时间间隔比天气图要长得多，常见的有旬和月两种海流图，又分为海流分析图和海流预报图。

海流分析图是根据上个旬（或上个月）的海流实测资料绘制的。图 5-33 为日本东京 JMH 传真台发布的 2018 年 12 月 31 日表层海流实况图。图中细实线为等海温线，间隔为 2 ℃。粗实箭线表示海流主轴及流向，粗实线上小圆圈内数字表示流速。图中黑色区为海冰区。

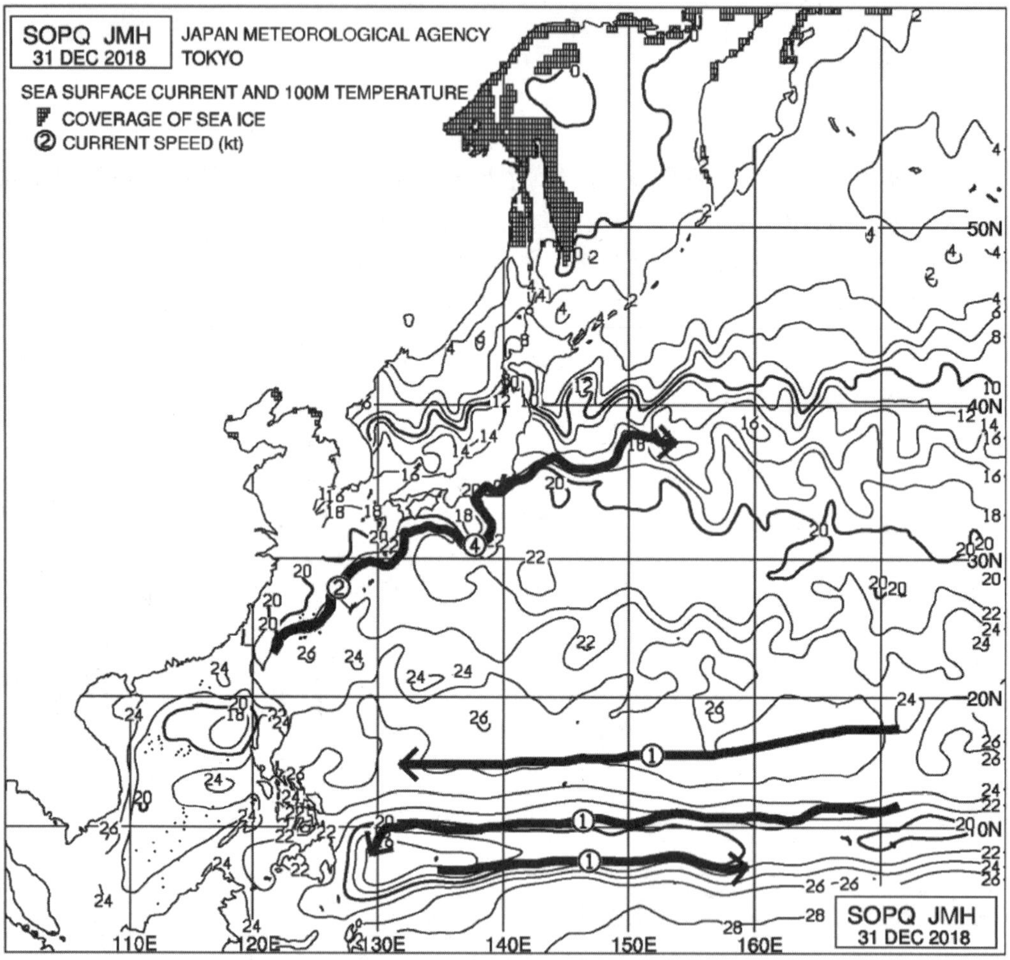

图 5-33　日本东京 JMH 台发布的海流分析图

传真海流图比根据多年海流资料绘出的旬、月海流气候图更接近当时实际情况，对航海有更好的参考价值。例如，远洋航行的船舶可以利用近期的传真海流图更精细地调整航线，顺流时尽量将航线选在主轴位置附近，逆流时则尽量避开主轴位置或从两个主轴之间逆流速度相对较小的区域通过。

八、海冰图

海冰图包括海冰冰况图和预报图，航海工作中主要用于冬季高纬度航行和夏季极区航行。目前，发布海冰图的传真广播台主要有日本东京、瑞典斯德哥尔摩、德国奎克博恩、英国布拉克内尔和加拿大哈利法克斯等。极地航线各海区日常彩色海冰图还可以在中国、俄罗斯、美国、加拿大等有关国家的相关网站上查询。常用网站包括：

中国国家海洋环境预报中心 http://www.nmefc.gov.cn；

俄罗斯北方海航道信息办 http://www.arctic-lio.com；

俄罗斯北极和南极研究所 http://www.aari.nw.ru；

加拿大冰况、气象服务站 http://www.ec.gc.ca/glaces-ice；

加拿大海岸警卫队 http://www.marinfo.gc.ca/en/glaces/index.asp；

美国国家海冰中心 http://www.natice.noaa.gov；

美国国家气象局 http://www.weather.gov/afc，等等。

冰况图中不仅简单地表示冰量，还表示出冰块的位置和可能通行的航道。同时，冰况图中列举不同海域海冰的聚集状况，还有简报形式的冰情分析与展望。

图 5-34 为日本东京 JMH 传真台发布的 2018 年 12 月 28 日西北太平洋冰况图，图中细实线是等水温线，间隔为 1 ℃。不同阴影区表示相应海冰密集度。图中左侧用日文和英文列出海冰情报，分析了当前冰情，展望了未来的变化，并提醒船舶注意海冰的移动。

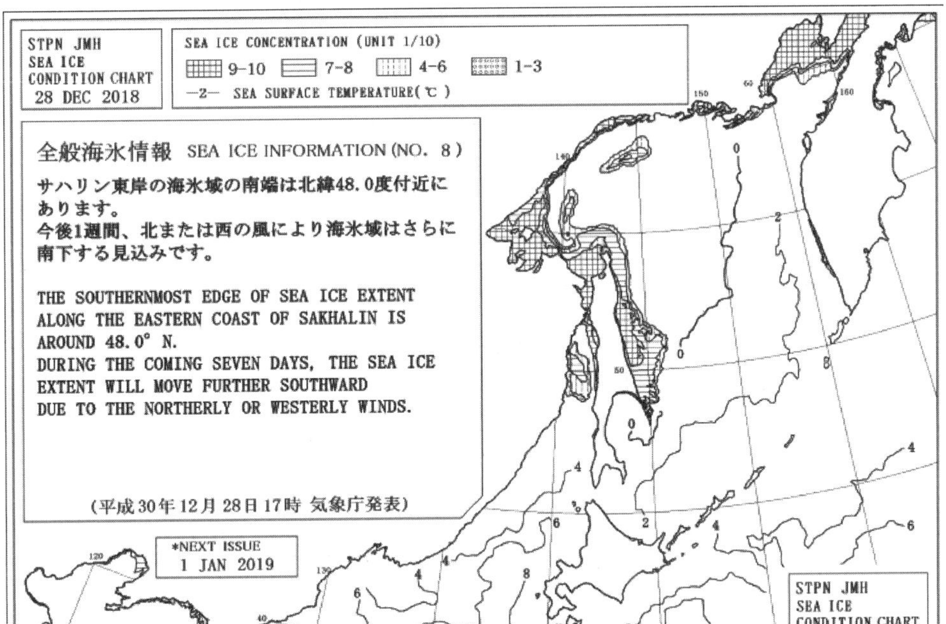

图 5-34　日本东京 JMH 台发布的海冰冰况图

图 5-35 为日本东京 JMH 传真台发布的未来 48 h 和 168 h 海冰预报图，图中不同阴影区表示相应的海冰密集度。

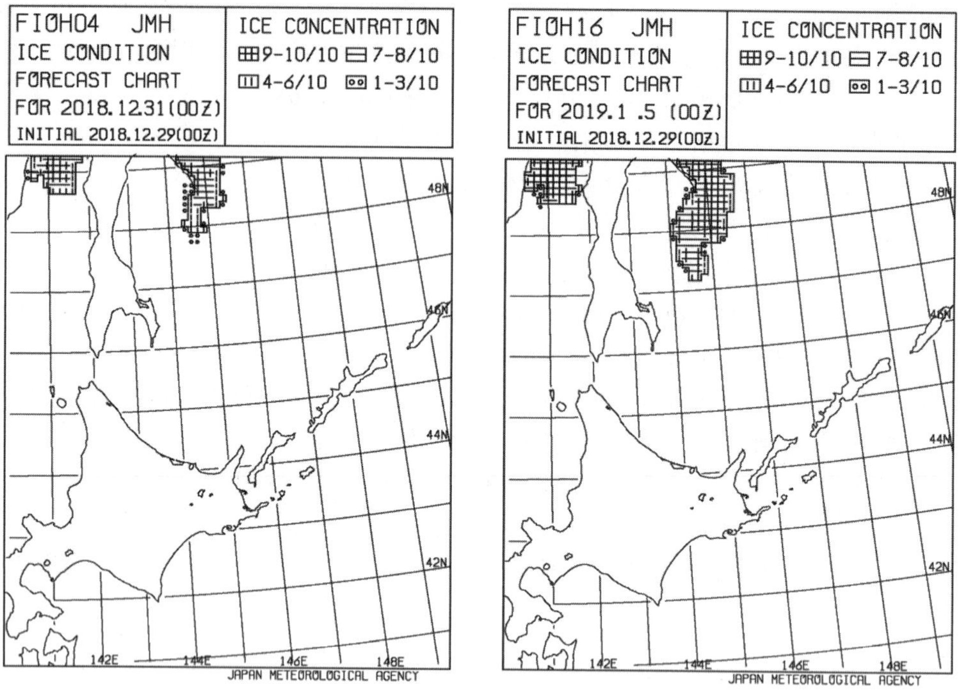

(a) 48 h　　(b) 168 h

图 5-35　日本东京 JMH 台发布的海冰预报图

九、卫星云图

近几十年来，随着卫星、遥感等高科技的迅速发展，又开辟了用气象卫星从宇宙观测大气的新途径，使大气探测技术和气象观测都进入了一个新的阶段，一些难以观测的地方，如广阔的海洋、荒无人烟的沙漠也能实现观测。卫星云图是气象卫星向地面发回的大量图片，它真实、直观地反映了大气中云的变化，弥补了海上观测资料稀少的情况，为海上天气预报提供了十分宝贵的资料，并在监视和预报海上台风、海冰等方面显示出极大的优越性。

气象卫星有绕地球两极运转的极轨卫星和与地球同步运转的静止卫星两种，它们不断地观测地球上的大气情况，观测结果经过技术处理，可供气象部门进行科学研究和日常天气预报使用。目前已投入业务使用的全球气象卫星观测系统，由 5 颗地球同步轨道卫星（又称地球静止卫星）和 2 ~ 3 颗近极地太阳同步轨道卫星（又称极轨卫星）组成。卫星云图在天气分析和预报中的应用，除了提供大范围天气的实况资料外，主要用来分析天气系统和间接推论大气中一些物理过程。

目前，许多国家都发布传真卫星云图，航海者收取由传真广播台所转发的各种卫星云图并进行正确识读，对船舶航行安全意义重大。

(一)卫星云图的种类

卫星云图有两种:一种是可见光云图(Visible Satellite Image,VS),另一种是红外云图(Infrared Satellite Image,IR)。图 5-36 和图 5-37 为这两种云图的图片。

图 5-36　中国中央气象台发布的可见光云图

图 5-37　中国中央气象台发布的红外云图

1. 可见光云图

在可见光波段,卫星的观测仪器感应地面或云面对太阳光的反射差异。这种差异在图片上表现为黑白差异。黑白差异(或称亮度)表示地面或云面的反照率大小,白色表示反照率大,黑色表示反照率小。一般云层越厚,其亮度越高。如果太阳的照明条件一样,对于同样厚度的云,水滴云比冰晶云亮。按照云面和地面反照率的强弱,亮度可分为六个层次(见表 5-15)。根据这种亮度层次,可以分辨云面或地面的特征和类别。

表 5-15　不同亮度层次对应的云和地面特征

黑	海洋,湖泊,大的河流,大面积森林覆盖区的地面
深灰	牧场,草地,耕地
灰	陆地上的晴天积云,沙漠、陆上单独出现的卷云
灰白	大陆上薄的中高云,中等厚度的云(中云、层积云、层云和雾、积云)
白	积雪,冰冻的湖泊和海洋
浓白	积雨云,厚的卷层云,其下面有中、低云和降水

2. 红外云图

在红外波段,红外感应器测量来自云顶、陆地表面和水面所发射的红外辐射总量,这个总量反映出被测物体表面的冷热情况,并用图像表示出来。在红外云图上,云层顶部、陆地表面和水面表现为不同的色调。最黑的地区代表最暖的表面,最白的地区代表最冷的表面。因此,红外云图实际上是一张地表面和云系的温度分布图。根据云图上色调的差异可以判定云顶的高低:色调白,温度就低,表示云顶高度高;色调黑,温度就高,表示云顶高度低。

微课视频
卫星云图的识读

可见光云图的色调亮度取决于物体对太阳光的反照率的大小，红外云图的色调取决于物体表面温度的高低。比较两种云图可以看到有许多云和地面特征是相似的，有一些却差异很大。

(二)重要天气系统的识别

在船舶条件下利用传真卫星云图很容易识别热带气旋、冷锋和副热带高压等重要天气系统。

1. 热带气旋

气象卫星是发现和跟踪热带气旋的有效工具。可以利用卫星云图来确定热带气旋的位置、发生、发展阶段及未来的移动变化等。

在卫星云图上，热带气旋为白色的涡旋状云系，在黑色的海洋背景上显得十分清晰。热带气旋云系包括系统中心附近的云区和外面的螺旋云带。系统中心附近的云是指可以看到眼区或涡旋中心的浓密云区(又称密蔽云区)，云图上浓密云区中心为黑色无云区或浅黑色少云区，云带是指环绕中心的弯曲或呈螺旋形的云带(见图5-38)。

图5-38　台风云图特征

2. 冷锋

在卫星云图上，冷锋锋区往往表现为一条长几千千米，宽两三百千米的白色云带。因此，大多数的冷锋很容易从图片上识别出来。冷锋常与温带气旋相联系，冷锋云带位于螺旋云带的外围，靠近螺旋中心部分云带较宽，距螺旋中心越远，冷锋云带越窄，云带呈明显的气旋性弯曲(见图5-39)。

3. 暖锋

在卫星云图上暖锋云区短而宽，通常长几百千米，宽300～500 km，呈反气旋性弯曲并向冷空气一侧凸起。地面天气图上的暖锋线位置在暖锋云区中靠近后边界处，在卫星云图上暖锋的位置较难识别。

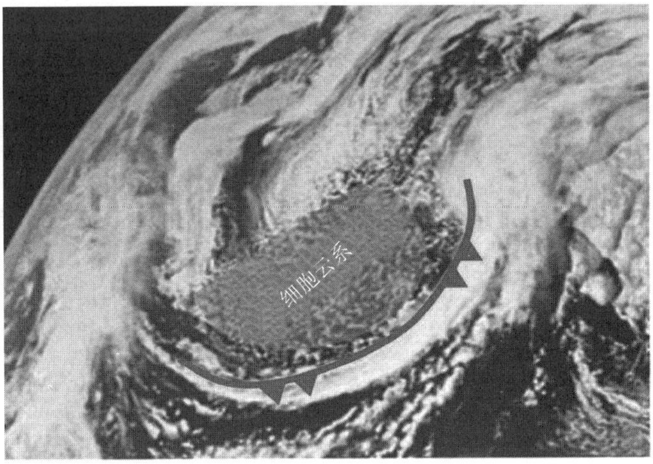

图 5-39　冷锋云系特征

4. 副热带高压

在卫星云图上，副高表现为一大片暗的无云或少云区，而其南、北两侧均为多云区（白色多）。无云区边界一般很清楚，根据经验，大致与 500 hPa 图上 588 位势什米（dagpm）等高线一致。因此，利用这种关系很容易从卫星云图上确定副高的范围。如果副高区色调很黑，即碧空无云，则说明副高区内下沉运动很强，低层的对流云系不易发展；反之，当副高减弱时，副高区颜色将变淡，表明内部云系增加。因此，积云块的出现对预报副高的减弱有一定的指示意义。

【天气小谚语】

早晨地罩雾，尽管晒稻谷。

第六章

船舶气象导航

【本章概述】

本章主要介绍保障远洋航行安全、经济、省时的船舶气象导航的相关内容,包括:气象导航的基本概念,气候航线与气象航线的区别与联系;气象导航的安全性与经济效益;海洋船舶气象导航使用的资料等;介绍气象导航服务程序及船舶使用气象导航的基本步骤和注意事项;船舶自行气象导航的条件和步骤等。通过对本章内容的学习和理解,帮助船舶驾驶人员理解气象导航实施的意义,也可以帮助船舶驾驶人员根据接收的天气和海况图,结合本船的运动性能曲线,自行拟订气象航线,以寻求一条安全、经济的最佳航线。

【知识目标】

了解气象导航的基本含义和主要目的;熟悉气候航线与气象航线的区别与联系;掌握气象导航安全性和经济效益的体现;了解气象导航所使用的各种气象和海洋资料;熟悉气象导航服务程序及船舶使用气象导航的步骤;了解船舶自行气象导航的条件和实施的一般步骤。

【能力目标】

通过本模块气象导航相关内容的学习,能够理解船舶气象导航机构拟订航线的意图和局限性,并能将船上获取的各种气象海洋资料,提供给气象导航机构,使其不断进行航线修正,最终达到船舶航行安全、省时、经济。

第一节　气象导航概述

【本节内容】

熟知气象导航的含义和目的；掌握气候航线和气象航线的区别与联系；理解气象导航的安全性与经济效益；了解气象导航中所需使用的资料。

【案例导入】

气象导航机构

20 世纪 50 年代初，气象导航技术在民用领域开始得到应用和发展，并成立专门的气象导航机构。美国海洋气象导航公司是世界上业务最大的气象导航机构，每月导航舰船在 1 000 艘次以上。在北大西洋航线，每个航次平均节省 3.6 ~5.9 h；在北太平洋航线，每个航次平均节省 4.5 ~8.6 h，接受气象导航的舰船，尚无翻沉的记录，93%提前或准时到达目的港。英国、荷兰、日本、苏联、丹麦等国也先后建立了相同的机构，为大洋航行的舰船提供气象保障业务。中国于 1981 年开始气象导航的研究，1986 年投入业务使用，1988 年中央气象台建立了海洋气象导航中心，并在上海、大连、广州、青岛和天津建立了分部，开展全球气象导航咨询服务业务。

船舶气象导航是一门融气象学、海洋学、航海学、造船学、计算机科学等多学科知识为一体的综合性的航海技术。随着天气预报和海况预报水平的提高，以及计算机和通信技术日新月异的发展，船舶气象导航从 20 世纪 50 年代开始出现，经过几十年的发展，已经越来越成熟。由于采用气象导航可以明显提高航行的安全性和船舶营运的经济效益，目前它已在远洋运输中得到比较广泛的应用，世界主要航运国家，如美国、英国、荷兰、德国、日本和俄罗斯等都成立了气象导航机构。从 20 世纪 80 年代开始，我国国家气象中心、国家海洋气象预报总台等单位也逐步开展了气象导航服务。

船舶气象导航的产生，目的就是要通过有系统的气象和海洋环境预测，为船舶设计出符合安全和经济效益的优化航线，避开恶劣的天气，减少不必要的绕航和缩短航时，达到安全、经济、准时到港的目的。

一、气象导航概念

船舶气象导航又称船舶气象定线（Ship Weather Routing），是根据大洋气候资料，准确的长期、中期、短期天气和海况预报，结合船舶性能和装载特点，为船舶选择最佳跨洋航线，并在航行中利用不断更新的天气和海况预报修正航线，指导航行，以达到在最短的时间内和损失最小的情况下完成航行的航海技术。气象导航所推荐的航线称为气象航线（Weather Routes of Ships），有时又称为最佳航线（Optimum Track Ship Routing,

OTSR)。1952年,美国创建了第一个气象导航公司——美国海洋气象导航公司。

※ **自我检测1**:气象导航的主要目的是________。

A. 安全、快速、准确　　B. 安全、快速、经济

C. 快速、经济、准确　　D. 安全、经济、准时

二、气候航线与气象航线

(一)气候航线

根据长期的天气和海况资料分析得出的平均特征(即气候资料),结合航海经验,总结分析出与各大洋的季节特征相适应的航线,称为气候航线(Climate Routing),又称"习惯航线"。《世界大洋航路》等一类的航海图书资料中介绍的世界主要港口之间的航线就属于气候航线。

气候航线于19世纪中叶由美国海军中尉莫里首先提出,随着大洋气象和海洋水文观测资料的增加,气候航线逐步完善,再加上选定方法简单,它成为被广大船长普遍接受的跨越大洋的习惯航线。由于气候航线考虑的是某海域天气、海浪的平均状况,对于天气过程相对稳定、无显著异常变化的季节和区域,它是比较适合的。但航行在气候航线上的船舶遇到的实际天气和海况有时与平均状况有很大差别,这时沿气候航线航行就达不到预期的效果,甚至会因意外的灾害性天气造成船损、货损以及费时等情况,此外气候资料认为不适宜航行的海域,在某些时候又会出现利于航行的好天气。因此,气候航线有其局限性,已不能较好地满足现今航海的需要。

(二)气象航线

气象航线(Meteorological Shipping Routing,又称天气航线)是根据较准确的短、中期及有效的长期天气和海洋预报,结合船舶性能、装载特点、技术条件、航行任务等,为横渡大洋的船舶选择的最佳天气航线。

最佳航线是指在始发港和目的港之间寻找一条既能保证船舶航行安全,又能使航行时间最短的航线。根据船舶的航行任务和船长的不同要求,所推荐的航线也不同,通常可分为最短航时航线和最舒适航线。

1. 最短航时航线

最短航时航线是指船舶自始发港到目的港之间的整个航程,在确保安全(船损、货损减小到最低限度)的条件下,航时最少,节省燃料,提高船舶营运效益。因此,最短航时航线又称经济航线,多为货船采用。

2. 最舒适航线

最舒适航线是指在整个航程中,要求尽量减少风浪对船舶的影响,使航行条件安全、舒适。这种航线多为客船或旅游船采用。

与气候航线相比，气象航线充分考虑了航线上未来的各种天气过程，使船舶可以及时避开危险航行区域和充分利用有利的天气海况条件。由于气象航线对天气和海况预报时效有较高要求，原则上预报时效越长，预报准确率越高，航线优化效果越好，但目前国际上天气和海况的短期预报较准确，中、长期预报的准确率还不能完全满足 10 天以上跨洋航线的要求。因此，现阶段气象航线还不能完全取代气候航线，在很多情况下是将两者结合使用，并且岸导机构在选择气象航线时，常以气候航线作为参考的基础航线，从而避免定线的盲目性，并能大大减少工作量或计算机的计算量。

（三）气候航线与气象航线的关系

气候航线与气象航线既有区别又有联系，气象航线是气候航线的发展，气候航线是气象航线的基础，两者关系密切。

气候航线是建立在气候学统计方法上的，这种航线大多是根据大气环流、世界风带、季风和洋流等方面的统计资料和航海人员的经验来制定的。不同季节航线差别很大，它是某种气候条件下的较优航线。但某些气候上的优越航线，在天气上有时确是危险航线。例如，中远公司一些远洋船舶在采用气象导航之前，中—美西、中—加航线的常规航法是沿 35°N 或稍偏南的航线航行，通常称为中纬度航线或南方航线。这是因为根据气候资料，冬季北太平洋中、高纬度低压活动频繁，该海域风浪较大，不利于航行。为了避开中、高纬度大风浪区，故推荐 35°N 或稍偏南航线，它虽然比大圆航线航程长 500 ~ 600 n mile，但被认为可以保证航行的安全。实际上，目前已经有许多资料和航行实践证明，这条航线并非一条较理想的航线，特别是在冬季船舶西行时，它可能是一条比较危险的航线。因此，一般航海图书资料中推荐的气候航线，从气候角度分析是比较好的，但是从当时实际天气和海况来看，就不一定是较优越的航线。一些有实践经验的船长反映，航海图书资料推荐的一些航线，实践中有时无法完全实施，因为常常遭受到大风浪，迫使船舶不得不改变航向，甚至达不到较好的安全、经济效益。相反，某些气候资料认为不适航的海域，在某些时段还会出现利于船舶航行的好天气，这正是气候航线的局限性和它不能满足今日航海需要之处。

气象航线充分考虑了航线上未来的各种天气过程，并在很大程度上克服了气候航线的局限性。但是，由于气象航线对天气和海况预报时效要求较高，而目前国际上天气预报水平只能提供较准确的 5 天预报，无法满足跨洋航线需求。气象航线还不能完全取代气候航线，在很多情况下都要参考相关气候资料。因此说气候航线是气象航线的基础，气象航线是气候航线的发展。

※ **自我检测 2**：气候航线与气象航线相比，________。

A. 两者均依据天气气候资料

B. 前者依据气候资料，后者依据中短期天气预报

C. 两者均依据中短期天气预报

D. 前者依据中短期天气预报，后者依据气候资料

三、气象导航的安全性与经济效益

(一)气象导航的安全性

狂风、巨浪、暴雨、浓雾等恶劣天气和海况,常常严重威胁船舶航行的安全。因此,最大限度地保障船舶的安全是船舶航行的基本要求,同时也是船舶选择航线时必须考虑的首要问题。

多年来,在气候航线上航行的船舶,由于各种恶劣天气和海洋因素的影响而造成的海事仍相当严重。气象航线在一定程度上克服了气候航线的不足,气象导航明显提高了船舶航行的安全性,其主要表现在以下几个方面。

1. 重大海事减少

采用气象导航的船舶,由于天气和海洋因素而引发的重大海事明显减少。美国OCEAN ROUTES气象导航公司统计其导航的6万艘横渡大洋的船舶中,仅有2艘船损失在其推荐的航线上,年平均船舶损失率为0.02%。在习惯的气候航线上航行的船舶,因恶劣海洋环境所造成的船损率,年平均为0.13%。可见,采用气象导航后船舶航行安全性明显提高。

2. 船损减少

采用气象导航从全程效果来看,可以大大改善航海环境条件,使船舶最大限度地避开恶劣天气区和海况,特别是船舶在顶浪航行时,持续的艏底浪击可使累积的船体损伤相当严重,有时甚至会造成船体断裂。气象导航能使船舶降低遭遇顶头浪的风险,尽量避开这种危害船舶航行安全的恶劣天气区和海况区,从而减少大风浪对船体的损害。

3. 货损降低

船舶采用了气象导航,航行环境得到了极大的改善,不但减少了船损,而且货损率也大大降低。美国一位船舶所有人表示,他的船舶在接受气象导航服务之前,在跨洋航行中货物破损率为35%,采用气象导航后,货物破损率减小到7%以下。

(二)气象导航的经济效益

气象导航的另一个重要目的是降低营运成本,提高经济效益。气象导航能充分利用有利的天气和海洋环境,如顺风、顺浪、顺流等,以此来提高船速或使船舶失速率降到最低限度,以达到缩短航时、降低营运成本和提高经济效益的目的。

采用气象导航的经济效益主要体现在以下几个方面。

1. 缩短航时

气象导航充分利用有利的海洋环境因素来缩短航时。缩短航时的办法有两方面:一是使航程尽量短而合理;二是尽量避开航行途中的强风、巨浪,特别是顶风、逆浪的海区，充分利用顺风、顺浪、顺流的有利条件。

据统计，船舶采用气象导航后，航行中遭遇顶风、顶浪的风险大大降低，而顺风顺浪的机会在60%左右，同时航程也有较大限度的缩短。例如，在北太平洋跨洋航行中采用气象航线，一般要比中纬度航线缩短500 n mile以上，最优时甚至可缩短1 000 n mile的航程，大大缩短了航时。

2. 节省燃料，降低成本

气象导航选择了比较合理的航线，能达到缩短航时的目的，同时，航时的缩短又会带来燃料的节省和运输成本的降低。北太平洋航行若采用气象导航推荐的经阿留申群岛、白令海高纬度航线，与习惯上采用的中纬度航线比较，气象航线节省的时间可用天数来计算。

我国某远洋运输公司几年来采用气象导航获得了很大经济效益。过去，该公司的船舶在加拿大—中国、美国—中国的西航中大多采用中纬度习惯航线，不仅航线长，而且经常遭遇顶风逆浪，几乎每条船都有船损、货损，航时最短为21天，最长达29天，平均为23～24天。采用气象导航后，航程和航时都大大缩短了，最短航时仅15天，平均缩短4～5天，仅燃料费一个单航次就可节省大笔钱。由此可见，气象导航的经济效益是非常显著的。

3. 其他经济效益

接收气象导航的船舶航行时间缩短，到港时间准确，提高了运输质量，赢得了信誉。对于那些赶潮水进港的船舶意义更大。若错过一次潮水，就会损失好几个小时，有的还会损失装卸费。此外，采用气象导航后，由于降低了遭受大风袭击的风险，从而降低了船舶维修和货物损失赔偿费。

※ **自我检测**3：气象导航的经济效益主要包括________。

A. 减少重大海事、降低货损、缩短航程

B. 减少重大海事、降低货损、减少船损

C. 减少重大海事、降低货损、降低成本

D. 缩短航时、节省燃料、降低成本

四、气象导航使用的资料

1. 地面气象资料

地面气象资料是指南、北半球地面实况资料和各种预报时效的数值预报产品，世界各大洋实时船舶气象报告资料和接受定线船舶的天气报告资料。

2. 高空气象资料

高空气象资料是指南、北半球高空实况分析和预报图。

3. 波浪资料

波浪资料是指各大洋波浪实况分析和预报图。

4. 卫星气象资料

卫星气象资料是指覆盖全球实时卫星云图照片每小时一次,各种海洋气象卫星数值计算资料。

5. 冰况资料

冰况资料是指可通过卫星云图分析,也可通过传真机接收的冰况图。

6. 海流资料

海流资料是指各大洋表层海流实况值和推算值资料(包括潮流)以及传真海流图。

7. 警报资料

警报资料是指飓风、台风等警报资料,通过电传、传真机或国际互联网获得。

8. 航海资料

航海资料是指各类海图,引航图,水路志,航行警告,不同航线、不同种类船和实际航行航线的统计资料,航海专业书籍等。

9. 船舶资料

船舶资料是指各类型船舶性能曲线、船速、稳性、吃水差、船舶装载、货物种类等资料,船舶航行实测反馈资料。

【天气小谚语】

久晴大雾必阴,久雨大雾必晴。

第二节　气象导航服务

【本节内容】

熟悉气象导航方式的三种分类及含义;了解气象导航服务的程序;熟悉船舶使用气象导航的一般程序;了解船舶使用气象导航的注意事项。

【案例导入】

气象导航发展

1987 年的初夏,是一段不平静的日子。中央气象台首次为我国远洋轮横渡太平洋进行气象导航保障服务。当时接受导航的船舶是上海海运局的“安平 5 号”轮,该轮为 4 万吨级货船,预定于 6 月 11 日从上海港起航,目的港为加拿大温哥华。为了在起航前把航线推荐意见和沿航线天气海况信息提前通告船长,气象导航值班员于 9 日上午启动计算机,输入该轮预定的开航日期、吨位、出发港、目的港、航法、布设节点等参数,通过计算机中的航线优选程序,自动调出船舶性能参数和各种实时预报数据,求出最佳气象航线,计算出从上海至温哥华的航程、航时、航速、天气海况影响程度以及全航线每天船位,输出打印成图表。根据计算机给出的结果,值班员还参考卫星云图、风暴报告、波浪、强风和海流资料,对航线利弊进行了对比分析,全面地预测出船舶在设计航线上的运行状况。

一、气象导航方式分类

船舶气象导航方式可分为岸上专门气象导航(岸导)机构为船舶导航、船舶自行气象导航、岸上气象导航机构与船舶结合导航三种,其中岸导已具有比较成熟的导航工作系统,成为实施气象导航的最主要方式,并在国内外船舶上得到普遍使用。

1. 岸上专门气象导航机构为船舶导航

这种方式是由岸上的气象导航机构通过先进的、大容量的计算机和全球通信网络,对气象、海况、船舶等资料进行综合分析,把最佳航线提供给船舶,并跟踪指导服务。

2. 船舶自行气象导航

这种导航方式又称"自导",由船长根据所接收的各种传真天气图、传真海况图和天气报告,以及现场实况资料,结合本船性能、技术情况等进行综合分析,来确定本船的"气象航线"。船长只有具有丰富的航海经验并精通航海气象与海洋学的相关知识,才能制定出高水平的气象航线。

3. 岸上气象导航机构与船舶结合导航

这种导航方式又可分为两种:一种是以岸上导航机构为主,称为"岸船结合气象导航";另一种是以船舶为主,称为"船岸结合气象导航"。

岸导和自导各有优点:岸导机构有非常全面的气象海洋预报资料,有各类专业人员的人才优势,有充足的时间来研究制定航线,并用大型计算机进行演算、设计及选择最佳航线;船舶自导虽不可能具有这些条件,但能使船舶随时得到准确的现场资料,最了解本船性能。岸导仅仅是一种推荐意见,不负任何法律责任,而自导的船舶在任何情况下都要对航行安全负全责,今后发展趋势应是船岸结合的气象导航。

※ **自我检测** 1:目前,最常用的气象导航方法是________。

A. 船舶自行气象导航　　B. 岸上气象导航

C. 船岸结合气象导航　　D. 公司自行气象导航

二、气象导航服务程序

气象导航公司对船舶进行气象导航业务服务主要有优选初始推荐航线、跟踪导航与变更航线、航次事后分析三部分。

(一)优选初始推荐航线

初始推荐航线是在对整个航程的天气、海况预报基础上拟订的。航线分析人员必须掌握大量的天气和海况资料,并能较准确地预报出短、中期天气变化过程,判断出当时出现的天气类型,根据最新资料推算出发生最强风、浪的海区位置,然后参考历史天气记录,判断当时出现的天气型是否发生变化,从而做出一定时效的长期天气预报或展望。

气象导航机构向船舶提供的初始推荐航线是根据船舶航行期间可能出现的海洋环境状况,考虑到船舶的性能、装载特点、技术条件、航行任务及航行中特殊要求,由计算机模拟出最优化的理论航线,再经航行分析人员(通常是具有丰富航海经验的船长)根据经验加以修正,从而得到可供船长参考的初始推荐航线。

影响船舶航速的海洋气象环境因素主要有风、海浪、雾、海流和冰等。

1. 风

风对船速的影响与露出水面的船体部分垂直于风向的面积大小有关。客船受风的阻力最大,货船次之,油船最小。一般以船首尾线为准,当风速接近于船速时,从船首左右 20°~40°方向来的风即顶风,阻力最大,能使船速减少 5% 左右;从船尾左右 10°~20°方向来的风即顺风,船不但不受到风的阻力,反而得到风的推力,能使船速增加 2% 左右。其他方向来的风,介于上面两个数值之间。由此可见,风的直接影响是使船舶偏离原来的航向,对船速的影响不显著。

2. 海浪

海浪是影响船速最主要的因素。浪高和浪向对不同船型的船速都有一定的对应关系,称为船舶运动性能曲线。海浪不仅会使船舶产生纵摇、横摇和升降运动,当波长接近船的长度时,还会产生共振现象,引起大幅度纵摇,造成空车,降低舵效,这时就得主动降低船速,以减弱剧烈的纵摇。

3. 雾

船在雾航时,有时为了安全不得不减速。但备有避碰雷达等先进助航设备的船舶在跨洋航行时,一般并不减速航行。

4. 海流

海流对船速的影响,一般以投影到船首尾线上的流速矢量大小为准,若此方向流速分量大于 0.5 kn,就应当考虑海流对船速的影响。例如,有一艘航速为 18 kn 的货船在某海区航行时,受到一股流速为 2.0 kn、相对流向为 30°的海流影响,其航速将降低为 16.4 kn 左右(见图 6-1)。各海区海流的流速和流向详细数据,可以从有关的引航资料中查得。传真海流图则可提供更新的、更准确的情况。

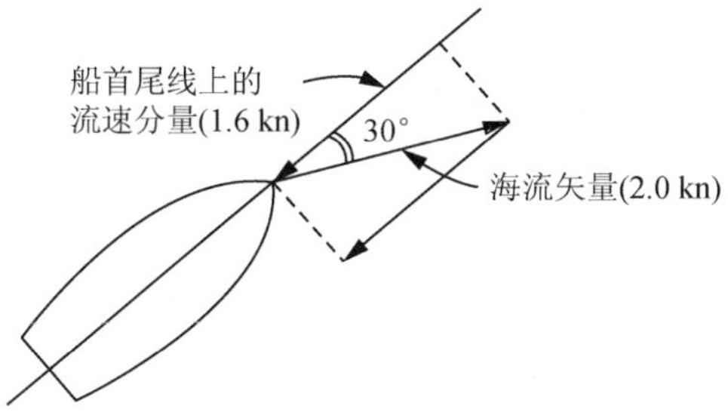

图 6-1 海流对船速的影响示意图

5. 冰

浮冰及船舶航行于高纬度时甲板和上层建筑的结冰,对船舶的稳性、安全及航速都有较大的影响,因此,应尽量避离浮冰及重冰集结区。

气象导航机构优选初始推荐航线的基本原理是根据所取得的天气和海况预报资料,选择一条既能尽量避开大风浪,特别是顶头浪和横浪等不利因素,又能充分利用有利的风、浪等因素的航线,使之达到所要求的最佳程度。下面以最简单的例子来说明气象航线选择的基本原理。

(二)跟踪导航与变更航线

跟踪导航是指被导船舶在航行过程中,气象导航机构继续对其实施计算机跟踪导航服务,并根据不断更新的、精度较高的短、中期天气和海况预报推算船位,当发现航线前方有恶劣天气和海况时及时报警提示,并对其初始推荐航线提出修改或变更的建议。

(三)航次事后分析

每一航次结束后,气象导航公司都要编制一份航次事后分析报告寄送船舶所属公司或租船人,公司或租船人将报告的副本转送给船长,以便船长能对自己的航行进行评估。由于中、长期天气预报和海况预报准确度的限制,推荐航线不一定是最理想的航线。但船舶抵港之后,总可以根据全程中的天气实况找出风浪最小、航时最省的理想航线,事后航次分析将推荐航线、实际航线与理想航线进行对比,找出该航次中前两者不足之处并分析其原因,以改进气象导航技术。

※ **自我检测** 2:气象导航公司对船舶提供的气象导航业务服务主要包括________。

A. 跟踪导航、变更航线、航次事后分析

B. 优选初始推荐航线、跟踪导航、航次事后分析

C. 优选初始推荐航线、跟踪导航、变更航线

D. 优选初始推荐航线、变更航线、航次事后分析

三、船舶使用气象导航程序

1. 申请气象导航

在船舶出航前 24 ~48 h 内,船长、船东或租船人向有关气象导航机构提出申请,以电报或其他通信方式将下列各项内容通知气象导航机构:

(1)船舶名称、呼号及船速。

(2)船公司或本航次受雇公司的名称和地址。

(3)预计起航日期、时间。

(4)出发港口或始发点。

(5)目的港(包括中途港及预计停留时间)。

(6)货物装载情况(如货物种类、空载等)。

(7)船舶稳性(*GM* 值)。

(8)船舶吃水和吃水差(必要时说明夏季、冬季或热带吃水等)。

(9)干舷高度。

(10)特殊事项和船长要求(如易遭损坏的甲板货物,需在一定时间内到达目的港等)。

(11)本航次船舶将使用的联络电台。

这样,船长将会及时收到气象导航机构经由起航港代理人转达的推荐航线和有关海域的天气预报。如船已起航,则由指定的电台联络。起航时间若因故推迟,应将新定的起航时间及时通知气象导航机构。

2. 航行途中联络

在航行途中,船长应将下列各项内容通知气象导航机构:

(1)起航后应立即将实际起航时间电告气象导航机构。

(2)每天一次将中午船位电告气象导航机构,内容包括船名、呼号、日期、时间、经度、纬度、天气及海况。

在正常天气情况下,气象导航机构也每天一次电告船舶新的推荐意见及天气、海况预报。途中联络时间没有硬性规定,一般多采用地方时 1200 左右,也有采用世界时 1200 左右的,如途中遇到没有预先预报的恶劣天气,或恶劣天气使船舶航行困难,可随时电告气象导航机构,气象导航机构会及时回电,给船长分析沿途天气与海况,给出新的推荐意见。

(3)在航行中,如果不是由于天气影响而发生降低航速、停止前进或自行改变航线等情况,则应立即电告气象导航机构,以便他们掌握被导船舶的动态。

3. 航行结束时

(1)船舶抵达目的港后,应尽快电告气象导航机构实际到港时间。

(2)整个航次结束后,气象导航机构将及时做出本航次的航行总结报告,内容包括实际总航程、航时和航程平均航速，还有逐日推算船位、船速、风向、风速、浪向、浪高等，并统计全部航行途中船舶遇到的不同风力等级下顺、顶、横浪的日数，以及实际天气与海流对船速的影响。此报告送交船公司，副本交船长。

※ **自我检测 3**：在航行途中，被导船舶每日 1200（世界时）向气象导航机构电告一次，内容包括________。

A. 日期、时间、船位、航向、航速

B. 风向、风速、海况

C. 日期、时间、船位、航向、航速、风向、风速、海况

D. 日期、时间、船位、装载性能

四、船舶使用气象导航注意事项

气象导航的安全和经济效益已被大量事实所证明。因而船长对于气象导航公司服务，应给予足够信任，同时不能减轻个人对于船舶安全的责任感，绝不能盲目地依赖，要明确气象导航的实际意义，正确理解气象导航公司推荐航线的意图。积极与之配合，才能获得良好的导航效果，在接受气象导航过程中应注意下列问题。

1. 气象导航机构推荐的航线只是咨询性质的，并不承担任何法律责任

气象导航机构提供的推荐航线仅仅是航行建议，只是一种助航手段，是否采纳由船长根据当时的情况决断，行驶在推荐航线上的船舶如果发生损失或意外事故，气象导航机构不承担任何法律责任，而船长在任何情况下都对航行负有全责，包括对航线的选择。船长有权也有责任决定是否采用气象导航机构的推荐航线或中途脱离推荐航线，那种认为采用气象导航就可以减轻船长的工作和责任的看法是完全错误的。

因此，采用气象导航船舶的船长不仅要很熟悉自己船的性能，还应具备一定的气象和海洋知识，以及阅读、分析传真天气图的能力，并详细了解气象导航的特点和应用范围，这样才能正确理解气象导航机构推荐航线的意图，实现双方协同配合，保证导航过程顺利进行。

2. 推荐航线上并非风平浪静，国外一些定线机构以 9 级风力作为定线标准

气象导航的宗旨是力图为被导船舶推荐一条尽量减少大风浪和恶劣天气的安全经济航线，但这并不意味着船舶在气象航线上航行一定不受大风浪的影响。尤其在冬季，北太平洋和北大西洋的中高纬度海域，大风浪十分频繁，影响范围也较广，因此，横渡大洋的船舶想要完全避开大风浪区是不可能的。

采用气象导航的船舶仍然有可能遇到大风浪，国外一些定线机构认为 9 级风对一般远洋船舶不会造成什么危害。还应当指出，气象导航机构从全程着眼，有时为了能使船舶进入大范围风浪较小海域，而让船舶在短时间内穿过一个狭窄的大风浪区，船长应理解战略决策，尽量配合，不要盲动，以免船舶进入更大范围的狂风恶浪区。

3. 气象导航机构推荐的航线并非都是大圆航线

有些人认为气象导航就是推荐船舶走高纬度大圆航线，这种理解是不正确的。实

际上气象导航是根据当时的天气和海况不同时效的预报及其他多种海洋环境因素来选择航线的，由于船舶在航行中受多种因素的影响，它不可能是单一航法，而是多种航法的综合。通常是大圆航线、等纬圈航线和恒向线等混合航线，但气象导航机构在导航过程中的确经常用到大圆航法。在拟订航线时，通常以大圆航线作为选择气象航线的基础航线，并在其两侧做离散化处理，选出一条最佳的气象航线。因此，大多数的气象航线是基于大圆航线的两侧，这就要求驾驶员必须熟悉大圆航法。

4. 采用气象导航还要有雾航的准备

气象导航机构认为，对于全年多雾的北大西洋和北大平洋中高纬度海域，完全避开雾是不可能的。因此，船长要有足够的思想准备，才能进行有必要的雾航措施。为了保证雾中航行安全和有效的避碰，应装备两部导航雷达，最好装备自动避碰雷达，当然，根据实际情况，如有必要也可以绕航。

5. 采用气象导航要有高纬度冰区航行的准备

气象导航机构推荐的航线有时纬度较高，特别是西航的跨洋航线，冬季在高纬度海域可能会遇到海冰，船舶应有充分的思想准备并采取必要的安全措施，不然是会有危险的。

6. 气象导航机构对热带气旋的预报仅供参考

实践表明，气象导航机构对热带气旋路径预报的准确率并不比当地气象部门预报的高，切不可盲目依赖。船舶应密切注意热带气旋的动向，准备多个方案，根据实际情况，灵活应变。

此外，航行途中要保证通信畅通，使船长与气象导航机构保持密切联系，在整个导航过程中，船岸之间通信联络畅通、及时是导航的关键。因此，采用气象导航船舶，除了配有气象传真机外，最好装备有卫星通信装置和卫星定位系统（GPS）；对于没有卫星通信装置的船舶，应在申请使用气象导航时与气象导航公司约定好所使用的电台，以保证在任何情况下有全天候高精度的定位，以及被导船与气象导航机构之间及时有效的通信联系。

※ **自我检测**4：下列说法错误的是________。

A. 气象导航机构推荐的航线不属于建议和咨询性质

B. 气象导航机构对于推荐航线对船舶航行所引起的一切损失不承担任何法律责任

C. 船长有权决定是否采纳气象导航公司推荐航线或中途脱离推荐航线

D. 船长应能更好地理解气象导航机构的推荐意图

五、船舶自行气象导航

船舶自行气象导航（简称自导），即船长根据各种水文资料、气象资料、气象传真图、天气报告和现场资料及本船各种性能等综合分析，确定本船的最佳气象航线。自导的优点：其一，船舶自导具有灵活主动性，因船长十分熟悉本船的各种性能，并亲自分析天气形势和现场情况，使船长在任何时候都不失主动，不受限制，并能充分发挥船长灵活指导航行的主动权。其二，船舶自导无须支付导航费和导航中的通信费用，减少船舶开支，赢得更多经济效益。其三，即使船舶接受岸导服务，自导也可帮助船长充分理解岸导定线意图，从而积极配合岸导，弥补岸导的不足之处，取长补短，使航行效果达到最佳。

(一)船舶自行气象导航条件

1. 船长条件

在船舶自行气象导航中船长的作用是决定性的。因此，自导的船长必须具有丰富的航海知识和航海经验；尤其应具备良好的海洋、气象知识，并能熟练识别、分析、应用各种气象传真图；熟悉航行海域的天气资料和气候资料的获得及应用；熟悉本船的各种设备性能和本船的船舶运动、操纵性能；在遇到特殊情况时，船长应具有果断的决策和指挥才能。

2. 船舶条件

自导船舶要有坚固良好的船体结构和较小的船龄。主机性能要良好，并能保证连续正常运转。货物配载要合理，稳性良好，并能较长时间抵御大风浪航行，因为在航线设计中，有时要闯短时间的大风浪区，为保证船舶航行安全，要掌握本船的抗风浪上限，对超过上限值的海域一定要避开。

3. 仪器配置

自导船舶应具备较先进的助航和导航设备，如卫星导航系统、两部能正常工作的雷达、气象传真接收机、NAVTEX、GMDSS 系统、卫星通信系统等，特别是气象传真接收机必须具有良好的工作性能和较高的灵敏度。

4. 船舶自行气象导航必备的气象和海洋资料

(1)各种天气、海况传真图资料：其中最常用的气象传真图有地面图和波浪图，包括实况分析和预报图，这两种图是船舶自导必备的基本天气和海况图。

(2)航区气候资料：如风、浪、流的平均情况；低压及风暴的频率和路径；海雾的分布及冰情等，这些资料可以从各种航海图书上查得，如《世界大洋航路》《航路指南》《引航图》等。

5. 船舶其他资料

本船的各种性能资料，如船舶运动性能曲线图，即船舶在不同风浪情况下的失速曲线；船舶不同装载和不同风浪情况下的稳性变化；船舶极限抗风能力等。这些都是船舶自导必不可少的资料。

(二)船舶自导的一般步骤

船舶自导步骤基本与岸上气象导航方法相同。通常可分成三部分：

1. 起航前基础航线的选择

船舶在起航前根据季节，当时月份航行海区的气候状况及中、长期天气和海洋预报，选定一条基础航线。气候资料可从各种航海图书中查得，中、长期预报可在起航港向当地气象部门咨询，或利用传真接收机收取一些气象传真台发布的各种时效的传真天气和海况图。

2. 航行途中

航行途中应连续不断地收取各种天气、海洋情报，如气象传真图、天气报告等，逐日的天气、海洋观测，利用所获得的最新资料来修正航线、调整航速、确定航向。

3. 航次结束的总结

航次结束后，整理制作整个航次逐日航行情况记录表，包括逐日实际风、浪、流的情况，昼夜平均航速及航程，船舶摇摆等情况。绘出预选航线和实际航行轨迹图，标出总航程和总航时，分析所采用的航线是否最佳，若采用通常的习惯航线将会遇到怎样的情况。航次总结是一项很重要的工作，它不但记录了大量有价值的资料，而且为以后的船舶自导提供了经验和科学依据，使船舶自导方法逐步完善。

※ **自我检测 5**：船长在船舶自导中起决定性作用，他所具备的知识和能力不包括________。

A. 丰富的航海技术知识和航海经验

B. 良好的海洋、气象知识

C. 熟悉航行海域的气候资料的获得及应用

D. 具备较先进的助航设备

【天气小谚语】

天上灰布悬，雨丝定连绵。

参考文献

[1] 张永宁. 航海气象学与海洋学[M]. 大连:大连海事大学出版社,2008.

[2] 黄磊. 航海气象学与海洋学[M]. 大连:大连海事大学出版社,2008.

[3] 黄立文,文元桥. 航海气象与海洋学[M]. 武汉:武汉理工大学出版社,2014.

[4] 杨亚新. 航海气象与海洋学[M]. 大连:大连海事大学出版社,2013.

[5] LUTGENS F K,TARBUCK E J. 气象学与生活[M]. 12 版. 北京:电子工业出版社,2016.

[6] 朱乾根,林锦瑞,寿绍文,等. 天气学原理和方法[M]. 3 版. 北京:气象出版社,2000.

[7] 陈家辉,张吉平. 航海气象学与海洋学[M]. 大连:大连海事大学出版社,2001.

[8] 王长爱,陈登俊. 航海气象与海洋学[M]. 北京:人民交通出版社,2000.

[9] 李志华,王辉. 海洋船舶气象导航[M]. 大连:大连海事大学出版社,2006.

[10] 李爱贞,刘厚凤. 气象学与气候学基础[M]. 2 版. 北京:气象出版社,2004.

[11] 陈中一,高传智,谢倩. 天气学分析[M]. 北京:气象出版社,2010.

[12] 林元弼,汤明敏,陆森娥,等. 天气学[M]. 南京:南京大学出版社,1988.

[13] 李栖筠,张永宁,江吉喜. 中国主要远洋航线危险天气预报[M]. 大连:大连海事大学出版社,2005.